1 MONTH OF
FREE
READING

at

www.ForgottenBooks.com

By purchasing this book you are eligible for one month membership to ForgottenBooks.com, giving you unlimited access to our entire collection of over 1,000,000 titles via our web site and mobile apps.

To claim your free month visit:

www.forgottenbooks.com/free581509

ISBN 978-0-266-63338-9
PIBN 10581509

HISTOIRE

DES PROTESTANTS

DU DAUPHINÉ.

Ouvrages historiques de l'Auteur.

Notice historique et bibliographique sur les imprimeurs de l'académie protestante de Die en Dauphiné au XVIIe siècle; Grenoble, Allier, 1870, in-8°, 36 pages.

Histoire de l'académie protestante de Die en Dauphiné au XVIIe siècle; Paris, 1872, in-8°, 116 pages.

Notice historique et bibliographique sur les controverses religieuses en Dauphiné pendant la période de l'édit de Nantes; Grenoble, Allier, 1872, in-8°, 64 pages.

Notice sur David de Redon, professeur de philosophie à Die, Orange, Nîmes et Genève; Nîmes, Clavel-Balivet et Cie, 1872, in-8°, 27 pages.

Documents protestants inédits du XVIe siècle. — Synode général de Poitiers 1557; synodes provinciaux de Lyon, Die, Peyraud, Montélimar et Nîmes en 1561 et 1562; assemblée des États du Dauphiné en 1563, etc.; Paris, 1872, in-8°, 91 pages.

Statistique des églises réformées et des pasteurs de la province du Dauphiné aux XVIe et XVIIe siècles; Valence, Chenevier et Chavet, 1874, in-8°, 29 pàges.

Notices relatives aux guerres de religion en Dauphiné, tirées des archives du couvent de Saint-François de Montélimar (Bulletin de la Société de statistique et d'archéologie de la Drôme, t. V et VI.)

Note sur Mirabel et les trois Blacons (Idem, t. VII.)

Le duel de Gouvernet et de du Poët, d'après de nouveaux documents (Idem, t. VII.)

VALENCE, IMPRIMERIE DE CHENEVIER. — 1875.

AVANT-PROPOS GÉNÉRAL.

ES paroles que le pasteur de Valence Jean de Laplace écrivait à Calvin, en parlant du Dauphiné, à la date du 8 juin 1562 : « En cette province, où mille ministres ne suffiraient point, à peine y en a-t-il quarante, » nous donnent une idée de l'importance du mouvement de la Réforme dans ce pays au XVIe siècle, et de l'intérêt qui s'attache à ses annales.

Assurément, les huit guerres de religion que les protestants dauphinois eurent à soutenir contre leurs ennemis pour conquérir leur liberté, leur portèrent un rude coup au double point de vue de l'influence et du nombre; mais si les sanglants combats qu'ils livrèrent éclaircirent considérablement leurs rangs et diminuèrent leur crédit (car les armes sont un dangereux auxiliaire pour la vérité), l'édit d'Henri IV, octroyé à Nantes en 1598, les trouva fortement établis dans plus de 90 églises, auxquelles se rattachaient 270 annexes environ, dont près de la moitié obtinrent le droit d'exercice des premiers commissaires exécuteurs de l'édit de Nantes en Dauphiné.

Sous le régime de cet édit bienfaisant, les protestants dauphinois ne cessèrent, en dépit de nombreuses vexations, de s'affermir et même de s'étendre. Ils fondèrent une académie à Die, qui devint « célèbre », au dire même des catholiques, et ils eurent des colléges importants à Montélimar et à Embrun. Leur littérature religieuse, que les presses de Die et d'Orange ne suffisaient pas à propager, se donna libre carrière ; les joutes théologiques entre les docteurs des deux communions furent solennelles et fréquentes, et une chambre de justice mipartie, dite de l'édit, établie à Grenoble près le parlement, fit éclore des jurisconsultes distingués.

La révocation de l'édit de Nantes, qui fut signée en 1685, diminua considérablement le nombre des protestants dauphinois; puis les Dragonnades et autres violentes persécutions, dont elle fut le point de départ, entraînèrent la conversion en masse et forcée d'un grand nombre d'églises. Le Viennois, le Grésivaudan et l'Embrunais perdirent beaucoup plus des deux tiers de leurs protestants, le Gapençais et les Baronnies bien au delà de la moitié, les vallées de la haute Doire, de Pragela et de Valcluson la *totalité*, le Valentinois et le Diois environ le cinquième. Nonobstant cet affaiblissement numérique, les trois départements formés de l'ancien Dauphiné comptent encore aujourd'hui 51 églises avec pasteurs et 80 annexes, où se célèbre régulièrement le culte.

Cet aperçu rendra raison de l'étendue que nous avons été obligé de donner à notre *Histoire*. Les annales du seizième siècle, avec ses guerres de religion sans cesse renouvelées; du dix-septième siècle, avec sa vie ecclésiastique si riche et si variée; du dix-huitième, avec ses persécutions sans fin, ne pouvaient être racontées, à moins d'omissions trop considérables, dans un nombre de volumes inférieur à celui que nous offrons au public.

Ajoutons que tous les soins dont nous som-

mes capable ont été apportés à cette *Histoire*
pour la rendre aussi neuve et aussi complète
que possible. Les dépôts publics de Valence,
Grenoble, Carpentras, Lyon, Genève, etc.,
ont été explorés avec soin, de même que les
archives particulières des bibliophiles distingués
que renferme notre province. A ce propos,
qu'il nous soit permis d'exprimer publiquement
à ces derniers notre reconnaissance la mieux
sentie. L'exquise obligeance avec laquelle ils
ont mis leurs trésors imprimés et manuscrits à
notre disposition et les renseignements de tout
genre qu'ils ont bien voulu nous communiquer,
ont facilité et abrégé considérablement une
tâche à laquelle nous avons consacré dix années
de labeurs incessants, et qui eût été beaucoup
plus longue et plus ardue sans leur précieux
concours. Nous ne remplissons donc qu'un
devoir en les associant à notre œuvre et en
faisant connaître leurs noms[1].

---

(1) MM. de Gallier, de Tain, président de la Société d'ar-
chéologie et de statistique de la Drôme; Eugène Chaper, de
Grenoble, député à l'Assemblée nationale; Vallentin, juge à
Montélimar; Lacroix, archiviste départemental de la Drôme;
Gariel, conservateur de la bibliothèque publique de Grenoble;
Brun-Durand, de Crest; Martial Millet, docteur-médecin à

Nous remercions également nos souscrip-
teurs, dont le nombre a dépassé notre attente,
ce qui nous a permis de remplir le vœu secret
que nous formions de pouvoir joindre à notre
Histoire une carte de l'ancien Dauphiné, ren-
fermant les noms des diverses localités habitées
par des protestants.

Disons en terminant que nous nous sommes
efforcé d'être impartial et toujours modéré.
Nous croyons de toutes les forces de notre
âme, on s'en apercevra bientôt, à la vérité
protestante, qui est pour nous la vérité évangélique ; mais nous n'avons pas plus passé sous
silence les fautes de nos amis que pris plaisir à
invectiver nos adversaires. Si nous n'éprouvons
pas de l'admiration pour toutes les actions des
premiers, nous ne haïssons en aucune manière
les seconds. Les violences des hommes ne nous
inspirent que de la tristesse, et, bien que fer-
mement attaché aux principes, nous ne cessons

Orange ; Barrès, conservateur de la bibliothèque publique de
Carpentras ; Blanc, conservateur de la bibliothèque publique
de Vienne ; Roman, avocat à Gap ; Théodore Claparède, pasteur à Genève ; Fernand de Schickler, président de la Société de
l'histoire du protestantisme français, à Paris ; etc.

de plaindre ceux qui les violent. C'est dire que nous avons composé sans passion notre *Histoire*, et que, portant le même esprit dans la forme, qui touche de si près au fond, nous avons écrit avec candeur, visant au surplus, selon nos moyens, à l'ordre, à la précision et à la clarté.

AVANT-PROPOS

DU VOLUME PREMIER.

———

Notre premier volume comprend deux périodes : la période de l'établissement de la Réforme en Dauphiné et la période des guerres de religion.

Pour la première, dont on voudrait connaître les moindres détails, car c'est à l'origine des révolutions qu'on saisit le mieux leurs vrais caractères, les documents manuscrits sont rares. Aussi considérons-nous comme une bonne fortune d'avoir retrouvé, à la bibliothèque de Genève, un assez grand nombre de lettres originales, écrites par diverses églises du Dauphiné pour demander des pasteurs. Ces pièces nous ont apporté un contingent précieux de faits inédits sur les débuts de la Réforme dans la province. Nous en dirons autant des actes de plusieurs assemblées synodales ou autres tenues en Dauphiné au XVIe siècle, qui étaient restés enfouis à la bibliothèque de Grenoble. Nous y avons recueilli des détails fort intéressants sur les premières tentatives d'organisation des églises de la province. Ces actes, que nous avons publiés à part, vu leur importance, sont du reste les monuments synodaux de France les plus anciens qu'on ait *retrouvés jusqu'à ce jour. Au dernier moment nous avons eu également connaissance de la généalogie de la famille du réformateur Farel. Dressé d'après des documents authentiques, ce travail, que nous reproduisons aux Pièces justificatives, fixe désormais d'une façon certaine l'extraction noble et le lieu de naissance de Farel, et la charge remplie par son père et son aïeul.*

Pour la période des guerres de religion, nous avons également utilisé des documents inédits, comme les histoires ou mémoires du Jésuite Marcellin Fornier, du notaire Eustache Piedmont, du Cordelier Serre, de la maison des Gay, du curé Robin, du notaire Candy, etc. Ces écrits, les anciens du moins, empreints de l'esprit du temps, renferment des faits en grand nombre, que l'historien impartial enregistre avec soin, en élaguant les commentaires passionnés qui les accompagnent.

Les guerres de religion, qui ont trouvé dans les écrivains catholiques des censeurs impitoyables, sont certainement une faute pour la Réforme française; mais ce serait juger ces luttes ardentes d'un point de vue bien inférieur que d'y voir seulement de basses compétitions de la part des chefs, la satisfaction d'une soif inextinguible de sang, de charges et d'argent. Les des Adrets, les Lesdiguières, les Gouvernet, les du Poët, les Blacons, les Saint-Auban, les Cugie, etc., et autres capitaines huguenots du Dauphiné étaient assurément des hommes fort peu désintéressés et encore moins religieux; mais ils représentaient des principes qui dépassaient de cent coudées leur stature morale, et ils étaient les instruments d'une révolution dont leur esprit ne pouvait à cette heure calculer toute la portée. Aussi souscrivons-nous de tout cœur à ces paroles éloquentes, écrites par M. Guizot sur la fin de sa carrière et qui sont comme son testament historique sur le sujet qui nous occupe : « La Réforme reli-

gieuse, qui a été la Révolution du XVIe siècle, a jeté de
grands troubles dans les âmes et les destinées humaines;
elle a suscité de grandes erreurs et de grands crimes; elle
s'est développée à travers des guerres cruelles, des désordres et des souffrances déplorables. Provenus les uns de
ses partisans, les autres de ses adversaires, ces faits ne
sont pas contestables; c'est le compte à la charge de l'événement de l'histoire. Mais, après plus de trois siècles
d'épreuves, la Réforme du XVIe siècle peut montrer,
comme Cornélie montrait à Rome ses fils, les peuples au
sein desquels elle a prévalu et qui se sont formés sous son
influence : l'Angleterre, la Hollande, les États Scandi-
naves, les États-Unis d'Amérique. Elle livre à l'observation leur état moral et social, leur rôle en fait de respect
du droit et de sagesse, leur part en fait de bien-être et de
succès dans le monde. »

Désireux d'être complet, au risque de devenir mono-
tone, nous avons dû raconter, l'une après l'autre, les huit
guerres de religion qui ensanglantèrent le Dauphiné.
Ceux qui voudront bien nous lire reconnaîtront que ces
luttes funestes, bien qu'accomplies sur un théâtre restreint, ne furent pas sans gloire. Les exploits du baron
des Adrets et la retraite de Senas en 1562, les deux passages du Rhône par Mouvans et par Montbrun en 1568
et 1570, le double siége de Livron en 1574, la défaite
des Suisses catholiques à Molières, la bataille du pont de
Blacons, la capture et la condamnation à mort de Montbrun en 1575, les siéges de La Mure et de Chorges en
1580 et 1586, la défaite des Suisses protestants à Jarrie,
la prise et reprise de Montélimar en 1587, et d'autres
faits de ce genre, que nous enregistrons avec soin, peuvent être rangés au nombre des événements militaires les
plus glorieux, sinon les plus importants, des guerres de
religion; aussi nourrissons-nous l'espoir de ne pas être
blâmé pour les avoir racontés en détail.

SOURCES PRINCIPALES

DU VOLUME PREMIER.

I. — IMPRIMÉS.

---

1. — Histoires générales.

[REGNIER DE LA PLANCHE], Histoire de l'Estat de France tant de la republique que de la religion sous le regne de François II ; 1576, in-8°.

[JEAN DE SERRES], Commentariorum de statu religionis et reipublicæ in regno Galliæ I. Partis libri tres ; 4ᵃ editio, 1577, in-8° (la 1ʳᵉ édition est de 1570). — II. Partis commentariorum de statu religionis et reipublicæ in regno Galliæ libri tres ; 4ᵃ editio, 1577, in-8° (1ʳᵉ 1571). — III. Partis commentariorum de statu religionis et reipublicæ in regno Galliæ libri VII, VIII et IX ; 4ᵃ editio, 1575, in-8° (1ʳᵉ 1572). — IIII. Partis commentariorum de statu religionis et reipublicæ in regno Galliæ libri X, XI et XII ; 2ᵃ editio, 1577, in-8° (1ʳᵉ 1573). — V. Partis commentariorum de statu religionis et reipublicæ in regno Galliæ libri tres ; Lugduni Batavorum, 1580, in-8° (1ʳᵉ 1575). — Mémoires de la troisième guerre civile et des derniers troubles de France ; 1571, in-8° (1ʳᵉ 1570). — Abrégé des livres précédents : Recueil des choses mémorables advenues en France sous le règne de Henri II, François II, Charles IX, Henri III et Henri IV; Dordrecht, 1598, in-8° (1re 1595). — Le véritable inventaire de l'histoire de France; Paris, 1648, 2 vol. in-fol. (1re 1597). Composé par Jean de Serres seulement jusqu'à l'année 1422, le reste par le ministre Jean de Montlyard et d'autres.

[LANCELOT DU VOÉSIN, SIEUR DE LA POPELINIÈRE], L'histoire de France enrichie des plus notables occurrances survenues ez provinces de l'Europe et pays voisins; [La Rochelle], 1581, 2 vol. in-fol. (1re édition, Cologne, 1571, in-8°).

THÉODORE AGRIPPA D'AUBIGNÉ, Histoire universelle du sieur d'Aubigné; Maillé (Genève), 1616-1620, 3 vol. in-fol.

DE THOU, Histoire universelle de Jacques-Auguste de Thou depuis 1543 jusqu'en 1607, traduite sur l'édition latine de Londres; Londres (Paris), 1734, 16 vol. in-4°.

PIERRE MATTHIEU, Histoire de France soubs les règnes de François I, Henri II, François II, Charles IX, Henri III, Henri IV, Louis XIII; Paris, 1635, 2 vol. in-fol.

SCIPION DUPLEIX, Histoire générale de France avec l'Estat de l'Église et de l'Empire; 3e édit., Paris, 1630 à 1632, 5 vol. in-fol.

MÉZERAY, Histoire de France; Paris, 1643-1651, 3 vol. in-fol.

Le Père DANIEL, Histoire de France depuis l'établissement de la monarchie française dans les Gaules; nouv. éd., Paris, 1755-1757, 17 vol. in-4°.

DAVILA, Histoire des guerres civiles de France, traduite de l'italien par Beaudoin, 3e éd., Paris, 1657, 2 vol. in-fol.

VARILLAS, Histoire de Charles IX; Paris, 1686, 2 vol. in-4°.

Histoire contenant les plus mémorables faits advenus en l'an 1587; Lyon, 1588, in-8°.

2. — Mémoires.

[SIMON GOULART], Mémoires de l'Estat de France sous Charles neufiesme; Meildebourg, 1577, 3 vol. in-12.

Mémoires de LA LIGUE contenant les événements les plus remarquables de 1576 à 1598; Amsterdam, 1758, 6 vol. in-4°.

Mémoires du maréchal de Vieilleville (Collection universelle de Mémoires particuliers, t. 32).

Mémoires de Castelnau (Collection Petitot, 1re série, t. 37).

Économies royales de Sully (Collection Petitot, 2e série, t. 1).

Mémoires de Gaspard de Saulx, sieur de Tavannes (à la suite
des *Mémoires de son fils Guillaume de Saulx*, in-folio).

Secousse, Mémoire historique et critique sur les principales
circonstances de la vie de Roger de Saint-Lary de Bellegarde;
Paris, 1764, in-8°. — Marquis de C***, Additions au Mémoire
historique et critique de la vie de Roger de Saint-Lary de Bellegarde; Paris, 1767, in-8°.

Mauroy, Mémoires pour la vie de Bernard de Nogaret, seigneur de La Valette; Metz, 1624, in-4°.

Girard, Histoire de la vie du duc d'Épernon; Rouen et se
vend à Paris, 1663, 3 vol. in-12.

Brantôme, Vie des grands capitaines étrangers et françois
(*Œuvres complètes*, Paris, 1855, t. I).

Journal d'un Bourgeois de Paris, sous le règne de François
premier; Paris, 1854, in-8°.

3. — Sur le protestantisme en général.

[Théodore de Bèze], Histoire ecclésiastique des églises réformées au royaume de France; édition Marzials, Lille, 1841,
3 vol. in-8° (1re édit., Anvers (Genève), 1580, 3 vol. in-8°).

[Jean Crespin], Histoire des martyrs persécutez et mis à
mort pour la vérité de l'Évangile depuis le temps des apostres
jusques à present; Genève, 1619, in-fol. (1re édit. 1554 ou
1555).

Lettres de Jean Calvin recueillies pour la première fois et
publiées d'après les manuscrits originaux par Jules Bonnet;
Paris, 1854, 2 vol. in-8°.

Correspondance des Réformateurs dans les pays de langue
française, par Herminjard; t. 1 (1512-1526), t. 11 (1527-1532),
t. 111 (1533-1536), se continue.

Gabriel Boule, Essay de l'histoire générale des protestans, distinguée par nations et recueillie de leurs auteurs ou d'autres qui sont en leur approbation; seconde édition, Paris, 1647, in-8°.

Soulier, Histoire des édits de pacification et des moyens que les prétendus réformés ont employés pour les obtenir; Paris, 1682, in-8°.

Aymon, Tous les synodes nationaux des églises réformées de France; La Haye, 1710, 2 vol. in-4°.

Ernestus Varamundus Frisius (Hottman), De furoribus gallicis, horrenda et indigna Amiralii Castillionei, nobilium atque illustrium virorum cœde, etc.; Edimburgi, 1573, in-4°.

Ch. du Plessis d'Argentré, Collectio judiciorum de novis erroribus; Paris, 1724-1736, in-fol.

Francisci et Joanis Hotomanorum patris et filii epistolæ; Amstelodami, 1700, in-4°.

J. H. Merle d'Aubigné, Histoire de la réformation du seizième siècle; Paris, 1853, (4ᵉ édition), 5 vol. in-8°. — Histoire de la réformation au temps de Calvin; Paris, 1862-1875, 6 vol. in-8°.

G. de Félice, Histo re des protestants de France; Paris, 1861, in-12 (4ᵉ édition). — Histoire des synodes nationaux; Paris, 1864, in-12.

F. Puaux, Histoire de la réformation française; Paris, 1859-1863, 7 vol. in-12.

Eug. et Em. Haag, La France protestante ou Vies des protestants français qui se sont fait un nom dans l'histoire; Paris, 1846-1859, 10 vol. in-8°.

Bulletin de la Société de l'histoire du protestantisme français; Paris, 1853-1865, 14 vol. in-8°. — Seconde série, titre différent : Bulletin historique et littéraire. Société de l'histoire du protestantisme français; Paris, 1866-1875, se continue.

4. — Pays avoisinant le Dauphiné.

Dom Claude de Vic et Dom Vaissette, Histoire générale de Languedoc; Toulouse, 1840-1846, 10 vol. in-4°.

B

[Justin de Montheux], Histoire des guerres excitées dans le Comtat-Venaissin et dans les environs par les Calvinistes du seizième siècle ; Carpentras, 1782, 2 vol. in-12.

Loys de Pérussis, Histoire des guerres de la Comté de Venayscin et de la Provence (dans [d'Aubais et Ménard], *Pièces fugitives pour servir à l'histoire de France;* Paris, 1759, 3 vol. in-4°).

Joseph de La Pise, Tableau de l'histoire des princes et principauté d'Orange ; La Haye, 1740, in-folio.

C. F. H. Barjavel, Le seizième siècle au point de vue des convictions religieuses, principalement dans les contrées dont a été formé le département de Vaucluse, etc.; [Carpentras, 1866], in-8°. — Dictionnaire historique, biographique et bibliographique du département de Vaucluse ; Carpentras, 1841, 2 t. in-8°.

Dourille, de Crest, Histoire des guërres civiles du Vivarais ; Valence et Paris, 1846, in-8°.

L. Anselme Boyer de Sainte-Marthe, Histoire de l'église cathédrale de Vaison ; Avignon, 1731, 2 t. en un vol. in-4°.

Alexis Muston, L'Israël des Alpes. Première histoire complète des Vaudois du Piémont et de leurs colonies ; Paris, 1853, 4 vol. in-12.

Jean-Paul Perrin, lionnois, Histoire des Vaudois, divisée en trois parties ; Genève, 1619, in-8°.

J. Gaberel, Histoire de l'église de Genève ; t. i, Genève 1853 (2° éd. 1858), t. ii, Genève, 1855, in-8°.

Le livre du recteur, catalogue des étudiants de l'académie de Genève de 1559 à 1859, édité par Ch. Le Fort, Gust. Revilliod et Ed. Fick ; Genève, 1860, in-8°.

Michel Stettler, Annales oder Gründliche Beschreibung des fürnehmstem Geschicten und Thalen Welche sich in ganz Helvetia, sonderlich seit der Erbauung der Stadt Bern verlaufen — bis auf das Iahr 1627 ; Bern, 1627, in-8°.

François Girard, Histoire abrégée des officiers suisses ; Fribourg, 1781, in-8°.

May de Romainmotier, Histoire militaire de la Suisse ; Lausanne, 1788, in-8°

5. — Dauphiné. Histoire générale.

Nicolas Chorier, Histoire générale de Dauphiné depuis l'an M. de N. S. jusques à nos jours; Lyon, 1672, in-fol. — Histoire de Dauphiné abrégée pour Monseigneur le Dauphin; Grenoble, 1674, 2 vol. in-12.

Guy Allard, La bibliothèque du Dauphiné; Grenoble, 1680, in-12.

P. V. Chalvet, Bibliothèque du Dauphiné; Grenoble, 1797, in-8°.

Ad. Rochas, Biographie du Dauphiné contenant l'histoire des hommes nés dans cette province; Paris, 1856-1860, 2 vol. in-8°.

Album du Dauphiné, etc., accompagné d'un texte historique et descriptif; Grenoble, 1835-1839, 4 vol. in-4°.

Guy Allard, Dictionnaire historique, chronologique, géographique, etc., du Dauphiné; Grenoble, 1864, 2 vol. in-8°.

Continuation des ordonnances de la cour du Parlement de Dauphiné, faictes sur le reiglement de la justice et procès avec certains Edicts du Roy; Lyon, 1550, in-4°.

Le Livre du Roy de Briançon. Analyse et extraits par Fauché-Prunelle (Bulletin de l'Académie delphinale, 1re série, t. 1).

J. D. Long, La Réforme et les guerres de religion en Dauphiné; Paris, 1856, in-8°.

6. — Dauphiné. Biographies particulières.

Guy Allard, Les vies de François de Beaumont, baron des Adrets, de Charles Dupuy, seigneur de Montbrun, et de Soffrey de Calignon, chancelier de Navarre; Grenoble, 1676, in-18.

J. C. Martin, Histoire militaire et politique de François de Beaumont, baron des Adrets, avec notes; Grenoble, 1803, in-8°. — Histoire de Charles Dupuy, surnommé le Brave, seigneur de Montbrun; Paris, 1806, in-8°. — Histoire abrégée de la vie de François de Bonne, duc de Lesdiguières; Grenoble, an X, in-8°.

L. Videl, Histoire du connestable de Lesdiguières; Grenoble, 1649, in-8°. — Histoire de Souffrey de Calignon, chancelier de Navarre, dans les Documents historiques inédits pour servir à l'histoire du Dauphiné, publiés par le comte Douglas; Grenoble, 1874, in-4°, t. i.

L. Devès, Biographie historique des magistrats de l'ordre judiciaire et civil, des ecclésiastiques et des officiers des armées de terre et de mer qui sont nés ou ont résidé à Grignan; Montélimar, 1872, in-8°.

7. — Dauphiné. Monographies de contrées, villes, etc.

Perrin-Dulac, Description générale du département de l'Isère; Grenoble, 1806, 2 vol. in-8°.

J. J. A. Pilot, Statistique du département de l'Isère. Administration; Grenoble, 1847, in-8°.

Delacroix, Statistique du département de la Drôme; Valence et Paris, 1834, in-4° (1re édition, 1817, in-8°).

J. C. Ladoucette, Histoire topographique, antiquités, usages, dialectes des Hautes-Alpes; Paris, 1848, in-8°, avec atlas (3e édition).

Ch. Charronnet, Les guerres de religion et la société protestante dans les Hautes-Alpes (1560-1789); Gap, 1861, in-8°.

[Albert], Histoire géographique, naturelle, ecclésiastique et civile du diocèse d'Embrun; 1783, in-8°. — Histoire ecclésiastique du diocèse d'Embrun, pour servir de continuation à l'histoire générale du diocèse; 1783, in-8°.

J. J. A. Pilot, Histoire de Grenoble et de ses environs; Grenoble, 1829, in-8°.

Berriat Saint-Prix, Histoire de l'ancienne université de Grenoble, dans la Revue du Dauphiné, t. v.

Charvet, Histoire de la sainte église de Vienne; Lyon, 1762, in-4°.

Jules Ollivier, Essai historique sur la ville de Valence; Valence, 1831, in-8°.

Nadal, Histoire de l'université de Valence; Valence, 1861, in-8°.

J. B. Dochier, Mémoires sur la ville de Romans; Valence, 1812, in-8°.

Ulysse Chevalier, Annales de la ville de Romans pendant les guerres de religion, de 1549 à 1599 (*Bulletin de la Société départementale d'archéologie et de statistique de la Drôme*, t. ix, 1875).

L. Anselme Boyer de Sainte-Marthe, Histoire de l'église cathédrale de Saint-Paul-trois-Châteaux; Avignon, 1710, in-4°.

A. Lacroix, Notice sur Dieulefit; Montélimar, 1874, in-8°. — Notice sur Donzère; Montélimar, 1874, in-8°.

Baron de Coston, Prise de La Motte-Chalancon par les protestants, le 18 mai 1575 (*Bulletin de la Société départementale d'archéologie et de statistique de la Drôme*, t. viii, 1874).

Th. Gautier, Lettres sur la ville de Gap (*Revue du Dauphiné*, t. ii). — Précis de l'histoire de la ville de Gap; Gap, 1844, in-8°.

Sauret, Essai historique sur la ville d'Embrun; Gap, 1859, in-8°.

8. — *Dauphiné. Plaquettes.*

Guil. Farel, Du vray usage de la croix de Jésus-Christ; Genève, 1865, in-8° (1re édit. [Genève], 1560, in-8°).

Pierre de Sébiville, Sermon presché à Grenoble le jour de saint Marc évangéliste, avec une Epistre en latin adressée au Sénat de Grenoble; Lyon, 1524, in-16 et in-4°.

Abjuratio hæresis lutherianæ facta per fratrem Petrum de Sebiville, religiosum ordinis minoris, 1524, in-8°.

Extrait mot à mot d'un registre des délibérations communes de l'église de Vienne; — Mémoire des désordres des huguenots faits à Grenoble en l'an 1562, dressé par Cellisieux; — Mémoires abrégés de ce qui s'est passé en Daulphiné depuys les troubles de l'an 1567 (*Delphinalia* de M. Gariel).

J. J. A. Pilot, Récit de ce qui s'est passé de plus remarquable à Grenoble en l'année 1562 *(Annuaire statistique de la cour royale de Grenoble*, 1842, in-12).

Le gouverneur Motte-Gondrin, s'estant saisi de la ville de Valence en Dauphiné, y tué à coups de dague, 25 avril 1562.

Valentia urbs Delphinatus capta, D. Mottæ Gondrini occiditur 25. Aprilis : 1562 *(Gravure sur bois*, de 491 millim. de large sur 317 millim. de haut).

Discours de ce qui a esté fait ès villes de Valence et Lyon et premier de ladite ville de Valence en Dauphiné *(Archives curieuses de l'histoire de France*, publiées par Cimber et d'Anjou, t. iv).

Lettre du seigneur baron des Adretz à la Reine-mère touchant la mort de La Motte-Gondrin *(Idem)*.

Ordonnances sur le reiglement, forme de gouvernement, que doivent tenir les soldats et gens de guerre des bandes chrestiennes, etc., par Monsieur Felix Bouriac, conseiller du Roy, etc.; Lyon, 1562, in-12.

Lettres de Charles IX à La Motte-Gondrin et Maugiron, etc. *(Bulletin de la Société de statistique, des sciences naturelles et des arts industriels du département de l'Isère*, t. ii).

Documents officiels et inédits relatifs à la condamnation à mort de Ch. Dupuy de Montbrun *(Petite Revue des bibliophiles dauphinois*, t. i).

Réconciliation faicte par la Reyne, mère du Roy, entre les gens du clergé, de la noblesse et du tiers estat du pays de Daulphiné; Lyon [1579], in-12.

Le règlement sur la pacification du pays de Dauphiné faict par M. le maréchal de Bellegarde suivant l'arrest et ordonnance de la Reyne, mère du Roy, donnée à Montluel en Bresse le vingtième d'octobre 1529; Lyon, in-12.

Lettres patentes du Roy contenant l'abolition et pardon de la ligue du pays de Dauphiné, ensemble les modifications et restrictions de la cour de parlement dudit pays [17 mai 1580]; Lyon, [1580], in-12.

Ample discours du siege et prinse de la ville et citadelle de

1580, in-12).

Journal du siége de La Mure par GUILLAUME DU RIVAIL; Valence, 1870, in-8°.

Declaration de l'intention du Roy sur l'acheminement ?de Monsieur le duc de Mayne au pays de Dauphiné; Paris, 1581, in-8° (dans les *Pièces rares et curieuses relatives à l'histoire du Dauphiné*, N.° 1).

Harangue et remonstrances faictes à Monseigneur le duc de Mayenne, etc., faisant son entrée à Tallard le vingtuniesme jour de septembre 1581, par noble PONS DE GENTIL, natif dudit Tallard; Lyon, 1583, in-12 (réimprimé à Paris en 1872, dans les *Pièces rares et curieuses relatives à l'histoire du Dauphiné*, N.° 1).

Copie d'une lettre contenant le discours au vray de la deffaicte de douze enseignes suisses bernois près Grenoble en Dauphiné, le mercredy dixneufviesme jour d'Aoust l'an 1587; 1587, in-12.

Remonstrance d'un gentilhomme de Dauphiné à Henry de Valois pour le soulagement du pauvre peuple dudit païs, avec permission; 1589, in-12.

Articles accordez sur le fait de la reddition de la ville de Grenoble en l'obéissance du Roy. Entre le sieur des Diguières et les commis du païs; Tours, 1591, in-8°.

ALEX. DE PONT AIMERY, La cité du Montélimar ou les trois prinses d'icelle, composées et redigées en sep livres; 1591, in-4°.

II. — MANUSCRITS.

Lettres de divers personnages ou églises du Dauphiné à Calvin ou autres notabilités de Genève (*Bibl. publ. de Genève*, Mns. franç., N.° 109, 115, 121, 196, 197ª).

Lettres de divers personnages ou églises du Dauphiné au Petit Conseil de Genève (*Arch. du Petit Conseil de Genève;* portefeuille des pièces historiques, N.°ˢ 1,717, 2,000 et 2,036).

Lettres et pièces diverses concernant les églises réformées *(Bibl. publ. de Genève,* Mns. franç., 197ᵃᵃ, portef. ɪ et ɪɪ).

Lettres de Farel *(Bibl. publ. de Genève,* Mns. franç., N.º ɪɪ5).

Choupard, Vie de Farel *(Arch. de M. de Meuron, à Neuchâtel).*

La vie de feu heureuse mémoire Monsieur Guillaume Farel *(Bibl. publ. de Genève,* Mns. franç.).

Eustache Piedmont, Mémorial perpétuel de plusieurs choses advenue̊s à cause des guerres civiles de ce royaume de France et de ce que particulierement est advenu en Dauphiné et notamment en nostre pauvre ville de Saint-Antoine en Viennois... receuïllis depuis l'année mil cinq cent septante deux *(Copie aux arch. départ. de la Drôme).*

Mémoire de la maison des Gay *(Arch. de M. de Lamorte-Félines, à Die).*

Marcellin Fornier, Histoire générale des Alpes Maritimes et Cottienes et particulierement de leur métropolitaine Ambrun, in-fol. *(Copie à la bibl. publ. de Lyon).*

Serre (Cordelier), Compendium de bellis civilibus religionis causâ *(Arch. municip. de Montélimar).*

Jean-Louis-François-Xavier Candy, Histoire des guerres de religion à Montélimar *(Arch. municip. de Montélimar).*

Chaffrey Roulph, de Fontgillarde, Livre de Mémoires, 1816 *(Copie aux arch. de M. Eug. Chaper, à Grenoble).*

Robin, Histoire de Dieulefit, 1866. — Mémoire sur Châteauneuf-de-Mazenc pendant les guerres religieuses du XVIᵉ siècle, 1866 *(Arch. de la Société d'archéologie et de statistique de la Drôme, à Valence).*

Archives départementales de l'Isère; Inventaire, B, *passim.*

Archives départementales de la Drôme; Inventaire, D et E, *passim.*

HISTOIRE
DES PROTESTANTS
DU DAUPHINÉ

PREMIÈRE PÉRIODE.

ÉTABLISSEMENT DE LA RÉFORME EN DAUPHINÉ.

1522-1562.

Introduction.

A grande révolution religieuse du seizième siècle, qui avait pour but d'émanciper la conscience humaine du joug de l'autorité ecclésiastique, en ramenant au type biblique primitif le christianisme défiguré par des erreurs séculaires, éveilla un sympathique écho au sein des populations du Dauphiné.

Ce noble pays s'était toujours montré épris d'indépendance. Il avait fallu aux Romains un demi-siècle pour le conquérir, et, sans le génie de César, un plus grand laps de temps leur eût été nécessaire. Même conquises, les peuplades du Dauphiné surent conserver une partie de leur autonomie et obtinrent le droit de cité de leur vainqueur. Au moyen âge, les communes dauphinoises se firent octroyer de leurs suzerains ecclésiastiques ou séculiers des chartes précieuses en garantie de leurs franchises, et quand le souffle puissant de 89 renversa le despotisme de nos rois, le Dauphiné fut la première province de France à demander la convocation des États généraux.

Dans le domaine religieux les mêmes symptômes se manifestèrent. Dès le douzième siècle, Pierre de Vaux et Pierre de Bruis, originaires le premier du Viennois, le second du Gapençais, s'élevaient contre les doctrines et la hiérarchie romaines, et les Vaudois du Dauphiné, qu'ils soient les précurseurs ou les disciples de ces deux hommes remarquables, se faisaient remarquer par leur opposition aux idées religieuses dominantes.

Établis dans les hautes vallées de Freissinières et de Vallouise en Briançonnais, ces derniers eurent à subir au treizième siècle une violente persécution qui anéantit presque entièrement leur race; mais ils renaquirent en quelque sorte de leurs cendres, et de nouvelles croisades, qu'ils supportèrent presque sans interruption jusqu'à la fin du quatorzième siècle, témoignèrent à la fois de la vitalité de leurs croyances religieuses et de leur passion de la liberté. Aussi furent-ils des premiers à embrasser les doctrines de la Réforme, dont les leurs, du reste, se rapprochaient extrêmement.

Le Dauphiné renfermait ainsi des éléments nombreux et comme traditionnels, qui devaient le rendre particulièrement accessible aux idées nouvelles.

Farel prêche la Réforme à Gap.

Les premiers commencements de la Réforme en Dau- 1522.
phiné datent des prédications du célèbre Guillaume Farel
dans son pays natal, en 1522.

Cet homme, remarquable à tant de titres, naquit à Gap
en 1489, selon l'opinion commune [1]. Son père et son aïeul,
notaires et nobles [2], possédaient des terres au hameau des
Fareaux, à 7 kilomètres environ au nord de Gap; de là le
nom de *Farel des Fareaux,* porté par quelques membres
de sa famille. Le réformateur était beau-frère d'un ancêtre
du grand Mirabeau, noble Honorat Riquetti, qui avait
épousé sa sœur. Son père était très-attaché aux pratiques
de l'église romaine et y éleva sa famille. « Mon père et ma
mère croyaient tout [3], » écrivait plus tard le réformateur.

Dieu avait doué ce dernier « de qualités rares, dit Merle
d'Aubigné [4], propres à donner un grand ascendant. D'un
esprit pénétrant, d'une imagination vive, plein de sincérité
et de droiture, d'une grandeur d'âme qui ne lui permit
jamais de trahir, à quelque prix que ce fût, les convictions
de son cœur, il avait surtout une ardeur, un feu, un courage indomptable, une hardiesse qui ne reculait devant

---

(1) En 1494, d'après Gautier; vers 1494, d'après Charronnet.

(2) Calvin (*Opuscula*, p. 148) dit notre réformateur « sorti de si noble
maison ». Bèze *(Icones)* écrit : *Gullielmum Farellum, delphinatem, nobili
familiâ ortum.* Charronnet nie cette noble extraction, mais très à tort.
Voy *Pièces justificatives*, N.º XI. Un armorial de Neuchâtel reproduit les
armes de Farel, qui sont « d'azur à l'épée d'argent, posée en pal, la pointe
en bas »; autour la légende : *Quid volo nisi ut ardeat.*

(3) *Du vray usage de la Croix de J. C.*, p. 149.

(4) T. III, p. 465, 466.

1522. aucun obstacle. Mais en même temps il avait les défauts de ses qualités, et ses parents eurent souvent à réprimer sa violence. » Par la nature même de son génie, qui le portait à la parole et à l'action, Farel fut toujours l'ennemi des subtilités dogmatiques, et insista particulièrement sur les devoirs de la vie religieuse. « Pour apprécier à sa juste valeur Farel, le plus entraînant des réformateurs français, comme l'appelle M. Mignet, il serait nécessaire, dit le récent éditeur [1] de plusieurs de ses œuvres, de connaître quelque chose de sa prédication. C'était là son don spécial. Farel, qui n'était ni un docteur, comme Calvin, ni un écrivain, comme Viret, ni un poète, comme Bèze, fut plus qu'aucun d'eux un orateur : il avait pour persuader les autres toute la fougue de sa propre persuasion. Ses contemporains sont unanimes à reconnaître la puissance en quelque sorte souveraine de son éloquence. » Au physique, il était « trapu, dit Charronnet, de pauvre apparence, de figure commune, le teint brûlé par le soleil ; au menton deux ou trois touffes d'une barbe rousse et mal peignée ; l'œil de feu, la bouche béante, la voix tonnante [2]. »

Farel, qui avait l'âme naturellement religieuse, se jeta, à l'exemple de son père, dans toutes les pratiques de la dévotion catholique. Il était encore tout petit, et savait à peine lire, qu'il faisait déjà des pèlerinages. C'est à l'un d'eux qu'il fait allusion dans le récit pittoresque suivant : « La première véritable idolâtrie, dit-il, de laquelle il me souvienne et le premier pèlerinage auquel j'ai été, a été en

---

(1) Félix Bovet, dans la préface du *Vray usage de la Croix*, p. x.

(2) Page 17. Dans la génération qui suivit Farel, on disait :

Gallica mirata est Calvinum ecclesia semper,
Quo nemo docuit doctiùs.
Est quoque te semper mirata, Farelle, tonantem,
Quo nemo tonuit fortiùs.

la sainte croix qui est en une montagne auprès de Tallard, 1522.
au diocèse de Gap, laquelle (comme on dit) sert à recouvrer
la vue;... et dit-on qu'elle est du propre bois de la croix en
laquelle Jésus-Christ a été crucifié. Et le bois d'icelle croix
est de couleur de cendres,... et est du tout contraire à la
croix que j'ai adorée et baisée à Paris... et aussi'à ce qu'on
m'a montré en des autres lieux ; et ne pense point qu'il y ait
un seul des bois que j'ai vus, qu'on dit être de la croix, qui
ressemble à l'autre et qui soit d'une même espèce de bois.
Cette croix, de laquelle j'ai tantôt parlé, et le bois d'icelle
est garni de cuivre;... ils disent qu'il est du bassin de quoi
Notre-Seigneur lava les pieds à ses apôtres. » Farel ajoute
que le prêtre qui gardait cette croix disait qu'elle frémissait
toute lorsqu'il faisait mauvais temps, et qu'un petit crucifix
qui y était attaché « se mouvait tellement qu'il semblait qu'il
se dût détacher de la croix, comme voulant courir contre le
diable. Et davantage il disait que ce crucifix jetait des étin-
celles de feu, affirmant que si cela ne se faisait, il ne demeurerait rien sur la terre... Le prêtre dit aussi que cette
croix, quelque fermeture qu'on y mette, s'en sort pour
venir en son lieu. » Le gardien de la croix de Tallard avait
pour compère un homme étrange, qu'on appelait son
sorcier, et qui faisait peur par des sortes de mailles blanches
qu'il avait sur les prunelles des yeux. Il confirmait le dire
du prêtre, car celui-ci déclarait que personne ne voyait et
ne savait rien du frémissement de la croix que cet homme
et lui-même. Ainsi, « le prêtre, dit Farel, forgeait les men-
songes et ce coquin les emmanchait et faisait qu'ils pouvaient servir [1]. » Ce récit montre le triste état du catholicisme au seizième siècle en Dauphiné et explique les succès
de la Réforme dans ce pays.

Farel manifesta de bonne heure un penchant très-prononcé

---

(1) *Du vray usage de la Croix*, p. 146 à 152.

1522. pour l'étude. Son père, qui le destinait à la carrière des armes, en éprouva un vif regret, mais il dut céder devant la volonté inébranlable de son fils. Le jeune Guillaume n'eut d'abord à sa disposition que des maîtres peu versés dans les langues anciennes ; aussi désira-t-il vivement se rendre à Paris pour suivre les cours de sa célèbre université. Il arriva dans la grande cité en 1510, à l'âge de 21 ans, et y demeura douze années, jusqu'en 1522. Nous n'avons pas à raconter sa vie à Paris, qui appartient à l'histoire générale du protestantisme ; nous dirons seulement qu'il devint l'élève favori du pieux Lefèvre d'Etaples, qui professait les belles lettres et la philosophie à l'université, et que ce fut à son école, pendant que le célèbre professeur interprétait les épîtres de saint Paul, qu'il apprit et comprit que l'homme est justifié et sauvé, non par ses œuvres, toujours imparfaites, mais par la foi aux seuls mérites de Jésus-Christ. Toute la réformation du seizième siècle est là. Pénétré de la vérité de cette grande doctrine, Farel abandonna ses pèlerinages, ses vœux, son culte de la croix, des images et des reliques, se mit à lire la Bible dans les langues originales et, de concert avec quelques amis, qui, comme lui, furent obligés de quitter Paris après la condamnation de Lefèvre d'Etaples par les moines de la Sorbonne, il annonça la doctrine évangélique dans le diocèse de Meaux, dont l'évêque était bien disposé pour la Réforme. Bientôt persécuté à Meaux, Farel revint à Paris ; mais, très-connu comme disciple de Lefèvre et incapable de cacher ses sentiments, il ne put y demeurer longtemps en sûreté et revint à Gap, où il jeta les premiers fondements de la Réforme.

Il s'adressa d'abord à ses frères. Ces derniers étaient encore sous une impression de terreur par suite des événements de Meaux ; mais, sollicités avec une sainte véhémence par Farel, ils embrassèrent la foi évangélique. Ils ne rompirent point d'abord avec l'Église romaine ; mais, lorsque la

persécution commença à les atteindre, ils confessèrent leur 1522.
foi, comme on le verra plus loin, et sacrifièrent courageu-
sement leurs biens [1] et leur patrie pour demeurer fidèles à
leurs convictions. Jean-Jacques Farel devint apothicaire à
Genève; Daniel se fit naturaliser Bernois et fut chargé de
diverses négociations relatives aux églises réformées; Gaucher trouva un asile auprès de Guillaume de Fürstemberg,
un des chefs de la Réforme en Lorraine; quant à Claude,
ses destinées ne sont pas connues.

Farel s'adressa aussi à ses autres parents [2] et à ses amis
de Gap et des environs; mais il souleva contre lui tous les
pouvoirs ecclésiastiques et civils. On lui dénia le droit de
prêcher, parce qu'il n'était ni moine ni prêtre, et « il fut
déchassé, dit un manuscrit de l'époque [3], voire fort rudement, tant par l'évêque que par ceux de la ville, trouvant sa
doctrine fort étrange, sans jamais en avoir ouï parler. »

Farel convertit Coct. Mort précoce de ce dernier.

Rejeté par ses compatriotes, Farel prêcha les doctrines
évangéliques en divers lieux du Dauphiné, mais sans
s'arrêter longtemps dans aucun. Il dit lui-même dans une
de ses lettres qu'il « errait dans les forêts, les bois et le long

---

(1) Ces biens furent confisqués par sentence du vicaire de l'évêque de
Gap et adjugés à Guélis Rambaud, seigneur de Furmeyer. Le parlement
de Grenoble obligea toutefois ce dernier de les restituer à leurs légitimes
possesseurs. L'arrêt, qui est de l'année 1545, parle seulement de Gaucher
et de Claude Farel. Jean-Jacques et Daniel ne sont pas nommés (Arch.
dép. de l'Isère, B, 66).

(2) Une branche de la famille du réformateur était établie à Gap dès le
XIVe siècle; elle fournit des notaires et des négociants (Charronnet, p. 16).

(3) La vie de feu heureuse mémoire M.r Guill. Farel (Bibl. de Genève).

1522. des eaux[1]. » Son œuvre, toutefois, ne fut pas stérile, et il eut le bonheur, avant de quitter le Dauphiné, qu'il ne devait revoir que trente-huit ans plus tard, de convertir à la foi évangélique Anémond de Coçt, seigneur de Chastelard en Gapençais, chevalier de Rhodes et fils puîné de Coct, auditeur à la chambre des comptes de Grenoble[2]. C'était un jeune homme pieux, qui unissait à un grand zèle pour l'Évangile de l'instruction, de l'éloquence et une exquise amabilité.[3] Il alla tout d'abord à Wittemberg, auprès de Luther, et se fit inscrire comme étudiant sur les registres de l'université (6 avril 1523). Quelques mois après, il persuada au grand réformateur d'écrire une lettre[4] à Charles III, duc de Savoie, qui inclinait vers les idées luthériennes, et la porta lui-même à ce prince (septembre 1523) avec diverses autres lettres adressées à plusieurs personnages français par le célèbre Lambert, Cordelier converti d'Avignon et professeur de philosophie à Wittemberg. Nous le voyons peu après à Zurich (décembre 1523), décidant le réformateur Zwingle à écrire à Pierre de Sébiville[5], moine minorite de Grenoble, dont nous allons nous occuper. Après avoir

---

(1) *Olim errabundus in sylvis, in nemoribus, in aquis* (Lettre de Farel à Capiton, 25 octobre 1526, Mns. de Choupard, à Neuchâtel).

(2) GUY ALLARD (*Dict. hist.* t. I, p. 231) mentionne un Hugues de Coct, reçu auditeur à la chambre des comptes de Grenoble en 1477, qui pourrait être le père d'Anémond.

(3) *Optimus vir est eruditus et pius ac mirè ardens in Evangelium* (Lettre de Luther à Spalatin, dans HERMINJARD, t. I, p. 128). — *Coctus et genere et pietate clarus* (Lettre d'Œcolampade à Sébiville, dans *ibid.*, t. I, p. 203). — *Vir merè fœstivus et doctus et eloquens* (SCHELHORN, *Amœnitates litter.*, t. IV, p. 333).

(4) Dans HERMINJARD, t. I, p. 151.

(5) Coct fit imprimer à Zurich, en 1524, la lettre de Luther au duc de Savoie et celle de Zwingle à Sébiville, avec une épître dédicatoire de sa main.

séjourné quelque temps à Zurich, il visita à Bâle le réformateur Œcolampade, qui, sur ses instances, écrivit aussi
une lettre d'encouragement à Sébiville (mars 1524). Il fit de
là un très-court voyage à Meaux, où les partisans des idées
nouvelles étaient violemment persécutés (juillet 1524), et, de
retour à Bâle (septembre), il reçut de Michel Bentis, savant
critique flamand, l'offre de fonder de concert avec lui une
imprimerie destinée à traduire et publier en français les pro-
ductions allemandes des réformateurs. Le travail de traduc-
tion devait incomber à Coct, qui avait fait beaucoup de
progrès dans la langue allemande. Mais cette entreprise ne
put aboutir faute de fonds, car Coct, qui avait laissé ses
biens à ses frères en quittant la France, était souvent obligé
lui-même de recourir pour vivre à la bourse de son ami et
compatriote Farel. Il se proposait à cette époque de rentrer
secrètement en France pour visiter Lefèvre d'Etaples,
Michel d'Arandia et d'autres apôtres de la Réforme; mais
sur les conseils de Farel, qui ne jugeait pas le moment opportun à cause des poursuites ordonnées par le parlement
de Paris contre les luthériens, il s'établit en janvier 1525 à
Wehr, petite ville du grand duché de Bade. Sébiville lui
écrivit de Grenoble qu'il n'approuvait pas sa prudence et
que, s'il ne voulait rentrer en Dauphiné que lorsque l'Évangile y serait librement prêché, il n'y rentrerait jamais[1].
L'ardent jeune homme ne demeura pas longtemps à Wehr,
quoiqu'il eût l'intention de s'y établir pendant une année au
moins pour se perfectionner dans la connaissance de la
langue allemande. Quelque précaire que fût sa position, il
venait d'adopter un orphelin, et vers la fin de février il alla à
Zurich pour régler le prix de la pension de ce dernier. De là
il se dirigea sur Schaffouse, où il mourut bientôt après des

---

(1) Lettre de Sébiville á Coct, dans HERMINJARD, t. 1, p. 313.

1523. suites d'une fluxion de poitrine. Dès les premiers jours de sa maladie, Hofmeister, le principal réformateur de Schaffouse, en avait informé Farel, qui, suivant sa générosité ordinaire, envoya sur-le-champ quatre couronnes à son ami [1]. Coct a laissé six lettres, qui ont été publiées ces dernières années [2].

Prédication de Sébiville et de Maigret à Grenoble.

Au commencement de l'année 1523 et peut-être dès l'année 1522, un prêtre éloquent de Grenoble, Pierre de Sébiville, « moine minorite de la septième secte [3], » dont nous avons déjà prononcé le nom, avait été amené à la Réforme par Coct, dont il se déclare le catéchumène [4] dans une lettre, et prêchait les doctrines luthériennes « avec ferveur, intelligence, tact et simplicité, » comme le dit une lettre d'Œcolampade [5]. Informé par Coct de son zèle, Zwingle lui écrivit le 13 décembre 1523 une longue lettre, dont voici la substance : « Une même foi, un même amour de la piété nous ont engagés à entrer en rapport l'un avec l'autre : notre but commun étant de restaurer la religion du

---

(1) Les frères de Coct, Guigo et Laurent, qui héritèrent de ses biens, ne s'acquittèrent jamais envers Farel des dettes d'Anémond. Celles-ci s'élevaient à cinquante-cinq couronnes, et Farel les donna en 1546 aux pauvres de Neuchâtel, qui n'entrèrent pas davantage en leur possession.

(2) Dans le recueil d'HERMINJARD.

(3) *Minorita de septimâ secte*, de l'ordre des Franciscains, section des Cordeliers.

(4) *Tuus in Christo catechumenus Petrus de Sebiville* (HERMINJARD, t. 1, p. 313).

(5) *Coctus... narravit tuum in annunciando Evangelio fervorem, sedulitatem, prudentiam ac candorem* (HERMINJARD, t. 1, p. 203).

Christ, depuis si longtemps défigurée et presque anéantie. 1523.
De la petite semence qui a survécu, Dieu saura faire naître
un grand arbre. Cette semence, c'est la Parole de Dieu, et
c'est Dieu même qui vous a inspiré le désir de la communiquer à autrui. Mais, avant d'entreprendre cette œuvre,
calculez-en bien les difficultés, car, si vous êtes un fidèle
serviteur de Dieu, vous rencontrerez des ennemis. Les
accusations d'hérésie, les supplices les plus cruels, voilà les
armes de l'Antechrist réduit au désespoir par la prédication
de l'Évangile. Êtes-vous de force à vous mesurer avec lui et
avec tant d'autres adversaires? Vous fuiriez, à coup sûr,
si l'Esprit du Christ ne se servait précisément de tous ces
périls pour exciter votre courage. Revêtez-vous donc de
toutes les armes chrétiennes. Pour vaincre sûrement, il ne
faut jamais écouter la chair ; il faut que notre esprit vive en
Dieu seul. Vous voulez prêcher l'Évangile, étudiez donc
l'Écriture en disciple et non en docteur. Voyez ce qu'en
peu de temps l'amour du Christ a produit en Allemagne !
Invoquez à votre tour le Seigneur pour la France. Il aime à
être prié [1]. »

Quelques mois après (9 mars 1524), Œcolampade écrivit
aussi une lettre d'encouragement à Sébiville. « Les renseignements que le chevalier Coct m'a donnés sur votre
activité évangélique, lui disait-il en substance, m'ont beaucoup réjoui. Rendons grâces à Dieu de ce que la lumière de
la vérité brille de nouveau sur la France. Mais les progrès
journaliers de l'Évangile m'ayant instruit de la résistance
qu'il éprouve, je devais en frère vous exhorter à persévérer
dans la bonne voie. Nous avons entrepris une œuvre
difficile et tout à fait au-dessus de nos forces. Nulle joie à
attendre des hommes, mais des afflictions de tout genre.

---

(1) HERMINJARD, t. 1, p. 173.

1524. Sachons obéir à celui qui est notre tout et nous n'aurons rien à redouter [1]. »

Dès l'année précédente, Lambert, d'Avignon, qui avait appris à Wittemberg de Farel et de Coct l'importance du mouvement religieux en Dauphiné, avait engagé Luther à adresser une lettre d'encouragement à l'avocat général du roi au parlement de Grenoble [2], qui penchait vers les idées nouvelles [3], et lui-même écrivit en mai 1523 à ce parlement pour le presser d'embrasser le parti de l'Évangile [4]. Ces deux lettres n'ont malheureusement pas été retrouvées.

Sébiville fut secondé dans son œuvre par Amédée Maigret, moine dominicain, qui, après avoir prêché la Réforme à Lyon avec force et éloquence pendant le carême de l'année 1524, prononça à Grenoble, le 25 avril de la même année, en présence du peuple un discours tout empreint des idées luthériennes, qu'il répéta en latin devant le parlement et fit imprimer [5]. Il disait entre autres choses : « Entre nous, prêcheurs et docteurs académiques, manifestement mettons la charrue avant les bœufs, nos œuvres préférons à la grâce de Dieu et contredisons à nous-mêmes, conjoignant ensemble mérite et liberté, obligation et miséricorde; car ce qui vient de la grâce n'est jamais mérite, et ce qui est mérite procède de justice et obligation, non de grâce, comme saint Paul dit : « Si c'est par grâce, ce n'est plus par les œuvres, autrement la grâce ne serait plus une

---

(1) HERMINJARD, t. I, p. 138.

(2) D'après GUY ALLARD (*Dict. hist.*, t. II, p. 294), l'avocat général du roi au parlement de Grenoble était alors Pierre de Varces.

(3) HERMINJARD, t. I, p. 131,

(4) HERMINJARD, t. I, p. 138.

(5) *Sermon presché à Grenoble le jour de s. Marc évangéliste*, avec une *Epistre* en latin adressée au Sénat de Grenoble. Lyon, 1524, in-16 et in-4°.

grâce » (Rom., XI, 6). — Je te dis que celui qui t'oblige à 1524. certains habits de religion et inumérables autres cérémonies extérieures, usant de puissance coërcitive, te commandant telles choses observer sur peine due à péché mortel et autres peines temporelles ou spirituelles, il te met sous le pédagogue, et ne sera de toi véritable ce que dit saint Paul, que, puisque la foi est venue, nous ne sommes plus sous le précepteur (Gall., III, 25). — ... La prophétie de saint Paul de la première épître à Timothée, chapitre IV « L'Esprit dit expressément, etc., deux lois contient, lesquelles saint Paul nomme diaboliques et hypocrites : l'une de prohibition de mariage, laquelle vous savez être innotablement observée par les gens ecclésiastiques ; l'autre de la discrétion et abstinence des viandes par certains jours, observée de tous chrétiens ordinairement. — ... Jeûner, ainsi que l'on nous fait faire, ne manger chair le vendredi, vivre en continence, sont d'elles-mêmes très-bonnes choses ; mais qui nous les commande sous peine d'éternelle damnation (d'autre commandement ne veux-je parler), nous ôte la liberté que Jésus-Christ nous a donnée et nous met en intolérante servitude [1]. » — « Les canons et les décrétales sont des traditions humaines : on ne doit pas s'en soucier. Un payen qui a intention de suivre la raison est sauvé, combien qu'il ne soit jamais baptisé. Les vœux ne sont pas perpétuels... Celui-là médit et calomnie qui appelle Luther un méchant homme [2]. »

Les prédications de Sébiville et de Maigret gagnèrent à la Réforme de nombreux partisans. L'avocat même du roi, qui jouissait d'un grand crédit auprès de François Ier, se

---

(1) Du Plessis d'Argentré, *Collectio judiciorum de novis erroribus*; Paris, 1724-1736, t. II, p. 15-17.

(2) *La France protestante*, t. VII, p. 363.

1524. déclara nettement pour elle, de même qu'Amédée Galbert, parent de Coct. Le premier avait reçu, comme on l'a dit plus haut, une lettre de Luther. Sébiville ne se borna pas à prêcher, il publia aussi divers opuscules, qui sont demeurés inconnus aux bibliographes, car ils furent supprimés avec soin. L'index des livres défendus, publié à la suite des actes du concile de Trente, se borne à placer Sébiville au nombre des auteurs hérétiques de la première classe, sans indiquer les titres de ses livres.

Courroux des moines contre Sébiville et Maigret. Martyre d'un Cordelier (Sébiville?) à Grenoble.

Les succès des deux prédicateurs allumèrent contre eux la colère des moines. Maigret fut obligé de fuir à Lyon, où, après quelques travaux de prédication au sein de cette ville, il fut arrêté sous les yeux mêmes de Marguerite de Valois, qui protégeait les luthériens et se trouvait à cette heure à Lyon, avec François Ier, son frère. Traîné dans les rues, jeté en prison et conduit à Paris, Maigret fut condamné par la Sorbonne à faire amende honorable (9 mars 1525) et son sermon à être brûlé par la main du bourreau. Quant à Sébiville, on l'arrêta également et il ne fut élargi que grâce à la protection d'amis secrets et puissants. Mais il dut faire une rétractation publique de ses erreurs, et il s'y soumit le 16 novembre 1524 [1]. L'évêque de Grenoble, Laurent II Alleman, lui défendit de prêcher et le déclara indigne de

---

(1) Elle a été publiée sous ce titre : *Abjuratio hæresis lutherianæ facta per fratrem Petrum de Sebiville, religiosum ordinis minoris. Et sententia definitiva contra eum lata in curiá spirituali sedis episcopalis gracianopolis;* 1524, in-8°.

posséder aucun bénéfice dans son diocèse, d'où il le bannit 1525.
à perpétuité. Cette sentence ne fut pas exécutée à la lettre,
car Sébiville demeura à Grenoble et conserva ses doctrines
en dépit de sa rétractation, qui lui avait été arrachée par la
force.

Son emprisonnement momentané n'en saisit pas moins
d'effroi ses partisans. Il écrivait à ce propos à Coct (28 déc.
1524) : « A Grenoble, ceux desquels plus tu espérais sont
vacillants et remansi solus, et à moi a été imposé silence de
prêcher sur peine de mort. Pour confabuler ensemble secrètement de l'Évangile, nul ne dit rien, mais de en parler
publiquement il n'y pend que du feu. . Les Thomistes ont
voulu procéder contre moi par inquisition et caption de
personne, et si ne fût certains amis secrets, je étais mis
entre les mains des Pharisées. Je ne dis pas qu'il n'y ait
merveilleusement grands zélateurs de l'Évangile, mais ils
sont en petit nombre... L'avocat du roi de Grenoble et
beaucoup d'autres (ton parent Amédée Galbert excepté)
sont non-seulement tièdes, mais froids [1]. »

Plusieurs mois auparavant, le savant Antoine Papilion,
ami d'Érasme, et le marchand lyonnais Antoine du Blet,
qui avait travaillé avec Maigret à la diffusion des doctrines
luthériennes dans Lyon, étaient venus, sur les instances de
ce dernier, encourager leurs frères de Grenoble. Voyant
Sébiville condamné au silence dans cette ville, ils l'avaient
engagé à venir donner des prédications à Lyon, ce qu'il
accepta avec empressement. Là, de concert avec Maigret et
Michel d'Arandia, chapelain de Marguerite de Valois, ils
formèrent le projet de profiter du carême de 1525 pour
annoncer ouvertement au peuple les doctrines évangéliques
dans l'église de Saint-Paul; mais ce projet ne put être

---

(1) HERMINJARD, t. 1, p. 313.

1525. réalisé. Effrayés des progrès de la Réforme, les moines, comme on l'a vu plus haut, firent arrêter Maigret. Michel d'Arandia fut menacé de la prison [1] et Sébiville, qui était revenu à Grenoble, paraît y avoir été brûlé. C'est sans doute à lui que font allusion ces paroles d'un auteur contemporain : « Audit an 1524 [2], en février, fut brûlé à Grenoble un cordelier qui tenait le parti de Luther, et le fit brûler le grand commandeur de Viennois. Et depuis sa mort, ledit commandeur eut affaire à justice, disant que combien que ledit Cordelier eût bien mérité la mort, néanmoins il n'avait pas tenu forme de justice ; et y eut un autre Cordelier, son compagnon, qui s'enfuit et s'en alla en Allemagne devers Luther [3]. » Quant à du Blet et Papilion, ils moururent subitement l'année suivante, empoisonnés, dit-on, par les moines et les théologiens (mai 1526) [4]. Marguerite avait procuré au second la charge de maître des requêtes du Dauphin [5].

---

(1) Marguerite le fit nommer à l'évêché de Saint-Paul-trois-Châteaux, dont il prit possession le 17 juin 1526 et se démit volontairement en 1539. « D'Arandia, au dire de BOYER DE SAINTE-MARTHE (p. 213, 217), était natif du Dauphiné, d'une famille noble assez connue dans la province sous ce même nom. »

(2) Ancien style; soit 1525.

(3) *Journal d'un bourgeois de Paris sous le règne de François Ier*; Paris, 1854, p. 227, 228.

(4) *Lettre d'Érasme à François Ier*, dans HERMINJARD, t. I, p. 35.

(5) C'est vraisemblablement vers le même temps que le parlement de Grenoble défendit, au dire de CHORIER (*Abrégé*, t. II, p. 91), « la translation des livres sacrés en notre langue ».

Martyre de Rénier. Députation des Vaudois en Allemagne. Prédications des frères de Farel.

Pendant la captivité de François Ier à Madrid, la reine-mère, Louise de Savoie, autant par haine contre les luthériens que pour se ménager l'appui de la cour de Rome, avait ordonné par lettres patentes l'exécution d'une bulle du pape Clément VII (9 mai 1525) relative aux poursuites à exercer contre les hérétiques. Elle déclara que, « voulant aider le pape à extirper, éteindre et abolir cette malheureuse et damnée secte et hérésie de Luther , » elle commandait d'exécuter ladite bulle. François Ier, rendu à la liberté le 14 janvier 1526, modéra le zèle des persécuteurs, mais ne l'éteignit point. Pour ne citer que les faits relatifs à notre province, nous dirons qu'Étienne Rénier, moine cordelier et docteur en théologie, pour avoir prêché la Réforme à Annonay vers 1528, fut emprisonné et scella « la vérité de son propre sang à Vienne, où il fut brûlé vif avec une singulière constance [1]. » Le successeur de Rénier, le maître d'école Jonas , « homme de grande érudition et piété, » fut de même appréhendé au corps, avec vingt-cinq de ses partisans, sur l'ordre de l'archevêque de Vienne, Pierre de Palmier, et jeté dans les prisons de Vienne, « où quelques-uns moururent de langueur et mauvais traitement, étant les autres finalement délivrés par une manière de grâce en payant certaines amendes. » Jonas fut assez heureux pour échapper de cette manière [2].

1528.

---

(1) La ville d'Annonay ressortissait ecclésiastiquement au diocèse de Vienne.

(2) Bèze, t. 1, p. 6; — Crespin, fol. 102; — Charvet, p. 541. — Ce dernier affirme par erreur que Rénier fut seulement condamné aux galères.

2

1530.   C'est vers cette époque (1530) que les Vaudois de Provence et de Dauphiné, unis de cœur et de doctrine aux
luthériens d'Allemagne, envoyèrent deux de leurs barbes
ou pasteurs, Georges Maurel, de Freissinières [1], et Pierre
Masson, de Bourgogne, à Œcolampade, de Bâle, à Capiton
et Bucer, de Strasbourg, et à Berthaud Haller, de Berne,
« pour conférer de leur croyance, dit Perrin [2], et prendre
avis d'iceux sur plusieurs points ès quels ils désiraient d'être
éclaircis. » Œcolampade et Bucer leur donnèrent des lettres
pour leurs coreligionnaires, où ils disaient : « Nous rendons
grâces à notre Dieu très-benin, lequel vous a appelés à si
grande lumière en ce siècle et parmi les ténèbres obscures
qui sont épandues par tout le monde, et la puissance désor-
donnée de l'Antechrist. Et pourtant nous reconnaissons que
Christ est en vous. Par quoi nous vous aimons comme
frères... Le Père de Notre Seigneur Jésus-Christ vous a
départi une excellente connaissance de sa vérité, plus qu'à
beaucoup d'autres peuples, et vous a bénis de bénédiction
spirituelle,... vous a maintenant inspirés à la recherche
d'icelle, vous ayant rendus capables de le faire. Or, voici
quelle est la nature de la vraie foi, c'est que dès aussitôt
qu'elle reconnaît en quelque part quelque étincelle de la
clarté divine, elle conserve soigneusement les choses qui
lui sont données de Dieu. » A son retour, Masson fut pris
à Dijon et condamné à mort comme luthérien, et Maurel,
qui l'accompagnait, assez heureux pour s'échapper avec ses
lettres et ses papiers, revint au milieu de ses frères et
travailla à leur affermissement dans la foi évangélique.

(1) Maurel était proprement de Chanteloube, commune de Saint-Crépin.
La famille Maurel existe encore, ainsi que la maison où naquit ce célèbre
barbe.

(2) *Hist. des Vaudois*, p. 46-48, 210, 216.

Loin de retarder la marche de la Réforme, ces persécu- 1532.
tions, autorisées par la cour, ne servirent qu'à la favoriser.
En Dauphiné, vers 1532, les frères de Farel ne laissaient
pas que d'annoncer les doctrines évangéliques. Nous voyons
l'un d'eux, Jean-Jacques, chercher à les faire embrasser
au notaire Aloat, de Manosque, son parent, qui avait l'intention d'acheter la charge de greffier de la cour épiscopale
de Gap, que remplissait le frère de Jean-Jacques.

Il disait « que Jésus-Christ ne descendait point entre les
mains *dels chappelants* quand ils célébraient la messe, et
que l'on devait communier et prendre l'hostie en la mémoire
de son corps et boire le vin en la mémoire de son sang; —
il disait que dans la messe il n'y avait de vrai que l'Évangile
et l'Épître, et il n'y avait que quatre cents ans que la messe
était inventée, et que jamais Jésus-Christ, ni saint Pierre,
ni aucun apôtre ne chantèrent, mais ce fut puis après que
la messe fut inventée par d'autres gens; — il disait que
quand une personne meurt, elle va *in dormitori* et qu'elle
n'éprouvait ni joie ni tourment, qu'elle n'est point jugée, et
que nous ne serons jugés en autre jour que celui du jugement, où Jésus-Christ viendra juger vivants et morts, et
qu'on ne devait point prier pour les morts et que c'était
peiné et argent perdus; — il disait que l'eau bénite ne puri-
fiait en rien et que le pain bénit n'était pas plus bénit que
l'autre; — .... il disait que le pape, les cardinaux,
évêques et autres gens d'église n'ont puissance d'excommu-
nier ni absoudre plus qu'un autre homme et que les pardons
et indulgences concédés par le pape ne valent rien, et que
l'on *poet ben garir l'argent de la bourse, non pas les pec-
cats de la conscience;* — il disait qu'il ne faut se confesser,
parce que les capellants à qui on se confesse n'avaient pas
la puissance d'absoudre, parce que la confession ne se
devait faire à eux, mais tant seulement à Dieu; et parce
que l'eau n'efface les péchés et ne renouvelle en rien, il n'est

1535. pas nécessaire de baptiser; — il disait qu'autant valait prier Dieu et faire ses prières à la maison ou autre part qu'à l'église., et à l'église comme à sa maison ou autre part; — il disait qu'il ne fallait pas faire de différence des vendredis, samedis, Vigiles et Quatre-Temps et de l'autre temps de chair; et que en carême les vendredis, samedis, Vigiles, Quatre-Temps commandés par l'Église on pouvait manger de la viande comme en autre temps; bien est vrai qu'il disait qu'on devait jeûner, non pour obéir à l'Église ni à aucun autre, mais pour macérer le corps; — il disait qu'il ne fallait généralement chômer aucune fête de tout l'an, mais assister au sermon le dimanche, et que Dieu n'avait commandé les fêtes, mais que les hommes les avaient inventées; — on ne devait point payer les dîmes, parce que Dieu ne l'avait point commandé [1]. »

Martyre de Gonin, Brun et Rostain.

Depuis deux années François Ier, qui venait de s'allier avec les princes protestants d'Allemagne, ligués à Smalkade (22 déc. 1530) pour combattre les prétentions absorbantes de l'empereur Charles-Quint, traitait avec moins de rigueur les protestants de ses États; mais ces mêmes princes ayant fait la paix avec Charles-Quint (13 juillet 1532), le roi de France se rapprocha du pape Clément VII, qui était en lutte avec ce dernier, et il redevint fort animé contre les luthériens français. Des placards contre la messe et la transubstantiation, affichés sur les portes des églises de Paris et sur la porte même de sa chambre à Blois, le rendirent furieux, et, le 21 janvier 1535, il ordonna une procession solennelle à Paris, dans laquelle six partisans de la

---

(1) *Arch. de Manosque. Procès Aloat*, dans Charronnet, p. 10 et 11.

Réforme furent brûlés vifs. Le 29, il rendit un arrêt portant
que les recéleurs de luthériens seraient punis des mêmes
peines qu'eux, s'ils ne les livraient à la justice, et que les
dénonciateurs auraient le quart des confiscations. Sur les
représentations des princes protestants d'Allemagne, François Ier tempéra cet arrêt par l'édit de Coucy du 16 juillet ;
mais des exécutions capitales n'en eurent pas moins lieu
sur divers points de la France.

Le 26 avril 1536, le ministre ou barbe Gonin, de la
vallée d'Angrogne en Piémont, revenait de remplir une
mission à Genève de la part de son église, lorsque en passant au col de Gap il fut pris pour un espion, arrêté par
l'ordre du gentilhomme Georges Martin de Champoléon, et
conduit dans les prisons de Grenoble. On allait le relâcher,
mais ayant avoué qu'il était porteur de plusieurs lettres des
réformateurs de Genève, il fut condamné à mort comme
luthérien. L'autorité, craignant qu'un supplice public ne
servît la cause du luthérianisme, fit jeter ce malheureux
dans l'Isère à neuf heures du soir, les jambes liées d'une
corde.

Le laboureur Étienne Brun fut, de son côté, brûlé vif à
Embrun. Né à Réotier, dans le diocèse d'Embrun, cet
homme, doué de moyens naturels remarquables, avait
appris à lire et à écrire en français par le seul usage du
Nouveau Testament ; et comme les prêtres, avec lesquels il
avait de fréquentes discussions, lui reprochaient un jour de
citer la Bible de confiance, puisqu'il ne savait pas le latin,
il conféra avec tant de soin la version latine avec la version
française qu'il put bientôt citer la première avec autant de
facilité que la seconde. Irrités de ne pouvoir le réduire au
silence, les prêtres le firent incarcérer en 1538 dans les
prisons de l'archevêché d'Embrun, et là le circonvinrent de
tant de « tromperies et vaines promesses, » qu'ils lui firent
signer une formule latine d'abjuration, qu'il ne comprit sans

1540. doute qu'à moitié. Quoi qu'il en soit, il ne tarda pas à comprendre sa faute et la confessait souvent devant ses domestiques, en s'écriant : « Misérable que je suis d'avoir si légèrement ajouté foi à mes parties adverses ! Mais cette charogne de chair n'en échappera point si derechef je suis pris; ainsi payera l'intérêt de son parjure et déloyauté. »

Cette occasion fut offerte à Brun deux ans après (1540). Emprisonné à l'instigation de Gaspard Auger, de Gap, qui était fermier de l'archevêque et espérait, grâce à son zèle, être mis en possession des biens du martyr, il fut interrogé par un Cordelier, inquisiteur de la foi, nommé Domicelli, et un vicaire, déclaré hérétique et condamné à être brûlé vif. C'est en vain qu'on lui conseilla d'abjurer comme la première fois pour racheter sa vie; c'est en vain qu'on mit devant ses yeux le tableau de sa femme et de ses cinq enfants qu'il laissait orphelins : il demeura inébranlable. Lorsqu'on le conduisit devant ses juges pour entendre sa sentence de mort, il leur adressa ces remarquables paroles : « Pauvres gens! que pensez-vous faire? Vous me voulez condamner à la mort. Vous vous trompez, ce sera à la vie, car des misères de ce pauvre monde je passerai incontinent à une immortalité bienheureuse que j'ai tant désirée. » En se rendant au lieu du supplice, il exhorta la foule nombreuse qui était venue assister à ce lugubre spectacle, et quand il fut attaché au poteau, le vent, qui soufflait avec violence, détourna pendant près d'une heure les flammes de son corps, si bien qu'il fallut allumer d'autres fagots et y répandre de l'huile pour activer les flammes. Impatienté de cette longue attente, le bourreau asséna sur sa tête un coup de croc, et le martyr lui dit : « Puisque je suis condamné d'être brûlé, pourquoi me veux-tu assommer? » Un second coup, donné sur le ventre du patient, l'abattit, et le bourreau couvrit son corps de fagots enflammés. Celui-ci fut bientôt consumé et ses cendres jetées au vent, selon la

sentence du juge, qui, après la mort du martyr, fit défendre 1545.
à son de trompe, par honte ou par peur, de parler de son
supplice, menaçant quiconque en répandrait la nouvelle
d'être déclaré hérétique et traité de la même sorte[1].

L'édit modéré de Coucy fut remplacé, dès le 1er juin 1540,
par celui de Fontainebleau, qui enjoignit expressément à
tous baillis, sénéchaux, procureurs, avocats du roi, etc.,
sous peine de suspension et privation de leurs offices, de rechercher et poursuivre les luthériens et de les livrer aux cours
souveraines. L'effet de cet édit se fit sentir en Dauphiné. En
1542, un nommé Rostain, dit Garnier, fut brûlé publiquement à Romans, pour avoir jeté dans le ruisseau une image
du Christ, qu'il avait arrachée à la porte d'une église[2]; et les
Vaudois de Provence, qui habitaient aux portes du Dauphiné, eurent à souffrir de l'édit d'une manière atroce.
François Ier ordonna par deux fois (en 1542 et 1545) au
parlement d'Aix d'exécuter le cruel arrêt que cette cour
avait rendu contre eux en novembre 1540 et dont le premier président, le vertueux Chassanée, avait retardé l'exécution. A sa mort, survenue en 1545, son successeur, Jean
Meynier, baron d'Oppède, brigua le triste honneur d'exécuter l'arrêt de la cour; mais, emporté par la passion, il en
dépassa le but. Vingt-quatre bourgs ou villages vaudois
subirent la destruction, et tous ceux de leurs habitants qui
purent être saisis furent massacrés, sans distinction d'âge ni
de sexe. Cabrières et Mérindol eurent le plus à souffrir.
Dans la première bourgade, on égorgea sept cents hommes
de sang-froid et on brûla toutes les femmes.

---

(1) BÈZE, t. 1, p. 17; — CRESPIN, fol. 124; — PERRIN, *Histoire des
Vaudois*, p. 161.

(2) *Bulletin de la Société d'archéologie de la Drôme*, t. 11, p. 385.

Le parlement de Grenoble commence à sévir. Avénement de Henri II. La Reforme à Romans.

1547.   Un an après ces événements (4 mai 1546), le parlement de Grenoble s'apprêta aussi à frapper les réformés. Il fit injonction à tous baillis, sénéchaux, leurs lieutenants et autres juges royaux delphinaux, et aussi à tous autres juges de ce ressort, d'informer bien diligemment et au vrai..., à l'encontre de tous les sectateurs et suspects des erreurs, hérésies et fausses doctrines, qui aujourd'hui pullulent contre la sincérité et vérité de notre sainte et catholique foi, et contre la détermination de notre mère sainte Église, et faire prendre et saisir au corps et serrer en prison fermée tous ceux qui par lesdites informations se trouveraient chargés dudit crime d'hérésie. » Les juges et procureurs qui n'obtempèreraient pas à cette injonction, devaient être suspendus pour un an de leurs offices et passibles d'une amende de 500 livres envers le roi [1].

On comprend que de pareilles mesures aient peu fait regretter François Ier des protestants de France. Ils espéraient que son fils, Henri II, qui lui succéda (31 mars 1547) et qui était d'un naturel débonnaire, les traiterait avec plus de mansuétude. L'illusion fut de bien courte durée. Henri II, dominé par Catherine de Médicis, sa femme, suivit la politique versatile de François Ier, et aucun roi ne persécuta les protestants avec tant de rigueur. S'inspirant de l'esprit du maître, le parlement de Grenoble envoya le conseiller Guillaume de Lacour pour « ès villes

---

(1) *Continuation des ordonnances de la cour du parlement de Daulphiné*, Lyon, 1550, fol LXXI.

de Valence et Die et leurs environs informer secrètement 1549.
contre les sectateurs ou suspects des erreurs contre la sainte
foi catholique et la doctrine de notre mère sainte Église ».
Lacour fit arrêter et conduire à Grenoble Pierre Taulier, et,
sur son rapport, le parlement le condamna (3 déc. 1549) à
50 livres d'amende envers le roi « pour réparation des
paroles par ledit Pierre Taulier témérairement proférées
contre l'observation du saint carême et pour avoir, durant
icelui et sans due permission, mangé viandes défendues,
sans 'pour ce, toutefois, encourir aucune note d'infamie.
Et pour plus ample et entière purgation des dits propos
scandaleux, tendant à crime d'hérésie, proférés par ledit
Pierre Taulier, plus au long portés par ledit procès,
la icelle cour... a renvoyé par devant l'évêque de Valence,
ou son vicaire spirituel, par-devant lequel est enjoint audit
Pierre Taulier soit représenté en personne dans la quinzaine
après son élargissement desdites prisons Porte-Troine sur
peine de 500 livres, de bannissement perpétuel et autre
peine à l'arbitration de la cour ». Le parlement condamna
également Vincent de Loncle à cent sols tournois « pour
avoir follement et témérairement dudit temps du carême
mangé desdites viandes, sans encourir aucune note d'infamie[1] ».

Quelques jours avant ces arrêts, Henri II avait promulgué un édit qui remettait aux prélats le jugement des
hérétiques, après information des juges séculiers (19 nov.
1549). Dès le 24 décembre, le parlement de Grenoble, se
conformant à cet édit, invitait « tous et chacun les prélats
en ce ressort, leurs vicaires et officiaux de soigneusement et
diligemment enquérir et informer des entachés et sectateurs
des crimes d'hérésie, et procéder contre ceux qu'ils trouve-

---

(1) *Arch. départ. de la Drôme, E,* 1755.

1549. ront coupables dudit crime, jouxte les sanctions canoniques et constitutions des saints conciles, comme ils doivent, sur peine à l'encontre desdits prélats, leurs vicaires et officiaux de saisie de leur temporel et réduction d'icelui à la main du roi et autres peines à l'arbitration de la cour en cas de dissimulation ou d'aucune négligence... Semblablement fait la cour exprès commandement de par le roi à tous juges royaux ressortissant sans moyen à icelle cour ; auxquels par le édit du roi est donnée la connaissance du crime de blasphème, que peut souvent être adjugé avec ladite hérésie, et de la perturbation des repos et tranquillité de la république chrétienne, et en espèce de sédition et rébellion contre le roi et la justice souveraine, délits résultant ou qui peuvent résulter de ladite hérésie ; » de rechercher lesdits délits avec grand soin. Les juges royaux qui n'obéiraient pas à cet ordre devaient être passibles d'une amende de 500 livres et de la privation de leur charge. La même peine leur était réservée si, dans six semaines, ils n'avaient pas envoyé au parlement des mémoires, signés d'eux et de leurs greffiers, contenant le résultat de leurs informations. Le parlement leur ordonnait aussi, de même qu'aux vicaires et officiaux des prélats, de lui envoyer tous les trois mois, à partir de cette époque, des rapports du même genre [1].

Au moment où le parlement de Grenoble rendait son arrêt, des étrangers apportaient la Réforme à Romans. Répandue d'abord à petit bruit, elle se propagea bientôt avec une telle rapidité que les consuls jugèrent nécessaire d'en informer le parlement de Grenoble, qui commit le conseiller Jean Baronnat pour informer contre les sectateurs des idées nouvelles (20 août). La femme Colombier, qui lui fut dénoncée comme luthérienne, n'attendit pas sa venue et

---

(1) *Continuation des ordonnances du parlement de Daulphiné*, fol. LXXIII.

se réfugia à Genève, d'où elle écrivit plusieurs lettres imbues
des doctrines évangéliques. Le parlement la condamna, le
3 décembre, à être brûlée en effigie sur la place publique
de Romans un jour de marché. Le 16 du même mois,
Jeanne Malhète, femme d'Antoine Tavanel, chez laquelle
on avait trouvé le *Catéchisme de Genève* par Calvin et *La
forme des prières ecclésiastiques, avec la manière d'administrer les sacremens*, fut condamnée « à suivre pieds nus
et tenant une torche ardenté du poids de trois livres, la procession déjà ordonnée par un arrêt précédent contre Loyse
Arnaude, dit Gavanette; cette procession part de l'église de
Saint-Barnard et se rend au mont Calvaire. Jeanne Malhète
doit assister à la messe qui là se dira et à l'amende honorable de ladite Gavanette, et mettre ensuite le feu à un fagot
de bois, sur lequel seront brûlés lesdits livres, disant qu'elle
demande pardon au roi et à la justice; et lui a défendu ladite
cour de dorénavant tenir semblables livres ou autres réprou-
vés et d'enseigner aucunes filles, le tout sous peine de la
hart.» Par le même arrêt, Tavanel fut condamné à la même
peine, à 10 livres d'amende et aux frais, ainsi que Jean de
Comiers, dit Charmes, meunier, pour avoir mal parlé des
images des saints et saintes du paradis [1]. Deux ans après,
au mois de décembre 1551, le prédicateur de la ville ne
craignait pas d'avancer en chaire quelques propositions
contraires à la foi catholique. Pour le punir de sa hardiesse, les consuls le firent arrêter et juger par le vibailli
de Saint-Marcellin; puis ils exposèrent au roi les dangers
qui, à leurs yeux, menaçaient la ville, et prirent certaines
mesures coercitives qui y comprimèrent, ostensiblement
du moins, le mouvement réformé pendant neuf ans [2].

---

(1) Ulysse CHEVALIER, *Annales de la ville de Romans*, dans le *Bulletin
de la Soc. d'archéol. de la Drôme*, t. IX, p. 73, 74.

(2) DOCHIER, p. 181, 182.

Emprisonnement du prêtre Gay à Die. Arrestation de Lefèvre à Grenoble et son martyre à Lyon.

1551.   Cette même année 1551 (le 27 juin), Henri II, voyant que plusieurs partisans des idées luthériennes échappaient à la rigueur de ses ordonnances par suite de l'antagonisme existant entre la justice seigneuriale et la justice ecclésiastique, publia l'édit de Châteaubriant, qui rendit les luthériens justiciables à la fois des tribunaux ecclésiastiques et des tribunaux séculiers. Cet édit porta immédiatement ses fruits. Un docteur en médecine de Gap, nommé Claude Villard, fut poursuivi comme hérétique par la justice ecclésiastique de cette ville[1]. Jacques de Tournon, évêque de Valence et de Die, fit de son côté une tournée pastorale dans son diocèse « afin, dit une pièce du temps[2], de le purger et nettoyer des erreurs, scandales, fausses et réprouvées doctrines qui pourraient être semées, contaminant et infectant le troupeau de Jésus-Christ ». A l'occasion de cette visite, l'official de l'évêque « fit constituer prisonnier comme luthérien, pendant dix-huit mois, bien serré, sans que personne le pût voir tant qu'il y demeura, » le prêtre Pierre Gay, habitué de Notre-Dame, l'un des premiers qui embrassèrent la Réforme. Cet ecclésiastique, initié aux doctrines évangéliques dans un voyage fait à Paris, s'était muni de livres luthériens et les avait apportés dans sa ville natale. Comme il appartenait à une famille influente du pays, on obtint son élargissement, mais avec beaucoup de

---

(1) CHARRONNET, p. 12.

(2) *Visite de Mgr Jacques de Tournon*, dans LONG, p. 18.

peine, « car de ce temps, ajoutent les Mémoires qui nous 1554. rapportent ce fait, on brûlait.et on martyrisait pour la religion [1] ».

A Grenoble, en 1554, plusieurs réformés furent mis en prison. Un orfèvre de Rouen, en particulier, nommé Richard Lefèvre, s'y vit incarcérer. Cet homme, qui mourut martyr de sa foi, avait embrassé les doctrines évangéliques à Londres. Retiré à Genève en 1544 et rentré en France en 1551, il fut d'abord arrêté à Lyon et condamné à mort cómme hérétique. En ayant appelé à Paris, ses coreligionnaires le délivrèrent en route, et il reprit ses voyages de commerce. Arrivé à Grenoble, il y fut dénoncé par le maître de l'hôtel où il était logé, parce qu'à l'occasion d'une prière latine faite de mémoire par l'enfant de ce dernier au moment de se mettre à table, il avait représenté au père « que tous les chrétiens doivent prier en langue entendue et de cœur, selon qu'il nous est apertement enseigné par la Parole de Dieu, et ce afin que le prochain en puisse recevoir édification. » Arrêté par le prévôt des maréchaux du Dauphiné, on le jeta dans les basses fosses des prisons de la ville, où il demeura douze jours en compagnie de deux brigands. Le juge du prévôt n'ayant pas voulu se charger de son procès, non plus que l'évêque, Lefèvre fut remis aux mains du vibailli, qui le fit interroger par un de ses assesseurs et catéchiser par un Cordelier. Lui-même l'interrogea longuement. Transporté ensuite à la prison de Porte-Troine, où se trouvaient d'autres prisonniers pour la foi, il annonça l'Évangile à tous ceux de la ville qui venaient le visiter et dont le nombre s'accrut tellement que le parlement en prit ombrage et ordonna au vibailli de le transférer à la prison de la Courrerie à l'évêché. Peu après il subit un

---

(1) *Mémoires de la maison des Gay* (Mns.).

1555. interrogatoire solennel devant le vibailli, son conseil, des moines jacobins et cordeliers et divers prêtres, à la suite duquel le procureur du roi demanda qu'il fût mis à la torture jusqu'à ce qu'il eût avoué les noms des personnes qui l'avaient délivré sur la route de Paris, puis qu'il fût brûlé sur la place des Cordeliers, après avoir eu la langue coupée. Le vibailli ne voulant pas assumer la responsabilité d'une pareille exécution, finit, après divers retards, par envoyer Lefèvre à Lyon devant ses premiers juges, qui, confirmant leur sentence antérieure, le condamnèrent à avoir la langue coupée et à être brûlé vif. L'exécution du courageux martyr eut lieu le 7 juillet 1554 [1].

La Reforme à Saint-Paul-trois-Châteaux et à Montélimar.

Ces persécutions, d'autant plus incompréhensibles que le roi de France soutenait en Allemagne ceux qu'il faisait brûler dans son royaume, n'atteignirent nullement leur but. Comme on l'a dit, pour deux huguenots que l'on faisait mourir, il en renaissait cent autres de leurs cendres.

Une église protestante fut définitivement constituée à Paris en septembre 1555, par l'établissement d'un consistoire et la nomination d'un pasteur, et cet exemple fut suivi à Meaux, Angers, Poitiers, L'ile d'Arvet, Agen, Bourges, Issoudun, Blois, Tours, etc. La plupart des pasteurs placés à la tête de ces églises avaient passé un temps d'étude plus ou moins long à Genève, qui, depuis l'année 1541, époque de l'établissement définitif de Calvin dans cette ville, était devenue la lumière vers laquelle se tournait la France persécutée, la Sion d'où elle attendait le secours.

---

(1) Crespin, fol. 287 à 295.

˚ Les doctrines réformées jetèrent de profondes racines 1558.
dans la ville épiscopale de Saint-Paul-Trois-Châteaux pendant cette même année 1555. « Pauvres et riches, dit
Boyer de Sainte-Marthe [1], jeunes et vieux, hommes et
femmes assistaient à leurs assemblées nocturnes... Dès
qu'ils virent leur parti un peu fort et en état de se faire
craindre, ils crurent qu'il était temps de se déclarer... Ils le
firent par des placards qu'ils affichèrent, non-seulement à
tous les carrefours de la ville, mais contre les portes de
l'église cathédrale, placards qui contenaient des satires
cruelles contre la religion catholique et romaine. » L'évêque
de Saint-Paul, Jean de Joly, et son vicaire « firent faire
sans délai toutes les perquisitions nécessaires pour découvrir les coupables... Les consuls et les conseillers de la ville,
appréhendant d'être enveloppés dans une affaire si cha-
touilleuse et d'être accusés de connivence avec les hérétiques,
s'assemblèrent et, par l'organe de Jean Cotelier, avocat,
représentèrent et déclarèrent à M. Paul Rémy, conseiller
du roi au parlement de Grenoble, résidant à Saint-Paul,
qu'ils n'avaient jamais vu, ni su, ni entendu mettre des
placards, ni qu'ils n'avaient point fait ni fait faire des
assemblées illicites de nuit ou de jour pour favoriser l'hérésie, et qu'ils ignoraient entièrement tout ce qui s'était déjà
passé; qu'ils honoraient la glorieuse Vierge et tous les
saints du paradis; qu'ils reconnaissaient la sainte Église
pour leur mère et l'évêque de Saint-Paul pour leur pasteur
et leur seigneur, et qu'ils voulaient vivre et mourir en bons
catholiques sous l'obéissance de l'une et de l'autre ».

L'affaire en resta là. Mais trois ans plus tard, en 1558,
˚ le jour même de Pâques, un prédicateur étranger, qui

---

(1) *Histoire de l'église cathédrale de Saint-Paul-trois-Châteaux*, p. 221
et suivantes.

1558. avait prêché le carême à Saint-Paul, s'éleva tout à coup
« avec toute la force qu'il lui fut possible contre la créance
ancienne des catholiques, la traitant de superstition, d'idolâtrie et d'erreur ». L'évêque, qui était présent à ce discours,
imposa silence au hardi prédicateur et lui ordonna « de
venir se présenter devant lui pour rendre compte de sa doctrine et se purger de ses erreurs. On ne sait pas ce qu'il fit,
mais il y a beaucoup d'apparence qu'il se retira sans mot
dire ». Quoi qu'il en soit, une violente sédition eut lieu
dans l'église, et « l'évêque et les magistrats eurent peine de
l'assoupir. En vain leur représentaient-ils les édits qu'avait
faits depuis peu Henri II [1], ils voulaient, disaient-ils, la
liberté de conscience; et, malgré les édits du roi et les
défenses de l'évêque, ils ne s'empêchèrent pas de faire des
assemblées, ce qui obligea le bailli royal de faire saisir
quelques-uns de ces rebelles, d'envoyer les uns en exil, les
autres aux galères; il en condamna quelques-uns à être
pendus et quelques autres à être brûlés ». Leurs noms glorieux ne nous ont pas été conservés.

A Montélimar, on trouve dès 1544 quelques traces des
idées luthériennes; mais ce ne fut qu'en 1556 qu'elles y
furent prêchées avec quelque succès par deux femmes
étrangères venues de Genève, nommées l'une Marguerite
Nivet, dite La Monge, l'autre Jacqueline. « Elles tinrent
d'abord des assemblées nocturnes dans des caves, dit le
notaire Candy [2], et y prêchèrent les nouvelles doctrines. Ces
réunions ayant alarmé les catholiques, les consuls se portèrent dans la maison de La Monge, où l'on trouva plusieurs
livres suspects, qui furent remis au procureur du roi pour

---

(1) A la date du 24 juillet 1537. Nous en parlerons bientôt.

(2) *Hist. des guerres de religion à Montélimar* (Mns.); — EXPILLY, *Dict.
géogr., histor. et polit. des Gaules*, t. IV, p. 839.

faire informer. Ce magistrat en donna avis au parlement de 1557 Grenoble, qui envoya quelque temps après M. de Lacour, conseiller, pour instruire la procédure ; mais une partie des habitants, et même des plus apparents, étant déjà dans le parti de la Réforme, on ne donna aucune suite à cette affaire. »

La Réforme à Valence et à Grenoble.
Martyre de Romyen.

A Valence, siége d'une université célèbre, où enseignèrent les professeurs de droit François Duaren et Pierre Loriol, le premier en 1554 et le second de 1555 à 1563, et tous les deux attachés de cœur aux idées luthériennes, la naissance de la Réforme concorda avec l'arrivée à l'université du savant professeur réformé Cujas, en 1557. Une école avait été fondée dans la ville quelques mois auparavant pour les jeunes enfants par un luthérien genevois, qui avait mis entre les mains de ses élèves un livre intitulé *Instructions pour la jeunesse*. Cet écrit, conçu au point de vue évangélique, servait de livre de lecture aux enfants, et le maître y ajoutait les développements nécessaires. Plusieurs personnes, ayant eu connaissance de cet enseignement nouveau, voulurent l'ouïr de leurs propres oreilles et vinrent trouver le professeur, qui les engagea à assister chaque jour à des réunions spéciales qu'il organisa pour eux. Un grand nombre de gens les fréquentèrent, notamment des femmes et des étudiants, et un prêche régulier fut institué. Le chapitre de la cathédrale de Valence s'en alarma et jugea nécessaire de députer, le 1er octobre 1557, à Jean de Montluc, son évêque, qui était pour lors à Paris, Guillaume Robert, docteur en théologie et curé de la cathédrale, pour l'informer de ce qui se passait. Il prit en attendant

1557. quelques mesures pour arrêter les progrès des idées luthé-riennes, « et dès que l'évêque fut de retour, il lui adressa une remontrance, signée de tous les chanoines, l'invitant à pourvoir au plus tôt aux besoins de son peuple et à la paix de l'Église. Quelques jours plus tard, Montluc publia dans le diocèse un jubilé, accordé récemment par le sou-verain pontife. Les uns applaudirent à l'ordonnance, mais les autres s'en irritèrent comme d'une imprudente mani-festation », et une agitation considérable en fut la suite. « Plusieurs ecclésiastiques, surpris au moment où ils affi-chaient l'ordonnance, furent outragés par une bande de jeunes gens...; les placards furent déchirés en plein jour et les exercices du jubilé furent troublés dans toutes les églises [1] ».

A Grenoble, la jeunesse des écoles se déclarait aussi pour les idées luthériennes sous l'impulsion ouverte ou cachée des professeurs de droit de son université. De Govea, qui y enseigna de 1555 à 1562, passait pour être hétérodoxe, et Gribald, qui vint à l'université en 1539, se vit obligé de quitter sa chaire en 1560 sur l'ordre du roi et du duc de Guise, gouverneur du Dauphiné, parce qu'il était plus hétérodoxe encore que Govea. Du reste, la plupart des professeurs de l'époque qui avaient quelque distinction, étaient ou luthériens ou suspects de professer des idées antichrétiennes. On disait communément: *Omnis jurescon-sultus malè religione sentit* [2], ou *Bonus jurisconsultus, malè christianus* [3].

Si les idées luthériennes faisaient des progrès à Grenoble,

---

(1) Abbé Nadal, *Histoire de l'université de Valence*, p. 49, 50.

(2) Littéralement: « Tout jurisconsulte sent mal de la religion. »

(3) « Bon jurisconsulte, mauvais chrétien ». — Berriat Saint-Prix, *Hist. de l'anc. université de Grenoble*, dans la *Revue du Dauphiné*, t. v.

le parlement s'efforçait d'en arrêter la marche, mais par des édits modérés, tant le mouvement paraissait irrésistible. Ainsi il condamna « seulement à 10 livres d'amende envers le roi et aux frais de justice, modérés à 100 sols », Augustin Cartier, détenu « pour cas de scandale et perturbation de paix publique au fait de la religion », et renvoya « à l'official de Grenoble ou à son lieutenant Florent Godard, natif de Boulette, en Normandie, accusé de crime d'hérésie et de contravention aux édits du roi, à l'effet d'abjurer son erreur, voulant qu'il soit ensuite élargi de prison et avec défense de récidiver, sous peine d'être brûlé [1] ».

Henri II, irrité de l'inefficacité de ses édits, en avait promulgué un nouveau le 24 juillet 1557, qui, plus cruel que tous les précédents, punissait de mort quiconque professerait publiquement ou secrètement une religion différente de la religion catholique, apostolique et romaine. Il s'apprêtait même, sur les instances du pape Paul IV, à confier l'exécution de son édit à trois grands inquisiteurs de la foi : les cardinaux de Lorraine, de Bourbon et de Châtillon, mais l'opposition du parlement de Paris, jointe aux remontrances des cantons suisses et des princes allemands, dont l'appui lui était nécessaire à cette époque, l'obligèrent à surseoir à l'accomplissement de ce projet. Il n'y en eut pas moins plusieurs exécutions capitales dans le royaume. Ainsi, Benoit Romyen, natif de Villard-d'Arène en Oisans, qui était établi à Genève et faisait le commerce du corail, fut arrêté à Draguignan sur la vile dénonciation d'un marchand à qui il n'avait pas voulu céder sa marchandise à un prix inférieur, et brûlé vif, après avoir été appliqué à la question, bien qu'il eût été prouvé qu'il ne s'était rendu coupable d'aucun acte de prosélytisme. L'exécution du glorieux martyr eut lieu le 15 mai 1558.

1558.

---

(1) *Arch. dép. de l'Isère*, B. 2030 (Inventaire).

1559. Ces rigueurs ne diminuaient en rien le courage des réformés, car, bien que le roi, par un article secret du honteux traité de Câteau-Cambrésis (3 mai 1559), signé avec Philippe II, roi d'Espagne, se fût engagé à exterminer l'hérésie de ses États, ils tinrent à Paris, le 25 mai de la même année, leur premier synode national constituant, où ils arrêtèrent les bases d'une confession de foi et d'une discipline ecclésiastique, destinées à relier entre elles les diverses églises réformées de France et à maintenir dans leur sein la pureté des croyances et des mœurs. Henri II mourut peu de temps après (10 juillet), à l'âge de quarante ans, frappé d'un coup de lance dans un tournoi par Gabriel de Montgommméry.

Avénement de François II. Établissement d'églises reformées à Valence, à Montélimar, à Romans.

Comme à la mort de François Ier, les réformés se livrèrent à l'espoir en voyant monter sur le trône François II, fils de Henri II. Catherine de Médicis, la reine-mère, recherchait en effet à cette époque l'appui des luthériens, et tous les princes du sang étaient favorables à la Réforme, à la seule exception du cardinal de Bourbon. L'ambition et l'habileté des Guises, chefs du parti catholique [1], vint bientôt les désabuser, car ceux-ci réussirent à faire entrer dans leurs vues Catherine, qui mit aussitôt à l'écart les princes du sang, Antoine de Bourbon, roi de Navarre, et Louis de Condé, son frère. Les mesures les plus cruelles

---

(1) François de Lorraine, duc de Guise, Charles de Lorraine, cardinal de Lorraine, François de Lorraine, grand prieur de France, etc.

furent le résultat de cette politique. Le 4 septembre 1559 1560. parut une déclaration royale portant que les maisons où se feraient des conventicules ou assemblées illicites, seraient rasées et démolies; le 14 novembre, des lettres de commission dirigées contre ceux qui favoriseraient les sacramentaires (nom donné aux luthériens) ou ceux qui seraient entachés d'hérésie; le 17 décembre enfin, un édit contre les personnes qui recèleraient des condamnés à mort par contumace.

Ces mesures, jointes à l'éloignement de la cour des princes du sang, excitèrent un mécontentement général parmi les membres de la noblesse, et les plus entreprenants d'entre eux ourdirent la conjuration dite d'Amboise (1er février 1560), qui avait pour but d'affranchir le roi de la tutelle oppressive des Guises. Ce complot avorta et ces derniers, donnant cours à leur vengeance, laissèrent massacrer froidement douze cents conjurés. Dans les premiers moments d'alarme ils avaient, il est vrai, fait rendre à Amboise (mars 1560) deux édits d'abolition ou amnistie, dont les prédicants seuls et les conspirateurs étaient exclus; mais, lorsqu'ils se virent maîtres de la conjuration, ils n'écoutèrent plus que leur ressentiment. L'un d'eux, le cardinal de Lorraine, revint même au projet, qu'il nourrissait depuis longtemps, d'introduire l'inquisition en France; mais le chancelier De Lhôpital para le coup par l'édit de Romorantin (mai 1560), qui attribuait aux évêques la connaissance du crime d'hérésie. Si la France fut délivrée de la crainte de l'inquisition, elle ne jouit point pour cela de la liberté de conscience et de culte, car l'édit de Romorantin défendait les conventicules sous les peines portées contre les crimes de lèse-majesté.

Bien loin d'atteindre leur but, les divers édits de François II produisirent un effet contraire, car le nombre des sacramentaires ou luthériens s'accrut d'une manière consi-

1560. dérable dans tout le royaume. Les conventicules secrets, que l'on voulait proscrire, devinrent des assemblées publiques, et des églises régulières s'établirent partout. Tel fut le cas du Dauphiné.

Les réformés de Valence mirent à leur tête, en août 1559, le ministre Pierre Bruslé, natif de Metz et ancien avocat; mais ce pasteur, qui avait été envoyé de Genève, ne put demeurer longtemps à Valence. Menacé par les catholiques, il dut se retirer. Le synode de Dauphiné lui donna pour successeur Gilles de Saulas, gentilhomme de Montpellier, qui déploya une grande diligence, unie à un rare savoir, et vit le nombre de ses auditeurs s'accroître à un tel point qu'il fallut déserter les maisons particulières pour se réunir dans la salle de l'université, dont les professeurs et les écoliers étaient favorables au mouvement. Les assemblées avaient lieu de nuit, et nul n'en prenait ombrage à ce moment. Encouragés par ce succès, les écoliers de l'université, joints à un certain nombre d'habitants de la ville, voulurent avoir des assemblées plus solennelles, et, contre l'avis formel du consistoire, s'emparèrent, le dimanche 31 mars 1560, de l'église des Cordeliers, où ils firent prêcher leur pasteur en plein jour et au son des cloches, à huit heures du matin et à deux heures de l'après-midi. Des gens en grand nombre, accourus de six à huit lieues à la ronde, l'écoutèrent avec un plaisir extrême, « détestant, dit Reynier de La Planche, les abus desquels ils avaient été si longtemps ensorcelés, et louant Dieu de leur avoir révélé les secrets de sa Parole et la vérité de son Évangile ». Craignant que les catholiques ne leur ôtassent de vive force le temple des Cordeliers, plusieurs personnages de marque, entre autres Claude de Mirabel, seigneur de Mirabel, et Jean de Quintel, capitaines qui avaient servi avec honneur dans les guerres de Piémont, François de Saillans, François Giraud, François Marquet, procureur, et bon nombre d'autres s'établirent en armes dans le cloître attenant au temple, afin de protéger au besoin leurs coreligionnaires, « sans toutefois faire, dit Reynier de La Planche, aucun outráge ni mòleste aux moines, lesquels pour certain étaient traités si paisiblement et si amiablement, qu'ils désiraient pour la plupart que cela continuât, parce qu'ils étaient bien aise sans rien faire [1]. »

Cependant le consistoire de Valence, voyant Saulas excédé de fatigue à cause de l'extension que prenait le mouvement, avait demandé, dès le 24 novembre 1559, un second pasteur à Genève. « La moisson, disait-il, grâce à notre bon Dieu, est fort grande par deçà et s'agrandit de jour à autre [2]. .» Genève, plusieurs mois après, lui envoya Lancelot d'Albeau, natif de l'Anjou, pasteur à Tours en 1558, gentilhomme de noble et ancienne race. Calvin lui remit une lettre pour l'église de Valence (22 avril 1560), dans laquelle il la préparait à la persécution et lui recommandait de ne pas recourir pour sa défense aux armes charnelles. « Puisqu'il a plu à Dieu, lui dit-il, que les choses se soient si fort avancées par delà, il vous faut apprêter à soutenir de grands combats, comme il n'y a doute qu'ils vous soient dressés en bref par Satan, lequel met déjà ses suppôts en œuvre pour machiner la ruine de tout l'édi-

---

(1) LA PLANCHE, p. 288; — BÈZE, t. I, p. 215; — LA POPELINIÈRE, liv. VI. — Gabriel Martin, abbé de Clausonne, écrivant près d'un siècle après et exagérant évidemment les choses, dit, dans ses *Faussetez*, p. 98 et 99, que « Bressy, ministre de Valence, y prêchait aussi publiquement en habit de soldat ou de sbierre, qui sont certaine sorte de ministre seigneur, environné de picquiers, et avait pour diacres réformés ou compagnons des arquebusiers, qui faisaient paraître les bouts de leurs arquebuses, sur lesquels cet évangéliste reposait les mains ».

(2) L'église de Valence aux pasteurs de Genève, *Signé* De Saillans, Franç. Girod, Ubert Garidel, Chavary, Baussan, De Reutigny? (Bibl. de Genève, ns. 197a).

1560. fice de Dieu ; mais, quoi qu'il en soit, vous avez à vous fortifier, non pas pour résister à la rage des ennemis par l'aide du bras charnel, mais pour maintenir constamment la vérité de l'Évangile, en laquelle notre salut consiste [1] .»

Les réformés de Montélimar, favorisés par Félix de Bourjac [2], sénéchal de Valentinois et Diois, se constituèrent aussi en église. Un moine du couvent des Cordeliers de Montélimar, nommé François Tempesta, qui était gardien du couvent en 1551, annonça les doctrines évangéliques pendant le carême de 1560, revêtu des habits de son ordre [3], et le ministre François de Saint - Paul, d'abord pasteur à Vevay, en Suisse, puis à Tours, et envoyé par Calvin à l'église de Montélimar au mois d'avril, prêchait de son côté avec une grande énergie. Saint - Paul était un homme « grandement estimé pour son savoir et érudition », et il fut puissamment soutenu par plusieurs gentilshommes du pays, entre autres par Sébastien de Vesc, seigneur de Comps ; Charles du Puy, seigneur de Montbrun, devenu si célèbre par la suite ; Gaspard Pape, seigneur de Saint-Auban ; Henri de Caritat, seigneur de Condorcet ; Guillaume de Moreton, seigneur de Sauzet ; Jean de Vesc, dit Naucaze, coseigneur d'Espeluche [4], etc. Plusieurs d'entre eux avaient des maisons d'habitation à Montélimar. Calvin, en recommandant de Saint-Paul à l'église, avait engagé celle-ci

(1) J. Bonnet, *Lettres de Jean Calvin*, t. ii, p. 330-332.

(2) Coseigneur de Clelles, Saint-Martin-de-Clelles et Thoranne en Triè-ves, et de Saint-Vincent-lès-Charpey en Valentinois, maître des requêtes de S. M. la reine de Navarre.

(3) Gabriel Martin prétend, dans ses *Faussetez*, p. 98 et 99, que Tempesta prêchait « habillé de vert, qu'il avait changé pour son habit gris de Cor-delier ». Si le fait est exact, il dut se passer un peu plus tard, quand le moine eut complètement rompu avec l'église romaine.

(4) Voy. aux *Pièces justificatives*, N° 1, la liste de plusieurs autres gen-tilshommes qui se déclarèrent en 1561 et 1562 pour la Réforme.

à ne pas se presser de tenir des assemblées publiques. 1560.
« D'autant, dit-il, que le frère que vous avez envoyé nous
donne à entendre qu'avec le temps vous seriez en délibération de faire prêcher en public, nous vous prions de
vous retenir quant à cela et n'y penser point jusqu'à ce que
Dieu donne meilleure opportunité. Vrai est que notre affection est de vous épargner. Mais aussi nous ne voyons pas
qu'il soit requis vous avancer si fort. Plutôt il nous semble
qu'il suffit bien que vous tâchiez et mettiez peine d'augmenter le troupeau et recueillir les pauvres brebis éparses, et
cependant vous tenir coî sans rien changer pour les temples,
moyennant que vous soyez séparés de toutes les pollutions
qui s'y commettent. Quand vous ferez paisiblement vos
assemblées par les maisons, au moins la rage des malins ne
sera pas sitôt enflambée, et vous rendrez à Dieu ce qu'il
requiert, à savoir de glorifier son nom purement et vous
garder impollus de toutes superstitions jusqu'à ce qu'il lui
plaise ouvrir plus grande porte [1] ». Ces sages conseils cédèrent devant l'entraînement général, souvent aveugle, et, dès
le mois de décembre de la même année 1560, les partisans
des idées réformées devinrent si nombreux et si puissants à
Montélimar, qu'ils se firent céder une partie du couvent des
Cordeliers pour tenir leurs assemblées. Il y avait pour lors
dans cette ville un second pasteur, du nom de Toussaint
Pichot [2].

A Romans, les réformés, moins nombreux que les catholiques, mais plus unis, étaient soutenus par les frères Michel
Fay de Changy et Jacques Fay de Changy et autres gen-

---

(1) J. BONNET, *Lettres de Jean Calvin*, t. II, p. 333-336.

(2) BÈZE, t. I, p. 137; — *Notes relat. aux guerres de religion*, dans le
Bull. de la Soc. d'arch. de la Drôme, t. V; — *Bull. de la Soc. du protest.
français*, t. VIII, p. 74.

1560. tilshommes, qui, le 17 avril 1560, firent ouvrir au nouveau prédicateur l'église de Saint-Germain, appartenant aux Cordeliers. La Réforme, qui jusque-là avait été prêchée dans les maisons, y fut annoncée « avec un applaudissement presque universel[1] ».

Publication de l'édit d'abolition à Valence.

Sur ces entrefaites, on apporta à Valence l'édit d'abolition d'Amboise, du mois de mars (1560), qui amnistiait, il est vrai, les hérétiques, mais n'autorisait nullement le libre exercice du nouveau culte. L'évêque Jean de Montluc, seigneur spirituel et temporel de Valence, avait lui-même envoyé par exprès l'édit dans cette ville, en apparence pour montrer sa sollicitude pour ses sujets, mais en réalité pour complaire au duc de Guise, gouverneur du Dauphiné. Le duc était tout particulièrement irrité de ce que sa province désertait et sa religion et son parti, et il en accusait publiquement Montluc ; « et de vrai, dit La Planche, ce n'était pas sans quelque occasion ; car celui-ci, étant en son évêché, s'était mêlé de prêcher contre la coutume des évêques de maintenant et faisait comme un mélange des deux doctrines, blâmant ouvertement plusieurs abus de la papauté, qui faisait croire qu'il y en avait plus qu'il n'en disait et qu'on prêta plus facilement l'oreille à l'autre parti ». Il prêchait du reste avec beaucoup d'éloquence, et montait en chaire en soutane et en manteau, la tête couverte de son chapeau, suivant la coutume des ministres protestants de cette époque. Une femme de son diocèse le traita publiquement d'héré-

---

(1) DOCHIER, p. 183 ; — CHORIER, p. 542 ; — ULYSSE CHEVALIER, dans le *Bulletin de la Soc. d'arch. de la Drôme*, t. II, p. 386. — Le second auteur dit que Saint-Paul prêcha aussi à Romans. Il est possible qu'il s'y soit

tique. Le maréchal de Saulx de Tavanes dit de son côté[1] 1560. que le prélat faisait dire la messe en français à Valence; et son chapitre l'accusa « de faire chanter les Psaumes par les huguenots dans la nef pendant qu'il disait la messe dans le chœur[2] ». « Montluc donc, continue La Planche, voulant regagner la grâce de ceux de Guise, et craignant de perdre son évêché d'une façon ou d'autre, promet faire merveilles et de découvrir de grandes choses, et de fait y envoie le plus habile de ses gens, qui n'y fit rien pour lors. »

Le sénéchal de Valentinois et Diois Bourjac, ayant reçu les lettres d'abolition d'Amboise, se rendit à Valence pour les publier en assemblée publique, comme cela lui était ordonné. Tous les hommes de la justice, les consuls, les notables de la religion réformée, l'official de l'évêque, le clergé se trouvèrent réunis. Bourjac, qui était luthérien de cœur, commença par prier Dieu pour le roi, pour son peuple, pour l'assemblée présente et le succès des lettres d'abolition; puis il fit l'éloge de la bonté du jeune roi, qui voulait bien pardonner à tous ceux qui avaient conspiré contre sa personne. Se tournant ensuite du côté des réformés, il leur demanda s'ils entendaient bénéficier de l'édit. Prenant la parole au nom de tous, Mirabel répondit que c'était la coutume des églises réformées d'implorer la bénédiction de Dieu avant de rien entreprendre, et il demanda

---

arrêté quelques jours en se rendant de Genève à Montélimar; mais Chorier peut aussi avoir fait une confusion. — Gabriel Martin, dans ses *Faussetez*, p. 98, prétend encore ici que le ministre « prêchait environné d'arquebusiers et lui l'épée au côté ».

(1) *Mémoires*, p. 230.

(2) La Croix du Maine, *Biblioth. franç.*, éd. de 1772, t. 1, p. 554. — Gabriel Martin (*Faussetez*, p. 278) ajoute qu' « il sentait le fagot, comme à la fin la sensualité le jeta dans l'hérésie, après avoir ruiné les deux diocèses de Valence et Die ».

1560. pour ses coreligionnaires la permission de se conformer à ce pieux usage dans l'affaire présente, qui était de la dernière importance. Bourjac l'accorda et le diacre Saillans prononça une fervente requête, dans laquelle il pria pour la prospérité du roi, pour la diffusion de l'Évangile dans le royaume et pour toutes les autres nécessités de l'État. Les gentilshommes des deux religions tenaient « le bonnet au poing et les genoux en terre »; le clergé seul ne s'inclina point.

La prière achevée, un second orateur loua très-humblement le roi d'avoir bien voulu donner, tout jeune qu'il était, le repos aux églises persécutées depuis si longtemps, et demanda à Dieu de leur faire la grâce de ne jamais oublier un si grand bienfait. Mais il ajouta que ceux de la religion n'avaient pas à bénéficier de l'édit d'abolition en ce qui concernait les conspirateurs, attendu qu'ils n'avaient jamais eu la pensée de conspirer contre la personne du roi et son État : leur religion, fondée sur la Parole de Dieu, leur ordonnant d'honorer tous leurs supérieurs, alors même qu'ils seraient méchants ou infidèles; que s'ils s'étaient rendus en armes aux assemblées, c'etait non point dans l'intention d'offenser qui que ce fût, mais seulement pour se défendre de leurs ennemis. Ils étaient, du reste, prêts à déposer les armes dès qu'il plairait au roi de le leur commander, et même ils se constitueraient prisonniers sur son simple ordre ou sur celui de tout magistrat légitime.

François Marquet, procureur à Valence, prit ensuite la parole et déclara qu'il avait tenu huit ans le greffe de la ville, et que durant ce temps il ne s'était pas passé un seul jour sans qu'il eût eu à enregistrer de nombreuses plaintes sur les excès commis par les batteurs de pavé, qui, la nuit, assaillaient et pillaient les gens, escaladaient et saccageaient les maisons, brisaient les portes, violaient les filles et les femmes, si bien qu'à la nuit close il était impossible de

sortir dans la ville, quelque besoin que l'on en eût. Mais 1560.
que « depuis qu'il avait plu à Dieu allumer sa clarté en leur
ville » tous ces excès avaient cessé, « comme s'il fût venu
avec le changement de doctrine changement de vie »; que,
dans tous les cas, aucune violence n'avait été commise par
ceux qui faisaient profession de la religion réformée. Il
ajouta que les attentats nombreux commis contre ces derniers auraient pu lasser leur patience, mais qu'ils avaient
tout supporté pour l'amour de Dieu et de la paix.

Comme la plupart de ceux qui s'étaient rendus coupables
de ces attentats assistaient à la réunion, Marquet les
somma de le contredire s'ils l'osaient. Ils n'ouvrirent point
bouche, et le hardi procureur en profita pour les blâmer
sévèrement de ce qu'ils lançaient par derrière mille accusations mensongères contre les évangéliques et n'osaient en
soutenir aucune en face. « C'est ainsi, dit de Thou [1], que la
religion nouvelle s'établit dans le Dauphiné, du consentement en quelque sorte du premier juge. »

Courroux du duc de Guise, qui met à l'écart Clermont, comme trop modéré, et envoie Maugiron et Tavanes à Valence pour faire main basse sur les sacramentaires.

Le duc de Guise, voyant que les Dauphinois embrassaient
avec une ardeur croissante les idées réformées et continuaient à tenir leurs assemblées religieuses malgré les édits,
en conçut une vive irritation et décida de les châtier d'une
manière exemplaire. Il chargea le grand prieur de France,

(1) Tome III, p. 545.

1560. son frère, d'y pourvoir. Celui-ci, dit Chorier[1], « conféra avec [Antoine de] Clermont, lieutenant du roi, et [Laurent de] Maugiron, qui le sera dans quelques années, des moyens de faire dans Valence des exemples qui ramenassent les villes voisines à leur devoir. Il assembla des gens de guerre, et le baron des Adrets[2] fut commandé de marcher vers cette ville avec une partie de sa légion... Clermont, qui avait fait espérer que tout se pacifierait sans répandre du sang, se servit du ministère de [Job] Rostaing, conseiller au parlement, et de Jacques de Saint-Germain et d'André de Laporte-Lartaudière, gentilshommes connus dans Valence. Ils disposèrent leurs chefs à cesser leurs assemblées, à rendre aux Cordeliers leur église, à désarmer et à se soumettre à la volonté du roi. Mais Marquet, Saillans et Giraud n'y consentirent point... Ils firent publiquement leur cène dans cette église et tous les autres exercices de leur religion le jour de Pâques, qui se rencontra le 14 avril... Plus de cinq mille personnes participèrent à cette cène, qui est toujours la plus solennelle de l'année.... Les catholiques étaient.... dans la crainte... et quelques familles sortirent de Valence et se retirèrent à Tournon. Ils ne voyaient que péril... et avaient d'un commun accord... élu sur eux capitaine général Gaspard de Saillans[3], et lui avaient commis le soin du salut de leurs maisons et de leur ville... Il fit faire une revue générale des habitants dont il pouvait s'assurer, et il en trouva douze cents, tous bien armés. Saint-Germain fut envoyé au roi pour l'informer de l'état de la ville, et cependant on tâcha de négocier un accommodement avec les deux

---

(1) Page 543.

(2) François de Beaumont, baron des Adrets, catholique à cette époque et colonel.

(3) Sans doute parent du diacre François de Saillans, qui appartenait au parti réformé.

partis... Les réformés promirent de quitter les armes et le couvent des Cordeliers, dont ils faisaient leur citadelle. Mais ils ne furent pas exacts à tenir leur parole : ils crurent d'y avoir satisfait parce que, dès lors, ils ne s'assemblèrent plus dans l'église de ce couvent, mais seulement dans son réfectoire ».

Cette résistance n'était pas propre à calmer le duc de Guise. Il commença par faire destituer Clermont de la lieutenance générale du Dauphiné. C'était, comme on vient de le voir, un homme doux et sensé, qui estimait, dit Chorier [1], « que les grandes saignées ne guérissaient pas les maladies de l'esprit, » et « était persuadé, comme le sont la plupart des grandes âmes, qu'il fallait combattre l'erreur par le raisonnement et le bon exemple, et non par le fer et le feu [2] ». Le duc de Guise le haïssait du reste depuis longtemps, parce qu'il le savait attaché à la maison de Montmorency et parent de Diane de Poitiers, qui favorisait les réformés et le connétable de Montmorency. Il le remplaça d'abord par Hector de Pardaillan, seigneur de la Motte-Gondrin, originaire du Languedoc ; mais, sur le refus de la noblesse du Dauphiné de recevoir ce dernier parce qu'il était étranger à la province, il donna provisoirement ses ordres à Laurent de Maugiron, ancien lieutenant général du roi en Dauphiné, courtisan dissolu, délié, ennemi de la cour et dévoué au parti catholique. Il le chargea de découvrir les intentions du parti réformé et « de lever gens pour saccager et mettre tous ceux de la religion de ce pays-là à feu et à sang ».

Maugiron fut bien servi par son familier César d'Ancezune, seigneur de Vinay, homme instruit, mais astucieux

1560.

---

(1) Page 541.

(2) CHORIER, *Abrégé*, t. II, p. 105.

1560. et corrompu. Clermont l'avait antérieurement envoyé à Romans pour pacifier les esprits. C'était une sorte d'espion qui, avec les réformés, affectait un grand zèle pour leur religion et réussissait de la sorte à s'initier à tous leurs desseins, mais qui, secrètement, poussait les catholiques aux armes, faisant briller aux yeux des pauvres l'appât du gain et à ceux des riches la perspective des honneurs. Comme ses allées et venues auraient pu éveiller les soupçons des réformés, il les abritait sous le couvert de sa prétendue mission pacifique. Il s'aboucha avec Mirabel et les autres gentilshommes réformés de Valence, leur assurant qu'il travaillait avec l'agrément du roi à la réunion des deux religions et cherchant à les remplir d'espoir. Lorsqu'il eut réussi par ses odieuses menées à animer les deux partis l'un contre l'autre, il en informa Maugiron, qui, accompagné d'Anet de Maugiron, son frère, de cent vingt gentilshommes du Dauphiné et de trois à quatre cents hommes recrutés à Lyon et à Vienne dans les bas-fonds de la société, descendit par le Rhône, de nuit, à Valence, où il fut reçu avec honneur par les consuls et le clergé de la ville. Ceux-ci, mis dans le secret par Vinay, avaient pu retirer d'avance toute l'artillerie et les munitions de la place dans l'église Saint-Apollinaire. Ils décidèrent ensemble de surprendre les réformés au moment du prêche, afin d'en avoir plus facilement raison.

Ces derniers, toutefois, avertis à temps, se réfugièrent en armes au couvent des Cordeliers, où étaient logés Mirabel, Quintel et les autres gens de guerre de leur parti. La troupe de Maugiron, à laquelle on avait promis une victoire facile et un riche butin, voyant qu'elle aurait au contraire affaire à forte partie, commençait à faire façon de se retirer. Informé de ces dispositions et craignant un échec qui compromettrait sa réputation et sa fortune, Maugiron eut recours à la ruse. Il prit avec lui quinze ou vingt gentilshommes de sa compagnie de gendarmes, armés seulement 1560. de l'épée et de la dague, et, s'acheminant vers le cloître des Cordeliers, il déclara vouloir parlementer avec les principaux de la religion. Mirabel, Quintel et quelques autres s'étant présentés, il leur demanda au nom du roi quelles étaient les raisons qui les avaient portés à s'armer contre leur prince, et où ils voulaient en venir. Ils répondirent qu'ils avaient pris les armes seulement pour se défendre, car ils savaient qu'on en voulait à leur religion et qu'on tramait leur perte, quoiqu'ils ne se fussent rendus coupables d'aucun crime. Maugiron leur répartit qu'ils pouvaient mettre bas les armes et leur jura sur l'honneur et la vie qu'il ne leur serait fait aucun mal, attendu que le roi leur permettait de faire prêcher l'Évangile et de s'assembler, mais sans armes. « Quant à moi, leur dit-il en propres termes, afin que vous soyez plus assurés de ma personne et de la bonne volonté que je porte à ceux de votre religion, je vous jure et atteste que vous n'avez pas un meilleur ami que moi et que je porte si peu de respect à ce b.... de pape, que je voudrais qu'il fût engouoé avec mon levrier. » Il persuada de la sorte Mirabel et Quintel de se retirer dans leurs maisons, et leur exemple fut suivi par les autres gens armés retranchés aux Cordeliers. C'était le 20 avril, six jours après cette belle fête de Pâques qui fut célébrée au milieu d'un si immense concours de peuple.

Quand ils eurent mis bas les armes, Maugiron et sa bande s'emparèrent des portes et des places de la ville, prirent les armes des réformés et pillèrent leurs meubles les plus précieux. Les ministres Gilles de Saulas et Lancelot d'Albeau furent emprisonnés, ainsi que les plus riches de la religion, et ces derniers rançonnés sous promesse de liberté. Mais, après avoir tiré d'eux tout ce qu'il voulut, Maugiron les laissa en prison en se moquant d'eux. Il exigea aussi de l'argent des gens d'église et des catholiques, en

1560. apparence pour payer les hommes de sa troupe, qui n'en avaient pas besoin, puisqu'ils s'étaient assez enrichis par le pillage, mais en réalité pour refaire sa fortune, « car il en avait grand besoin ».

Maugiron se dirigea ensuite sur Montélimar avec sa troupe. Les habitants, sachant le traitement qu'il avait fait subir à leurs frères de Valence, sortirent armés et résolus au-devant de lui. Craignant de justes représailles, il eut recours, comme à Valence, à la perfidie pour sortir du péril. Accompagné de quatre à cinq gentilshommes seulement, il s'avança vers eux et leur demanda la raison de leur armement et s'ils ne voulaient pas obéir au roi. Ils répondirent qu'ils en étaient les humbles et obéissants serviteurs, mais que, ne sachant s'ils avaient affaire avec lui à un ami ou à un ennemi, ils s'étaient armés. Ils ajoutèrent qu'ils étaient prêts du reste à obéir si Maugiron voulait leur montrer sa commission de lieutenant du roi. Celui-ci leur ayant juré qu'il désirait seulement se restaurer lui et sa troupe dans leur ville, pour repartir, ils le laissèrent entrer et mirent bas les armes. Mais il les traita pis qu'à Valence. Ne trouvant pas les ministres de Saint-Paul et Tempesta, et Montbrun et les autres gentilshommes qu'il croyait rencontrer et qui s'étaient retirés, les premiers à Genève, les seconds dans leurs terres, il saccagea leurs maisons et s'acharna principalement sur celle de Bourjac, sénéchal de Valentinois et Diois, « sur lequel il avait une dent de lait, » rançonnant jusqu'aux servantes. Lorsqu'il se fut bien repu, lui et les siens, il quitta la ville, se moquant de la crédulité des réformés et disant qu'on n'était tenu de leur garder ni foi ni promesse.

Cependant le duc de Guise, craignant sans doute que Maugiron n'en imposât pas assez aux réformés, nomma par commission lieutenant général du roi en Lyonnais, Forez et Dauphiné le maréchal Gaspard de Saulx de Tavanes, déjà lieutenant du roi en Bourgogne. Tavanes vint 1560. en Dauphiné, accompagné de Clermont, ex-lieutenant général du roi, et de Ferdinand de Saint-Séverin, prince de Salerne, tous les trois avec leurs compagnies de gendarmes, composées de la fleur de la noblesse de Bourgogne et du Dauphiné. Ils entrèrent à Valence le 4 mai, et le baron des Adrets, qui avait également reçu des ordres du roi, y entra à son tour le lendemain, à la tête des légionnaires du Dauphiné, formant seize compagnies de gens de pied[1] des vieilles bandes du Piémont, qui venaient de rentrer en France. Tavanes procéda au désarmement complet des réformés, fit nommer de nouveaux consuls entièrement catholiques, et, après avoir pourvu à la sûreté de la ville, retourna en Bourgogne. Ses *Mémoires*[2] racontent ses exploits à Valence dans un style fort pittoresque : « Les rebelles, disent-ils, étonnés des chefs et des forces, parlementent; le sieur de Tavanes, les connaissant du temps de la guerre du roi d'Espagne, se moque d'eux et de leur religion, leur fait avouer que c'est pour avoir été désappointés qu'ils ont pris les armes; il leur offre des grades, pensions et compagnies de la part du roi. Le sieur de Tavanes prend l'occasion à peu de forces, se coule dans Valence, harangue le peuple; un bourgeois le prie de sortir pour les laisser résoudre; il joue quitte ou double, lui donne un soufflet, le menace de le faire pendre dans une heure après et le met prisonnier. Cette hardiesse étonne le peuple, qui considère que le coup n'était pas fait sans grand appui; la place se vide, le peuple se retire chacun en sa maison; le sieur de Tavanes remet la paix du pays, ayant gagné la noblesse, et retourne triomphant en Bourgogne. »

---

(1) DE THOU dit dix-sept (t. III, p. 546).

(2) Édit. in-fol., p. 230.

1560. Plusieurs réformés se sauvèrent par prudence en Vivarais, et d'autres furent bannis; mais on ne les laissa pas en
paix dans leurs retraites. Pierre de Chaponay, de Grenoble,
envoyé à Valence par le président du parlement Jean Truchon, à cause des troubles, se rendit dans le Vivarais pour
prier Just de Tournon, vibailli du Vivarais, de les chasser
de leurs asiles. « Le dernier avril, dit-il, j'allai de Valence
à Tournon à deux fins : l'une pour porter une missive de
MM. de la ville à Mgr de Tournon, afin qu'il lui plût,
comme bailli du Vivarais, donner ordre que les rebelles qui
avaient été chassés de Valence et qui en partie s'étaient
retirés à Charmes, Beauchastel, Toulaud et autres villages
du côté du royaume, eussent à s'absenter desdits lieux [1]. »

Commission du parlement à Valence et à Romans. Exécution capitale de divers réformés. Triste fin des commissaires.

Peu après ces événements, une commission du parlement de Grenoble se rendit à Valence pour juger les prisonniers réformés. Elle était composée de Jean Truchon,
premier président du parlement de Grenoble, des conseillers Aymar Rivail, André de Ponnat, Philibert de Gaste
L'Aubépin, Jean Duvache, Job Rostaing, Jean de Bellièvre et Laurent Rabot, qui appartenaient au même parti,
et de Jean Borel de Ponsonas, second avocat général. En
passant à Romans, la commission fit jeter en prison de
Jacquemard soixante des principaux réformés, dont les
noms lui furent fournis par l'astucieux Vinay.

Cependant l'évêque Montluc, vivement sollicité par ses

---

(1) *Arch. dép. de la Drôme*, E. 396.

amis, qui lui rappelaient ses premières sympathies et fai- 1560.
saient appel à son cœur, intercéda auprès du roi en faveur
des prisonniers de Valence, après s'être assuré qu'ils
n'avaient eu aucune part à la conjuration d'Amboise, et
obtint pour eux des lettres de pardon; mais elles n'arrivèrent pas à temps. La commission avait déjà rendu ses
jugements et fait pendre le procureur Marquet, le châtelain
de Soyons et Blanchier (ou Blancherie)[1], et décapiter les
ministres Gilles de Saulas et Lancelot d'Albeau, avec cet
écriteau suspendu à leur cou : « Voici les chefs des rebelles. »
De Stratis, convaincu d'avoir fait entrer par des échelles,
appliquées aux remparts de la ville, ceux du dehors qui
venaient assister aux prédications des ministres, fut également décapité. Sa tête et celles de ses deux compagnons
demeurèrent longtemps exposées. devant l'église des Cordeliers, et leurs membres écartelés furent aussi exposés en
divers lieux de la ville. Le conseiller L'Aubépin, ayant
craint que les ministres ne prêchassent à la foule, avait
obtenu de la commission qu'ils seraient baillonnés. Pour ce
qui est des autres prisonniers, ils « sortirent par la porte
dorée », comme on disait alors, c'est-à-dire avec de l'argent,
mais non sans avoir été contraints d'abjurer leurs opinions,
et condamnés les uns au fouet, les autres au bannissement,
tous à de fortes amendes. La maison de Marquet fut rasée
et l'on mit cet écriteau sur son emplacement : « Ici était la
maison de François Marquet, secrétaire des séditieux et
rebelles qui furent exécutés à Valence le 25 mai 1560. » Les
étudiants de l'université, qui s'étaient particulièrement
montrés dans le mouvement de la Réforme, furent astreints
dorénavant à jurer de vivre dans la religion catholique.

(1) Chorier (p. 544) ne mentionne pas ces deux derniers, mais il parle
de Giraud, qui pourrait être le même que le châtelain de Soyons.

1560. La commission du parlement se rendit de Valence à Romans, où elle condamna deux hommes à être pendus, Roberté (ou Roberti) et Mathieu Rebours. Le premier avait logé le ministre et le second gardé l'église de Saint-Romain avec une arbalète et une épée. On les accusait en outre « d'avoir fait confession de foi, détesté la messe et nié que Dieu se voulût mettre ès mains de si malheureuses gens qu'étaient les prêtres, qu'on savait être paillards, meurtriers et larrons ordinaires ». Ils furent traînés sur une claie jusqu'au lieu de leur supplice, et moururent avec une grande constance. Un portefaix converti, nommé Chevillon, fut condamné aux galères et fouetté publiquement. Pendant que le bourreau exécutait la sentence, il lui disait ces remarquables paroles : « Frappe, mon ami, frappe bien fort ; châtie cette chair qui a été tant rebelle à son Dieu. »

Les commissaires du parlement firent une mauvaise fin. Le rapporteur L'Aubépin, ancien luthérien, après de graves désordres de mœurs, tomba dans l'abjection la plus complète. Atteint d'une maladie affreuse et désespérant de la miséricorde divine, il voulut se laisser mourir de faim, et l'on était obligé de lui tenir la bouche ouverte de vive force avec un bâton pour lui faire prendre quelque nourriture. Les catholiques eux-mêmes ne manquèrent pas de rapprocher cette circonstance du baillon que L'Aubépin avait fait mettre aux malheureux ministres Saulas et d'Albeau. L'avocat du roi Ponsonas, qui s'était également déclaré pour la Réforme à une époque antérieure, ayant dévoré toute sa fortune et celle de sa femme, mourut comme enragé, proférant mille imprécations contre Dieu, poussant des hurlements et des sanglots, et ne pouvant ôter de devant ses yeux, comme cela arriva plus tard au roi Charles IX, le spectacle de ses victimes. « Cinq autres conseillers, des huit qui avaient assisté le président Truchon, ajoute Bèze,... moururent tous de mort étrange dedans la troisième année,

à savoir : Rabot, insensé ; Fabri, désespéré ; Vache, du feu 1560.
à une jambe qui le brûla jusqu'au cœur ; Ponat, furieux d'une
maladie incurable ; Rostaing, devenu aveugle et sourd [1]. »

Montbrun décrété d'arrestation par le parlement.
Il arrête lui-même le prévôt des maréchaux.

Les gentilshommes de Valence et de Montélimar, qui
s'étaient retirés dans leurs terres à la persuasion de Maugiron et pour éviter le conflit des armes, espéraient d'y vivre
en paix, sans être recherchés pour leur religion, selon la
teneur des derniers édits du roi. Montbrun, en particulier,
avait repris le chemin de son château de Montbrun, dans
les Baronnies, et s'efforçait par tous les moyens de gagner
aux idées réformées ses vassaux et ses voisins.

Cet homme, remarquable à plus d'un titre, qui joua un
si grand rôle dans les guerres de religion, où il conquit le
surnom de *brave*, appartenait à l'une des familles les plus
anciennes et les plus renommées de la province. Il était né
vers 1530 et avait servi avec distinction en Italie avec son
père, Aymar du Puy-Montbrun, et comme lieutenant de la
compagnie de Du Motet, sous le maréchal de Brissac. A
son retour d'Italie, ayant appris qu'une de ses sœurs avait
embrassé la Réforme et s'était retirée à Genève, il partit
pour la ramener au catholicisme ou lui ôter la vie [2]. Mais,
pendant qu'il s'épuisait en vains efforts pour découvrir sa

---

(1) La Planche, p. 286-305, 494-497 ; — Bèze, t. i, p. 215-221, 229-
230 ; — La Popelinière, t. i, p. 175 et suiv. ; — *Recueil des choses mémorables*, p. 93, 94 ; — *Le véritable inventaire*, t. i, p. 682 ; — De
Thou, t. iii, p. 545-549 ; — D'Aubigné, t. i, p. 80, 98, 99 ; — Chorier,
p. 543-545.

(2) Chorier, *Abrégé*, t. i, p. 109 ; — Guy Allard, *Vie*, p. 8, 9.

1560. retraite, l'éloquence persuasive de Théodore de Bèze le gagna lui-même à la Réforme[1], et, revenant avec sa sœur dans ses terres, il eut pour premier soin d'y fonder une église sous la direction du ministre Pierdouin[2], après avoir détruit les insignes catholiques de la chapelle de son château et aboli la messe dans l'église paroissiale de Montbrun. Guy Allard, son historien, dit même que le fougueux gentil-homme « obligea tous les habitants de gré ou de force à devenir huguenots », et que ceux qui ne voulurent pas se soumettre se virent contraints de prendre la fuite[3]. Ce zèle excessif, joint à l'appui qu'il avait prêté au ministre Fran-çois de Saint-Paul à Montélimar, irritèrent vivement le président Truchon et ses collègues du parlement, qui profé-rèrent des menaces contre lui et lui enjoignirent de venir rendre compte de sa conduite à Grenoble. Montbrun n'y alla point, mais écrivit à son ami le conseiller Jean de Saint-Marcel d'Avençon, qui jouissait à Grenoble d'un grand crédit, « qu'il ne s'était jamais déclaré jusqu'alors pour le fait de la religion et n'avait aucunement suivi les prédications publiques, dont il ne s'estimait davantage. Ce néanmoins on ne cessait de le menacer, mêmement la cour de parlement, comme s'il eût été le chef et le conducteur

---

(1) CHORIER, *Abrégé*, t. 1, p. 109, dit au contraire que Montbrun fut converti par sa sœur. C'est moins vraisemblable.

(2) *Lettres et pièces diverses* (Mns. de la bibl. de Genève, 196ᵃᵃ, portef. 3).

(3) *Vie*, p. 10. — CHORIER, p. 545, prétend que Montbrun forçait ses sujets à coups de bâton à assister au prêche; mais dans son *Abrégé*, p. 109, il ne répète pas le fait : ce qui porte à supposer qu'il y croyait peu. — DELACROIX (*Statistique*, 2ᵉ édit., p. 551) raconte d'après une tra-dition que Montbrun, étant un jour sur la terrasse de son château, aperçut un moine qui se promenait autour du cloître et le tua d'un coup d'arque-buse, après avoir demandé celle-ci comme pour tuer un merle. Cette anecdote ne cadre pas avec les mœurs de Montbrun, qui était violent et emporté, mais non cruel.

d'icelles : ce qu'il trouvait merveilleusement étrange, attendu 1560.
qu'il n'avait contrevenu en rien aux édits de Sa Majesté,
pour jouir du bénéfice desquels il se tenait coi en sa maison,
enseignant sa famille en toute simplicité et modestie, sans
scandaliser aucun de ses voisins; que s'il n'était allé au parlement requérir qu'on le laissât jouir du bénéfice des édits,
ce n'avait été pour aucunement mépriser l'autorité et
justice, à laquelle il serait toujours obéissant, mais d'autant
qu'il avait trouvé cela n'être aucunement nécessaire, comme
aussi les mandements du roi ne portaient point qu'il le dût
ainsi faire, ainsi au contraire silence était imposé au procureur général dudit sieur et tous autres. Par quoi il le priait
affectueusement de faire cesser telles poursuites, et tant
faire envers cette compagnie qu'on le laissât vivre en paix et
en repos de sa conscience, puisque tel était le vouloir et
intention de Sa Majesté ».

Montbrun écrivit dans le même sens à plusieurs autres
conseillers de ses amis, et ses lettres furent lues en plein parlement. Mais celui-ci n'en tint aucun compte et donna ordre
à Marin de Bouvier, prévôt des maréchaux du Dauphiné,
d'amener Montbrun à Grenoble mort ou vif. Le prévôt
se mit en route au commencement de juillet (1560), et s'arrêta à un petit village nommé Reilhanette, distant d'un
quart de lieue du château de Montbrun. Chemin faisant, il
s'était emparé d'un des gens de Montbrun, qui lui fit demander aussitôt de quel droit il agissait ainsi et pourquoi il
excédait sa commission, qui lui ordonnait de se saisir de sa
personne et non de celle de ses gens. Il l'invitait en même
temps à venir dans son château pour lui expliquer l'ordre
du parlement, qu'il ne comprenait point, lui assurant qu'il y
serait reçu avec courtoisie, et que, s'il faisait autrement, il
pourrait se morfondre à l'attendre longtemps à Reilhanette.
Après divers pourparlers, ils convinrent d'avoir une entrevue à égale distance du village et du château. Arrivé au

1560. rendez-vous, le prévôt déclara à Montbrun qu'il n'avait nulle mission de se saisir de lui, mais que, s'il voulait se donner cette peine, il viendrait facilement à ses fins et en dépit de lui. Irrité de cette bravade, Montbrun répondit comme il le devait et, les deux adversaires en venant aux mains, Bouvier fut renversé de son cheval et pris par celui qu'il était venu prendre. Montbrun l'emmena à son château et dépêcha en hâte à Reilhanette douze ou quinze gentils-hommes ou soldats de sa garde, qui s'emparèrent du lieute-nant et des archers de Bouvier, sans qu'aucun des habitants du village, qui avaient promis main-forte au prévôt, osât remuer. Il forma en même temps une petite troupe de gens armés pour n'être pas surpris, et relâcha le lieute-nant et les archers, mais retint prisonnier leur chef.

En ce même temps, le duc de Guise, de plus en plus mécontent de Clermont, l'ex-lieutenant général du roi en Dauphiné, qui « tâchait de modérer les choses plutôt par douceur que par force », chercha une seconde fois à le remplacer par La Motte-Gondrin, avec l'appui de la reine-mère. Ce capitaine avait quitté le parti du connétable de Montmorency, à qui il devait cependant sa fortune, pour embrasser celui des Guises. Ces derniers jetèrent les yeux sur lui, « tant, dit La Planche, parce qu'ils le connaissaient homme de guerre très-hardi... que pour être d'un naturel approchant du leur, accompagné d'une félonie, fort prompt à exécuter toutes choses hasardeuses, pourvu qu'il y sentit son profit, sans religion et irréconciliable ennemi de ceux de la religion, nourri soldat toute la vie et qui, devenu courti-san sur ses vieux jours, tâchait de se conformer à trouver bon tout ce que les mignons du roi trouvaient bon, et à trouver mauvais tout ce qu'ils voulaient être haï. Sa récep-tion fut empêchée par la noblesse du pays, tant parce que leurs priviléges portaient qu'ils seraient gouvernés par quelque seigneur du pays, que pour être issu de petit et bas

lieu d'autour le pays de Toulouse et être chargé d'avoir 1560.
suivi les bandoliers dans les montagnes Pyrénées et couru et
brigandé le Languedoc, dont il était parti pour se sauver en
Piémont. Que s'il avait acquis autorité par le moyen des
armes, c'était plutôt comme homme désespéré que pour
être de cœur noble et vaillant; joint qu'on savait assez que
tout son avoir n'était procédé que de pilleries et voies illicites ».

Le parlement de Grenoble, tout dévoué aux Guises, le
reconnut pourtant comme lieutenant général du roi provisoire en dépit de l'opposition de la noblesse, et foula ainsi
aux pieds les franchises et libertés du pays : « ce qui n'était
jamais avenu, » dit l'historien que nous venons de citer.

La Motte-Gondrin, apprenant que Montbrun avait retenu
Bouvier prisonnier et qu'il levait des soldats, prit les ordres
du parlement et lui enjoignit de relâcher le prévôt et de
comparaître devant la cour pour se purger de ses crimes. Il
lui ordonna en même temps de cesser ses armements, sous
peine d'être considéré comme séditieux et châtié comme tel [1].

Montbrun à la tête des protestants du Comtat. Poursuivi par La Motte-Gondrin, il s'enfuit à Genève. Son château rasé.

Cet ordre remplit Montbrun d'incertitude et de crainte;
aussi accepta-t-il avec empressement les propositions que
Alexandre Guillotin, homme de lettres et jurisconsulte de

(1) La Planche, p. 474-480; — Bèze, t. 1, p. 221-229; — La Popelinière, t. 1, p. 186 et suiv.; — D'Aubigné, t. 1, p. 99; — De Thou, t. iii,
p. 548, 549; — Chorier, p. 545, 546. — Ce dernier auteur dit que
Montbrun s'empara à cette époque de « Royans et de diverses places des
environs ». On ne connaît dans le Dauphiné que le Pont-en-Royans, fort
éloigné des Baronnies. C'est vraisemblablement Rosans qu'il faut lire.

1560. Valréas, vint lui faire de délivrer les protestants du Comtat-Venaissin de l'oppression que faisait peser sur eux le légat du pape Farnèse, siégeant à Avignon. Il partit de son château avec trois cents hommes d'élite et publia un manifeste où il déclarait « qu'il sortait du Dauphiné et du royaume pour aucune faute qu'il eût commise contre l'État ou sa conscience, mais pour empêcher qu'on ne crût que ses armes et ses troupes fussent pour faire quelque parti et qu'on n'attribuât à quelque désobéissance envers le roi le refus qu'il avait fait de comparaître devant le lieutenant du gouverneur de cette province et le parlement; qu'il aimait mieux abandonner tous ses biens que la pureté de l'Évangile, et vivre malheureux dans un pays étranger que d'être dans sa maison soupçonné de perfidie et de rébellion ».

Il s'empara dès l'abord de Malaucène (6 août), où était l'arsenal du pape, et le légat, incapable de lui résister, appela à son secours La Motte-Gondrin, qui, après plusieurs échecs et sur les instances du cardinal de Tournon, dont Montbrun avait épousé la nièce, Justine Alleman de Champs, traita avec ce dernier. Il fut convenu que Montbrun et ses gens, « comme aussi tous les fidèles du Dauphiné et du Comtat, auraient un an entier pour disposer de leurs biens; qu'ils se retireraient dans le courant d'un mois, à la file et deux à deux comme ils s'étaient assemblés; comme aussi La Motte-Gondrin et les siens rompraient sur-le-champ leurs forces; que les prisonniers de part et d'autre seraient rendus;... que, pendant un mois, Montbrun pourrait aller en sa maison avec telle et si grande compagnie qu'il voudrait pour sa sûreté, et que le tout serait ratifié et accordé par le roi et le pape dans vingt jours lors en suivant, comme aussi par les parlements de Dauphiné, Provence et autres juridictions dudit Comtat ».

Ce traité, auquel plusieurs gentilshommes du Dauphiné apposèrent leurs signatures, et dont ils se portèrent garants,

ne fut pas respecté par les catholiques. Plusieurs des sol- 1560.
dats de Montbrun furent, à l'instigation des prêtres, emprisonnés ou massacrés à leur retour dans leurs maisons, et
lui-même se vit menacé dans sa liberté, car les mêmes
prêtres, avec l'assentiment de La Motte-Gondrin, firent
mettre des garnisons dans les places d'Orpierre, de Serre
et de Laragne, situées non loin de son château. Montbrun se
crut donc obligé de reprendre les armes. Il se saisit d'Orpierre et d'autres lieux, « sans toutefois aucune effusion de
sang et qu'aucun des habitants souffrît aucune perte ni
dommage, sinon les prêtres, qui payèrent l'écot pour ce
qu'ils avaient réveillé ces nouveaux troubles après l'accord
juré ». Il dressa ensuite une embuscade à La Motte-Gondrin, entre Molans et le Buis, qui fut couronnée de succès;
mais, redoutant avec raison de ne pouvoir résister aux
forces considérables qu'on s'apprêtait à lui opposer, il
quitta sa maison le 5 octobre et se réfugia à Genève, puis à
Berne, avec sa femme, à travers mille dangers qui lui
furent suscités par un traître, Mathieu d'Antoine, jeune
avocat de Grenoble qu'il avait à son service comme secrétaire. La Motte-Gondrin, pour se venger de ses échecs,
rasa le château de Montbrun et celui de Reilhanette, le
25 octobre, et se retira le 30 [1]. Il fit arrêter aussi plusieurs
partisans de Montbrun, qui furent condamnés à mort et

---

(1) Le curé Robin, dans son *Histoire de Dieulefit* (Mns.), donne le texte
d'une curieuse ordonnance du comte de Suze, datée de Villedieu, du
23 octobre 1560, qui prescrit aux consuls de Dieulefit d'envoyer « vingt
bons travailleurs, des meilleurs,.. pour obéir aux commissaires commis
pour la démolition et ruine du château et murailles de la ville de Montbrun ». Ces travailleurs passèrent huit jours à Montbrun et revinrent
munis d'un certificat du commissaire La Plante, du dernier octobre 1560,
constatant qu'ils avaient « demeuré, tant pour travail et de aller et venir
dix jours ».

156o. exécutés ; mais il laissa sortir en toute liberté la mère et la fille de son ennemi [1].

Les Vaudois de Pragela secourent leurs frères de Piémont persécutés par le duc de Savoie. Commission de Maugiron.

Au commencement de cette année 156o, qui fut si féconde en événements, les Vaudois du Piémont eurent à endurer de rudes persécutions de la part de leur duc Emmanuel-Philibert. La vallée de Saint-Martin, en particulier, était désolée par les seigneurs Du Perrier, Charles et Boniface Truchet, et quand les Vaudois de Pragela (c'est par là que ce récit appartient à notre histoire) volèrent au secours de leurs frères opprimés (avril), Charles Truchet venait de saccager le hameau de Riocloret, de mettre à mort plusieurs de ses habitants et de livrer aux moines de Pignerol, qui le firent brûler vif, un pasteur fort âgé, récemment arrivé de Calabre, où les Vaudois avaient des colonies. Ceux de Pragela, dit Muston[2], « ayant appris la malheureuse position de leurs frères du Riocloret, se réunirent au nombre de quatre cents et entreprirent d'aller les délivrer. Leur pasteur, nommé Martin, marchait à la tête de cette troupe. De lieue en lieue, il se jetait à genoux avec tous ses hommes, et priait Dieu de leur donner la victoire. Ils furent exaucés. Le temps était sombre; ils arrivèrent vers le soir à Riocloret. Les ennemis, prévenus de leur

---

(1) Pour plus de détails sur l'histoire des armes de Montbrun dans le Comtat, que nous n'avions pas à raconter, voy. LA PLANCHE, p. 480; — BÈZE, t. I, p. 224-229, 230-233; — LA POPELINIÈRE, t. I, p. 205 et suiv.; — Recueil des choses mémorables, p. 102; — D'AUBIGNÉ, t. I, p. 99, 100; — GUY ALLARD, Vie; — CHORIER, p. 547, 548.

(2) Tome II, p. 19, 20.

approche, s'étaient mis en défense ; mais un orage terrible, 1560.
et tel que les Alpes elles-mêmes semblent en être ébranlées
quand il éclate sur leurs cimes, fondit sur la montagne au
moment où s'engagea l'action. Après un combat opiniâtre,
la bande Truchet est débusquée de ses positions, poursuivie
dans les ravins, où les soldats s'égarent au milieu de la nuit,
et pour la seconde fois l'injuste agresseur parvient avec peine
à s'échapper. »

Le duc de Savoie, ayant eu connaissance de l'incursion
faite sur ses terres par les Vaudois du Dauphiné, s'en plaignit vivement au roi de France, ajoutant que ses soldats
n'eussent pas été défaits sans le secours des Français et
accusant principalement Paul Richiend de Mouvans et les
autres réformés provençaux réfugiés dans la vallée de Pragela d'avoir excité les gens du pays à prendre les armes.
Laurent de Maugiron, qui était allé sans doute solliciter à la
cour après sa double expédition de Valence et de Montélimar, s'offrit à châtier les habitants de Pragela, et, pour se
faire délivrer une commission, vanta le crédit dont il jouissait en Dauphiné et les nombreuses intelligences dont il
disposait. Truchon, président du parlement de Grenoble,
qui était d'accord avec lui, représenta de son côté aux états
du Dauphiné, assemblés le 16 novembre, la nécessité
d'exterminer les Vaudois de Freissinières et de Pragela,
« disant qu'il fallait repurger ce vieux et ancien levain,
capable d'enaigrir tout le pays de Dauphiné, s'il n'y était
pourvu ». La commission sollicitée par Maugiron lui fut
octroyée le 17 novembre. Le roi y déclarait qu'il avait
appris que les habitants de la vallée de Pragela persévéraient
dans leurs anciennes hérésies, qu'ils faisaient prêcher et
administrer les sacrements « à la mode de Genève », qu'ils
favorisaient la secte luthérienne et donnaient asile aux principaux chefs du récent soulèvement du Dauphiné et des
lieux circonvoisins, et que, pour ces diverses raisons, il

1560. « désirait leur faire changer de façon de vivre, sinon les
châtier selon leurs démérites ». La commission royale autorisait en outre Maugiron à lever « tel nombre de gens qu'il
voudrait et d'assembler secrètement ses amis avec la noblesse pour se transporter audit Pragela, y prendre les
ministres, gentilshommes, chefs et auteurs des séditions et
hérésies, pour les faire châtier par le parlement de Dauphiné ; et s'il y trouvait aucune résistance, qu'il leur courût
sus et les taillât en pièces, se conduisant toutefois par le
sage et prudent avis de La Motte-Gondrin, auquel il obéi-
rait comme à Sa Majesté même ».

Le but secret de l'expédition était de mettre à l'abri des
incursions des habitants de Pragela le duc de Savoie, qui
avait projeté d'exterminer entièrement les Vaudois de ses
états, et, délivré de la crainte d'être attaqué sur ses derrières, de s'emparer ensuite de la ville de Genève. Pour
faciliter l'exécution de ce dessein, le roi ordonna à Bourdillon, son lieutenant général en Piémont, de remettre toutes
ses forces à Maugiron, qui devait faire sa jonction avec La
Motte-Gondrin. Craignant de perdre toutes les places qu'il
tenait en Piémont, s'il était dépouillé d'une grande partie de
ses soldats, Bourdillon fit d'humbles remontrances au roi
sur ce dessein, mais ne réussit qu'à s'attirer la défaveur des
Guises, qui, paraît-il, avaient promis secrètement au duc
de Savoie, pour le mettre dans leurs intérêts, de lui rendre
non-seulement les quatre villes que les Français occupaient
dans ses états, mais encore toutes les possessions françaises
situées au delà des Alpes. La mort de François II empêcha
l'exécution de ce dessein, qui aurait amoindri l'influence de
la France ; mais le duc de Savoie n'en continua pas moins à
persécuter à outrance les Vaudois de ses états [1].

---

(1) La Planche, p. 715-718 ; — Chorier, p. 552, 553 ; — Muston,
t. ii, chap. ii ; — Perrin, *Histoire des Vaudois*, p. 149.

Les prélats dauphinois Montluc et Marillac à l'assemblée de Fontainebleau.

Catherine de Médicis, qui, après la conjuration d'Am- 1560. boise, s'était jetée dans les bras des Guises, commença à prendre ombrage de leur omnipotence et accéda aux vœux du prince de Condé et d'une grande partie de la noblesse, qui lui conseillèrent de réunir les états généraux du royaume. Les Guises, craignant d'être supplantés, se rangèrent à cet avis et, pour sonder d'abord les esprits, convoquèrent, le 21 août, une assemblée de notables à Fontainebleau, où l'on décida que les états généraux du royaume seraient assemblés le 10 décembre, que l'on provoquerait la convocation d'un concile général et, à son défaut, d'un concile national, et « qu'en attendant, il ne serait plus procédé par voie de justice contre les religionnaires, sinon contre ceux qui s'élèveraient en armes ». Montluc, évêque de Valence, s'éleva dans l'assemblée de Fontainebleau avec une hardiesse extraordinaire contre la corruption du clergé de l'époque. « Les évêques, dit-il, (j'entends pour la plupart), ont été paresseux, n'ayant devant les yeux aucune crainte de rendre compte à Dieu du troupeau qu'ils avaient en charge, et leur plus grand souci a été de conserver leur revenu et d'en abuser en folles dépenses et scandaleuses, tellement qu'on en a vu quarante résider à Paris pendant que le feu s'allumait en leur diocèse. Et en même temps l'on voit bailler les évêchés aux enfants et à personnes ignorantes et qui n'avaient ni le savoir ni la volonté de faire leur état. Et enfin les yeux de l'Église, qui sont les évêques, ont été bandés... Les curés, avares, ignorants, occupés à tout autre chose qu'à leur charge, et pour la plupart ont été pourvus de leurs bénéfices par des moyens illicites. Et en ce temps qu'il fallait appeler à notre secours les gens de savoir,

1560. de vertu et de bon zèle, autant de deux écus que les banquiers ont envoyés à Rome, autant de curés nous ont-ils envoyés. Les cardinaux et les évêques n'ont fait difficulté de bailler les bénéfices à leurs maîtres d'hôtel et, qui plus est, à leurs valets de chambre, cuisiniers, barbiers et laquais. Les menus prêtres, par leur avarice, leur ignorance et vie dissolue, se sont rendus odieux et contemptibles à tout le monde. Voilà les bons remèdes dont l'on a usé pour procurer la paix et l'union de l'Église[1]. »

Charles de Marillac, archevêque de Vienne, qui avait une plus grande valeur morale que Montluc, parla dans le même sens que lui. « Il n'épargna pas la conduite des papes, dit l'historien de l'église de Vienne[2], et conclut pour assembler un concile national, puisque depuis des siècles on n'avait trouvé à Rome que de l'opposition pour convoquer un concile général. » Mais, tout en désirant vivement une réforme dans les mœurs de l'Église, Marillac ne sentait pas la nécessité d'une réforme dans la doctrine, qui est pourtant la source de la vie. « Qu'il soit défendu, dit-il dans un écrit[3], aux prêcheurs de disputer propositions qui sont en controverse touchant la religion. Qu'ils prêchent seulement bonne doctrine reçue de l'Église, remettant les disputes aux écoles. » L'archevêque ne fut pas moins tenu pour hérétique par ceux que sa franchise importunait. « Il suffisait, dit Charvet[4], de parler de réformes dans l'Église et d'être opposé au parti des Guises pour contracter la tache d'hérésie, dont il n'était possible de se laver que par un zèle outré, aussi funeste à l'État que contraire à la religion.

---

(1) *Mémoires de Condé*, t. 1, p. 325, 326.

(2) CHARVET, p. 553.

(3) *Négociations relatives au règne de François II*, p. 772.

(4) Page 555.

Ainsi la franchise avec laquelle notre archevêque exprimait 1560.
ses vœux pour le rétablissement de la discipline, son amitié
accordée aux calvinistes et son éloignement déclaré pour les
princes lorrains donnèrent un ample sujet à leurs partisans
pour calomnier sa foi. » Ce digne ministre était un ancien
avocat, que ses opinions religieuses un peu libres sur la
réforme de l'Église avaient forcé à suivre Jean de la Forest,
son cousin, ambassadeur auprès de Soliman. Nommé en
1551 évêque de Vannes, il rechercha la société des savants.
Buchanan et Henri Étienne se ressentirent de ses libéralités.
Il accepta la dédicace d'un ouvrage du célèbre Dumoulin et
eut des relations suivies avec le chancelier de L'Hospital.

Les Guises, cependant, ne tardèrent pas à reprendre
tout leur empire à la cour, et, poussant l'audace jusqu'à ses
dernières limites, ils firent condamner à mort le prince de
Condé, et décidèrent de contraindre tous les Français de
signer, sous peine de mort, une confession de foi catholique
rédigée par la Sorbonne en 1542. La mort de François II,
survenue le 5 décembre 1560, ruina leur dessein.

Avénement au trône de Charles IX. Établissement de nombreuses églises en Dauphiné. Domène et Grenoble.

Les états généraux, qui se réunirent peu après la mort du
roi (13 décembre), révélèrent les progrès qu'avait faits en
France la Réforme. Une grande partie de la noblesse et
tout le tiers-état insistèrent pour qu'on cessât les persécutions et qu'on laissât libres les opinions religieuses. A dater
de ce moment, la reine-mère, Catherine de Médicis, pen-
cha du côté des réformés, car toute sa politique consistait à
contenir les deux partis l'un par l'autre. Elle se rapprocha
donc des princes du sang, savoir du roi de Navarre, du

1561. prince de Condé, du cardinal de Bourbon et de l'amiral de Coligny, qui commençait alors à jouir d'une grande autorité, et elle fit rendre au nouveau roi son fils, Charles IX, une ordonnance (28 janvier 1561) adressée à tous les baillis du royaume, qui stipulait la mise en liberté immédiate de toutes les personnes détenues pour fait de religion et l'exécution de l'édit de Romorantin. Mais cette ordonnance n'allait pas jusqu'à permettre l'exercice de la religion réformée, et elle portait que les religionnaires relâchés devaient être « admonestés de vivre par ci après catholiquement [1] ».

Le 19 avril suivant, une pareille ordonnance, datée de Fontainebleau, fut adressée aux parlements. Elle stipulait de plus que tous ceux qui avaient quitté le royaume pour fait de religion pourraient y rentrer, mais à la condition d'y vivre « catholiquement et sans scandale », et que ceux qui ne voudraient souscrire à cette clause auraient la faculté de vendre leurs biens et d'en toucher la valeur. Le roi ordonnait encore à ses sujets de vivre en bonne harmonie les uns avec les autres, leur interdisant l'usage des épithètes de *papistes* et de *huguenots,* et ne permettait à aucun d'eux de pénétrer dans les maisons particulières sous prétexte de rechercher les assemblées illicites. Les juges et officiers du roi seuls étaient chargés de surveiller l'exécution du dernier édit[2].

Les protestants du Dauphiné, comme tous leurs frères du royaume, comprirent que la cour inclinait à la tolérance, et, bien que les deux ordonnances et l'édit de juillet 1561 ne leur permissent point de tenir des assemblées, et que ce dernier même punît de la peine du bannissement quiconque y assisterait, ils s'abandonnèrent à l'espérance, fondèrent dans la province un grand nombre d'églises, dont ils deman-

---

(1) *Livre du Roi,* dans le *Bullet. de l'Acad. delphin.,* 1re série, t. 1, p. 479.

(1) *Arch. dép. de la Drôme,* D. 71.

dèrent les pasteurs à Genève, et eurent des assemblées reli- 1561.
gieuses.

Ainsi, le 3 avril 1561, avant la fête de Pâques, qui
était cette année le 6, les réformés de Grenoble célébrèrent
leur culte en grand nombre dans la maison Thionville,
située hors des remparts. Le président du parlement, Jean
Truchon, toujours prêt à sévir, s'y transporta avec l'évêque
et plusieurs autres officiers, mais il ne fit arrêter que le solli-
citeur Guillemin et Jean de Ponnat, avocat à la cour, qui
avait pris la parole pour défendre ses coreligionnaires. L'un
et l'autre furent relâchés le lendemain sur les instances
d'André de Ponnat, conseiller au parlement et frère de Jean.

Sur ces entrefaites, le parlement reçut l'ordonnance royale
du 19 avril, mentionnée plus haut, et, mécontent de l'esprit de tolérance dont elle était animée, l'aggrava en la
commentant. « Déclare la cour, dit-il dans son arrêt expli-
catif du 10 mai 1561 [1], que ces mots d'*assemblées illicites*
s'entendent de toutes assemblées que l'on pourrait faire en
plus grand nombre de cinq, sous prétexte d'ouïr prêches,
faire prières publiques, ou pour autre cause quelle qu'elle
soit, sans permission du magistrat, des prélats ou autres
qui ont pouvoir de les permettre, et lesquelles assemblées,
prêches ou prières publiques se feront ès églises ou autres
lieux pour ce destinés, à la manière accoutumée; — déclare
pareillement la cour que *vivre catholiquement* s'entend selon
les constitutions évangéliques, traditions des anciens, conciles observés par nos majeurs et par eux à nous délaissés
de main en main jusques au jour présent, même selon
l'institution des sept sacrements de l'église catholique; ès
quelles constitutions et sacrements de l'église est enjoint à
toutes personnes, de quelque qualité ou condition qu'elle

---

(1) *Arch. dép. de la Drôme*, D. 71.

1561. soit, d'entretenir, garder et observer, et de parler révéremment du saint sacrement de l'autel, sur les peines contenues ès dites lettres; — et quant à la *défense ès personnes privées de n'entrer aux maisons d'aucuns,* déclare la cour en ce n'être compris les consuls des villes et communautés, lesquels pour découvrir lesdites assemblées y pourront entrer avec un greffier ou notaire et en faire rapport à la justice; — déclare en outre que sous ombre de ladite défense nul n'est inhibé de révéler au magistrat lesdites assemblées; ainsi est enjoint à chacun, suivant les précédents édits du roi, en avertir la justice, sur peine d'être tenu pour fauteur desdites assemblées et des séditions. »

Le parlement, ayant été informé que des assemblées religieuses s'étaient tenues à Domène et ailleurs le dimanche précédent, et qu'on en avait annoncé une nouvelle pour le dimanche d'après, fit, dans le même arrêt, « inhibitions et défenses, sur peine de la hart, à tous habitants, tant de cette ville que de ce ressort, de ne retirer, soit audit lieu de Domène ou autre, lesdites assemblées ». Après le favorable édit du 17 janvier de l'année suivante, l'église de Domène se constitua et avait pour pasteur Claude Darces.

Les conséquences de cet arrêt ne furent pas durables. Forts de la tendance qui dominait à la cour, les réformés de Grenoble, qui, dès l'année précédente, formaient un parti puissant dans la ville [1], reprirent leurs assemblées à la fin

---

(1) La preuve en est aux diverses mesures prises par le conseil communal pour empêcher les soulèvements. Une délibération du 13 septembre 1560 contient l'ordre de mettre à chaque porte de la ville « une personne sûre pour avoir l'œil avec le portier sur les personnes entrant en ville ». Le 22, le conseil général est convoqué « pour obvier contre les séditieux et rebelles contre la majesté du roi ». « On conclut de supplier MM. les gens d'église de la ville de soi mettre en oraison et faire procession, et aussi MM. de la cour de bailler à la cité pour chef et capitaine quelqu'un de leur compagnie. » Le 4 octobre, le même conseil décide d'acheter cent

de l'année à l'occasion de la visite du fameux réformateur 1561.
Farel. « Guillaume Farel, dit Bèze, allant de son église de
Neuchâtel en Suisse à Gap, ville de sa naissance, et passant
par Grenoble, y fit une vive et ardente exhortation, comme
il était personnage plein de zèle de Dieu, s'il y en a eu de
notre temps; et les ayant disposés à bien faire, y laissa pour
ministre Eynard Pichon pour leur donner du courage. » Le
4 décembre, ils se réunirent en plein jour et les portes
ouvertes dans la maison d'Antoine Dalphas, avocat au
parlement, et une seconde dans celle de Guillaume Berger,
également avocat. Le parlement en fut très-irrité; mais
Dalphas et Berger répondirent avec tant de sagesse aux
questions qui leur furent adressées qu'on se borna à les con-
signer dans leurs maisons. Les autres réformés ayant demandé
une audience au parlement, la question fut débattue avec
solennité devant ce corps pendant trois séances consécu-
tives, les 6, 9 et 10 décembre. L'avocat Philippe le Roi
défendit chaleureusement la cause évangélique. Il s'efforça
de prouver que, dans les conditions où les assemblées
étaient tenues, elles ne pouvaient être considérées comme
illicites, offrit une caution de 200,000 écus comme gage du
bon ordre qui y règnerait et conclut en disant que si le parlement ne voulait ou ne pouvait en délibérer, il en appelait
au roi, à qui les états généraux d'Orléans (1er août) avaient
demandé la liberté de conscience et dont la réponse n'était
pas encore connue. Après lui, l'avocat Jean Robert, le procureur Nicolas de Bonneton et les gens du roi parlèrent
contre les assemblées, le premier au nom de la ville, le
second au nom du pays et les derniers au nom du roi et de

---

vingt corcelets et cent morions au nom de la ville, et de faire « faire par
le capitaine une revue des arquebuses, piques et armes pouvant y avoir
dans la ville » (Pilot, *Annuaire statist. de la cour royale*, 1842, p. 3 et 4).

1561. ses édits. Entrant dans leurs vues, le parlement décréta que Dalphas et Berger seraient poursuivis et les assemblées interdites. Il enjoignit en même temps aux étrangers de sortir de la ville dans les vingt-quatre heures et ordonna de dresser dans les rues des potences pour y attacher les rebelles et les séditieux qui contreviendraient aux édits.

Les assemblées, qui avaient continué pendant les plaidoiries, cessèrent, d'autant plus qu'on venait d'apprendre que La Motte-Gondrin s'approchait avec des troupes. Désireux toutefois de renforcer leur parti à Grenoble, les réformés cherchèrent à faire entrer quelques-uns des leurs dans le consulat; mais les commissaires de la cour, chargés de présider les élections municipales, réussirent à les proroger. Les assemblées recommencèrent et furent tenues dans des maisons particulières, les portes ouvertes. Puis survinrent, au commencement de janvier, des lettres du roi du petit cachet ou du scel secret, ordonnant que ceux de la religion ne fussent pas recherchés pour fait d'assemblées dans les maisons particulières et qu'on relâchât toutes les personnes qui étaient détenues dès avant l'édit de juillet. Le parlement, poussé par le second président De Portes, éluda par des échappatoires cette dernière clause; mais les assemblées continuèrent. Elles se réunissaient chez Pierre Girard, dit Cordery le jeune, notaire, dont la maison était située à l'extrémité de la rue Chenoise, près du faubourg Très-Cloîtres. C'était l'homme le plus influent du parti réformé [1].

La Motte-Gondrin, empêché de sévir et privé de l'appui

(1) Le conseil de la ville, redoutant son crédit, avait cherché, dès 1560, à l'éloigner de Grenoble, en le faisant comprendre par La Motte-Gondrin dans le rôle des hommes levés aux frais de la cité pour le service du roi, et destinés à occuper Montélimar (28 août). Girard, irrité de cette mesure, se rendit chez l'un des consuls et menaça de le tuer s'il ne faisait rayer son nom du rôle : injure pour laquelle il fut condamné à 100 sols d'amende (PILOT, *Annuaire statist. de la cour royale*, 1842, p. 3).

des Guises, qui avaient perdu pour l'heure tout crédit, traita 1562.
les réformés de Grenoble avec une apparente équité. Il fit
emprisonner plusieurs bouchers qui avaient excité une sédition contre eux, et un prêtre, leur instigateur, nommé
Marmozin; mais il emprisonna aussi des réformés qui
avaient été battus par les bouchers et relâcha les uns et les
autres au bout de quelque temps.

Sur ces entrefaites fut publié l'édit du 17 janvier 1562,
qui accordait aux réformés le libre exercice de leur culte en
dehors des villes, et leur permettait de faire des collectes
pour leurs pauvres et d'assembler leurs consistoires et leurs
synodes sous la surveillance d'un commissaire royal. Les
réformés de Grenoble cherchèrent aussitôt un lieu d'assemblée en dehors des murs de la ville. C'était « une cour, dit
Bèze, appartenant à un marchand, nommé Bernardin
Curial, assise au faubourg Très-Cloîtres, qu'ils avaient fait
couvrir d'ais de futailles en attendant mieux, nonobstant
que toujours il y eut quelques traverses jusqu'au mois de
mars [1] ». Curial avait été consul de la ville en 1543 et jouissait d'un grand crédit.

Vienne, Romans, Valence, Saint-Paul-Trois-Châteaux, Dieulefit, Châteauneuf-de-Mazenc, Montjoux, Pont-en-Royans.

Les choses ne se passèrent pas aussi paisiblement à
Vienne. Cette ville comptait déjà quelques luthériens secrets
en 1542, le libraire Balthazard Arnoullet et son beau-frère,
Guillaume Guéroult, qui avaient fait imprimer en cachette

---

(1) Bèze, t. 1, p. 559-561; — Pilot, *Annuaire statist. de la cour
royale*, 1842, p. 2-4.

1561. le *Christianismi restitutio* du célèbre hérésiarque Michel Servet. Le nombre des luthériens s'étant beaucoup accru dans la suite, le successeur de .'archevêque Marillac, Jean de la Brosse, créature des Guises, se mit à faire prêcher contre eux : ce qui les irrita si fort que quarante des leurs prirent les armes de nuit, en mars 1561, et brisèrent quelques statues du portail de la cathédrale et des autres églises de Vienne. On n'informa point toutefois contre ces iconoclastes. Les catholiques se bornèrent à faire une procession générale pour apaiser le courroux du ciel. Au mois de mai, les magistrats agirent avec vigueur, car ils firent emprisonner plusieurs réformés et vendirent publiquement leurs meubles. Les ministres tenaient des assemblées religieuses, mais elles étaient secrètes et de nuit. Les prédications évangéliques, toutefois, eurent un tel succès que vers le 4 octobre la ville entière se déclara ouvertement pour la Réforme et que les pasteurs manquèrent pour toute cette multitude. Le 15 janvier 1562, les doctrines réformées furent prêchées pour la première fois en plein jour, et les portes ouvertes, dans la maison de Jacques Gabet, juge royal à la cour commune de la ville[1]. Les catholiques, vivement irrités de ces prédications, se portèrent à diverses voies de fait contre les réformés. « Mais la sagesse des magistrats, dit Chorier, modéra leur indignation par le péril où ils firent voir que leur zèle inconsidéré les allait précipiter[2]. »

A Romans La Motte-Gondrin ne se montra pas si débonnaire qu'à Grenoble. Ayant appris qu'il y avait des réunions dans la ville, il « s'approcha, dit Dochier, avec des soldats aussi furieux que lui, et, pour cacher son dessein, il

---

(1) Il exerçait déjà ces fonctions en 1556.

(2) BÈZE, t. 1, p. 559; — *Documents protestants inédits*, p. 31; — CHARVET, p. 556, 557; — CHORIER, p. 553, 555, 556; — *Bulletin de la Soc. de l'hist. du prot. franç.*, t. XII, p. 352.

passa sur la rive gauche de l'Isère, laissant sur la droite la 1561. ville qu'il voulait surprendre. Tout à coup il traverse cette rivière, marche sur Romans, arrive à la porte Clérieux, investit la maison où l'on était aux prêches et s'apprête à l'incendier. Les assistants parviennent à s'évader par une porte secrète; ils échappent et à l'instant l'édifice est démoli ». Bèze, qui a puisé à d'autres sources, dit que La Motte-Gondrin ordonna la démolition de deux maisons et emprisonna plusieurs réformés, qu'il aurait mis à mort sur-le-champ si on ne lui avait fait observer qu'il compromettait la cause catholique, attendu que les édits du roi n'autorisaient pas de pareilles rigueurs. Néanmoins, il fit pendre aux fenêtres de son logis, avec deux autres personnes, Louis Gay, capitaine châtelain de la Côte-Saint-André, qu'il avait traîtreusement attiré à Tullins, à son passage dans cette ville. Les parents et amis de Gay ne le lui pardonnèrent point, comme on le verra par la suite [1].

A Valence il donna un plus libre cours à ses mœurs sanguinaires. Il fit périr plusieurs notables de la religion réformée et trancher la tête à Duval, l'un des principaux ministres qui avaient succédé à Saulas et à D'Albeau. Duval était un Carme converti, longtemps retenu prisonnier en Touraine pour le fait de la religion. Les protestants de Valence ne se laissèrent point décourager par ces cruautés. Les plus zélés d'entre eux, Amelly, Bourjac, Jean du Mas, Jacques Faure, Jean Brunet, Guillaume Savinac, demandèrent à La Motte-Gondrin la liberté de leur culte et un lieu de réunion. Le lieutenant général du roi leur répondit en faisant emprisonner plusieurs d'entre eux, savoir: Amelly, Bourjac, du Mas, et de plus le ministre Jacques Roux. Sur les représentations des catholiques, il les relâcha quelques jours

---

(1) BÈZE, t. 1, p. 559, 560; — DOCHIER, p. 183, 184.

1561. après, mais expulsa Roux du Dauphiné et lui défendit d'y prêcher à l'avenir sous peine de mort. Il n'appliqua pas la même peine au second ministre, nommé Ruffy, mais lui interdit de présider aucune assemblée. L'église resta ainsi sans pasteurs et en demanda un au synode du Dauphiné et du Lyonnais, assemblé à Lyon le 25 novembre 1561. Peu après arriva le ministre Jean de La Place; mais il dut attendre, avant de donner des prédications, le retour des députés envoyés en cour pour connaître les intentions du roi. Ceux-ci apportèrent la nouvelle que le comte Antoine de Crussol venait d'être nommé lieutenant général du roi dans le Dauphiné, la Provence et le Languedoc (10 décem. 1561), avec la mission spéciale d'y pacifier les troubles religieux. Crussol arriva en effet quelques jours après, engagea La Place « à contenir le peuple en toute modestie chrétienne », lui permit de tenir des assemblées en dehors des murs de la ville, et pria La Motte-Gondrin de protéger les réformés. Ces mesures permirent à ces derniers de se procurer un local plus vaste que celui où ils s'étaient réunis jusque-là, lequel était une remise si étroite « que les dimanches une infinité de peuple abordant de tous côtés était contrainte s'en retourner, n'ayant les moyens d'approcher pour entendre les prédications, la rue étant toute pleine de gens ». La Place fut secondé dans sa tâche pendant quelques mois par le ministre d'Aiguille [1].

Dans la ville épiscopale de Saint-Paul-Trois-Châteaux les protestants se livraient en toute liberté aux divers exercices de leur culte. Le 25 ou 26 février 1561 ils firent baptiser plusieurs enfants par le ministre Vincent Meylier

(1) *Commentarii*, 1ª pars, p. 78; — LA POPELINIÈRE, t. 1, p. 240; — *Lettre de La Place à Calvin du 22 mars* 1562, dans le *Bulletin historique de la Soc. de l'hist. du prot. franç.*, t. IV, p. 533, 534; — CHORIER, p. 555, 556; — *Documents prot. inédits*, p. 31.

« suivant les formes de l'église de Genève », et celui-ci, qui 1561. avait été précédé par l'ex-Carme De Combe, prêcha publiquement les doctrines évangéliques. L'évêque Jean de Joly chargea son official d'informer contre Roland Marin, Antoine Billard et Pierre de Viane, pères des enfants baptisés; mais les protestants n'en continuèrent pas moins leurs assemblées. L'évêque « en témoigna son juste ressentiment, par l'organe de M. Melchior Taramas, chanoine de son église et son grand vicaire, dans la maison de ville, en présence des magistrats et des conseillers, à M. Jean Cottelier, juge et bailli de Saint-Paul, le priant et tous ceux à qui il pourrait appartenir de se bien pourvoir à ce que telles assemblées ne se tinssent plus dans cette ville ni dans aucun endroit de son diocèse ; que tout le monde vécût désormais dans la soumission aux ordres du roi et sous l'obéissance d'un seul pasteur dans une même bergerie. Que s'ils ne le faisaient pas, il les avertissait qu'il aurait recours au roi ». Le bailli accueillit cette requête avec déférence, mais les consuls ajournèrent leur réponse jusqu'à la première assemblée générale de la ville et, en fait, ne répondirent jamais. L'évêque, voyant ses prières méconnues, invoqua le secours d'Antoine Escalin des Aymars, baron de La Garde, qui s'était rendu tristement célèbre dans le massacre des Vaudois de Cabrières et de Mérindol. La Garde se rendit immédiatement à Saint-Paul et fut reçu dans la maison de Paul Rémy, conseiller au parlement de Grenoble. Ayant fait comparaître devant lui (12 septembre) Jean Giraud, premier consul, Gérenton Derdier, Étienne Truchier, Claude Rat, Claude Allard, Jean Payan et plusieurs autres, il leur fit observer que les assemblées religieuses étaient interdites par les édits du roi, notamment par celui de juillet 1561, et les menaça, si elles ne cessaient point, d'en informer le roi ou tout au moins le gouverneur du Dauphiné. Il engagea en même temps le bailli à veiller à l'accomplissement des

1561. devoirs de sa charge. On lui fit de belles promesses et, pendant tout le temps qu'il séjourna à Saint-Paul ou à son château de La Garde-Adhémar, les assemblées cessèrent ; mais dès qu'il fut parti elles reprirent leur cours habituel et au bout de trois mois la religion réformée « devint aussi puissante que la religion catholique, ayant engagé dans sa faction plus de la moitié des habitants ». La veille de Noël, les réformés, se répandant tout à coup dans la ville, envahirent la cathédrale et, après avoir brisé tous ses ornements, qu'ils regardaient comme autant d'instruments d'idolâtrie, ils chantèrent les psaumes de David en reconnaissance de la victoire qu'ils venaient de remporter sur la superstition, et firent prêcher leur ministre. Le service terminé, ils abattirent toutes les croix de la ville et se rendirent dans plusieurs communautés du diocèse de Saint-Paul pour assouvir leur zèle iconoclaste, notamment à Saint-Restitut, Montségur, Clansayes, Pierrelatte et Montélimar. Le lendemain de cet événement, qui concordait avec le jour de Noël, le grand vicaire Taramas et le bailli Cottelier firent assembler le conseil privé de la ville [1], et il fut décidé qu'on informerait contre les coupables et que les ornements brisés seraient rétablis. Mais on n'en fit rien, car les consuls et le bailli faisaient en secret cause commune avec le parti réformé [2].

L'église de Dieulefit fut fondée cette même année 1561 par le ministre Jean de Lusi, qui tenait des assemblées

---

(1) Composé d'Antoine Auriple, Jacques Audigier, Giraud Mayer, Jean Moutarin, Jean Surrel, Claude Brunaud, Jacques et Toussaint Ducros, Claude Allard, Jean Payen, Michel Bertrand, Pierre Barillard, Claude Rat, Gaspard Serre, Jean Nogier, Pascal Martin, Pierre Roux, Guillaume Taramas, Pauler, Telhe, consul, etc.

(2) BOYER DE SAINTE-MARTHE, p. 222 et suiv.; — *Documents prot. inédits*, p. 20.

tantôt dans une maison, tantôt dans une autre. Elle prit 1561.
bientôt de si grands développements que presque toute la
population embrassa la Réforme. Il y avait alors à Dieulefit
« un curé peu aimé, dit le curé Robin, à cause de son esprit
tracassier et de la vivacité de son caractère, qui ne savait ni
mesurer ses paroles ni mettre un frein à ses lèvres », et la
Réforme bénéficia indirectement de la haine qu'on lui
portait. Sébastien de Vesc, seigneur de Comps et coseigneur
de Dieulefit, avait adopté les idées nouvelles, et son exemple
ne put qu'exercer une grande influence sur la population.
Sébastien avait sept fils, qui imitèrent son exemple. Le plus
célèbre de tous fut Mary de Vesc, dont le nom reviendra
souvent dans l'histoire des guerres de religion [1].

De Dieulefit, la Réforme gagna Châteauneuf-de-Mazenc.
Plusieurs de ses habitants suivirent les prédications du
ministre Lusi. Les consuls surveillèrent le mouvement et
envoyèrent même à Dieulefit un homme de confiance pour
reconnaître ceux de leurs concitoyens qui allaient entendre
le ministre. Mais là s'arrêtèrent leurs poursuites [2].

Un nommé Giraudi prêcha la Réforme non loin de là, à
Montjoux. Le seigneur du lieu, Jean de Vesc, l'avait pris
sous sa protection. Mais comme ce prédicateur ne possédait
aucune attestation de sa vie et de sa doctrine, le synode
provincial de Lyon (13 avril 1561) représenta à son protecteur qu'il ne le pouvait « chrétiennement tenir ». M. de
Montjoux se rendit à l'avis du synode et, le 27 juillet 1561,
écrivit de Montélimar à Chevalier, de Genève, de lui envoyer le ministre Barruel. Il ne paraît pas qu'il ait pu
l'obtenir, car l'église de Montjoux était desservie, le 25
novembre de la même année, par M.re Pierre Blanc [3].

---

(1) Curé ROBIN, *Hist. de Dieulefit* (Mns.).

(2) Curé ROBIN, *Mémoire sur Châteauneuf-de-Mazenc* (Mns.).

(3) *Documents prot. inédits*, p. 19, 31; — Bibl. de Genève, Mns. 121.

1561. François Tempesta, ancien Cordelier, qui avait été obligé de fuir de Montélimar, où il prêchait ouvertement l'Évangile, comme on l'a vu plus haut, fut envoyé par Genève, au commencement de 1561, « à Pont-en-Royans, pour travailler avec le ministre Denis D'Hérieu à l'organisation de l'église. Accepté à l'unanimité pour pasteur, le 21 février, Tempesta fit procéder sur-le-champ à l'élection de dix diacres, au nombre desquels furent Jean Bouteru et Pierre Muel. Le jour de Pâques, la cène fut célébrée, en présence d'un petit nombre de fidèles, dans la maison de Bouteru. En deux ans, les progrès dés doctrines évangéliques furent tels que presque tous les habitants de la ville, leur seigneur en tête, participèrent au repas eucharistique le jour de la Pentecôte 1563 [1] ».

Suite des autres églises fondées à cette époque en Dauphiné. Demandes des pasteurs à Genève.

Plusieurs autres églises s'organisèrent dans la province pendant cette même année 1561. Outre celles que nous venons de citer, nous trouvons encore : Chabeuil, Loriol, Sauzet (Mre Thomas, moine converti, non conšacré, faisant les fonctions de prédicateur), Montélimar, Salles, Grignan, Poët-Laval, Saint-Auban, Le Buis, Séderon, Barret, Bourdeaux, Crest (Laurent Vidal, catéchiste), Die, Valdrôme, Châtillon, Crémieu (Raymond, pasteur), La Côte-Saint-André (Pierre Byse, pasteur), Saint-Antoine, L'Albenc, Saint-Marcellin, Beaurepaire, Moras, Saint-Vallier, Pont-en-Royans, Moirans, Vallée du Grésivaudan, Clavans et Misoën, Mens, Monestier-de-Clermont (comptant

---

(1) *La France protestante*, t. ix, p. 96.

trois cents hommes), Vallée du Champsaur, Gap, Veynes, 1561.
Serre, Orpierre, Vars, Orange [1] (Georges Caroli, de Berne,
pasteur en 1560; Siméon de Lacombe, pasteur en 1561;
Patac, pasteur en 1562). Ces églises n'étaient pas toutes
pourvues de pasteurs et en demandèrent à Genève, qui les
satisfit selon son pouvoir.

De toutes les parties de la France du reste on s'adressait
à l'église de Genève pour obtenir des ministres, et, de 1555
à 1566, elle en envoya près de cent dans le royaume.
Calvin écrivait à ce propos : « Il est incroyable de voir avec
quelle impétuosité et quel zèle nos jeunes hommes se
dévouent au progrès de l'Évangile. Ils demandent du service pour les églises sous la croix avec l'avidité que l'on
met à solliciter les bénéfices auprès du pape. Ils assiégent
ma porte pour obtenir une portion du champ à cultiver.
Jamais souverain n'eut de courtisans plus empressés que
les miens. Ils se disputent des postes comme si le règne de
Jésus-Christ était paisiblement établi sur la France. Je
cherche souvent à les retenir. Je leur montre l'atroce édit
qui ordonne la destruction de toute demeure où le culte
aura été célébré. Je leur annonce que dans plus de vingt
villes les fidèles ont été massacrés par la populace furieuse;
qu'il faut s'attendre à des choses plus cruelles encore... rien
ne peut les arrêter [2]. »

Voici la liste des églises du Dauphiné qui demandèrent
des pasteurs à Genève en 1561 et jusqu'au 25 avril 1562,
époque où commença la première guerre de religion dans la
province.

Le 14 avril 1561, « ceux de l'église de *Poët-Laval* »
prient Pierre Viret de leur accorder Gaspard Giraud, natif

---

(1) Cette église se rattachait au synode du Dauphiné.

(2) *Lettre latine de Calvin à Bullinger du 24 mai 1561*, dans GABEREL,
t. 1, p. 450.

6

1561. de Sens en Bourgogne, « lequel, disent-ils, nous a administré quelques jours la Parole de Dieu[1] ». Ce pasteur, vraisemblablement, ne put leur être accordé, car l'église de Poët-Laval demandait encore un ministre à Calvin le 17 juillet de la même année. La lettre est signée par Jacques Martin, ancien, March...ex, Anthoine Mège, Girard, diacre, Tabarier?, Sébastian .....lin[2].

Le 23 mai, « les frères de *Chabeuil* » prient également la Compagnie des pasteurs de Genève de leur envoyer un ministre. Signé Franc. Charpey, Devillars, F. Charpey, Degresse, Fanges (ou Ganges), Francoys Pony?, appo[re], Machet, Rauchait?, Philibert Delisle, Anto. du P..., Jouffrey, Mège, Sanson Bernard.

Le 16 juin, Vincent Meylier, ministre à Saint-Paul-Trois-Châteaux écrit à D'Anduze (Pierre D'Airebaudouze), à Genève, que l'église de *Montélimar* désirerait avoir de La Combe pour pasteur[3]. Cette demande ne put être agréée, car le 18 juillet Montélimar priait encore Calvin de lui adresser un pasteur. La lettre est signée par ..... (nom illisible), Pichot, diacre, Decros, ancien, X. Garnier, Bal.. Sovain, Baratier, Jullien, secrétaire[4]. Le 2 août, la Compagnie proposa à l'église deux pasteurs des terres de Berne, Matthieu Ollivier et Pierre Hostet; mais elle les refusa le 10 août, « pour être fauteurs, dit-elle, de certaines erreurs que nous abominons ». Signé Pichot, diacre, P. Marcel, Bal. Sovain, Depara?[5]. Le 29 mars de l'année suivante, elle fut plus heureuse, car elle demanda et obtint le ministre

---

(1) Bibl. de Genève, Mns. 121.
(2) Bibl. de Genève, Mns. 196.
(3) Bibl. de Genève, Mns. 121.
(4) Bibl. de Genève, Mns. 196.
(5) Bibl. de Genève, Mns. 197·.

Fulgon. La lettre est signée : « Vos humbles serviteurs, 1561. bons amys et frères de l'église réformée dudit lieu et pour tous lesquels Sallier, secrétaire [1]. » Le 6 mars 1562, nous trouvons à Montélimar le pasteur Mre Louis Du Vergier; le 19 octobre, le pasteur Sauzet, et le 9 décembre de la même année, le pasteur Vincent Mathyer, qui paraît avoir été originaire de Genève, car à la même date il y mettait en vente ses biens [2].

Le 17 juillet, Pierre Byse, pasteur de la Côte-Saint-André [3], écrit de la Robinière à De Colonges, à Genève, que l'église de *Saint-Antoine* (près Saint-Marcellin) souhaiterait d'avoir Faber pour pasteur [4]. Elle ne put l'obtenir, mais la Compagnie lui prêta André, et le 18 décembre elle demandait instamment à la même Compagnie de le lui laisser, car elle avait appris qu'on voulait l'envoyer à Alençon. La lettre est signée par P. Beche, diacre, C. Beche, ancien, A. Beche, diacre, etc. [5].

Le 18 juillet, les « frères de l'*Albenc* » demandent un pasteur à Genève. Signé Pellat, Fran. Chambut, Jehan De Malher, Tondard, Changuet?, Buysson, Trufet?, Rosier, Demalhes [6]. L'église comptait deux cents hommes.

Le 24 octobre, l'église de *Valence*, qui avait vu ses deux pasteurs, Saulas et d'Albeau, décapités, demande un nouveau pasteur à Genève. Signé Faure, Mozau?, A. Barryer, N. Creulx, Fraces Deyras, Mathieu Morin, Pierre Pizon, P. Loubet [7]. La Compagnie envoya le pasteur Jean

---

(1) Bibl. de Genève, Mns. 196.

(2) *Notices relat. aux guerres de religion*, dans le *Bulletin de la Soc. d'archéol. de la Drôme*, t. v; — *Documents prot. inédits*, p. 35.

(3) Il avait déjà exercé son ministère à Yverdun (Vaud) de 1553 à 1560.

(4) Bibl. de Genève, Mns. 121.

(5) GABEREL, t. I (éd. de 1853), *Pièces justif.*, p. 100.

(6) Bibl. de Genève, Mns. 196.

(7) Bibl. de Genève, Mns. 196.

1561. de La Place, qui, le 22 mars 1562, demanda un aide à Calvin. « J'endure, lui dit-il, une si grande charge qu'à la longue il me serait impossible y suffire; car, outre les prédications quotidiennes, il me faut presque donner ordre à toutes les affaires qui surviennent, combien que je ne sois guère bien exercé en tel cas, afin que je ne parle des passans et repassans qui me détiennent une bonne partie du temps [1]. » La Compagnie paraît lui avoir envoyé le pasteur D'Aiguille, comme on l'a vu plus haut.

Le 15 décembre, Eynard Pichon, ministre à Grenoble, recommande à Calvin deux avocats de *Saint-Marcellin,* qui vont chercher un pasteur à Genève pour cette église [2]. Ils réussirent sans doute dans leur démarche, car au commencement de l'année 1562 il y avait un ministre à Saint-Marcellin, qui, dit un auteur catholique [3], « tenait ses chefs au courant de tout ce qui se passait dans l'étendue du bailliage. Infatigable, il dogmatisait, cabalait, faisait circuler des mots d'ordre, tantôt pour régler des assemblées, tantôt pour mettre à défaut la surveillance du procureur Ch. Lacombe. Il avait des émissaires au dehors de la ville; l'un d'eux, Pierre [de] Frize, explorait et minait l'abbaye antonine. »

Le 16 décembre, Pierre de Byse, pasteur à la Côte-Saint-André, expose de *Romans* « au très-fidèle serviteur de Dieu, mon très-honoré seigneur et docteur Monsieur Calvin, » à Genève, les besoins de l'église de Romans et demande que Merlin [4] vienne la visiter. Il se plaint que l'église d'Orange, à qui on avait prêté de Lacombe, l'ait retenu, et que celui-

---

(1) *Bulletin hist. de la Soc. de l'hist. du prot. franç.,* t. IV, p. 532, 536.

(2) Bibl. de Genève, Mns. 196.

(3) (Abbé DASSY) *L'abbaye de Saint-Antoine,* p. 256.

(4) Jean-Raymond Merlin, natif de Romans, d'abord professeur à Lausanne, puis pasteur à Genève.

ci préfère demeurer dans cette ville, où il vient de se marier, 1562.
pendant que son troupeau est « affamé et désolé ». Il ajoute
en post-scriptum : « Pour autant que ceux de *Beaurepaire*,
Moras et *Saint-Vallier* et autres églises désirant d'avoir
ministres, je veux supplier, admonester un M.ʳ Pierre
Bisson, jadis apothicaire à Yverdun, qu'il se prépare, car
je délibère en brief l'envoyer querre, si le trouvez propre; sa
piété et sainte conversation m'est assez notoire de longtemps [1]. » Le synode du Dauphiné et du Lyonnais, assemblé
le 25 novembre, enjoignit à de Lacombe de ne demeurer à
Orange que jusqu'à la fin de décembre et de retourner aussitôt après à Romans, ce que fit ce pasteur [2].

Le 6 janvier 1562, Guillaume Bermen, pasteur à Die,
recommande à Colladon et, en son absence, à Calvin,
Michel Malsang, ancien Jacobin, ministre à *Valdrôme*, et
Gaspard Delamer, de Sisteron, ancien maître d'école à Die,
ministre à *Châtillon*, qui veut étudier à Genève aux frais
desdites églises. Bermen demande, « quand leur savoir por-
tera d'être reçu audit ministère, les envoyer de par deçà le
chacun respectivement en son église et non ailleurs, attendu
ladite élection, et qu'elles entretiennent, comme sus est dit,
à leurs dépens; joint une autre raison qu'elles sont famé-
liques de la parole de Dieu, que rien plus, comme assez le
fait le démontre [3]. »

Le 27 janvier, l'église de la vallée de *Champsaur* demande
aux pasteurs de Genève plusieurs ministres, et, si possible,

---

(1) Bibl. de Genève, Mns. 196. — Byse avait recommandé, le 17 juillet,
à de Colonges, à Genève, ce Pierre Bisson, qui étudiait à l'académie de
cette ville depuis quelques mois.

(2) *Documents prot. inédits*, p. 30 ; — Lettre de Lacombe à Calvin, du
5 mars 1562, à la Bibl. de Genève, Mns. 109.

(3) *Bulletin hist. de la Soc. de l'hist. du prot. franç.*, t. IV, p. 531.

1562. Jean Blanchard. Signé Pierre Batallie, Jehan Martin, Brarel?, A. Callier?, Le Conte, Martin, Barnond? [1].

Le 2 février, « les fidèles de l'église de Jésus-Christ étant à *Grenoble* » exposent aux syndics et conseillers de Genève que « l'homme de bien, » Eynard Pichon, qui leur a été envoyé par leurs ministres, a eu un ministère si efficace, que le nombre des fidèles de l'église s'est considérablement accru [2] et « qu'il est impossible qu'un seul ministre puisse porter le faix ». Ils les prient, en conséquence, de leur en envoyer un second, « tant pour prêcher la parole de Dieu que pour s'aider à régler leur église nouvellement née, laquelle ils désirent être instituée et composée à la forme de la vertu. » Signé « Antoëne d'Alphas, advocat au parlement, Lejeune, docteur ez droicts, Jean Galleys, advocat au parlement, B. Ponnat, E. de Ramé, advocat au parlement, F. de Ponnat, docteur, Pierre Rey, advocat consistorial, De Vilette, escuyer, Allain Pynard, Guilh. Bergier, advocat au parlement, P. A. Ponnat, Carles, escuyer, Bonard, escuyer, ... (nom illisible), Pierre Runet, drappier, natif de Genefve » [3].

Le 2 février, les anciens du consistoire du *Buis* chargent par procuration Ant. Sigaud d'aller chercher à Genève un pasteur pour leur église. La procuration, sur parchemin in-folio, est passée par-devant Marchant et Barnoyn, notaires royaux, par « Lazarin Alphant, médecin, Matthieu Marchant, notaire, Francoys Chomard, S.r des Gallies (ou Gallières)?, François de Lhomey (*sic*), S.r de la Fare, Anthoine Sigaud, avocat, ... (nom illisible), Saulse?,

(1) Bibl. de Genève, Mns. 197*.

(2) Voyez-en la preuve dans les noms qui accompagnent la « procuration des soy-disans de la religion réformée » de Grenoble, *pièces justificatives*, N.° II.

(3) Arch. du conseil de Genève, N.° 1717.

médecin, Claude Teste, notaire, Jehan Barnoyn, notaire 1562. et greffier, Jehan Huguet, Jehan André et Gabriel Vial, anciens, Marin Vitet, escuyer, Mathieu Chaulier, notaire, Symon Aulbert, cyrurgien, et Jaume Galloppin, surveillants de l'église chrestienne hérigée en la ville du Buys [1] ».

Le 12 mars, Ponnat écrit de Grenoble à Calvin pour le prier d'envoyer un ministre aux frères de *Clavans* et de *Misoën,* « deux grandes paroisses aux montagnes d'Oisans, » qui l'ont chargé de cette mission. « Le zèle que je leur connais, joint que la cause en est de soi digne, fait que je vous ai bien voulu écrire la présente, vous suppliant leur vouloir faire ce bien que de leur assister et favoriser en cet endroit, comme je crois que ferez [2]. »

L'église de *Vars,* dans le Briançonnais, demande, le 16 mars, pour pasteur à Calvin Jean Féraud, qu'elle a envoyé étudier à Genève. Signé Sébastien de Trognon, Baptiste de Barras, Azimond, Claude Calvin, Honorat Audibert [3].

Le 13 avril, les fidèles de la *Vallée de Grésivaudan* prient les ministres de Genève de leur envoyer un pasteur. Signé Baptiste Villiet, Bectho, A. Teyssière, F. D. Bernin, Clemen [4]. Nous ne saurions dire quelle communauté réformée désigne spécialement « la vallée de Grésivaudan ». Nous avons nommé plus haut Domène. On trouve au XVIIe siècle, sur la rive droite de l'Isère, les églises de Barraux, La Buissière et La Terasse; sur la rive gauche, celles de Pontcharra, Theys et les Adrets.

L'église de *Grignan* reçut de Genève, en 1562, Valéri Crespin [5].

---

(1) Bibl. de Genève, Mns. 197ᵇⁱˢ.

(2) *Bull. hist. de la Soc. de l'hist. du prot. franç.,* t. IV, p. 532.

(3) Bibl. de Genève, Mns. 196.

(4) Bibl. de Genève, Mns. 197ᵃ.

(5) GABEREL, t. I (éd. 1858), p. 196.

1561.   On voit par cette longue énumération, qui n'a pas la prétention d'être complète, combien le Dauphiné était avide d'entendre la prédication de l'Évangile. Guillaume Bermen, pasteur à Die, après s'être étendu sur la prospérité des églises de la province, dit de sa propre église : « Sommes en nombre de 4 ᵐ cc et davantage.... Nous avons, grâces à Dieu, un peuple bien docile et grandement affectionné en la Parole, tellement qu'ils désirent grandement la liberté, tant les papistes que les autres. Il y a beaucoup de petites églises auprès de nous qui désirent grandement d'avoir des ministres [1]. » Les historiens du temps s'accordent à dire que la Réforme était dominante à cette époque dans toutes les villes du Dauphiné, sauf à Embrun et à Briançon [2].

Travaux de Farel à Gap. Ses succès.

Farel, qui n'avait pas revu son pays natal depuis trente-huit années, fut vivement sollicité vers ce temps par ses compatriotes de venir y annoncer l'Évangile. Une députation gapençaise se rendit auprès de lui à Neuchâtel, où il s'était établi depuis plusieurs années, et, sur ses instances, il se mit en route. Nous avons vu plus haut qu'en passant à Grenoble il fortifia les frères de cette église et leur amena de Genève le pasteur Eynard Pichon. Il arriva à Gap de nuit, le 15 novembre 1561 [3], et y fut reçu avec un empressement qu'il n'aurait osé espérer. C'était un samedi. Dès le lendemain dimanche il présida une assemblée dans la chapelle

---

(1) Lettre à Colladon, à Lyon, du 16 mai 1561, à la Bibl. de Genève, Mns. 121.

(2) *Commentarii*, IIᵃ pars, p. 39.

(3) Bèze commet une erreur quand il avance que Farel dressa l'église de Gap à l'époque du colloque de Poissy, c'est-à-dire vers la mi-octobre (t. III, p. 174).

abandonnée de Sainte-Colombe. Le chanoine qui y célébrait 1561.
la messe de temps à autre lui en livra volontiers les clefs, et
la foule des auditeurs fut si nombreuse, qu'une grande
partie d'entre eux ne purent pénétrer dans l'enceinte et
entendre le réformateur. Les syndics de la ville avaient pris
les précautions d'usage pour contenir le peuple en cas de
tumulte. Le lundi et le mardi Farel donna encore une prédication devant un auditoire assez considérable ; mais, dans
l'après-midi du second jour, le vibailli Benoît Olier de
Montjou lui manda le premier consul et le procureur du roi
pour le prier de se rendre auprès de lui. Il vint sans difficulté,
et ce magistrat, lui montrant l'édit royal publié au mois de
juillet dernier, qui interdisait les assemblées religieuses tant
privées que publiques, lui adressa avec respect diverses
questions sur les personnes qui l'avaient appelé à Gap ou
engagé à prêcher. Farel répondit avec simplicité, puis se
retira, pendant que le vibailli délibérait avec ses conseillers
sur les mesures à prendre dans la circonstance présente.
Introduit de nouveau, le vibailli se borna à le prier de s'abstenir de toute prédication jusqu'à ce que le parlement de
Grenoble et le lieutenant général du roi, instruits des faits,
eussent fait connaître leurs sentiments. Farel répondit que
le roi n'avait pas l'intention d'interdire la prédication de
l'Évangile par son dernier édit, et qu'il l'avait bien prouvé
en convoquant des ministres au colloque de Poissy et en les
laissant prêcher devant toute la cour ; que dans presque
toutes les villes de France, notamment à Lyon, régnait une
entière liberté de culte, en dépit du mauvais vouloir des
évêques ; et que les magistrats se bornaient seulement, dans
cette occurrence, à prendre des mesures pour empêcher tout
mouvement populaire, comme on avait fait du reste à Gap
même à propos de sa première prédication. Il demandait
donc à ne pas être placé dans une situation inférieure à celle
des pasteurs de Lyon, attendu qu'à Gap se trouvaient une

1561. multitude d'hommes pieux engagés dans les ténèbres, auxquels les magistrats ne devaient pas empêcher que la lumière
de l'Évangile et la voie de la vérité fussent annoncées; il
ajoutait qu'il était résolu à faire toutes les concessions possibles, mais que les magistrats de Gap ne devaient pas être
étonnés et croire qu'il agît témérairement et poussé par un
zèle amer, s'il obéissait à son Maître, qui lui ordonnait
d'annoncer l'Évangile; il terminait en disant que tant qu'il
y aurait à Gap deux personnes pour l'entendre, il souffrirait
la mort plutôt que de fermer sa bouche.

Ces paroles, prononcées avec l'éloquence ardente et pas-
sionnée que possédait le réformateur, produisirent une
impression profonde sur quelques-uns des magistrats et
ébranlèrent leurs anciennes croyances. Farel fut reconduit
avec honneur dans sa demeure par le premier consul et le
procureur du roi, qui l'avaient accompagné auprès du vibailli et dès le lendemain, ayant réuni les frères, tous ensemble s'engagèrent, après l'invocation du saint nom de Dieu, à
persévérer dans la profession du pur Évangile.

Le jeudi 20 novembre, Farel baptisa un enfant selon le
rit réformé, à la grande édification de son auditoire. Le
samedi on publia à son de trompe dans toute la ville, comme
on l'avait déjà fait plusieurs fois, que les rassemblements
étaient interdits, ainsi que les prédications religieuses faites
en dehors des lieux accoutumés, et que la chapelle de Sainte-
Colombe devait être restituée aux catholiques. Le dimanche
23, les amis de Farel, sans se laisser arrêter par ces publications, s'assemblèrent comme de coutume; mais à l'issue
du service l'huissier du vibailli présenta une lettre à Farel,
qui lui enjoignait de rendre la chapelle et d'avoir à s'abstenir
de toute prédication. Le réformateur s'étant fait délivrer une
copie de l'ordre, ses adhérents se rendirent en masse auprès
du vibailli pour prendre sa défense. Ils se plaignirent de ce
qu'il poussait les choses de façon à faire naître une sédition;

lui firent observer que les réunions avaient été fort paisibles; 1561. qu'il ne devait pas s'émouvoir à ce point à propos d'une chapelle ouverte à tout le monde, même aux danseurs, aux comédiens et aux trafiquants; qu'en ce qui les concernait personnellement, ils étaient très-soumis aux ordres du roi, et que s'il arrivait quelque fait contraire à sa volonté et à ses édits, ce serait lui, le vibailli, qui l'aurait provoqué par ses mesures; ils lui demandèrent enfin que tous les ordres qu'il avait donnés leur fussent remis par écrit, pour qu'ils pussent les communiquer au lieutenant général du roi et autres ayants-droit. Le vibailli consentit à tout.

Cependant les consuls de Gap et le vibailli avaient informé La Motte-Gondrin de ce qui se passait dans leurs murs. Le lieutenant général leur répondit, le 24 novembre : « J'ai reçu votre lettre par ce porteur. Ne suis point accoutumé de croire sans jugement tout ce que l'on m'écrit; mais puisque M. le vibailli de Gap et vous, vous vous accordez à cela que Farel s'est saisi d'une église ou chapelle et qu'il y prêche publiquement là dedans, cela est directement contre l'ordonnance et l'édit du roi, qui le défend sous peine de la vie. A cette cause, j'écris présentement audit sieur vibailli qu'il ait à se saisir de lui et lui faire son procès selon icelui édit, non point comme ministre ni pour doctrine qu'il ait prêchée, mais pour la désobéissance et rébellion par lui commise; et là où justice en cet endroit aurait besoin de force ou de faveur, je vous ordonne et commande, comme pour le service de Sa Majesté, que vous assistiez au vibailli en lui faisant faire main-forte par les manants et habitants de votre ville de Gap, tant et si avant que la force en demeure au roi et à sadite justice. Et à cela je vous prie de ne faire faute, sous peine de m'en prendre à vos propres personnes. Et sur ce, je me recommande à vos bonnes grâces. »

Il paraît que les consuls, pas plus que le vibailli, ne rendirent publics les ordres de La Motte-Gondrin et que même ils les représentèrent comme empreints de douceur, car Farel dit, dans la lettre d'où nous avons extrait la plupart des détails qui précèdent, que le lieutenant général du roi ne fut pas moins modéré que le vibailli [1], et que ce dernier, l'ayant fait appeler de nouveau, se montra honnête et respectueux à son égard comme auparavant.

Les prédications continuèrent donc, et l'église réformée de Gap prit de l'extension au point que les gens qui habitaient en dehors de la ville vinrent se joindre aux assemblées. Les réformés quittèrent toutefois par prudence la chapelle de Sainte-Colombe et transformèrent deux maisons, qui avaient appartenu aux femmes de Gaucher et de Claude, frères de Farel, en une salle vaste et commode. Le 13 décembre, le réformateur y baptisa une fille de son cousin-germain. Douze anciens furent ensuite élus pour constituer un consistoire et se mirent à visiter les fidèles de maison en maison pour examiner ceux qui pouvaient être admis à la sainte cène. On adjoignit à Farel, comme catéchiste, Pierre Reinaud, qui avait passé de longues années à Lausanne. Au commencement de chaque journée il faisait une brève exhortation, à laquelle assistaient beaucoup de gens, et le dimanche, un catéchisme très-instructif et fort suivi.

Les collègues de Farel à Neuchâtel, qui souffraient de son absence, lui écrivirent de revenir au plus tôt au milieu d'eux; mais le zélé apôtre, qui voyait s'ouvrir devant lui un vaste champ d'évangélisation, ne crut pas devoir obtempérer à leur désir et leur écrivit, à la date du 12 janvier 1562 : « Quant à vous, mes frères, vous savez combien j'estime votre avis, sans lequel en ce saint ministère n'ai rien fait et ne veux rien faire; et vous savez en quelle estime j'ai eu et

---

(1) Omnia missa fuère ad vice-gerentem gubernatoris guisani in Montiliensi, qui non minus æquus fuit quam ipse vice-ballivus.

j'ai de présent, comme Dieu sait, l'église que Dieu m'a 1562.
commise et toutes celles du pays ; mais je vois la nécessité de
cette-ci église et cela qui dépend d'icelle, que je ne puis (si
je ne veux batailler contre Dieu et de tout contrevenir à
ma conscience et trahir l'Évangile) l'abandonner et laisser
qu'il n'y soit pourvu, voire d'homme autre que moi et plus
puissant en tout. » Farel écrivit à cette même date à Calvin
de lui envoyer un ministre qui pût continuer l'œuvre com-
mencée, et travailler à l'affermissement et à l'extension de
l'église naissante. Farel paraît être resté à Gap jusqu'à la fin
de février, car il présida le synode des églises réformées
assemblé à Montélimar le 6 mars, et c'est vraisemblablement
à la même époque et pour le remplacer que le pasteur Jean
Blanchard, envoyé de Genève, s'établit à Gap.

L'évêque de Gap, Gabriel de Clermont, frère d'Antoine
de Clermont, ex-lieutenant général du roi en Dauphiné,
entraîné par l'éloquence de Farel, dont il suivit les prédications, abjura le catholicisme, se maria et fut, paraît-il,
déposé de sa charge. Cette déposition, toutefois, n'eut pas
de suites, car il se « retira, dit Gautier, dans sa seigneurie de
Selles en Berri, où il fit son séjour ordinaire avec sa femme
le reste de ses jours, continuant d'administrer le temporel
de son évêché de Gap, par le moyen d'un vicaire et d'autres
officiers de cet évêché, jusqu'à ce qu'il eût donné sa démis-
sion, moyennant une pension viagère en faveur de Pierre
Paparin de Chaumont, dont les méchantes langues prétendaient qu'il avait épousé la sœur [1] ».

---

(1) Lettre de Farel à Calvin du 26 novembre 1561 (Bibl. de Genève,
Mns. 115); — Du même à la classe de Neuchâtel, du 13 décembre 1561
(dans la réimpression *Du vray usage de la Croix*, de FAREL, p. 306); —
Du même à la même, du 12 janvier 1551 (*Du vray usage*, etc., p. 310);
— Du même à Calvin, même date (Bibl. de Genève, Mns. 115); — *Docu-*
ments prot. inédits, p. 35; — *La vie..... de Farel* (Mns. de la Bibl. de

Tenue de quatre synodes provinciaux.

1561.
Durant l'année 1561, les églises du Dauphiné, unies à celle de Lyon, tinrent quatre synodes provinciaux.

Le premier s'assembla à Lyon, le 13 avril 1561. « Les articles de la police ecclésiastique, tenus et arrêtés au synode de Paris, le 29 mai 1559, et ceux de Poitiers, arrêtés le 10 mars avant Pâques, » furent lus et confirmés. Quant à la confession de foi, on ne put s'en procurer un exemplaire et on renvoya au prochain synode le soin de la signer. Il fut convenu que les églises du Dauphiné et du Lyonnais ne formeraient qu'une seule province ecclésiastique, et celle d'Orange, qui demanda « par procureur exprès » d'y être adjointe, fut admise dans l'union. On fonda aussi « une bourse générale pour subvenir aux frais communs, » et 150 écus furent votés pour les premières dépenses. On nomma pour trésorier Jean de Grammont, de Lyon. Il fut enfin décidé que le juge Gabet, de Vienne, irait à la cour « pour promptement avoir quelconque provision, afin que les églises ne soient molestées, portant amples mémoires. »

Le second synode s'assembla à Die le dernier juillet. La confession de foi fut lue, approuvée et signée, et l'exemplaire, portant les signatures des pasteurs et des anciens, confié à la garde des pasteurs de Die. On reçut dans l'union les églises d'Annonay en Vivarais et de Malleval en Forez, et il

---

Genève); — *Bulletin de la Soc. de l'hist. du prot. franç.*, t. VIII, p. 75; t. XIV, p. 367; — GAUTIER, *Lettres*, dans la *Revue du Dauphiné*, t. II; *Précis*, p. 71, 276, 330, 332; — CHARRONNET, p. 19-22. — Les *Annales des Capucins de Gap* (Mns.), suivies par GAUTIER et CHARRONNET, racontent, au sujet de la venue de Farel à Gap, des choses étranges que nous ne croyons pas devoir reproduire ici, attendu qu'elles sont contredites par les quatre lettres de Farel citées plus haut.

fut stipulé que si le roi promulguait quelque édit interdisant 1561. les assemblées publiques, on s'assemblerait dans les maisons et en petit nombre. Le juge Gabet reçut l'ordre de continuer à la cour « la sollicitation des affaires des églises de la province de Dauphiné et Lyon, » et, dans la prévision où il serait contraint de se retirer, on lui substitua le capitaine Jacques de Beaumont, et, à défaut de ce dernier, Saint-Auban. On décida en outre qu'on ne recevrait au ministère dans le Dauphiné que ceux qui possèderaient « un témoignage ou envoi de l'église de Genève, » ou qui auraient reçu l'imposition des mains « de deux ou trois ministres des églises du Dauphiné. » On dressa ènfin l'itinéraire que devaient suivre « les lettres ou paquets » pour qu'ils parvinssent rapidement à la connaissance des églises de la province.

Le troisième synode eut lieu à Peyraud, sur les bords du Rhône, le 8 septembre. Le roi, inspiré par le chancelier de L'Hospital, avait promulgué l'édit de juillet, plus favorable que celui de Romorantin. Le synode, voulant profiter de ce retour du roi à des sentiments plus doux pour poursuivre la réparation des « torts et griefs faits aux fidèles tant du Dauphiné, Lyonnais, que d'Annonay, par les magistrats de ces lieux ou autres particuliers, » décida qu'on dresserait une liste exacte de ces griefs, qui serait adressée à Antoine de Crussol, au juge Gabet à Chatonay et à de Crisieux, député des églises de la province à la cour, afin qu'ils obtinssent la nomination d'une commission d'information.

Le quatrième synode fut convoqué à Lyon, le 25 novembre 1561, et présidé par Pierre d'Airebaudouze, dit d'Anduze, pasteur de Lyon. On incorpora à la province les églises, nouvellement fondées, sans doute, de Mâcon, Châlon, Beaune et Buxy en Bourgogne et toutes celles du Comtat-Venaissin, y compris Avignon, « vu leur bonne volonté, jusques au synode général ». Il fut décidé qu'on écrirait à la cour « les criées et publications faites en Dauphiné par

1561. M. G[uise], ensemble une lettre qu'il a écrite au juge de Chabeuil, tendant à mêmes fins de faire lesdites criées, avec remontrance sur cette affaire ». Ces criées allaient sans doute à l'encontre de la teneur de l'édit de juillet. « Item a été arrêté que, quant à l'enterrement des morts, en chacune église, on se conduira ainsi qu'il sera advisé par les consistoires, chacun en son endroit, et qu'on ne fera, pour cet effet, aucune exhortation. » Autre article important : « Item a été arrêté qu'on fera informer sur certains personnages, lesquels publiquement, contre la majesté de Dieu, tâchent de faire croire qu'il n'y a point de Dieu, et autres exécrables blasphèmes, afin d'envoyer les informations au roi pour donner ordre à tels scandales, après toutefois avoir admonesté tels scandaleux blasphémateurs, s'il est possible, et que chacune église en particulier veille sur telles choses pour tâcher à les exterminer [1]. »

Tentative de désarmement des protestants par La Motte-Gondrin. Soulèvement à Romans. Ordre du duc de Guise. Synode provincial de Montélimar.

L'année 1561, si féconde pour les églises réformées, grâce au revirement politique de Catherine de Médicis, fut témoin de la réunion des états généraux de Pontoise (1er août), qui se prononcèrent pour la liberté de conscience, et du colloque de Poissy (9 sept.), qui ne put aboutir : la transaction sur la doctrine de l'eucharistie, rédigée par une commission de prélats et de ministres, ayant été repoussée par le cardinal de Tournon et le reste du clergé. Il y avait alors en France

---

(1) *Documents prot. inédits*, p. 18-33.

2,150 églises réformées, qui demandaient la liberté de cons- 1561-1562. cience et de culte. L'édit du 17 janvier 1562, qui permettait l'exercice de la religion réformée en dehors de l'enceinte des villes, combla leur désir.

Mais leur joie fut de courte durée, par suite des menées des Guises, irrités d'être éloignés de la cour et de voir le prince de Condé tout puissant auprès de la reine-mère et du jeune roi. Les populations catholiques furent sourdement excitées, et il y eut en février des massacres de protestants à Cahors, Amiens, Sens et Tours, tristes préludes du massacre de Vassy, dirigé par le duc de Guise en personne.

Dans le Dauphiné, La Motte-Gondrin, d'accord avec le parlement de Grenoble, qui n'enregistra l'édit de janvier qu'après trois lettres de jussion, soutenait de tout son pouvoir le parti du duc de Guise. Ayant reçu l'ordre de désarmer les protestants de la province, qui avaient cru devoir prendre leurs précautions en face d'un lieutenant général capable de tout oser, il se rendit d'abord à « Romans, dit Dochier, pour l'exécuter avec son imprudence ordinaire. A peine fut-il arrivé, avec un appareil militaire, qu'il manda le chef à son logis. Le bruit se répandit qu'il voulait le garder en ôtage. On crie à la trahison ; cinq ou six cents personnes assiégent la porte. Le tumulte augmente. Il était brave ; il se présente et demande avec hauteur ce que l'on désire. Sa contenance, son ton, ses menaces indignent cette populace, déjà trop disposée à commettre des excès ; il est assailli à coups de pierres, qui sont les armes ordinaires d'une sédition. Voyant sa vie en danger, il rentre, monte à cheval et se rend à Valence, où il devait périr ».

Plein du désir de se venger, La Motte-Gondrin obtint du parlement de Grenoble, sur la requête du procureur général Pierre Bucher, que quelques-uns des principaux réformés de Romans seraient cités à sa barre ; mais ceux-ci en appelèrent à Antoine de Crussol, chargé par le roi, comme on

1562. l'a dit plus haut, de pacifier les troubles religieux du midi de la France, et Crussol renvoya leur procès aux commissaires qui étaient sous ses ordres.

Autrement La Motte-Gondrin avait informé sur-le-champ de ce qui s'était passé le duc de Guise, qui lui répondit de Joinville, le dernier février 1562 : « Quant à l'avertissement que vous m'avez fait du reste de l'alarme que vous avez eue passant à Romans, ... je vous prie bien fort que, sans dissimulation, ce fait ne demeure impuni ... Je pense que s'il se fait par delà quelque assemblée notable et où il y ait beaucoup de gens, qu'il sera bon de se saisir du ministre et de le faire soudain pendre et étrangler ... Vous me ferez plaisir de n'épargner en cela chose que vous puissiez, car je ne pense point qu'on en puisse autrement venir à bout ... Vous êtes un homme de guerre, il vous faut attraper ledit prédicant, quand ils sont peu accompagnés hors de leurs prêches ... et soudain, le billot au pied, le faire pendre par le prévôt comme séditieux, contrevenant aux édits du roi. »

Le lieutenant général, qui n'avait pas besoin de semblables recommandations pour se livrer aux accès de sa violente nature, ne se contenait que difficilement dans les limites de l'édit de janvier. Il était témoin à Valence, où il s'était établi, de l'ardeur avec laquelle on suivait les prédications du ministre Jean de La Place, et il en était comme fou de rage, ne cessant de proférer des menaces contre les réformés et se vantant de faire bientôt pendre leur ministre. Se souvenant toutefois des dangers qu'il avait courus à Romans, il n'osa les désarmer, comme il en avait reçu l'ordre, et en référa au roi, qui lui écrivit, le 28 avril 1562, que, puisque les réformés n'avaient point voulu déposer leurs armes, il fallait se hâter de rendre les leurs aux catholiques [1]. Le synode des églises du Dauphiné, Lyonnais et

---

(1) BÈZE, t. III, p. 157, 158; — Lettre de La Place à Calvin, du 22 mars

Forez s'étant, sur ces entrefaites, réuni à Montélimar, il 1562. lui fit défense de délibérer dans l'intérieur de la ville, et l'assemblée dut se transporter « dedans la maison du sieur Jean Revot, bourgeois d'icelle ville de Montélimar, et au dehors d'icelle d'environ demi-quart de lieue ».

Ce synode a une importance particulière parce qu'il fut présidé par le célèbre Farel, qui avait passé une partie de l'hiver à Gap, et parce qu'il vise les articles du synode général de Poitiers de 1557, qui était resté inconnu. L'auguste assemblée renouvela l'alliance des églises du Dauphiné avec celles de Lyon et d'Annonay, et s'adjoignit celles de Séderon et de Barret, dans les Baronnies, récemment fondées. Il divisa le Dauphiné en cinq classes ecclésiastiques : 1º le Viennois et le Grésivaudan; 2º le Valentinois et le Diois; 3º le Briançonnais et l'Embrunois; 4º les Baronnies et le Gapençais; 5º le diocèse de Saint-Paul-trois-Châteaux, auquel il annexa la principauté d'Orange, le Comtat-Venaissin et la Provence. Les articles du synode furent surtout disciplinaires. On décida que le président, le président adjoint et le secrétaire des synodes provinciaux n'auraient plus aucune autorité après l'expiration de ceux-ci; que les députés qui entreraient aux séances après la prière d'ouverture seraient tenus d'en faire une pour eux-mêmes; que tous ceux qui se présenteraient à la sainte cène seraient examinés touchant leur foi; que les diacres et les lecteurs s'interdiraient, avant la prédication, toute explication de l'Écriture sainte; qu'il serait fait un « état convenable aux ministres »; que leurs veuves et leurs enfants recevraient assistance des églises; que les diacres ne pourraient administrer les sacrements, non plus que bénir les mariages; enfin, que les diacres-catéchistes

---

1562, dans le *Bullet. hist. de la Soc. de l'hist. du prot. franç.*, t. IV, p. 532-536; — *Bulletin de la Société de statistique de l'Isère*, t. II, p. 214; — DOCHIER, p. 184, 185.

1562. recevraient leur institution du colloque et non du consistoire ou des pasteurs [1].

Injures souffertes par les protestants de Grenoble. Massacre de Vassy. Levée générale de boucliers dans toute la France.

Le parlement était animé de son côté de sentiments fort hostiles contre les protestants de Grenoble. Ceux-ci se réunissaient, comme on l'a vu plus haut, au faubourg Très-Cloîtres, et recevaient mille injures de la part des catholiques. Ils s'en plaignirent au président Guillaume de Portes et au procureur général Bucher, qui, au lieu de faire respecter leur liberté, répondirent que puisqu'on voulait ôter au peuple sa religion, il fallait qu'on en vînt aux mains. Dérogeant d'une manière plus grave à l'édit de janvier, le parlement interdit, le 4 mars, aux réformés de Grenoble de se réunir au faubourg de cette ville, et à tous les protestants, généralement, de posséder des cimetières en propre pour leurs morts et de se réunir au nombre de plus de dix pour leurs mariages et leurs baptêmes. Il défendit, il est vrai, au peuple d'injurier et de molester les protestants; mais celui-ci se moquait de la défense, qu'il savait ne pas être sérieuse [2].

Sur ces entrefaites, on apprit en Dauphiné la nouvelle du massacre de Vassy (1er mars), la fuite de la reine-mère et du jeune roi Charles IX à Fontainebleau, l'enlèvement de ce dernier par le roi de Navarre et le duc de Guise réunis, qui le conduisirent à Melun, puis à Paris; enfin, la retraite du

---

(1) *Documents prot. inédits*, p. 34-39.

(2) Bèze, t. III, p. 157-158; — Pilot, *Annuaire statist. de la cour royale*, 1842, p. 4.

prince de Condé de la cour, son entrée à Orléans (2 avril) et 1562. son alliance avec les divers seigneurs huguenots (11 avril). Charles IX informa sur l'heure La Môtte-Gondrin de l'entrée du prince de Condé à Orléans par une lettre, que le lieutenant général fit publier le 14 avril et par laquelle le roi défendait « à tout habitant de la province de déloger hors de ce gouvernement, ni partir de sa maison pour aller, trouver la troupe de ce prince, sur peine d'être déclaré rebelle et atteint de crime de lèse-majesté. » Quant à l'alliance du prince avec les seigneurs huguenots, « rapportée, dit Bèze, et publiée par toutes les églises, chacun se délibéra d'employer ses biens et sa vie pour une juste défense contre une si intolérable tyrannie de ceux de Guise, s'armant et se couvrant du roi de Navarre, ainsi misérablement séduit par eux ». Les protestants du Dauphiné ne restèrent pas en arrière de leurs coreligionnaires des autres provinces et appelèrent à leur secours le baron des Adrets, qui avait embrassé le parti de la Réforme et se trouvait pour lors à Lyon. Cet audacieux capitaine se trouva bientôt à la tête de 8,000 hommes, commandés par Claude de Mirabel, Pierre Sauvain du Cheylard, Jean de Vesc de Montjoux, le capitaine de Beaumont, Hector Marcel, dit de Pontaix, Barjac, sieur de Rocoules, etc., tous gentilshommes du Valentinois et du Diois et officiers de valeur. Montbrun accourut lui-même de la Suisse, où il s'était réfugié vers la fin de 1560, comme on l'a vu. Il ne fallait plus qu'une occasion pour que les deux partis en vinssent aux mains. Les iniquités de La Motte-Gondrin la firent naître, et à partir de cette époque des flots de sang coulèrent en Dauphiné pendant près de 30 années [1].

---

(1) Bèze, t. iii, p. 158-159.

Réflexion générale sur les guerres de religion.

1562.   Au moment d'entreprendre le récit des guerres de religion, que les protestants dauphinois du XVIᵉ siècle soutinrent, seuls ou réunis à leurs coreligionnaires du reste de la France, contre le pouvoir royal pour conquérir leur liberté, nous regardons comme un devoir de nous élever contre ce recours à la force matérielle dans les choses du domaine exclusif de l'âme. Sans doute, à vues humaines, les protestants ne purent faire autrement que de s'unir avec un parti politique et de combattre leurs ennemis par les armes, car les Guises dirigeaient tous leurs efforts à la fois contre les princes réformés et contre eux, voulant exclure les premiers pour se substituer à leur place et opprimer, ou plutôt anéantir les seconds ; mais il n'en est pas moins vrai que la religion ne peut légitimement se soutenir et se propager que par la voie de la persuasion et de la liberté ; et c'est douter de son influence et compromettre son autorité que de chercher pour elle des appuis humains. Si elle vient du ciel, Dieu saura assurément la défendre ; si elle vient des hommes, elle ne mérite pas d'être secourue. On est porté à douter de son excellence quand on la voit rechercher l'alliance du pouvoir séculier, souffrir impatiemment ou proscrire la liberté chez ses adversaires, faire cause commune avec l'absolutisme politique ou employer ses moyens, et s'appuyer sur le bras de la chair pour contenir l'opposition. La verité, armée du glaive, n'est plus qu'un instrument de domination. Lorsque, au contraire, elle apparaît dans le monde sans autre appui qu'elle-même, elle peut d'abord être rejetée, mais les hommes, gagnés insensiblement par ses charmes divins, finissent par se soumettre librement à son empire.

Tel fut sur la terre le divin fondateur du christianisme. Il naquit dans la bassesse, vécut dans la pauvreté et mourut

dans l'ignominie. Il dédaigna tous les appuis terrestres et 1562.
n'employa d'autres armes que celles de la persuasion. On le
repoussa d'abord et il fut crucifié, mais trois siècles après sa
mort sa religion couvrait toute l'étendue de l'empire romain
et s'asseyait sur le trône même des Césars. Les premiers
chrétiens suivirent l'exemple de leur Maître. Ils supportèrent
les persécutions les plus cruelles et les plus longues sans
jamais recourir à la violence, et leur sang fit plus pour la
diffusion du christianisme que toutes les armées qu'ils
auraient pu opposer à leurs ennemis.

Les protestants français des XVIe et XVIIe siècles ne le
surent pas comprendre. Ils se lassèrent de souffrir et voulurent défendre par les armes la liberté de leur foi, s'appuyer
sur les princes et les grands, mêler leurs intérêts aux leurs
et s'ingérer dans les luttes politiques de l'État. Les guerres
diverses qu'ils entreprirent furent souillées par des excès [1],
comme il arrive toujours lorsqu'on tire le glaive, et ils perdirent plus qu'ils ne gagnèrent à ces luttes fratricides, si
contraires à l'esprit de l'Évangile. S'ils eussent continué,
comme sous François Ier, Henri II et François II, à répondre par le martyre à la persécution, leur nombre se
serait sans doute accru, et la liberté de conscience et de culte,
pour laquelle ils auraient encore consenti à mourir, eût pu
s'implanter de bonne heure en France; tandis que, après
la trève d'un demi-siècle qui s'écoula entre la prise de La
Rochelle et la révocation de l'édit de Nantes (1628-1685),
les persécutions recommencèrent contre eux, plus iniques,
plus atroces qu'elles ne l'avaient jamais été. Instruits cette
fois par l'expérience, les protestants souffrirent avec rési-

---

(1) Voy. *Pièces justificatives*, N.º III, une ordonnance de Montbrun,
destinée à recruter des soldats. Mélange étrange de religion et de politique, et contresignée par un pasteur, elle édicte la peine de mort contre
les hommes en état de porter les armes qui refuseront de s'enrôler.

1562. gnation, et Dieu, bénissant leur constance, leur accorda cette liberté après laquelle ils soupiraient depuis près de trois siècles [1].

---

(1) Ces principes sont ceux mêmes des réformateurs. « Si nous sommes cruellement vexés, dit Calvin (*Inst. de la relig. chrét.*, l. iv, ch. xx, N.º 29), par un prince inhumain,... si même nous sommes affligés pour le nom de Dieu par un sacrilége et incrédule : Premièrement, réduisons-nous en mémoire les offenses qu'avons commises contre Dieu, lesquelles sont sans doute corrigées par tels fléaux... Secondement, mettons-nous au-devant cette pensée, qu'il n'est !pas en nous de remédier à tels maux : mais qu'il ne reste autre chose que d'implorer l'aide de Dieu. » Zwingle dit de son côté : (*Expl. fidei Christ.*, art. 37) : « On fait mourir, dites-vous; c'est que vous devez souffrir pour la gloire de Dieu, si vous voulez ressembler à Jésus-Christ et aux apôtres... Ne doutez point que votre sang n'augmente les progrès de l'Évangile... Réjouissez-vous donc et vous félicitez de ce que Dieu se sert de votre sang pour la gloire et le progrès de sa Parole; car c'est du sang des fidèles que Dieu arrose le sang de l'Église et qu'il le rend fertile. » Théodore de Bèze dit enfin (*Tract. theol.*, cap. 45) que notre devoir est d'endurer les injures ;... que la religion nous défend d'employer la force pour les repousser, et que si nous sommes sujets d'un tyran, nous n'avons d'autres remèdes que ceux que nous trouvons dans la réformation de nos mœurs, dans nos prières et dans nos larmes.

HISTOIRE
DES PROTESTANTS
DU DAUPHINÉ

DEUXIÈME PÉRIODE.

LES GUERRES DE RELIGION

1562-1598.

PREMIÈRE GUERRE DE RELIGION
(avril 1562 — 19 mars 1563).

Sédition à Valence provoquée par les excès de La Motte-Gondrin. Des Adrets entre dans la ville. Le lieutenant général est massacré.

De toute ancienneté on élisait à Valence les nouveaux 1562. consuls et les conseillers de la ville le jour de Saint Marc, 25 avril. La Motte-Gondrin, voulant exclure les protestants

1562. du consulat et les sachant du reste de bonne composition [1], fit fermer les portes de la ville, armer tous ses gens de pied et de cheval et cerner le lieu des élections. Dix-huit ou vingt des protestants qui avaient le plus à redouter sa colère, se retranchèrent en armes dans une maison, à la vue de ces préparatifs, décidés à se défendre jusqu'à la mort s'ils étaient attaqués. Informé de leur contenance, La Motte-Gondrin envoya le capitaine Nicolas pour forcer leur retraite, et lui-même, entrant dans la salle des élections, une rondache d'une main et un pistolet de l'autre, tira un coup de cette dernière arme sur son propre secrétaire, qui se trouvait là, et provoqua, par cette agression, un tumulte indescriptible. Les protestants qui s'étaient retranchés dans la maison, craignant d'être forcés par le capitaine Nicolas, sortirent par une issue de derrière et gagnèrent la porte Saint-Félix, qu'ils ouvrirent pour permettre à leurs coreligionnaires de s'échapper de la ville, car le bruit courait qu'on allait tous les massacrer. Mais La Motte-Gondrin, pour s'opposer à leur fuite, avait déjà fait sortir de la cavalerie par une autre porte, de telle sorte que les protestants, ne pouvant quitter la ville, durent se fortifier en dedans de la porte Saint-Félix. Les cavaliers, furieux d'avoir manqué leur coup, se ruèrent sur douze ou treize paysans protestants des villages des environs, qui venaient au marché (car c'était un samedi), et en massacrèrent un certain nombre. Parmi eux se trouvaient des femmes [2]. Les corps de ces malheureux ayant été apportés sur des échelles à Valence, les catholiques et les protestants se soulevèrent d'un commun accord contre La Motte-Gon-

---

(1) « Cognoissant très-bien l'humeur des nostres, qui sont bonnes gens. » (Lettre de La Place à Calvin, du 21 mars 1562, dans le *Bulletin histor.*, t. IV, p. 534.)

(2) LA PISE, p. 290.

drin; mais le vicaire de l'évêque Jean de Montluc et le 1562.
ministre Jean de La Place réussirent à les calmer.

Cependant le bruit du massacre des paysans s'était répandu aux environs avec la rapidité de la foudre, et dès le lendemain (26 avril) quatre-vingts protestants bien armés accoururent de Montélimar, de Romans, du Vivarais et d'ailleurs pour secourir leurs frères de Valence, qu'ils croyaient sur le point d'être tous massacrés. Ceux-ci, toutefois, craignant quelque soulèvement, les prièrent de ne pas entrer dans la ville, et comme la prédication ordinaire du dimanche devait avoir bientôt lieu, on jugea prudent de la contremander. La Motte-Gondrin, qui ne voulait pas manquer une si bonne occasion de faire sortir de Valence les protestants, attendu que l'assemblée avait lieu au faubourg, les conjura de mille manières de célébrer leur culte comme à l'ordinaire et réussit à les persuader. Mais, vers le milieu de la prédication, ceux-ci s'apercevant que l'on s'apprêtait à refermer les portes sur eux, s'emparèrent prudemment de l'une d'elles. La Motte-Gondrin l'apprit et accourut avec un gros de soldats pour reprendre la porte, mais ce fut sans succès. Il y eut lutte et dix-huit à vingt morts restèrent sur le terrain. Craignant pour sa personne, le lieutenant général se réfugia dans la maison de Gaspard de Saillans, fougueux catholique, chez qui il était logé, et s'y retrancha fortement.

Le lendemain (27 avril), la troupe de des Adrets, qu'on n'attendait pas encore, entra inopinément dans Valence et trouva « Gondrin assiégé de toutes parts en sa maison, dit Bèze, avec merveilleuses crieries et menaces; les uns se plaignant des outrages et concussions de Gondrin et de ses gens, les autres demandant que les meurtriers qui avaient tué le jour précédent ces pauvres paysans fussent châtiés sur-le-champ et devant tous ». Les magistrats et le ministre La Place s'épuisèrent en vains efforts pour calmer le peuple. Vers les deux heures de l'après-midi, ils mirent le feu à la

1562. porte de la maison de La Motte-Gondrin. Celui-ci aurait pu résister, car il avait derrière sa porte une couleuvrine chargée d'un boulet et d'une chaîne et des gens bien armés, tandis que la foule qui l'assiégeait avait peu d'armes. D'un autre côté, plusieurs protestants de marque, malgré les menaces de mort dont ils étaient l'objet, lui offraient de lui ouvrir un passage au péril de leur vie. Mais, « perdant sens et courage tout ensemble, » il se sauva sur le toit de la maison voisine, qui appartenait au président Plovier, lorsque la sienne eut été envahie par la foule et qu'on l'y eut poursuivi de chambre en chambre. Se voyant sur le point d'être précipité dans la rue, il se rendit à Mirabel et à Rocoules et demanda à parler à des Adrets ; puis, rentré dans la maison de Saillans, Montjoux, que La Motte-Gondrin avait offensé précédemment, lui porta un coup de poignard au défaut de la cuirasse, en s'écriant, suivant la tradition [1] : « Tu es La Motte-Gondrin, et je suis le bourreau de Dieu pour te prendre, parce que tu as rasé la maison d'un gentilhomme [2] qui valait beaucoup mieux que toi ; mais tu en mourras. » « Ce coup ne l'abattit pas, dit Chorier ; il mit la main sur sa blessure et puis l'appliqua toute sanglante pour s'appuyer à une cheminée voisine. Le sang y a paru jusqu'à nos jours. » En même temps, Mougon, un des amis de Louis Gay, qu'il avait fait mourir à Romans, soulevant son cuissard, lui donna un coup de dague dans la région de l'aine, en disant : « Reçois le traitement que tu voulais infliger aux autres et porte la peine de tant de gens de bien que tu as mis à mort. » La Motte-Gondrin resta sur le coup, et comme le peuple s'obstinait à demander sa mort, on passa une corde à puits sous ses aisselles et on le pendit à une fenêtre donnant sur

---

(1) G. BOULE, *Essay de l'hist. génér. des protestants*, p. 83.

(2) Voyez plus haut, p. 75.

la grand'rue, pour qu'il fût reconnu de tous. « Encore fut 1562.
cela fort mal aisé, dit Bèze, à cause que Gondrin, durant
ce tumulte, voulant se sauver par ce moyen, avait tellement
fait noircir et rogner sa barbe, voire tout son visage, qu'il
fallut prouver à ce peuple que c'était lui-même. » Une gravure du temps dit même que la corde fut coupée et le
cadavre précipité dans la rue [1]. Six ou sept amis ou serviteurs du lieutenant général furent tués dans cette affaire,
notamment le prévôt de Valence. La maison de Gaspard de
Saillans fut pillée; mais les anciens du consistoire firent
restituer tout ce qui avait été pris et le confièrent au capitaine
Cadoret. Le bailli de Valence, qui s'était associé à toutes
les violences de La Motte-Gondrin, fut mis à mort comme
lui, et Bernard du Bouzet, sieur de Roquepine, page et
compatriote du lieutenant général, aurait été également
massacré, malgré ses prières, s'il n'avait réussi à se sauver
par les toits [2]. Gaspard de Saillans, qui avait donné asile
à La Motte-Gondrin fut jeté en prison et ses biens pillés.
« Aucuns des sectateurs de l'infecte religion nouvelle, dit-
il [3], ne m'ont laissé ne riphe ni raphe de ce que j'avais en
trois miennes maisons, l'une à Lyon, l'autre à Valence et
l'autre à Beaumont, près là, et n'y ont laissé chose qu'ils
aient pu emporter, outre les fractions de toutes portes et
vitres d'icelles. » Les consuls de Valence, pour dégager leur
responsabilité dans les événements qui venaient de survenir,

---

(1) « Abscinditur funis, ut cadaver ad terram delapsum populus
agnoscat. »

(2) Des Adrets, dans une lettre au duc de Nemours, du 15 novembre
1562, déclare qu'il fit tous ses efforts pour sauver la vie à La Motte-Gondrin, mais sans pouvoir y réussir, et que, pour empêcher tous ses gens
d'être massacrés, il se vit obligé de montrer au peuple le cadavre du lieutenant général.

(3) *Premier livre de Gaspard de Saillans.*

1562. se hâtèrent d'en donner connaissance au parlement de Grenoble, en le priant de nommer un commissaire pour faire des informations. Le commissaire vint, mais son enquête ne paraît pas avoir eu de suite. Les assemblées religieuses recommencèrent à Valence, et elles étaient gardées par des gentilshommes en armes, dont les plus entreprenants se vantaient de traiter Tavanes, s'il revenait à Valence, comme La Motte-Gondrin lui-même [1].

Des Adrets élu lieutenant général du Dauphiné. Cartel de Félix Bourjac.

Le lendemain de la mort de La Motte-Gondrin, les gentilshommes et autres personnes notables qui se trouvaient réunis à Valence, élurent pour leur chef, dans une assemblée politique, des Adrets, qui, après avoir été confirmé dans sa charge par le prince de Condé, prit les titres de « gentilhomme ordinaire de la chambre du roi, colonel des légionnaires du Dauphiné, Provence, Lyonnais et Auvergne, gouverneur et lieutenant général pour le roi en Dauphiné et lieutenant de Mgr le prince de Condé en l'armée chrétienne, assemblée pour le service de Dieu, la liberté et la délivrance

---

(1) Bèze, t. III, p. 159, 160, 185 ; — *Commentarii*, IIᵃ pars, p. 39, 40 ; — *Le véritable inventaire*, p. 709; — *Recueil des choses mémorables*, p. 259-261 ; — D'Aubigné, t. I, p. 145; — De Thou, t. IV, p. 284, 285; — *Mémoires* de Guillaume de Saulz, sieur de Tavannes, p. 8 ; — *Mémoires* de Castelnau, t. XXXIII de la collection Petitot, p. 180. 181; — Dupleix, t. III, p. 663; — *Prinse de Lyon*, dans les Mémoires de Condé; — *Discours de ce qui a esté fait ès villes de Valence et Lyon*, dans les *Archives curieuses*, t. IV, p. 185; — *Lettre du seigneur baron des Adrets à la reine-mère*; — *Ibid.*, t. IV, p. 191; — Pérussis, dans d'Aubais, raconte les choses différemment; — Chorier, p. 556, 557; — *Valentia urbs Delphinatus capta, D. Mottæ-Gondrinæ occiditur 25. Aprilis : 1562* (gravure).

du Roi et la Reine sa mère, conservation de leurs États et 1562. Grandeur ét de la liberté chrétienne dudit pays ». Dans la même assemblée politique on adhéra à l'alliance jurée à Orléans le 11 avril, et il fut décidé qu'on attendrait des instructions plus particulières du prince de Condé avant de toucher aux biens ecclésiastiques et aux églises. Mais quand on eut appris que dans tout le royaume le peuple brisait les images, il ne fut plus possible de retenir les modernes iconoclastes, et un grand nombre d'églises catholiques du Dauphiné furent saccagées.

Investi de la lieutenance générale de la province, des Adrets se hâta d'écrire à la reine-mère pour l'informer de l'état du pays et l'assurer de son concours. « Madame, lui dit-il, tout le peuple de ce pays de Dauphiné, tant les gentilshommes qu'autres des provinces circonvoisines ont eu telle appréhension de la captivité où la Majesté du Roi et la Vôtre se trouvent présentement réduites, que tous d'un même accord se sont résolus, avec les armes aux mains, de la délivrer de la domination de ceux qui, par force ou par violence, la vous ont usurpée, et vous remettre en main l'autorité et administration qui par toute loi divine et humaine vous est attribuée [1]. »

Cette sorte de rapport que des Adrets adressa à la reine-mère donne un grand poids à l'opinion de De Thou, Chorier et Guy Allard, qui assurent que le célèbre baron avait à cette époque des intelligences secrètes avec la reine-mère et agissait par ses ordres. Ce dernier auteur donne même le texte d'une lettre écrite par Catherine de Médicis à des Adrets [2].

La guerre étant désormais allumée dans la province,

_____

(1) 29 avril 1562. *Arch. curieuses*, t. IV, p. 191.

(2) Haag (*France prot.*, t. II, p. 105, 106) émet une opinion contraire.

1562. Félix Bourjac, en qualité de sénéchal de Valentinois et Diois, lança un « cartel [1] contenant les causes pour lesquelles les églises de France ont pris les armes contre les ennemis de Dieu, du roy et de la couronne ». Il s'écriait : « Nous avons pris les armes au nom du grand Dieu des armées pour la liberté et délivrance du Roy notre Sire, de la Reine sa mère et messeigneurs ses frères, de son conseil et de tout le royaume, contre ceux lesquels, par tyrannie, violence, force et privée autorité, se sont saisis et emparés de la personne de Sa Majesté et de ceux dudit conseil, de leur pays, forces et finances, pour, après qu'ils auront opprimé et exterminé, s'ils pouvaient, par feux, glaives et toutes manières de cruautés, les plus loyaux et fidèles sujets, qui désirent servir à Dieu et à leur Prince, jusques au dernier soupir de leur vie et vivre sous son obéissance, selon la pureté de l'Évangile, — ils puissent plus aisément ravir, suivant leurs vieils desseins, la couronne à notre jeune Prince pour la mettre sur leur tête. C'est à ce but où ils visent, c'est là où tirent droit leurs harquebouses et canons, c'est la bague qu'ils courent. Mais, quant à nous, nous voulons combattre et mourir pour la gloire de Dieu, la liberté de notre Prince et délivrance de notre patrie de la main des tyrans. »

S'adressant ensuite aux soldats de la religion réformée, Bourjac leur dit : « Il ne reste plus, Messieurs et frères, puisqu'en bonne conscience vous avez les armes aux mains, que d'en user si saintement que, par vos bonnes mœurs et sainte discipline, on reconnaisse vos enseignes... Il serait encore plus difforme et monstrueux si nous, qui avons Jésus-Christ pour chef, faisions les commandements et œuvres de Satan ; laissons le gouvernement des siens au

---

(1) *Ordonnances sur le reiglement et gouvernement que doivent tenir les soldats et gens de guerre des bandes chrétiennes*, etc.

diable et suivons notre maître, roi et législateur Jésus- 1562.
Christ. » « Humilions-nous donc de bonne heure, continuait
Bourjac, jeûnons et réformons notre vie ... Dieu détruira,
confondra et exterminera sans doute ses ennemis et les nôtres
et les jettera au plus profond des abîmes ; mais ce sera lorsque la mesure de leur iniquité sera pleine et que nous
nous serons humiliés et convertis à lui par une vive péni-
tence. Tout aussitôt que nous verrons la réformation entre
nous, ce sera le signe infaillible de la ruine de nos adversaires ; car ce sont nos péchés qui les nourrissent et font vivre
pour être les verges dont Dieu nous veut battre ; lesquelles
il mettra au feu après que nous serons châtiés et amendés.
Mais, certes, je ne me puis promettre que ce soit encore,
jusqu'à ce que je verrai la peste cesser en nos armées, c'est-
à-dire l'ambition et l'avarice qui possède une partie d'entre
nous. »

Bourjac enfin, dans les *Annotations* dont il accompagnait
les ordonnances royales du 23 octobre 1553 sur la conduite
des gens de guerre, recommandait à tous, capitaines et
soldats chrétiens, de s'exercer « continuellement à tous
exercices de piété, comme sont prières à Dieu et actions de
grâces au lever et coucher et à tous leurs repas, à lever les
gardes et à les poser, avant que d'ouvrir les portes et avant
que les fermer, avant que combattre et après avoir combattu, et bien souvent au milieu du combat, soit étant
vainqueur ou vaincu ; étant aux dangers ou hors des dangers
et à toutes heures et en tous lieux, chanteront psalmes et
louanges à Dieu, même les feront sonner à leurs trompettes
et instruments, qui fera trembler Satan et tous ses guerriers,
car la Parole de Dieu a cette vertu et propriété, et fréquen-
teront les prédications de la Parole de Dieu. »

Die adopte en masse la Reforme. Sa suprématie à Romans.

1562. Au moment où s'opérait la révolution religieuse et politique de Valence, un événement analogue, mais entièrement pacifique, s'accomplissait à Die. Long [1] raconte que vers la fin d'avril cette ville, qui ne comptait que quatre protestants en 1551 [2], et qui était « deux fois plus peuplée qu'aujourd'hui, eut une assemblée générale, afin de décider si l'on adopterait la Réforme, protégée par l'évêque Montluc. C'était par le vote universel que se décidait cette question si difficile et si importante. Ce moyen extraordinaire avait été employé à Sainte-Foy en Agénois, à Milhau et en Suisse. On se décida, comme on devait s'y attendre, pour l'affirmative, en annonçant que « le 1er mai on annoncerait le nouvel Évangile dans toute sa pureté, ce qui se fera dans le grand temple des Jacobins, à condition qu'on en fera tirer toutes les idoles ». Farel fut encore à Die, où il avait fait préparer les voies par ses prosélytes, le nouvel apôtre de cette conversion générale. Le même jour, de catholique la ville se fit protestante. » Les Cordeliers embrassèrent la Réforme et donnèrent les biens de leur couvent à la ville, en considérant « que ce qui est dudit couvent est venu de la libéralité, aumônes, bienfaits d'ancienneté dudit Die et leurs prédécesseurs, et pour ce et comme plus raisonnable que leur revînt

---

(1) *La Réforme*, p. 51, 52, 275 ; — *Litteræ soc. Jesu*, p. 579 ; — Ad. Rochas, dans l'*Écho du Dauphiné et du Vivarais*, 2e année, N.º 88 ; — Avond, *Poème*, etc., p. 33.

(2) Jordan Giton, Gaspard André, Berbeierie et Bourie, au dire d'Avond, *Poème*, etc., p. 85.

et retournât ¹ ». De son côté, la ville s'engagea à leur servir 1562.
une pension leur vie durant. Les Dominicains suivirent
l'exemple des Cordeliers et furent également pensionnés. Les
bulles d'or des deux Frédéric, empereurs d'Allemagne, qui
établissaient la suprématie de l'évêque de Valence sur la ville
de Die, furent brûlées, ainsi que tous les autres livres
ecclésiastiques, devant la porte de la cathédrale. Il en fut de
même du corps de saint Étienne, ancien évêque de Die ².

A Romans, la mort de La Motte-Gondrin ranima le
courage des habitants réformés et affaiblit le parti catholique. Les Cordeliers jetèrent leurs frocs. Plusieurs d'entre
eux embrassèrent sincèrement la Réforme et furent mis en
apprentissage chez des maîtres ou en pension chez des particuliers. Des Adrets profita de ce revirement pour envoyer
à Romans un de ses officiers, qui dit à l'assemblée du
conseil : « J'ai commandement de faire mettre les reliques
de Saint-Barnard et des autres églises entre les mains des
consuls, pour en rendre compte quand ils en seront requis ;
de prendre les armes qui seront trouvées dans les maisons
de ceux qui ne sont point de l'église réformée. M. des Adrets
veut que l'on prêche aux Cordeliers, sans les molester ; que
ceux de la religion fassent le guet et qu'ils gardent les portes. »

Le conseil répondit à l'officier qu'il ne connaissait pas ses
pouvoirs, qu'il se chargeait de maintenir la paix et l'union
parmi le peuple, que le guet serait fait par l'autorité même
des magistrats et la garde des portes confiée à des gens sûrs.
Michel Thomé, procureur du roi, ajouta « que les gens de
la religion n'avaient aucun sujet de se plaindre, d'autant

---

(1) Un arrêt du parlement de Grenoble, du 29 mars 1661, condamna les
consuls et habitants de la ville de Die à restituer ces biens aux Cordeliers.

(2) Long fait mention d'actes de violence commis à cette époque contre
plusieurs religieux qui ne voulurent pas changer de religion ; mais nous
croyons qu'ils se rapportent plutôt à la seconde guerre de religion.

1562. qu'il leur était loisible de faire leurs assemblées hors de la ville et en lieu plus commode pour les gens de la campagne, » et, après plusieurs autres représentations énergiques, il somma l'officier de respecter les édits du roi et de ne rien entreprendre contre les magistrats dépositaires de sa volonté.

« Des Adrets, dit Dochier, n'était pas homme à abandonner ses projets. Il revint à la charge par l'entremise d'Ennemond Odde de Triors, son partisan. Il lui écrivait : « Votre bon ami et frère. » Le baron lui demandait des soldats et de l'argent, et il avait surtout à cœur les reliquaires. Il commanda de lui apporter ceux de l'abbaye de Saint-Antoine et de faire frapper à Romans 231 marcs, qu'il lui envoyait en lingots; ce qui ne fut pas possible, parce que l'hôtel des monnaies avait été fermé. André de Morges vint chercher les reliques du chapitre de Saint-Barnard. Il exigea l'abandon d'une partie des dîmes; on abattit les cloches pour en faire des canons; on démolit les toits des églises de Saint-Romain, Saint-Nicolas, Sainte-Foi; les religieux du Mont-Calvaire et du monastère des Cordeliers furent contraints de quitter leurs cellules; enfin, les protestants dictèrent la loi au conseil municipal, où il fut délibéré que les gens de l'une et l'autre religion vivraient désormais en paix, qu'ils ne feraient qu'un même corps, que les affaires seraient réglées et les charges supportées en commun. » En conséquence, « les protestants présentèrent un cahier de demandes où ils réclamaient le paiement des armes qu'ils avaient fait venir de Lyon, du mobilier que le consistoire avait placé dans les églises, de l'apprentissage des moines qu'ils avaient mis chez des maîtres pour leur donner un métier; ils demandèrent aussi d'entrer en petit nombre dans le conseil municipal ».

A partir de ce moment, et jusqu'au 26 octobre 1563, la religion réformée fut seule exercée dans Romans. Elle avait à sa tête quatre pasteurs : Ennemond Lacombe, Séverin

Borrel, Jonathas Varnier et Jean Thiersand. On leur four- 1562. nissait un logement et 300 livres de traitement, « prises sur le revenu de l'église romaine ». Un concierge, qui avait 55 livres de gages, était chargé de sonner « les prières, prêches et retraites ». La ville faisait, en outre, les frais du pain et du vin de la sainte cène, et les protestants célébraient leur culte dans l'église des Cordeliers [1].

Des Adrets à Vienne. Excès des soldats après son départ. La violence sévèrement blâmée par Calvin. Organisation de l'église de Vienne.

Maître de Valence, des Adrets, qui se dirigeait sur Lyon, dont il voulait s'emparer, écrivit, le 29 avril, aux consuls de Vienne de ne plus permettre l'exercice de la religion catholique [2] et de se saisir de Maugiron. Le parti réformé était le plus fort dans Vienne, grâce à l'appui que lui prêtait le juge royal Jacques Gabet. Les consuls firent bien quelques préparatifs de résistance, mais ils avaient le sentiment que c'était en pure perte, et l'archevêque Jean de la Brosse, qui partageait la même conviction, prit la fuite. Des Adrets avait la parole des réformés de Vienne et se présenta devant les portes de la ville (2 mai) avant qu'on eût appris son

---

(1) DOCHIER, p. 185-187; — Ulysse CHEVALIER, dans le *Bulletin de la Soc. d'arch. de la Drôme*, t. II, p. 388.

(2) Pareille lettre fut adressée aux consuls et magistrats des diverses villes et places du Dauphiné. Muston (t. III, p. 347) cite celle que des Adrets envoya en Pragela et qui est comme le modèle du genre. Cet auteur se trompe toutefois quand il pense que des Adrets « envahit le Pragela au commencement de l'année 1562 ». Le célèbre baron n'a fait aucune expédition dans ce pays.

1562. départ de Valence. Gabet le fit entrer si secrètement que lorsque les consuls se rendirent à l'hôtel de ville pour délibérer, ils furent tout surpris d'y voir les soldats de des Adrets et d'apprendre qu'il était dans leurs murs. Ceux-ci, du reste, ne commirent aucun excès. « Ils semblèrent, dit Chorier [1], des statues attachées aux murailles plutôt que des hommes. » Le baron manda les consuls auprès de lui et leur dit « être venu en cette ville pour entendre la forme qu'on veut suivre pour le fait de la religion, et que chacun pouvait être bien averti comme le roi, constitué en bas âge, et la reine-mère étaient captifs et prisonniers détenus par étrangers; et que pour les délivrer il était besoin et nécessaire de faire assemblée de gens, et qu'il était commis et avait charge de ce faire; tellement, qu'il viendrait d'en bas certaines troupes de gens qu'il faudrait laisser passer près ou dans la ville, et qu'ils ne feraient grande dépense, car en y a qui paient quand ils ont d'argent, les autres non, pour n'en avoir point; sont évangélistes, ne faisant mal ni déplaisir à personne ni aux biens, meubles ni immeubles; vivant honnêtement, comme on se pourra enquérir là où ils ont passé ... Néanmoins serait besoin que lesdits sieurs consuls avertissent les sieurs des églises de retirer des temples leurs richesses d'or et d'argent, et icelles remettre entre les mains des seigneurs consuls sous dû inventaire, où ils craindraient de ne les pouvoir conserver, dont se chargeraient lesdits consuls pour les garder au roi s'il en avait besoin; pour autant qu'il faut craindre que, si on les trouvait, il ne s'en perdît, combien, toutefois, qu'ils ne font aucune violence. Et pour le regard de la dépense que lesdits soldats évangélistes pourraient faire, que lesdits consuls en fassent registre et rôle : par là leur sera rendu par messieurs du pays de

---

(1) *Hist. du Dauph. abrégée*, t. ii, p. 117.

Dauphiné. » Les consuls répondirent qu'ils étaient « prêts à 1562.
obéir au roi et à ses sujets et magistrats, et faire tout ce qui
leur sera possible pour son service et la tuition de son
royaume ». Quant au clergé, il répondit que le trésor des
églises était en sûreté, qu'il le livrerait en temps opportun
« pour le service du roi ou autrement, » et qu'il paierait sa
part de l'entretien des troupes. Des Adrets n'insista pas et,
dès le lendemain, partit pour Lyon, que ses gens avaient
déjà pris, et il se saisit de son gouvernement. François de
Montauban, dit d'Agoult Ier, comte de Sault, lieutenant
général du Lyonnais, n'avait opposé qu'une faible résistance
aux soldats protestants, ce qui le fit soupçonner d'être un
partisan secret des idées nouvelles.

Les réformés de Vienne profitèrent du passage de des
Adrets pour se faire adjuger l'église de Notre-Dame la Jére
pour la célébration de leur culte. Le gouvernement de la
ville fut confié à François de Terrail de Bernins, qui ne sut
pas préserver les églises de Vienne de la mutilation et agit
en despote, et Jean Gabet Saint-Remy fut nommé vibailli.

Les troupes que des Adrets avait annoncées ne se com-
portèrent pas avec la modération qu'il avait dite. A leur
passage à Vienne elles saccagèrent les églises et les couvents,
notamment le beau portail de la cathédrale. Bernins fit
occuper par des soldats réformés les châteaux de Pipet et
de La Bâtie, qui commandaient Vienne, désarma les catholiques, ordonna la démolition de deux églises et proposa au
conseil communal de se charger de l'entretien des ministres
et des temples, de faire instruire les jeunes gens du collége
de Vienne dans la religion réformée et de les conduire au
prêche chaque dimanche; mais on n'agréa pas sa demande
et tout ce qu'il obtint fut que les habitants de Vienne déclarèrent qu'ils vivraient désormais dans une étroite union.
Néanmoins, les catholiques n'osèrent pas célébrer leur culte.
Ils ne le reprirent qu'à l'époque où Maugiron s'empara de

1562. la ville (6 sept.). Pour ce qui est du trésor des églises de Vienne, il fut vendu en diverses fois par les soins des consuls et on en remit l'argent à des Adrets pour l'entretien de ses troupes.

Les chefs spirituels de la Réforme blâmaient sévèrement ce pillage des biens d'église, et lorsque Calvin apprit les désordres dont les soldats de des Adrets s'étaient rendus coupables, il écrivit à leur chef: « Nous pensons bien que vous ne pouvez pas remédier à tous les maux qui vous déplaisent, comme il serait à souhaiter. Si est-ce, Monsieur, qu'il vous y faut évertuer, et surtout à corriger un abus qui n'est nullement supportable, c'est que les soudards prétendent de butiner les calices, reliquaires et tels instruments des temples; qui pis est, on a rapporté que quelqu'un des ministres s'était fourré parmi, jusqu'à en exposer en vente quelque quantité. Mais, en premier lieu, si cela advenait, il y aura un horrible scandale pour diffamer l'Évangile, et quand la bouche ne serait point ouverte aux méchants pour blasphémer le nom de Dieu, si est-ce qu'il n'est pas licite, sans autorité publique, de toucher à un bien qui n'est à aucune personne privée. Et de fait, nous sommes bien certain que Monsieur le prince de Condé et tous les bons messieurs qui tiennent notre parti, non-seulement désavoueront tel acte, mais le détestent; d'autant que c'est pour exposer en opprobre la cause, qui est si bonne et si sainte de soi, et la rendre odieuse. Nous sommes bien persuadé que vous ne voudriez point souffrir telles violences et extorsions, et que, sans être beaucoup sollicité, vous serez prêt et enclin à y mettre la main. Mais le seul moyen d'y pourvoir est, ce nous semble, de faire publier par les carrefours que tous ceux qui auront pris tel butin, ou en auront caché et célé, rapportent dedans huit jours ce qu'ils en ont, sur peine d'être coupables de larcins et être punis comme larrons, et que tous ceux qui sauront ceux qui en détiennent ou occupent, aient à le déclarer dedans ledit terme, sur peine d'être punis comme 1562. recéleurs. Si tout le mal ne s'amende pas par cela, si est-ce qu'au moins le remède ne sera point inutile, et cependant vous clorrez la bouche aux médisants en tant qu'en vous sera [1]. »

Tout puissants pour l'heure à Vienne, les protestants songèrent à organiser leur église. Il fut décidé qu'elle serait desservie par quatre ministres, dont deux étaient déjà présents, Christophe Fabri, dit Libertet, natif de Vienne, et Antoine Héraud (février 1562). Le premier, ancien élève en médecine, avait déjà exercé le ministère à Neuchâtel, Genève et Thonon. Le célèbre jurisconsulte Innocent Gentillet fut chargé d'aller chercher les deux autres à Genève et à Berne. Il ne parait pas avoir réussi dans sa mission, vu le nombre considérable de pasteurs qui avaient été déjà envoyés de Suisse en France pendant cette année et la précédente. Le 10 juillet, le pasteur Fabri et Étienne de Prat, ancien du consistoire, se rendirent à leur tour en Suisse, dans le but d'amener des pasteurs pour desservir les diverses églises du Viennois. Ils étaient porteurs d'une lettre signée par le gouverneur Bernins et le juge Gabet, qui écrivaient en leur nom et en celui des consuls et du consistoire, et demandaient douze ministres. Ils allèrent d'abord à Genève; mais n'y ayant point trouvé de sujets disponibles, ils poussèrent jusqu'à Neuchâtel. Là ils engagèrent les pasteurs Jean Figon, Jacques Perrachey, Nicolas Beauvays, Sébastien Fleury, Pierre de Paris, Guillaume Perrot, David Chaillet

---

(1) J. BONNET, *Lettres de J. Calvin*, t. II, p 468 à 470. — L'inauthenticité des deux lettres, pleines de conseils de violence, adressées par Calvin au marquis du Poet en 1547 et 1561 et publiées par l'abbé d'Artigny (*Nou-veaux Mémoires*, t. III, p. 313-316) a été prouvée jusqu'à la dernière évidence par J. Bonnet (*Ibidem*, t. II, p. 588-596). Long, en les insérant dans le texte de son *Histoire* (p. 36-38), malgré cette démonstration péremptoire, a fait preuve de peu d'impartialité ou d'un mince tact historique.

1562. et Pierre Chaillet, qui partirent le 22 juillet. En passant à Genève, ils furent examinés par Calvin et recommandés par lui aux magistrats de Vienne. C'étaient des jeunes gens qui, pour la plupart, n'avaient pas achevé leurs études théologiques; mais avant tout il fallait nourrir les âmes avides de la Parole de Dieu. Calvin promit aux églises du Viennois de les visiter bientôt et de leur envoyer des ministres plus expérimentés pour les diriger. « On voulait, dit Chorier, faire un séminaire et commencer par eux. » Beauvays fut envoyé à Chatonay, et les autres à Saint-Simphorien-d'Ozon, Beaurepaire et ailleurs. « Il y avait peu de lieux, ajoute Chorier, où ne se fît pas un exercice public de cette nouvelle religion; tant l'ignorance et les mauvaises mœurs des ecclésiastiques avaient détourné les esprits de celle de leurs pères [1]. »

A Grenoble les protestants l'emportent. Maugiron menace la ville. Des Adrets s'y rend. Il interdit la messe et fait main basse sur le trésor de la cathédrale. Incendie de la Grande-Chartreuse par ses soldats.

A Grenoble les protestants triomphaient en dépit du parlement, qui avait promulgué, dès le mois d'avril, divers arrêts à leur encontre. Le 6, il défendait expressément aux magistrats royaux d'assister aux assemblées réformées; le 18, il interdisait à tous les habitants de la ville, sous peine de

---

(1) CHORIER, p. 561-563; 572, 573. — *Delphinalia*, p. 123. — CHARVET, p. 158, 754-762; — *Bulletin de la Société de l'hist. du protestant. franç.*, t, XIII, p. 126-129; t. XII, p. 352.

la hart, de quitter leurs demeures sans congé du vibailli, et 1562. le 27, il ordonnait à tous les gentilshommes de la province de se rendre à Paris, auprès du roi, vers le 20 mai, avec leur équipage de guerre, sous peine de lèse-majesté, « pour secourir, disait-il, le prince de Condé, détenu prisonnier à Orléans par les séditieux [1] ». La ville était commandée par un gentilhomme du pays, gendre de l'un des conseillers du parlement, et il avait choisi tous ses soldats parmi les enne-mis des protestants. De plus, le guet de la ville était exclusi-vement fait par des catholiques [2]. Des Adrets, étant encore à Valence, écrivit aux habitants réformés de Grenoble (1er mai) d'aviser à leurs affaires, en leur promettant son concours. Sur cet avis, André de Ponnat et Paul Remy, conseillers au parlement du parti réformé, firent entrer dans la ville un certain nombre de protestants armés et deman-dèrent à Genthon Calignon et à Jean Verdonnay, les seuls consuls restés en charge, de leur remettre les clefs de la ville, ce qu'ils firent sans difficulté. A la même date, des Adrets leur envoya le capitaine Jean des Vieux, seigneur de Brion, pour les soutenir, et ordonna à Guillaume de Portes, second président, Pierre Bucher, procureur général [3], Abel de Buffevant, vibailli du Grésivaudan, Jean Rabot, avocat de la ville, et Jean Paviot, dit Bariat, quatrième consul, de quitter immédiatement la ville, sous peine de la hart. Il avait,

---

(1) Des ordres de cette nature avaient été déjà envoyés aux baillis et vibaillis du Dauphiné les 2 et 9 février précédents. Le rendez-vous avait été fixé au 10 mars soit au camp de Tours, soit aux environs de Sens (PILOT, *Annuaire statist. de la Cour royale*, 1842, p. 5).

(2) PILOT, *Annuaire statist. de la Cour royale*, 1842, p. 5.

(3) C'était celui que les protestants avaient le plus en haine. Il est qua-lifié *du plus malheureux athéiste que la terre ait porté*, dans l'*Histoire du triomphe de l'église lyonnaise*, 1562, in-8°, due à la plume d'un Greno-blois protestant, qui a conservé l'anonyme (PILOT, p. 7).

1562. en effet, appris par les papiers de La Motte-Gondrin que, d'accord avec le lieutenant général, ils avaient voulu faire entrer secrètement dans la ville Rosans, seigneur de Miribel, avec 300 hommes pour molester les réformés. Ils se dirigèrent, sans plus tarder, sur Chambéry, et furent suivis par le Cordelier Georges Chaperon, de Picardie, qui prêchait pour lors dans la cathédrale de Notre-Dame contre les partisans de la Réforme [1]. Après leur départ, le parlement, la chambre des comptes et le clergé, pour prévenir tout désordre, s'abouchèrent avec les protestants les plus influents, et de chaque côté furent nommés trois commissaires chargés de conclure un accord. On convint de donner l'église des Cordeliers [2] aux protestants pour célébrer leur culte, de nommer dès le lendemain de nouveaux consuls et de confier la garde de Grenoble à 200 soldats commandés par le capitaine Ennemond de Coct, auquel protestants et catholiques seraient tenus d'obéir en cas de mouvement. Le lendemain, qui était un dimanche (3 mai), les protestants entrèrent dans l'église des Cordeliers, qu'ils débarrassèrent de tous ses ornements, quoique le contraire eût été stipulé, et y inaugurèrent leur culte. Les Cordeliers s'en plaignirent au parlement, mais ils ne furent pas écoutés. Ils abandonnèrent, du reste, leur couvent et emportèrent leurs meubles. Ils déposèrent même leur habit monacal, et le Père gardien, qui avait prêché le carême à Notre-Dame, jetant le froc aux orties, se maria. Le même jour, on nomma quatre consuls, dont

---

(1) La ville l'avait fait venir pour prêcher le carême de 1562 et lui donnait de 12 à 15 écus de gages. Le prédicateur du parlement, qui prêchait à Saint-André, s'appelait Jacques Périer. C'était le prieur du couvent des Jacobins de Lyon. Bèze commet donc une légère erreur en donnant Chaperon comme prédicateur du parlement (PILOT, p. 6).

(2) Ces religieux se plaignirent de ce choix et firent observer au parlement « que leur marchandise était d'aussi bonne mise que celle des autres ecclésiastiques » (PILOT, p. 9).

trois protestants, et les conseillers furent pris moitié dans un 1562. parti et moitié dans l'autre. Enhardis par leur victoire, les protestants se livrèrent à des excès condamnables. Ils abattirent les images de toutes les églises, pillèrent leurs trésors et firent prêcher dans toutes, à l'exception de la cathédrale, que le doyen Guillaume de Saint-Marcel-d'Avançon sut faire respecter.

Sur ces entrefaites, on apprit que Laurent de Maugiron, qui avait été donné pour successeur à La Motte-Gondrin (2 mai) et qui n'avait pu reprendre Lyon sur les protestants, réunissait une armée à Chambéry pour se saisir de Grenoble. Par lettres du roi des 11 et 13 mai il avait, en effet, été chargé de s'entendre avec le comte de Suze pour « repurger le pays de tous les malheureux rebelles qui si insolemment y exécutent leurs mauvaises volontés ». Effrayés de ces préparatifs, les protestants de Grenoble demandèrent un secours à des Adrets, qui était alors à Lyon, et qui leur envoya deux compagnies de gens de pied, sous le commandement des capitaines Cumming et Pierre de Theys, dit La Coche. Ce dernier « était un fort petit homme, dit Chorier, mais un grand capitaine ». Des Adrets vint lui-même quelques jours après (11 mai) à Grenoble, avec 50 chevaux et plusieurs compagnies de gens de pied, sous la conduite de Jacques de Rambaud, dit Furmeyer, l'un des plus braves capitaines de son temps. Il défendit l'exercice du culte catholique sous peine de la vie pour les prêtres et de fortes amendes pour les laïques, et « fit crier, dit Bèze, qu'au lieu de prêter aide ni faveur à Maugiron, usurpant le titre de lieutenant général du pays de Dauphiné, on eût à le pourchasser et prendre, si faire se pouvait, comme séditieux et violateur des édits du roi, le tout sous peine de vie aux contrevenants ». Il visita ensuite les remparts de la ville, donna les ordres nécessaires à leur défense, en faisant détruire les jardins établis dans les fossés, et désigna, pour tenir garnison

1562. dans Grenoble, les deux compagnies de Coct et de La Coche, et pour être gouverneur de la place, et généralement du Grésivaudan, le capitaine Brion. Ensuite il repartit pour Lyon (13 mai).

Quelques jours après (20 mai), le conseil général décida qu'un des consuls et un habitant de la ville se rendraient auprès de Maugiron, qui venait de faire connaître par un exprès à Grenoble sa nomination à la lieutenance générale du Dauphiné. Les deux députés devaient voir « ses lettres de commission » et lui offrir « pour la ville toute obéissance comme bons et fidèles sujets au roi,... ajoutant que si l'on avait levé et pris quelques armes, cela s'était fait par autorité et sous l'avis de la cour et du corps de la ville ». Le conseil général décida aussi d'envoyer, avec la permission et une lettre de Maugiron, un exprès à des Adrets pour lui faire part des intentions de la cité. Le baron, informé de tout, comprit le danger que courait son parti à Grenoble et y dirigea des troupes. Il avait déjà donné l'ordre aux consuls de tenir prête une partie de l'artillerie de la ville afin de la conduire à Valence (21 mai), car il estimait que la place n'était pas assez forte pour soutenir un siége, et que les catholiques, s'ils venaient à s'en emparer, pourraient se servir de cette artillerie contre lui. Les canons expédiés furent « deux grosses pièces de batterie et une vingtaine de pièces de campagne ». Plusieurs mousquets et des arque-buses à croc, qui étaient dans la maison de ville, firent aussi partie de l'envoi (28 mai) [1].

Le 26 mai, des Adrets envoya des soldats s'emparer du château de La Buissière, près Barraux, et de celui de Miribel, près Les Échelles, qui commandaient les deux routes de Chambéry et par lesquelles Maugiron devait nécessairement

---

[1] PILOT, p. 11, 13-15.

passer. Ces ordres donnés, il quitta précipitamment Lyon 1562. pour revenir à Grenoble (2 juin), sur la nouvelle que les catholiques s'efforçaient de reprendre le château de Miribel, dont le capitaine Loquet avait été nommé commandant. La Coche était gouverneur de celui de La Buissière. Dès le lendemain de son arrivée, des Adrets se fit remettre le trésor de la cathédrale, qui fut estimé 260 marcs d'argent, en donna une quittance en règle au nom du roi et l'expédia à Valence. Les habitants de Grenoble, protestants et catholiques, auraient voulu que ces reliques fussent converties en pièces de monnaie au coin du roi, mais des Adrets leur représenta la nécessité d'agir comme il l'avait fait. Il décida en même temps, afin que la ville ne fût pas entraînée dans de grandes dépenses pour sa sûreté, que 50 citoyens solvables de l'un et l'autre parti répondraient de la tranquillité de leurs coreligionnaires respectifs.

Le 4 juin, on fit courir le bruit à Grenoble que le couvent de la Grande-Chartreuse renfermait des gens de guerre. Des Adrets n'en demanda pas davantage pour y envoyer Furmeyer, Coct et Brion, accompagnés de soldats déterminés. « Ils marchèrent toute la nuit, dit Chorier. Le prieur général, Pierre Sarde, avait assez prévu que cette tempête ne se dissiperait pas sans tomber sur lui ... Il avait mis en sûreté tout ce qu'il avait de plus précieux en divers endroits de son couvent préparés pour cela ... Après, il avait distribué ses religieux en d'autres couvents et n'en avait laissé que deux des plus âgés en celui-ci. Ces chefs se trouvèrent le lendemain au point du jour à la première ouverture des portes de la Chartreuse, où l'avis de leur marche n'était pas encore venu. Cette surprise leur en facilita l'entrée. Ils y pillèrent tout ce qui pouvait être emporté, et, pour ne rien laisser après eux qui invitât les religieux absents au retour, ils gâtèrent et corrompirent le reste et mirent le feu aux bâtiments, qui furent réduits en cendre. » Des Adrets donna

1562. également l'ordre d'incendier le couvent des religieuses de Montfleury ; « mais il eut, dit Chorier [1], du respect pour elles. Un soldat, comme il les en faisait sortir, ayant levé le voile à l'une d'elles pour la voir au visage, il le pendit à un arbre ».

Poussant plus loin l'audace, des Adrets fit publier, le 6 juin, une ordonnance, tant en son nom personnel qu'au nom du roi, où il abolissait la messe, ordonnait aux officiers du parlement, aux moines et aux ecclésiastiques d'assister aux prêches, sous peine de 500 écus d'amende. Les récalcitrants devaient, en outre, être bannis du Dauphiné. Le lendemain, qui était un dimanche, « le parlement, dit Guy Allard, et la chambre des comptes y furent en corps, ayant à leur tête le baron des Adrets, qui les conduisait avec une escorte de plus de 200 hommes.... On remarqua parmi les officiers une tristesse inconcevable, et tous ne purent s'empêcher de verser quelques larmes. On dit que le baron ayant ouï Félicien Boffin d'Argenson, avocat général du parlement, qui gémissait, il lui fit une rude remontrance et l'obligea à la suite de sortir de Grenoble pour sauver sa vie ».

Ce même jour, il convoqua une assemblée générale de tous les habitants de la ville et leur déclara que les affaires du roi ne lui permettaient pas de faire un plus long séjour au milieu d'eux ; qu'il emportait l'argent des églises pour l'employer au paiement de ses troupes, et qu'ayant établi dans leur ville l'ordre qu'il désirait que l'on suivit en son absence, il n'avait plus rien à craindre. Il leur demanda ensuite de lui prêter quelque somme d'argent pour l'entretien de ses troupes, et leur assura que s'ils avaient besoin de lui, ils le reverraient au bout de vingt-quatre heures. L'assemblée le remercia de ses soins et le supplia de la dé-

(1) *Hist. du Dauphiné abrégée*, t. II, p. 119.

charger du prêt qu'il sollicitait d'elle, attendu que les habi- 1562.
tants les plus riches de la ville étaient partis. Des Adrets
n'insista pas, et, ayant confié le commandement de Grenoble
et du Grésivaudan au capitaine Brion, avec 200 soldats
étrangers, et au conseiller au parlement André de Ponnat,
il partit le même jour (7 juin) pour le Comtat, d'où lui
étaient venues de graves nouvelles [1].

Maugiron entre dans Grenoble. Sa mauvaise foi. Excès de ses soldats.

Orange venait d'être brûlé et ses habitants massacrés
(5 juin) par le Milanais Fabrice Serbelloni, cousin du pape
et commandant les troupes pontificales du Comtat, et par
François de la Baume de Suze, connu plus tard sous le nom
de comte de Suze. Des Adrets se rend en toute hâte à Montélimar, où il force les consuls à reconnaître son autorité,
laisse ses soldats commettre des dévastations et des violences,
frappe sur la ville une forte contribution de guerre et réunit
une armée de 3 à 4,000 hommes, tant du Dauphiné que de
la principauté d'Orange; puis il s'empare de Pierrelatte,
que Suze avait pris, se venge d'une manière barbare du
sac d'Orange en passant toute la garnison au fil de l'épée,
reçoit les clefs du Bourg-Saint-Andéol en Vivarais et du
Pont-Saint-Esprit, emporte d'assaut Bollène, dont il met

---

(1) Bèze, t. III, p. 160-164; — *Recueil des choses mémorables*, p. 261; —
Inventaire, p. 710; — D'Aubigné, t. I, p. 145, 146; — De Thou, t. IV, p.
289-290; — *Mémoires de Guillaume de Saulx, sieur de Tavannes*, p. 8; —
Delphinalia, p. 93 et suiv.; — Chorier, p. 558-560; — Guy Allard, *Vie
du baron des Adrets*.

1562. aussi à mort toute la garnison [1], et s'apprête à canonner Suze-la-Rousse, quand la nouvelle de l'entrée de Maugiron à Grenoble l'arrête dans sa marche victorieuse.

Après son départ de cette ville, le capitaine Brion était en effet tombé malade, et Ponnat, qui avait le plus d'autorité après lui, n'avait nullement l'étoffe d'un commandant de place. Plusieurs conseils particuliers siégeaient à l'insu du consistoire, de telle sorte que le désordre régnait dans le camp réformé. Maugiron, d'autre part, muni des instructions du duc de Guise, qui lui recommandait « de ne pas se faire faute de l'argenterie des églises, s'il en avait besoin [2], » continuait ses préparatifs d'attaque et avait attiré auprès de lui toute la noblesse du Dauphiné. Les réformés firent entendre au parlement et à la cour des comptes les maux qui résulteraient pour la ville de l'entrée de Maugiron, et ces deux corps, entrant dans leurs vues, députèrent au lieutenant général le conseiller au parlement Laurent Rabot et le quatrième consul, pour l'engager à ne pas pénétrer en armes dans la ville. Maugiron fit part au roi de cette démarche, et le roi lui répondit, le 11 juin, « une lettre bien raide, » qu'il adressait au parlement, à la chambre des comptes, aux commis des États du Dauphiné et aux consuls de Grenoble, afin de leur faire entendre combien cette façon d'agir lui était désagréable. Il annonçait en même temps à Maugiron que Tavanes, son lieutenant général en Bourgogne, viendrait lui prêter main-forte avec une armée consi-

---

(1) Des Adrets raconte, dans une lettre qu'il adressa plus tard au duc de Nemours (15 novembre 1562), qu'il ne put empêcher ses soldats de prendre leur revanche du sac d'Orange « sur 4 ou 500 hommes qui furent trouvés à Pierrelatte et à Bollène, qui avaient encore leurs vêtements, épées et armes ensanglantés du sang d'une partie des pères, frères et cousins-germains de plusieurs de ses soldats » (Bèze, t. III, p. 186).

(2) Pilot, *Annuaire de la Cour royale*, 1842, p. 17.

dérable, et que Suze et le comte de Tende et de Sommerie 1562.
(Honorat de Savoie), lorsqu'ils auraient entièrement purgé
la Provence, lui porteraient également secours. Il lui disait
enfin que Tavanes avait « pouvoir de s'aider et prendre les
argenteries des églises » et tous les deniers qu'il trouverait
chez le receveur général [1].

Maugiron répondit aux députés du parlement et de la
cour des comptes qu'il devait à toute force prendre possession de son gouvernement, et que si on voulait le recevoir
sans résistance à Grenoble, il entrerait avec une petite
escorte, repartirait immédiatement et ne permettrait pas que
personne fût recherché pour sa religion. Là-dessus il se met
en marche, s'établit au Pont-de-Beauvoisin, une des clefs
de la France du côté de la Savoie, et, de ce quartier général,
envoie des soldats occuper tous les chemins aboutissant à
Grenoble. Les uns se saisissent de la Côte-Saint-André,
route de Vienne; les autres de Moirans, route de Valence;
d'autres, des défilés de l'Isère situés à deux lieues de Grenoble, pour arrêter les bateaux qui pourraient se diriger sur
Romans. Ces précautions prises, Maugiron se présenta au
pont de la Roche [2] et adressa aux consuls, manants et habitants de la ville des lettres « pleines de douceur et de belles
promesses » et une copie de sa nomination à la lieutenance
générale du Dauphiné. Après plusieurs pourparlers, pendant lesquels Maugiron, plein de confiance dans son succès,
avait dit que si le soleil entrait dans Grenoble, il y entrerait
lui-même, Brion et Ponnat, qui disposaient de peu de soldats
et voyaient les habitants saisis de frayeur, traitèrent avec
Maugiron, et il fut convenu que le lieutenant général ferait
son entrée dans Grenoble, que les soldats de des Adrets se

---

(1) *Bulletin de la Société de statistique de l'Isère*, t. II, p. 217, 218.

(2) Aujourd'hui le rocher dit de la Porte de France.

1562. retireraient où bon leur semblerait, avec armes et bagages, et que l'église des Cordeliers demeurerait aux réformés pour y faire leurs exercices.

« Voilà ce que promit Maugiron, dit Bèze, en vertu de quoi il entra ce même jour, 14e de juin (6 h. du soir), accompagné d'environ 200 chevaux et suivi de 14 ou 1500 hommes de pied. Mais, bien qu'il eût été reçu avec un très-grand accueil, non-seulement de ceux de l'église romaine, mais même de ceux de la religion réformée qui restaient (car les plus sages, tant capitaines, soldats qu'autres, s'étaient retirés aussitôt par les montagnes), soudain les soldats, criant : Tue! tue! se mirent au pillage, leur étant permise toute espèce de force et de violence... Procession générale fut commandée le lendemain, avec injonction à tous de s'y trouver, sous peine de la hart; les livres de la religion furent saisis, déchirés et répandus dans les rues et brûlés, et là quelques-uns jetés du pont à bas dans l'Isère et autres tués par la ville; plusieurs aussi mis prisonniers, entre lesquels n'est à oublier Eynard Pichon, ministre, lequel, ayant été pris en un village, comme il venait de La Mure, et de là mené en pourpoint avec mille opprobres et présenté à Maugiron, qui lui dit plusieurs outrages, il fut réduit finalement entre les mains de l'évêque, qui usa envers lui de toute douceur. »
Le notaire Pierre Girard, dit Cordery, dans la maison duquel s'étaient tenues des assemblées l'année précédente, fut jeté en prison [1]. Il paraît que le lieutenant général avait fait dresser des potences dans toutes les rues de la ville pour contenir les assassins et les pillards; mais ce ne fut que pour la forme et aucun d'eux ne fut pendu.

Maugiron, ayant fait entériner par le parlement les lettres

---

(1) Il existe à la bibliothèque publique de Genève (Mns. 196) une lettre touchante, qu'il adressa à Calvin pendant sa captivité.

patentes qui le nommaient lieutenant général pour le roi au 1562. gouvernement du Dauphiné, partit (16 juin) avec son armée pour se ressaisir de la Côte-Saint-André, d'où l'on venait de chasser son lieutenant Pierre Mistral; mais il ne put y parvenir. Il réussit, par contre, à entrer par intelligence dans Saint-Marcellin. Quant à Romans, qui n'avait pas voulu le reconnaître, il marcha pour l'assiéger; mais il y trouva « visage de bois, pied de fer et de feu, » et fut obligé de revenir à Saint-Marcellin.

Il avait laissé à Grenoble, comme gouverneur de la ville et de tout le bailliage du Grésivaudan, Laurent de Béranger, baron de Sassenage, avec deux compagnies de Savoyards. Sassenage prit diverses mesures. Il fit crier à son de trompe que tous les étrangers, sans exception, eussent à vider la ville et arma 7 à 800 habitants. Il ordonna aussi à tous, soldats et autres gens, de restituer, dans les vingt-quatre heures, les meubles qu'ils avaient pillés et leur défendit de s'introduire désormais dans les maisons; mais ses ordres furent imparfaitement exécutés, et de temps à autre les soldats faisaient main basse sur quelque malheureux réformé et le précipitaient dans l'Isère. Il s'efforça enfin, aidé de 2,000 hommes, levés dans les paroisses environnantes, de débusquer le brave La Coche du fort de La Buissière, mais ce fut sans succès.

Reprise de Grenoble par des Adrets. Réorganisation de l'église. Synode provincial de Valence.

Averti de la perte de Grenoble, des Adrets ne poursuivit point sa marche dans le bas Dauphiné, comme nous l'avons dit plus haut. Il y laissa Montbrun avec une partie de ses

1562. troupes [1] et marcha sur Grenoble. En passant à Romans, il déjoua un complot que Maugiron y avait ourdi pour s'en saisir, et, poursuivant sa route, il saccagea la célèbre abbaye de Saint-Antoine (24 juin), força Saint-Marcellin (25 juin) et passa inhumainement au fil de l'épée sa garnison, forte de 300 hommes. Il fit aussi périr le procureur du roi Charles de La Combe-Maloc, qui avait favorisé la reddition de la place à Maugiron. Ce dernier avait lâchement abandonné Saint-Marcellin, tout en lui promettant un prompt secours, qu'il n'envoya point, et s'était retiré en Savoie, et de là en Bourgogne, auprès de Tavanes. On apprit à Grenoble (25 juin) la marche de des Adrets, la fuite honteuse de Maugiron, dont tous les catholiques à cette heure maudirent le nom, et ce fut un sauve qui peut général de la part des conseillers, des avocats et des procureurs au parlement et des autres habitants de marque de la ville, surtout de ceux qui habitaient le quartier de Saint-Laurent. Sassenage s'enfuit lui-même et se retira avec ses gardes dans le château de Lens, qui lui appartenait, et s'y fortifia. Les prisonniers furent relâchés et les protestants, par un mouvement qui les honora, se portèrent au-devant de des Adrets pour le supplier de pardonner aux catholiques. Le farouche baron accéda à leurs vœux et entra dans Grenoble le 26 juin à 4 heures de l'après-midi, accompagné de 7 à 800 chevaux. Il était suivi de René de Savoie, baron de Cipierre, fils du comte de Tende, Balthasar de Gérente, baron de Sénas, Paul Richiend, sieur de Mouvans, et d'autres vaillants capitaines. Quant à son armée, qui était forte de 5 à 6,000

_____

(1) Montbrun, dans une ordonnance de cette époque, datée de Montélimar (24 juin), se donne les titres de « colonel des compagnies dressées au pays de Dauphiné, pour la tuition dudit pays sous l'obéissance de la Majesté du Roi, et lieutenant général en icelle de l'armée dressée pour la protection de l'état royal et observation des personnes du Roi et Reine sa mère ».

hommes, il la maintint dans un si bon ordre, qu'il n'y eut 1562. ni trouble ni pillage de sa part dans la ville, et que les boutiques restèrent toujours ouvertes.

Désireux que le cours de la justice ne chômât point, il fit crier à son de trompe dans les rues que les conseillers au parlement, les juges royaux et les bannerets rentrassent dans la ville pour y reprendre leurs fonctions, à l'exception des cinq personnages qu'il avait bannis au commencement des hostilités. Mais, quoique une amnistie pleine et entière leur fût promise, ils ne rentrèrent point. Le conseiller Ponnat, qui s'était réfugié dans les montagnes avec 5 ou 6 compagnies de gens de pied, lorsque Maugiron était entré dans Grenoble, y revint, et ses troupes furent envoyées aux frontières pour les garder, notamment à Chapareillan, Pontcharra et Allevard, où elles demeurèrent environ trois semaines et firent prêcher les doctrines réformées. Des Adrets confia le gouvernement de Grenoble à Ponnat, à qui il adjoignit La Coche, avec 5 enseignes d'infanterie. Ce dernier, qui commandait La Buissière, y fut remplacé par le chevalier Alexandre de Cassard. Des Adrets lui-même repartit bientôt pour Lyon (3o juin) [1].

Rassurés du côté de leurs ennemis, les réformés de Grenoble s'occupèrent à réorganiser leur église. Eynard Pichon, que nous avons déjà eu l'occasion de nommer, en était le seul pasteur, et comme il ne lui était pas possible « de tenir et satisfaire au peuple » à lui tout seul, « joint que plusièurs villages circonvoisins meurent de faim de la Parole de Dieu, disent les conclusions de l'hôtel de ville, et d'ailleurs qu'il est nécessaire d'avoir des chantres, diacres et aussi un ma-

---

(1) BÈZE, t. III, p. 168-170; — *Delphinalia*, p. 93-122; — *Recueil des choses mémorables*, p. 264; — *Inventaire*, p. 710; — D'AUBIGNÉ, t. I, p. 147; — CHORIER, p. 563-566; — LA PIZE, p. 300; — GUY ALLARD, *Vie de des Adrets*, p. 43, 44; — DASSY, *L'abbaye de Saint-Antoine*, p. 256.

1562. noglier pour sonner les cloches, tant pour les prêches que autres choses, faire les fosses des trépassés et iceux porter en sépulture, » le conseil communal décida « de renvoyer le tout à MM. du consistoire pour prononcer sur le tout comme ils aviseront » (1ᵉʳ et 7 août). Bernardin Curial fut envoyé en conséquence à la Côte-Saint-André pour amener à Grenoble le pasteur du lieu, M.ʳᵉ Jacques Ruffi, qui toucha 40 écus pour ses honoraires (31 août). Ennemond Carles, qui le reconduisit à la Côte, fut chargé par le conseil communal d'aller jusqu'à Lyon, pour faire venir d'autres ministres. Quant à Pichon, le même conseil le logea au couvent de Sainte-Claire, et décida que ses états lui seraient payés aux frais de la ville [1].

Les réformés de la province profitèrent de ce qu'ils étaient les maîtres de presque toutes les villes et places du Dauphiné (Embrun et Briançon seuls exceptés) pour tenir à Valence, le 8 juin 1562, un synode provincial. Tout ce qui reste des actes de cette assemblée est une lettre que de La Place, ministre de Valence, écrivit en son nom aux pasteurs de Genève, et qui est assez importante pour que nous la donnions en entier :

« Salut par Jésus-Christ.

» Messieurs et Frères,

» Comme le zèle à servir Dieu que nous apercevons au peuple de ce pays nous réjouit merveilleusement, aussi nous ne pouvons penser à la faute que nous avons de pasteurs et ouïr les gémissements du pauvre peuple sans grande tristesse. Car en cette province, où mille ministres ne suffiraient point, à peine y en a-t-il quarante. Qui plus est, c'est qu'on

---

(1) Pilot, *Annuaire statist. de la Cour royale*, 1842, p. 31, 32.

trouve moyen de pourvoir quelques petits lieux. La diffi- 1562.
culté est aux grandes villes, où il est besoin de plus grande
suffisance des pasteurs, qui est la cause que nous ne pouvons pourvoir la ville de Gap, ville certes de regard tant
pour ce qu'elle est grande que pour ce qu'elle est environnée
de beaucoup de villages. Il ne nous reste autre moyen sinon
de vous supplier très-humblement, et Messieurs du Conseil,
qu'il vous plaise, au nom de Dieu, d'avoir pitié de cette
pauvre église tant désolée, leur laissant M. Blanchard pour
pasteur, qui deçà a fait jà grands fruits. Et ne regardez pas
tant à la faute qu'il vous fera comme au bien et profit que
toute cette ville et toute la province en recevra; de quoi
tout le synode vous en supplie très-humblement. Pour quoi,
Messieurs, nous prions notre bon Dieu vous accroître de
jours. à autres ses saintes grâces, afin que vous puissiez.
heureusement travailler au bâtiment des ruines de son
église, nous recommandant très-humblement à vos prières
et bonnes grâces. De Valence, ce 8 de juin 1562.

» Vos humbles serviteurs et amis étant assemblés en
synode et pour eux

» Io. Plateanus » (La Place) [1].

Gap et Tallard tombent au pouvoir des protestants.

Immédiatement après le départ de Farel de Gap, les protestants s'emparèrent de la ville sans coup férir. Ils en
prirent possession le 1er mars 1562 et établirent aussitôt
une église sous la direction du pasteur Blanchard, de Genève,

---

(1) *Bulletin de la Soc. de l'hist. du prot. franç.*, t. xiv, p. 367, 368.

1562. mentionné précédemment. Ils ne purent remercier le petit conseil de cette ville, qui le leur avait envoyé, que le 13 août, à cause du peu de sûreté qu'offraient les routes. Dans leur lettre [1], ils supplient ledit conseil, comme l'avait déjà fait le synode, de leur laisser définitivement Blanchard, « duquel, disent-ils, il serait impossible nous pouvoir passer, attendu le grand bien que nous recevons par son aide, et aussi qu'il est fort agréable à tout le peuple, tant par sa doctrine que par sa bonne vie et chrétienne conversation, et qu'il est aussi du même pays ; joint qu'il nous a été toujours un vrai conducteur, par l'aide duquel nous avons surmonté tous les assauts et troubles de nos ennemis ». Cette lettre était écrite au nom des gouverneur, consuls, anciens et députés de Gap, et signée du Coing.

Le 4 mai, Furmeyer, qui était à la tête des troupes protestantes dans le Gapençais, demanda, au nom du roi, l'entrée de Tallard, en vertu d'une commission signée par des Adrets. Le conseil général de la ville se mit aussitôt en devoir de barricader les portes de la place et de cacher le trésor de l'église, et s'occupa seulement le 10 de la réponse à faire à Furmeyer. La question fut portée devant le conseil communal, et on la discuta avec chaleur et longuement, car plusieurs conseillers étaient partisans des idées nouvelles. Pour en finir, on décida de prier Furmeyer d'attendre qu'on eût pris l'avis du vicomte même de Tallard, Antoine de Clermont, ancien lieutenant général du roi en Dauphiné, et de lui offrir un présent de 100 écus pour se le rendre favorable. Furmeyer comprit que la crainte régnait dans la ville et continua ses préparatifs d'attaque. Le 27, Tallard reçut deux compagnies de soldats, que lui envoyait Maugiron ; ce qui n'empêcha pas Furmeyer de mettre, dès le lendemain,

---

(1) *Arch. du conseil de Genève*, N.° 1717.

le siége devant la place. « Le 12 juin, dit Charronnet, le 1562 conseil, reconnaissant l'impossibilité d'une résistance plus longue, donna commission à [Balthasar de Moustiers de] Gargas de traiter avec l'ennemi. Furmeyer ne fut pas doux : il commanda aux consuls, sous peine d'être pendus, de livrer dans les 24 heures au château 20 charges de blé et 40 charges de vin; la contribution de guerre frappée sur le bourg fut de 120 écus. Les ordres du capitaine furent exécutés de point en point, et le vainqueur se dirigea sur Sisteron (15 juin), laissant pour gouverneur à Tallard Benoît de Serre, dit le capitaine Rivail. François de Bonne, sieur des Diguières, qui devint si fameux sous cette dernière appellation, assista au siége de Tallard. Il avait le grade d'enseigne dans les troupes de Furmeyer, et c'est pour la première fois qu'il est fait mention de lui dans l'histoire du Dauphiné.

Reprise de Tallard par les catholiques. Défaite de Montbrun à Lagrand. Abandon de Gap par les protestants.

L'archevêque d'Embrun, Guillaume de Saint-Marcel d'Avançon, apprenant la chute de Tallard, réunit 8 à 900 hommes pour le reprendre, et c'en eût été fait de lui, car Furmeyer n'y avait laissé que 150 hommes de garnison, si les capitaines provençaux Mouvans et Sénas, qui revenaient de Grenoble, où ils avaient accompagné des Adrets avec leurs troupes, comme on l'a vu, n'eussent taillé en pièces l'armée archiépiscopale près de Chorges.

Cependant Tallard ne devait pas rester longtemps aux mains des réformés. Un des catholiques de la ville qui avaient fui, Pons Gentil, docteur en droit et avocat, informé que la garde des murs était mal faite, s'empara, le 13 juillet, de la

1562. place et en fut nommé gouverneur. Il somma tous les fuyards de rentrer dans leurs maisons et bannit tous ceux qui avaient porté les armes contre le roi. Les exilés se réfugièrent à Gap et ne tardèrent pas à faire de nombreuses incursions sur le territoire de Tallard, enlevant les bestiaux, coupant les arbres, détruisant les moissons, frappant et blessant les personnes. De leur côté, les habitants de Tallard ne se faisaient pas faute de confisquer les biens des protestants fugitifs. De guerre lasse, Gap et Tallard conclurent la paix vers la fin d'août, malgré le capitaine Gargas, qui voulait continuer les hostilités.

En quittant Tallard, Furmeyer marcha au secours de Sisteron, le boulevard du protestantisme militant en Provence, assiégé par le comte de Tende, gouverneur de Provence, et il réussit à y entrer. Mais, comme les munitions commençaient à faire défaut, il sortit de nuit par un affreux précipice et rejoignit Montbrun, qui venait également au secours de Sisteron par la route de Grenoble. Ce dernier se trouva le 2 septembre en face de Suze, qui s'était détaché de l'armée du comte de Tende et venait à sa rencontre. Le choc eut lieu à Lagrand, près d'Orpierre. « Montbrun se jeta sur Suze avec fureur, dit de La Plane [1], mais il éprouva une résistance qu'il avait cru sans doute prévenir par son impétuosité, et dont l'effet inattendu ne fit dès lors que préparer sa défaite. Montbrun pliait déjà, lorsque de la cavalerie arrivant lui fit un grand carnage et lui laissa à peine le temps de se sauver en toute hâte à Orpierre, abandonnant plus de 900 des siens sur la place, son bagage, ses munitions et son artillerie. »

Cette défaite, le départ de des Adrets de la Provence et la chute de Sisteron, dont nous allons nous entretenir, dé-

---

(1) *Histoire de Sisteron*, t. ii.

couragèrent profondément les protestants de Gap. Se voyant 1562. menacés de toutes parts, car le Grésivaudan, le Briançonnais, l'Embrunais et la Provence étaient au pouvoir des catholiques, et considérant que la ville ne pouvait résister au canon, ils se décidèrent à l'abandonner. Ils partirent donc, le 4 septembre, à 10 heures du soir, au nombre de 400 environ, hommes, femmes et enfants [1], et arrivèrent à Corps, où ils rencontrèrent le capitaine Furmeyer, qui s'y était réfugié après la bataille de Lagrand. Il remonta leur courage et les conduisit à Die. Laissant là les femmes, les enfants et les vieillards, il emmena les autres à Montélimar [2].

Premier mécontentement du baron des Adrets. Il laisse Sisteron sans secours.

Nous avons dit plus haut que des Adrets, après avoir repris Grenoble sur Maugiron, était parti pour Lyon (30 juin). Arrivé dans cette ville, il remplaça son gouverneur par Félix de Bourjac, sénéchal de Valentinois et Diois; mais ce choix ne plut pas aux habitants. De Lyon il alla faire la conquête du Forez et du Beaujolais, laissant partout sur son passage, des traces de sa férocité. De retour à Lyon (19 juillet), il trouva Jean de Parthenay-Larchevêque, seigneur

---

(1) CHORIER (p. 569) dit que les protestants furent chassés à main armée par les catholiques. C'est moins vraisemblable.

(2) BÈZE, t. III, p. 174, 175; — *Recueil des choses mémorables*, p. 265; — CHARRONNET, p. 24-31. — Ce dernier dit que les protestants de Gap partirent de la ville le 24 septembre (plutôt le 4), et qu'ils gagnèrent Romans par Veynes, Serres et Orpierre. C'est invraisemblable, car le vainqueur de Lagrand eût pu les atteindre facilement. Il ajoute que l'évêque Gabriel de Clermont et Farel sortirent de Gap avec Furmeyer; mais le célèbre réformateur avait quitté la ville depuis la fin d'avril.

1562. de Soubise, que Louis de Bourbon, prince de Condé, venait d'y envoyer comme lieutenant général du Lyonnais, Forez et Velay. Il en fut vivement froissé, car il avait espéré d'obtenir ce gouvernement: Soubise réussit pourtant à le calmer et lui donna 4 compagnies françaises et une compagnie de 100 Suisses, toutes bien armées et équipées pour un mois. A la tête de cette troupe, des Adrets s'apprêtait à faire la conquête du Velay, lorsque Montbrun, qui luttait dans le Comtat contre les troupes de Serbelloni, légat du pape, le pria par un courrier de venir le secourir bientôt. Des Adrets part en toute hâte, rejoint Montbrun près de Valréas (25 juillet), emporte le camp retranché de Suze, s'empare de Sérignan, Caderousse, Châteauneuf, Bedarrides, Sorgues, et répand la terreur dans Avignon.. « Et le craignait-on, dit Brantôme [1], plus que la tempête qui passe par de grands champs de blé, jusque-là que dans Rome on appréhenda qu'il armât sur mer, qu'il la vint visiter, tant sa renommée, sa fortune et sa cruauté volaient partout. » Il échoua cependant devant Carpentras et reconduisit à Valence son armée harassée de fatigue (2 août).

Cependant Mouvans et Sénas, assiégés dans Sisteron, le suppliaient de les secourir. Mais, soit qu'il commençât à vouloir se venger de l'injure qu'il prétendait avoir reçue par la nomination de Soubise au gouvernement de Lyon, soit qu'il éprouvât une secrète jalousie pour Mouvans, dont l'intrépidité et la valeur étaient devenues proverbiales, il fallut qu'on le fatiguât de prières pour qu'il se remit en marche. Il était toujours à Valence. Il fit passer Montbrun (15 août), qui commandait son artillerie, par Grenoble, Aspres, Serres et Orpierre, pour plus de sûreté, et lui-même descendit au Pont-Saint-Esprit, où il franchit le

---

(1) *Vie des grands capitaines*, 1re partie.

Rhône. Le 27 août il s'empare de Saint-Laurent-des-Arbres 1562. et de Roquemaure; le 30 il repasse le Rhône et incendie le fort du pont de Sorgues sur l'Ouvèze, fait surprendre Serbelloni par son lieutenant Mirabel, arrive le 1er septembre à Cavaillon, passe à gué la Durance et met en déroute les catholiques [1]. Vainqueur sur toute la ligne, des Adrets aurait dû marcher droit sur Sisteron; mais, au lieu de prendre le chemin de la montagne par Gordes, Saint-Saturnin et Sault, qui était le plus court, il prit celui de la plaine et alla assiéger Apt. Montbrun, voyant les longueurs calculées de des Adrets, se décida à pénétrer tout seul dans Sisteron; mais il fut défait à Lagrand, comme on l'a vu plus haut. « Ce fut, dit Bèze, un très-grand désavantage tant pour la Provence que pour le Dauphiné d'avoir ainsi laissé perdre cette place de Sisteron, servant de clef à deux provinces. »

Chute de Sisteron. Retraite héroïque de Sénas et de Mouvans. Le comte de Tende et Suze ravagent le haut Dauphiné. Arrestation de Montluc à Annonay.

Mouvans et Sénas, réduits à eux-mêmes et à bout de munitions, ne songèrent plus qu'à quitter Sisteron. Leur retraite fut digne des temps antiques, et nous la racontons en détail parce qu'elle s'opéra par le Dauphiné.

La troupe des fugitifs sortit à 11 heures du soir, le 4 septembre, par une fausse porte qui conduisait au pont de la Durance, et, traversant cette rivière, elle s'engagea dans un

---

(1) L'*Hist. gén. du Languedoc*, t. VIII, p. 387, raconte les choses un peu différemment. Nous suivons Bèze.

1562. chemin détourné qui conduisait en Dauphiné. Les assiégeants, avertis par un transfuge du dessein de la garnison,
ne se mirent à sa poursuite que vers le matin. Les quelques
cavaliers et hommes de pied qu'ils envoyèrent contre elle
mirent à mort un certain nombre des femmes restées en
arrière et ramenèrent les autres prisonnières.

La troupe, après avoir marché toute la nuit et une partie
du jour suivant, arriva à 4 heures de l'après-midi à *Barles*,
(canton de Seynes), et y fit une halte pour permettre aux
blessés, aux malades et aux femmes de rejoindre le gros de
la colonne. Ils se trouvèrent réunis là au nombre de 4,000
environ, dont 1,000 seulement étaient en état de porter les
armes. Plusieurs femmes avaient accouché en chemin. A la
nuit, avant de continuer leur route, les chefs apportèrent
quelque ordre dans la marche de la colonne. Ils placèrent
les arquebusiers en tête et en queue et le reste au milieu.
Ainsi disposée, la troupe marcha une partie de la nuit et se
reposa quelques heures à *Selonnet* (près Seynes). Le lendemain (6 sept.) elle prit le chemin de Gap, où elle voulait se
retirer; mais arrivée à *Ubaye,* non loin de la Durance, elle
apprit par son avant-garde que l'ennemi lui avait dressé
une embuscade dans un passage difficile, et, rebroussant
chemin, elle se dirigea vers *Le Lauzet,* à l'entrée de la
vallée de Barcelonnette, qui appartenait pour lors au duc
de Savoie. Les habitants de ce village firent d'abord quelque
difficulté pour la laisser passer, et ne consentirent à recevoir
que les femmes et les enfants; mais, voyant que les vivres
qu'on leur prenait étaient exactement payés, ils permirent
à toute la troupe de passer la nuit au milieu d'eux, sans
attendre les ordres de leur prince.

Le 7, remontant au point du jour la vallée, Mouvans et
Sénas purent, malgré une pluie battante, venir coucher à
Saint-Paul. Le lendemain, ils s'apprêtaient à entrer en
Dauphiné par le col de Vars, tirant vers Guillestre, mais,

apprenant que l'archevêque d'Embrun, Guillaume de Saint- 1562.
Marcel d'Avançon, leur préparait une embûche, ils se dirigèrent vers la vallée de Pragela par un aride désert, et,
traversant sans doute le col de l'Autaret, ils arrivèrent à
La Chenal (Ponte-Chianale), dont tous les habitants à leur
approche avaient pris la fuite, en emportant leurs provisions
et leurs meubles les plus précieux. Ils y passèrent la nuit et
durent se contenter de « choux pommés » pour satisfaire
leur estomac. Le lendemain, 9 septembre, ayant passé le
col de l'Aguel, ils se dirigèrent vers le village de *Molines* [1],
où ils apprirent par l'avant-garde que Georges de Ferrus, dit
La Cazette, gouverneur de Briançon, leur avait dressé une
embûche. Ils furent donc contraints de rétrograder et de se
rendre à *Ristolas* [2], où ils trouvèrent du pain et du laitage
et passèrent la nuit.

Le 10 et le 12 ils franchirent les divers défilés des Alpes
qui devaient les conduire à Pragela, et passèrent vraisemblablement à *Abriés* et au col de La Mait. Pour sûr, ils
traversèrent le petit village de *Largentière*, et le 12 au
matin ils arrivaient à *Sauze de Césanne*. Y trouvant des
vivres, ils y séjournèrent du 12 au 15 pour se reposer de
leurs fatigues; puis, formant 8 enseignes de leur infanterie,
ils arrivèrent le 15 au soir à *Pragela* en fort bon ordre, et
furent bien reçus des habitants, qui appartenaient tous à la
religion réformée. Ils demeurèrent au milieu d'eux 8 jours
et leur auraient confié les femmes et les enfants de la troupe
si le pays eût été moins pauvre.

Le 21 ils se remirent en route, escortés de 300 habitants
de la vallée de Pragela et d'Angrogne, et après avoir reçu
une certaine provision de poudre. Ils couchèrent à *Césanne,*

---

(1) Bèze dit « Mollières, » mais c'est évidemment une erreur.

(2) Bèze dit « Bioias. » Même remarque.

1562. et, redoutant quelque nouvelle embûche de La Cazette, ils partirent le lendemain à minuit; traversèrent sans encombre le col du *Mont-Genèvre,* et se trouvèrent à la pointe du jour sous les murailles de *Briançon.* Ils s'apprêtaient à traverser le pont de la Durance, situé à un quart de lieue de la ville, lorsque La Cazette leur en barra l'entrée. Ils durent chercher un passage plus loin; mais le second pont de la rivière avait été rompu. Alors, le courage commença à les abandonner, car ils n'avaient pris aucune nourriture de la journée, et ils ne pouvaient continuer leur route du côté d'Embrun, où ils auraient rencontré de nouveaux périls. Mouvans et Sénas, n'écoutant que leur bravoure, traversent à gué la Durance, suivis de leurs cavaliers, et se rangent en bataille en face des soldats de leur ennemi. Pendant ce temps, quelques-uns de leurs cavaliers mettent pied à terre pour tâcher de reconstruire le pont, et, retrouvant fort à propos les planches du tablier, oubliées par les gens de La Cazotte dans un pré voisin, ils les ajustent rapidement, et toute la colonne peut franchir la rivière en moins de 3 heures. Les soldats ennemis firent bien mine à plusieurs reprises de s'opposer au passage, mais Mouvans et Sénas ne cessèrent de les contenir.

La troupe poursuivit sa marche et arriva à *Freissinières,* où les habitants, tous réformés, les accueillirent avec empressement. Le lendemain 23, à minuit, ils prirent le chemin d'*Orcières,* dont les habitants s'étaient sauvés à leur approche, et s'y restaurèrent avec quelques moutons, que les fuyards avaient abandonnés dans leur précipitation. D'Orcières ils vinrent coucher à *Saint-Bonnet,* qui n'était qu'à 11 lieues de Sisteron. Ils avaient ainsi marché 19 jours pour ne se trouver qu'à une distance relativement fort restreinte de leur point de départ.

A ce moment, les deux capitaines provençaux résolurent de diriger sur Valence les femmes et les enfants et de se porter eux-mêmes au secours de Grenoble, qu'ils croyaient 1562. assiégé par Vinay. Ils prirent donc (24 septembre) le chemin de cette ville. Mais Vinay, sur le bruit qu'ils s'étaient saisis de Briançon, avait levé le siége de Grenoble pour voler au secours de cette place, et il était campé à Corps, sans que Mouvans et Sénas en fussent informés. Ceux-ci s'avançaient donc sans crainte sur la route de Corps, quand, arrivés à un défilé situé à un quart de lieue du bourg, deux cavaliers, qui marchaient en éclaireurs, rencontrèrent un villageois qui y avait été posté par Vinay, et qui leur apprit, croyant qu'ils étaient du pays, que le capitaine catholique était campé à Corps. Mouvans et Sénas font aussitôt passer sur l'autre rive du Drac les femmes et les enfants, escortés de quelques arquebusiers, et eux-mêmes s'avancent en bataille du côté de Corps. Arrivés au défilé, ils le trouvent si bien défendu, qu'ils rebroussent chemin et, se joignant aux leurs, campent tous ensemble à la vue de Vinay. Ils espéraient que les habitants de Mens, bourg éloigné de 2 lieues seulement de Corps et en grande partie réformé, viendraient à leur secours, et ils attendirent quelques heures; mais, ne voyant venir personne, ils se dirigèrent sur *Mens* même, en faisant marcher devant eux les femmes et les enfants. Ils arrivèrent sains et saufs dans ce bourg, et Vinay, qui disposait cependant de 8 enseignes, n'osa pas les attaquer.

Ayant passé la journée du 25 à Mens, où ils furent fort bien reçus, ils partirent le lendemain pour Grenoble, où ils arrivèrent le 27, « louant Dieu en psaumes et cantiques, dit Bèze, de la singulière assistance qu'ils avaient expérimentée en ce voyage en tant de sortes ». On les logea à *Gières,* situé à une lieue de Grenoble. Ils y séjournèrent 3 jours, et, laissant dans cette dernière ville leurs gens malades et épuisés, ils se dirigèrent sur Lyon, où Soubise réclamait leur appui pour résister à l'armée de Jacques de Savoie, duc de Nemours, qui venait de se saisir de Vienne. Instruit de

1562. leur marche, il avait envoyé à leur rencontre, jusqu'à La Mure, le ministre Jacques Ruffi pour les fortifier.

Partis de Gières le 1er octobre, ils couchèrent le même jour à *Moirans*. Le lendemain, sur le conseil de des Adrets, qui voulait les mettre à couvert des embûches du duc de Nemours, ils se dirigèrent sur *Virieu*, où le baron, qui venait de la Côte-Saint-André, les rejoignit. Il les escorta de nuit jusqu'à *Crémieu*, où ils arrivèrent le 3, et le 4 ils entraient à *Lyon*, sur les bateaux qui avaient été mis à leur disposition par Soubise. Ils y furent l'objet des soins les plus affectueux de la part de leurs coreligionnaires et y demeurèrent jusqu'au mois de mai de l'année suivante, alors que le pays pacifié leur permit de rentrer dans leurs foyers, où ils eurent encore à endurer de pénibles épreuves avant de retrouver une existence paisible. « Telle fut, dit Bèze, l'issue de cette retraite, des plus belles et des plus heureusement conduites qui aient été jamais faites, laquelle, pour cette cause, j'ai bien voulu remarquer de jour à autre pour la postérité, après m'en être bien et diligemment informé [1]. »

Après la chute de Sisteron et la retraite de Sénas et de Mouvans, le comte de Tende et Suze se mirent en marche vers le Dauphiné. Ils entrèrent sans résistance à Gap, qui avait été abandonné par les protestants, comme on l'a vu plus haut, puis à Orpierre, à Tallard et dans d'autres places. Corps et Mens, en Trièves, également abandonnés, furent livrés au pillage par les capitaines Gargas, Baratier et Salettes, et l'armée provençale, chargée de butin, revint dans son pays [2].

---

(1) Bèze, t. iii, p. 209-213 ; — *Recueil des choses mémorables*, p. 274, 275 ; — *Inventaire*, t. i, p. 713 ; — D'Aubigné, t. i, p. 147 ; — De Thou, t. iv, p. 320-323 ; — Varillas, t. i, p. 266 et suiv.

(2) Bèze, t. iii, p. 176.

C'est vers le même temps que Montluc, évêque de Valence, 1562. fut mis en état d'arrestation. Chargé d'une mission secrète de la part de la reine-mère, il la quitta à Orléans et descendit dans le Midi. Arrivé à Lyon, il prononça quelques paroles qui paraissaient blâmer la conduite des réformés. Bernins, gouverneur de Vienne, l'apprit au moment où le prélat quittait cette ville, se dirigeant sur Valence, et envoya aussitôt des gens pour l'arrêter. Averti à temps, Montluc passa le Rhône et se réfugia à Annonay (15 août); mais Bernins y écrivit pour qu'on le retint prisonnier. L'évêque eut une telle émotion lorsqu'on lui signifia son arrestation, qu'un personnage du nom de Morges, qui se trouvait présent, jugea nécessaire de l'épier, et l'aperçut cachant des papiers dans les lieux d'aisance de la maison. Morges s'en saisit et les porta à des Adrets, qui dit plus tard qu'ils « contenaient choses étranges à la ruine de ceux de la religion ». Bernins reçut l'ordre du baron de faire venir Montluc à Vienne pour le juger; mais celui-ci avait écrit des lettres d'excuses à Soubise, où il lui rappelait leur ancienne amitié et le suppliait de le faire délivrer ou de le mander à Lyon. Soubise, « ne se pouvant persuader que l'évêque fût tel qu'on le soupçonnait, » donna ordre aux gens d'Annonay de ne pas le mettre en d'autres mains que les siennes. Des Adrets, qui était gouverneur du Dauphiné, Vivarais et Languedoc, vit dans ce procédé une atteinte portée à ses prérogatives et fut vivement irrité contre Soubise, dont il était jaloux depuis la nomination de ce dernier au gouvernement de Lyon. Il écrivit en conséquence aux gens d'Annonay de bien se garder, quelque ordre qu'ils pussent recevoir d'ailleurs, de relâcher Montluc, car il voulait en faire bonne justice. Se voyant prisonnier, peut-être pour longtemps, l'évêque songea aux moyens de s'évader. Le 1er septembre, aidé des gens de sa suite, il pratiqua un trou aux murs de son logis, qui donnait dans les fossés de la ville, et s'échappa

1562. de cette manière. On ne sut depuis ce que devinrent ses papiers. Montluc apparaît ici sous un triste jour, et nous partageons l'opinion de ceux de ses contemporains qui, comme dit Bèze, « le tenaient pour être du nombre de ceux qui savaient faire leur profit de tout ». Depuis que la guerre était déclarée entre les deux partis, il avait passé à Orléans pour soutenir celui des réformés, et, à ce même moment, il accepte une mission contre eux ! Huit jours avant la Saint-Barthélemy, il avait engagé les gentilshommes réformés, notamment le comte de La Rochefoucauld, à se défier des caresses de la cour et à quitter Paris le plus tôt possible; et après le massacre il en fit l'apologie. De là ce jugement sévère, mais juste, de Brantôme : « M. l'évêque de Valence était fin, trinquat, rompu et corrompu, autant pour son savoir que pour sa pratique [1]. »

Des Adrets secourt Montpellier et revient en Dauphiné. Vinay attaque infructueusement Grenoble et saccage la vallée de Pragela.

Informé de la défaite de Montbrun à Lagrand, des Adrets se replia sur le Pont-Saint-Esprit, distribua son infanterie à Bollène, Roquemaure, Bagnols et Pierrelatte, et se retira à Valence avec sa cavalerie. Sollicité bientôt après par Crussol, le chef des protestants du Languedoc, de venir secourir Montpellier, menacé par le duc de Joyeuse, il pénétra dans cette place le 13 septembre, mais ne put forcer

---

(1) Bèze, t. III, p. 175, 176; — Bulletin hist. de la Soc. de l'hist. du prot. franç., t. I, p. 101; — Brantôme, Hommes illustres et grands capitaines (édit. Buchon, t. I, p. 368).

le camp ennemi établi à Lattes. Apprenant sur ces entrefaites 1562. la prise de Vienne par le duc de Nemours, il repartit en hâte pour le Dauphiné avec 400 arquebusiers à cheval, mais laissa dans le Languedoc 3 cornettes d'argoulets provençaux [1].

En quittant Grenoble, des Adrets avait laissé à la tête de son gouvernement le conseiller au parlement André de Ponnat, homme incapable et inactif, qui resta au-dessous de sa tâche. Il ne veilla nullement à ce que la justice reprit son cours, tellement que catholiques et réformés, avec l'assentiment de des Adrets, s'unirent pour prier les conseillers du parlement réfugiés à Chambéry de venir reprendre leur poste, leur « offrant toute sûreté et assistance ». Mais ce fut en vain; les conseillers ne voulurent point rentrer. Ponnat ne se montra pas plus habile dans les choses de la guerre. A l'époque où Sisteron était assiégé (22 juillet), il leva quelques troupes, tant de pied que de cheval, dans le Grésivaudan, sur l'ordre du baron des Adrets, pour marcher à son secours, laissant à son frère, le capitaine Pierre de Ponnat, le gouvernement de la ville, avec 4 compagnies d'infanterie. Il arriva sans obstacle à Sisteron le 31 juillet et assista le 5 août à l'attaque du camp des catholiques, donnée par Cardé pour les engager à accepter le combat; mais il se débanda le premier et reprit lâchement le chemin de Grenoble, où il rentra le 11 août suivant, sans avoir accompli aucun fait d'armes. Montbrun, ayant passé quelques jours après, allant au secours de Sisteron, « Ponnat, dit Bèze, feignant de le vouloir suivre, partit derechef de Grenoble avec ses forces; mais, au lieu de ce faire (ce qui eût peut-être garanti Montbrun de la grande perte qu'il fit peu après), il essaya d'entrer au Bourg-d'Oisans, pour châtier les habitants

---

(1) *Hist. gén. du Languedoc*, t. VIII, p. 387,

1562. de ce que, se plaignant d'être surchargés de la contribution des deniers à eux imposés, ils n'avaient voulu obéir à ses mandements; mais étant ce bourg situé entre les montagnes, et Ponnat ne sachant rien de l'art de la guerre, il s'en retourna sans rien faire, et fut cela puis après cause d'un grand mal pour la ville de Grenoble et pour tout le pays, ayant reçu ceux du bourg les secours des ennemis, qui puis après en firent leur plus sûre retraite ».

Vinay, lieutenant de Maugiron, sachant le peu d'ordre qui régnait à Grenoble, le petit nombre de soldats dont disposait Ponnat et l'impossibilité où était la ville de recevoir aucun secours, attendu que toutes les forces protestantes étaient concentrées en Provence pour la défense de Sisteron, réunit quelques troupes en Savoie, composées principalement de Dauphinois fugitifs. Cassard, qui défendait pour les protestants le château de La Buissière, la clef du Dauphiné dans la vallée de l'Isère, en avertit Ponnat et lui demanda du renfort. Mais celui-ci n'en ayant tenu aucun compte, Cassard vendit secrètement les provisions de bouche du château et se démit de son commandement. Ponnat le remplaça par un ancien chanoine, nommé Bally, qui avait changé le froc pour l'épée, et se laissa corrompre par son frère, avocat. Il sortit du fort, et Vinay s'en saisit, sans coup férir. De là, traversant l'Isère et prenant son chemin par Goncelin et Domène, le lieutenant de Maugiron arriva à Gières, à une petite lieue de Grenoble. Averti que la porte Très-Cloîtres était mal gardée, il l'attaqua à l'improviste, le 16 septembre, et pénétra dans le faubourg du même nom avec ses meilleurs arquebusiers et quelques cavaliers. Instruit de ce fait, le vaillant capitaine La Coche réveille l'insouciant Ponnat, et, secondé par Claude de Brunel, seigneur de Saint-Maurice, rassemble le plus de gens qu'il peut, assaille brusquement l'ennemi, lui tue 60 hommes, tant Italiens qu'Espagnols, en blesse plusieurs autres et le

poursuit jusqu'à la plaine du Raffourt. Là, apercevant le 1562.
reste de la troupe de Vinay, qui comptait de 15 à 1600
hommes de pied et 200 chevaux, il rentra dans Grenoble,
emmenant avec lui quelques prisonniers.

Vinay cependant, sur le faux rapport que Sénas et Mouvans s'étaient emparés de Briançon, leva le siége de Grenoble pour voler au secours de cette place. On a vu plus
haut qu'il rencontra les deux capitaines provençaux à Corps
et n'osa pas les attaquer. Il trouva plus glorieux d'envahir
la vallée de Pragela, qui avait donné asile aux malheureux
fugitifs de Sisteron, de piller et de brûler les maisons de ses
habitants, qui avaient tous fui à son approche. « En quoi,
dit Bèze, la providence de Dieu se montra merveilleuse,
étant chose certaine que si Vinay ne fût délogé de devant
Grenoble, Mouvans pour le moins et toute la troupe qu'il
menait étaient perdus. »

Le départ de Vinay ne réussit pas à rassurer Grenoble.
Sa garnison était faible, et Ponnat, au lieu de relever le
courage de ses coreligionnaires, les désespérait par son incapacité et sa couardise. Il délibérait de partir et engagea
les ministres à se retirer, surtout quand il apprit que Tavanes et Maugiron, ayant à leur tête le duc de Nemours,
venaient de Bourgogne avec de grandes forces pour soumettre le Lyonnais et le Dauphiné. Les protestants de
Grenoble firent part de leurs angoisses à des Adrets, qui
rappela Ponnat auprès de lui et nomma à sa place le capitaine La Coche. Celui-ci, par son zèle et sa vaillance, et
quoique avec peu de soldats, sut conserver la place aux
protestants, comme on le verra plus loin [1].

---

[1] Bèze, t. III, p. 176, 177; — *Recueil des choses mémorables*, p. 266;
— De Thou, t. IV, p. 322; — Chorier, p. 569.

Vienne se rend à Maugiron. Des Adrets battu à Roussillon et à Beaurepaire. Charge brillante de Mouvans devant Vienne.

1562. Le duc de Nemours ayant tenté vainement de s'emparer de Lyon, soigneusement gardé par Soubise, prit le parti de se saisir de toutes les places avoisinantes qui ravitaillaient cette ville. Il se saisit de Givors et s'approcha de Vienne. Bernins, que des Adrets y avait laissé comme gouverneur, était un homme rude, soupçonneux, qui avait toujours la menace à la bouche et s'était fait beaucoup d'ennemis. Son incapacité en tout ce qui avait rapport aux armes, était du reste notoire. Nemours mit d'abord le blocus autour de Vienne, puis s'avança à la tête de quelques cavaliers jusqu'à 300 pas de la place. Bernins, à qui Soubise avait conseillé de se borner à la défensive, en attendant le secours de des Adrets, voulut se jeter sur eux, mais il fut repoussé avec perte et rentra battu dans Vienne. Des Adrets avait en effet écrit de Bagnols, le 19 septembre, au vibailli Jean Gabet qu'il serait sous les murs de Vienne dans cinq ou six jours, et lui avait recommandé d'ordonner aux consuls d'amasser des provisions de bouche et de faire le dénombrement des habitants en état de porter les armes.

Maugiron, présent dans l'armée de Nemours, écrivit alors une lettre très-douce aux consuls de Vienne, qui était sa ville natale et où il comptait de nombreux partisans. Lue en public le 26 septembre, elle fut bien accueillie de la majorité des habitants, qui décidèrent de lui envoyer des députés pour traiter de la reddition de la ville. Il les reçut avec affabilité et leur promit, si on lui ouvrait les portes de Vienne, de pardonner à tout le monde et d'entrer seulement avec les gentilshommes de sa suite. Les habitants accep- 1562. tèrent cette proposition avec plaisir, et Maugiron fit son entrée dans la ville le même jour, aux cris redoublés de *la messe! la messe!* Bernins s'était retiré dans la forteresse de Pipet, avec le ministre de Vienne, le vibailli Jean Gabet et d'autres, en emportant les clefs de la place. Mais le peuple avait fait sauter les serrures et ouvert lui-même les portes à Maugiron; dont les soldats, malgré la parole de leur chef, se répandirent de toutes parts dans la ville et s'apprêtaient à la piller sur l'heure, si Maugiron n'eût réussi à les contenir et si leur marche n'avait été fortement entravée par les chaines tendues à travers les rues par les soins de Bernins.

Maître de la ville, Maugiron se porta immédiatement au pied du fort de Pipet et engagea Bernins à se rendre. Mais il ne put s'entendre avec lui sur les conditions de la capitulation. Bernins, toutefois, ne resta pas longtemps dans le château de Pipet. Sur 200 soldats dont il disposait, 15 seulement furent d'avis de se défendre. Il s'était du reste si mal préparé à soutenir un siége, que la citerne du fort était dépourvue d'eau. Il se rendit donc et prit le chemin de Lyon, avec Gabet et ses autres compagnons d'armes. Des Adrets lui avait envoyé un vieux soldat déguisé pour lui recommander de tenir trois jours encore; mais l'émissaire trouva la place déjà évacuée, et, comme si le ciel avait voulu lui-même faire honte à sa faiblesse, deux jours après son départ il tomba une pluie abondante qui remplit la citerne de la forteresse.

Cependant des Adrets accourait de Montpellier, sur les instances de Soubise, avec 400 arquebusiers à cheval. Il avait laissé en arrière ses fantassins pour ne pas les exposer à la cavalerie de Nemours, et il espérait venir la chercher plus tard, après qu'il aurait levé de nouvelles troupes à Lyon. Mais, arrivé à Roussillon, il fut chargé et mis en déroute par les cavaliers de Nemours, avec une perte de

1562. 250 hommes (28 septembre). Prenant alors le chemin de la Côte-Saint-André [1], à droite, pour éviter Vienne, il rejoignit plus loin, à Virieu, Mouvans et Sénas, qui terminaient leur héroïque retraite, et il entra avec eux dans Lyon, d'où Mouvans sortit bientôt après avec une escorte pour protéger l'arrivée des retardataires.

Pour ce qui est de l'infanterie que des Adrets avait laissée en arrière, elle fut renforcée par quelques soldats que Furmeyer avait conduits à Montélimar, après la défaite de Montbrun à Lagrand, et auxquels s'étaient joints, à partir de Corps, les fugitifs de Gap. Ils formaient un corps de 300 hommes et firent à Romans leur jonction avec les 13 enseignes de fantassins qui composaient l'infanterie de des Adrets et que commandait Montbrun. Cette petite armée séjourna une nuit à Beaurepaire et fut investie dès le lendemain par la cavalerie de Nemours, celle-là même qui avait battu des Adrets. Le combat dura toute la journée et demeura indécis. Mais la troupe de Montbrun eût été certainement anéantie le lendemain, car Nemours attendait, d'heure en heure, 7,000 hommes de pied, 3 canons et une couleuvrine, si elle n'eût fait prisonnier le maître d'hôtel du duc, qui, croyant son maître à Beaurepaire, tandis qu'il était seulement à Moras, s'était rendu dans la première localité et avait appris à Montbrun l'arrivée de ce nouveau corps d'armée. Le capitaine huguenot délogea sur l'heure, fut à la pointe du jour à la Côte, et, après quelques moments de repos, se replia sur Romans.

D'autre part, des Adrets, jaloux de venger sa défaite de Roussillon, sortit de Lyon avec 3 ou 4,000 hommes de pied et 400 chevaux [2], sans en avertir toutefois Soubise,

---

(1) Chorier dit par erreur que des Adrets se sauva le même jour à Lyon.

(2) Les *Commentarii* disent 1,500 fantassins et quelques cavaliers ; D'Aubigné, 140 chevaux ; Chorier, 600.

qui voulait renforcer encore son armée, comme cela avait été 1562. convenu entre eux [1]. S'étant avancé jusqu'à Beaurepaire, il fut chargé par la cavalerie de Nemours, quatre fois plus forte que la sienne, et mis en déroute. Le duc aurait même pu anéantir toute sa troupe s'il eût su profiter de sa victoire ; mais il la poursuivit mollement, et des Adrets ne perdit que 120 hommes [2] et sauva tous ses bagages. Ce nouveau fait d'armes eut lieu le 19 octobre [3].

De Beaurepaire, des Adrets gagna Bourgoin, puis Crémieu, où, quatre jours après sa défaite, il fit sa jonction avec le corps d'armée que lui envoya Soubise et qui se composait de 2,000 fantassins suisses, commandés par Pierre Ambuel, de 2,000 fantassins français, sous les ordres de Sénas, et de 300 chevaux, conduits par Charles Borrel de Ponsonnas et Mouvans. Des Adrets, ayant assemblé ces forces, s'établit à Saint-Symphorien-d'Ozon, entre Lyon et Vienne, pour permettre à Soubise de se ravitailler, et porta son infanterie à Ternay et Communay, non loin de là, tandis que sa cavalerie, campée devant Vienne, dressait, le 11 novembre, dans la plaine de la Récluserie une embuscade à l'ennemi, où Mouvans donna une nouvelle preuve de son intrépidité et de sa bravoure. S'étant jeté pêle-mêle avec 10 ou 12 gentilshommes au milieu des troupes catholiques, il les ébranla si fort que, si le reste de la cavalerie protestante l'eût suivi, Vienne aurait été repris, tant l'émoi avait été grand dans le camp ennemi. A partir de ce moment, Nemours n'osa plus sortir de Vienne et y était comme assiégé [4].

---

(1) Le *Recueil des choses mémorables* dit que Soubise, qui ne se sentait pas en sûreté à Lyon, envoyait des Adrets en Dauphiné pour y recruter des soldats.

(2) D'Aubigné et Chorier disent 200.

(3) De Thou dit le 10.

(4) Bèze, t. III, p. 177-179 ; — *Commentarii*, 1ᵉ pars, p. 124, 125 ; — *Recueil des choses mémorables*, p. 256, 257 ; — De Thou, t. IV, p. 324-326 ; — Chorier, p. 571-577.

Grenoble attaqué par Sassenage, secouru par Furmeyer.

1562. Nous avons laissé le capitaine La Coche gouverneur de Grenoble, à la place de l'incapable et pusillanime Ponnat, qui avait jeté le découragement parmi ses coreligionnaires. Huit ou neuf ministres, les uns envoyés par l'église de Lyon, les autres qui avaient quitté les montagnes du Dauphiné, au pouvoir des catholiques, s'étaient réfugiés à Grenoble, « lesquels, dit Bèze, et entre autres un nommé Étienne Noël, ministre de la vallée d'Angrogne,... firent un tel devoir d'encourager ce pauvre peuple, prêchant à toutes heures, avec prières ardentes et continuelles de jour et de nuit, qu'ils se résolurent de tenir bon jusques à la mort, sous la garde de Dieu, au lieu qu'auparavant chacun était prêt à quitter la ville ». A ce moment, en effet, les troupes catholiques, comme on l'a vu plus haut, occupaient le fort de La Buissière et les montagnes, et des capitaines du même parti rassemblaient des forces à Sassenage. Montbrun lui-même, désespérant de la situation de la faible garnison de Grenoble, lui avait écrit, en passant à Romans, de démanteler la place et de venir le rejoindre. Mais La Coche augurait mieux de sa position, quelque critique qu'elle fût, et, « appelant haut et clair traîtres et couards ceux qui s'en voulaient fuir avant que d'avoir vu l'ennemi, » persuada à ses soldats de demeurer à leur poste, et sans désemparer se mit en devoir, secondé puissamment par Claude de Béranger, seigneur de Pipet, de fortifier la ville. Il ferma les lieux ouverts, du côté de l'Isère et d'ailleurs, avec des tonneaux remplis de terre et de fumier, pratiqua des coulisses aux portes du pont de Très-Cloîtres, renonça à faire faire le guet dans les rues St-Laurent et La Perrière,

découvertes du côté de la montagne et habitées presque 1562.
entièrement par des catholiques, qui auraient pu découvrir
le mot du guet et le révéler aux ennemis, et plaça dans une
maison forte, située sur la montagne qui dominait Grenoble
et appelée Tour de Rabot, 8 ou 10 soldats pour observer
les ennemis. Ceux-ci ne tardèrent pas à se montrer. Dans la
nuit du 24 au 25 octobre, quelques compagnies catholiques
pénétrèrent dans les rues Saint-Laurent et La Perrière, et le
lendemain soir dans le quartier de Très-Cloîtres, les faubourgs Saint-Jacques et du Breuil et aux Jacobins. La ville
fut ainsi assaillie de tous côtés. Les assiégeants étaient au
nombre de 6,000, tandis que les assiégés ne comptaient que
200 hommes de guerre. Les premiers avaient dans leurs
rangs quelques compagnies d'Italiens et d'Espagnols, « et
furent souvent ouï crier *vive Espagne,* dit Bèze, dont les
assiégés prirent informations par autorité de justice, pour
faire apparoir en temps et lieu de quel côté étaient les vrais
sujets du roi.... Il reste maintenant de déclarer quel ordre
il y avait dans la ville et quels efforts firent les assiégeants...
Premièrement, les prêches et prières continuaient sans inter-
mission, tant en l'assemblée générale que dans les corps de
garde et par les tours, où se trouvaient les ministres, avec
une grande diligence, exhortant les soldats jour et nuit.
Quant aux vivres, certains bons personnages de la ville
firent entière description des blés et vins trouvés dans les
greniers et caves, lequel rôle étant mis entre les mains du
gouverneur, il en empruntait par nécessité pour la nourriture
de ses soldats, baillant assurance par écrit de tout ce qu'il
empruntait. Et d'autant que tous les moulins accoutumés
étaient hors la ville, il fit tant chercher des moulins d'acier
qu'il en trouva sept, qu'il fit tous porter en son logis, où il
faisait moudre le blé et pétrir le pain pour donner à ses
soldats, lesquels n'en avaient qu'une livre par jour avec deux
pots de vin, mesure du lieu qui est petite, et quelque peu

1562. de chair de certains moutons et bœufs amenés dans la ville devant le siége. Quant aux autres citoyens, ils faisaient moudre les uns aux mortiers des apothicaires, les autres en des moutardiers de pierre, tellement que, par la grâce de Dieu, la farine ne défaillit point. Quant au fait de la guerre, chacun des citoyens, hommes et femmes, s'employaient de grand courage à porter et trainer terre et pierres pour la réparation des endroits les plus faibles. Les quartiers de la ville furent distribués aux capitaines, à leurs lieutenants et enseignes; les corps de garde bien gardés, et jamais abandonnés ni nuit ni jour; leur étant apportés les vivres jusques au lieu à point nommé; la nuit se faisaient force rondes, et le gouverneur même en faisait deux toutes les nuits; et, outre cela, quand les nuits étaient obscures, il faisait de quart d'heure en quart d'heure jeter des brandons de paille dans le fossé pour découvrir si l'ennemi faisait quelque approche. Bref, la vigilance de ce gouverneur était incroyable, étant, au reste, de petite stature et d'un corps maigre; tellement que chacun s'ébahissait commé il pouvait fournir à un tel labeur. »

S'étant aperçu, depuis le commencement du siége, qu'un lieu, nommé *le Gentil*, était mal gardé par les assiégeants, La Coche fit une sortie de ce côté, avec 50 hommes et 3 chevaux, tua plusieurs ennemis et ramena quelques prisonniers, desquels il apprit que les assiégeants étaient nombreux; ce qui le décida à ne plus faire de sortie et à réserver toutes ses forces pour la défense de la ville.

Sassenage, qui commandait l'armée catholique, forte de 6,000 hommes, en qualité de lieutenant de Maugiron, était tout à fait incapable, et ses capitaines ne consentaient pas.à se laisser diriger par lui. De là un désaccord presque constant, qui nuisit au succès de leurs entreprises. Ils donnèrent force alarmes de nuit aux assiégés, mais sans leur causer le moindre dommage. Ils battirent aussi la porte du pont avec

une pièce de campagne, et, ne pouvant la détruire, ils atta- 1562.
chèrent de nuit au treillis qui en défendait l'entrée deux grands
crocs de fer, fixés à de grosses cordes, qu'ils tirèrent par des
engins avec tant de force qu'ils faillirent entraîner le treillis.
Les assiégés, s'apercevant de leur stratagème, brûlèrent les
cordes avec des torches attachées à des bâtons et se saisirent
des crochets. Les soldats catholiques tâchèrent encore de
s'approcher des remparts avec des mantelets de bois chargés
sur des charrettes, et firent de grandes provisions d'échelles
pour tenter une escalade, mais ils n'exécutèrent jamais rien
à propos. Du côté de la Porte-Troine, ils pratiquèrent une
mine aboutissant à une maison contiguë au rempart. La
Coche, en ayant été informé, fit incendier la maison, et les
mineurs furent obligés de fuir. Cependant les vivres commençaient à manquer dans la ville, et La Coche envoya des
émissaires à des Adrets, qui était devant Vienne, pour lui
demander du secours; mais ces émissaires se souciaient
plus de recouvrer leur liberté que de remplir leur commission et ne se rendirent point au camp du baron. La Coche,
ne recevant point de réponse, offrit plusieurs fois aux assiégeants de combattre 100 contre 100, ou 20 contre 20 ou 10
contre 10, à la condition que, si les assiégés étaient vaincus,
ils évacueraient la place, tandis que s'ils étaient vainqueurs,
leurs ennemis lèveraient aussitôt le siége. Mais Sassenage
n'accepta pas la proposition et répondit que les assiégés
combattissent contre leur ventre, qui leur ferait bientôt une
guerre plus cruelle que celle qu'il leur faisait lui-même.

La Coche, redoutant la famine, résolut donc de capituler,
et déjà les ôtages étaient donnés de part et d'autre, quand
les assiégés furent l'objet d'une merveilleuse délivrance. Le
valeureux Furmeyer, sur les instances des protestants de
Valence et de Romans, se détacha avec ses 300 Gapençais
de l'armée de des Adrets, qui bloquait Vienne, recruta, à
Valence et à Romans, 3 ou 400 hommes de pied, 80 che-

1562. vaux et quelques gentilshommes, au nombre desquels était le brave capitaine Claude Baron, sieur de Vallouse, et marcha sur Grenoble, résolu à délivrer la place ou à mourir. La colonne remonta la rive gauche de l'Isère et, arrivée à Noyarey, se trouva engagée dans un chemin resserré entre la montagne et la rivière appelé les Échelles, et intercepté par une muraille en pierres sèches. Des paysans, postés sur la montagne, faisaient rouler de grosses pierres sur leurs têtes, de telle sorte qu'il leur semblait impossible de passer outre. Mais Furmeyer, en homme de cœur, monte à l'assaut de la muraille avec sa troupe, tue les 10 ou 12 hommes qui la gardaient et la franchit en ne perdant qu'un seul soldat. Il arriva ainsi à Sassenage, à une lieue de Grenoble. Apprenant sa venue, les assiégeants s'apprêtèrent aussitôt à le combattre. Le lundi matin, 16 novembre, ils firent passer secrètement le Drac à 3 ou 400 chevaux et à la meilleure partie de leur infanterie, en laissant le reste sur l'autre bord. Furmeyer arrive sur le Drac et voit de l'autre côté de l'eau une haie d'arquebusiers, qui se disposent à lui disputer le passage. Le gué est rapide et profond. Il se décide néanmoins à le franchir. Mais sa troupe va être anéantie, car elle sera prise à revers par la partie de l'armée ennemie qui a passé le Drac et se tient embusquée dans un bois. Le hardi capitaine s'en aperçoit à temps, commande à ses soldats qui étaient déjà dans la rivière de tourner bride et les range en bataille, comme s'il se décidait à retourner sur ses pas en présence d'un obstacle infranchissable. La troupe ennemie sort du bois, se découvre entièrement et traite déjà de *fuyards* et *couards* les soldats de Furmeyer, qui, ayant maintenant les ennemis en tête, s'élance sur eux avec furie et en tue la plupart aux yeux de leurs compagnons immobiles sur l'autre rive. Cette partie de l'ennemi taillée en pièces, Furmeyer traverse le Drac avec de l'eau jusqu'aux aisselles et attaque les arquebusiers de Sassenage, si étonnés

de son audace, qu'ils s'enfuient de tous côtés, bien qu'ils 1562.
fussent six contre un. Le reste de l'armée assiégeante, qui
gardait les tranchées de siége, effrayée à son tour, les aban-
donne en désordre, ainsi que ses logements, et ne s'arrête
de fuir que lorsqu'elle est sur le territoire de Savoie. Lesdiguières, qui servait comme enseigne sous Furmeyer, se
couvrit de gloire dans ce combat et poursuivit les ennemis
jusqu'à Gières. Pour récompenser sa bravoure, Furmeyer
le nomma guidon de sa compagnie de gendarmes.

Ainsi finit le siége de Grenoble, qui avait duré du 25 octobre au 16 novembre, et qui eut pour résultat de délivrer
Vif, La Mure, Mens et autres lieux occupés par les catholiques. Les vainqueurs, toutefois, ne surent pas profiter de
leur victoire. Au lieu de chercher à s'emparer immédiatement du fort de La Buissière, ils ne le firent reconnaitre que
le 22 novembre par quelques soldats, qui n'y recueillirent
que de la honte, car plusieurs d'entre eux désertèrent et
deux de leurs capitaines furent faits prisonniers par la garnison. Dans l'intervalle, celle-ci avait été renforcée par 50
lanciers italiens, qui commirent de grands dégâts dans le
pays, rançonnant et pillant les gens, sans distinction de
religion [1].

Pourparlers secrets de des Adrets avec le duc de Nemours.

Revenons au baron des Adrets, que nous avons laissé
devant Vienne. Le duc de Nemours, sachant les ressenti-
ments qu'il nourrissait contre le parti huguenot, à l'occasion

---

(1) Bèze, t. iii, p. 179-183; — *Recueil des choses mémorables*, p. 266,
267; — *Inventaire*, p. 710 et suiv.; — De Thou, t. iv, p. 452-455; —
Videl, p. 18, 19; — Chorier, p. 569, 570.

1562. du gouvernement de Lyon donné à Soubise, chercha à l'en détacher, pensant, comme dit Castelnau, qu'il serait « plus sûr et plus expédient pour le service du roi de le gagner que de le combattre par force ». Une occasion favorable s'offrit bientôt à lui. Le baron, sous ombre de réclamer deux prisonniers italiens, lui écrivit le 15 novembre une longue lettre, dans laquelle il racontait ses faits d'armes depuis le commencement de la guerre, se justifiait des cruautés qu'on lui imputait et déclarait que si le prince de Condé, qui l'avait nommé gouverneur du Dauphiné, voulait le moins du monde satisfaire les projets ambitieux qu'on lui prêtait gratuitement, il serait le premier à se déclarer contre lui. Il terminait sa lettre par ces mots : « Quand donc ceux de cet État pourront jouir du repos de leurs consciences et de l'assurance de leurs personnes et biens, je ne veux autre titre que celui que le roi avec son légitime conseil me donnera. Et en toute autre chose, Monseigneur, je suis prêt de vous suivre et vous faire service d'aussi bon cœur que je prie le Créateur, Monseigneur, en très-bonne prospérité vous donner longue vie. » Nemours, qui avait l'esprit pénétrant, comprit à demi-mot et s'apprêtait à entrer en pourparlers avec des Adrets, quand une nouvelle circonstance vint le servir à souhait.

Soubise, en effet, s'étant aperçu à divers indices que le baron agissait en toutes choses avec dépit et compromettait la position des protestants en Dauphiné, en informa Crussol et le cardinal de Châtillon [1], qui étaient à Orléans. Le soldat chargé de ses lettres, au lieu de les porter à destination, les remit traîtreusement au maréchal de Brissac, sous qui il avait servi en Piémont. Dans le paquet se trouvait une lettre adressée par Coligny à son frère le cardinal et ainsi conçue :

---

(1) Odet de Châtillon, comte de Beauvais, frère de Gaspard de Châtillon, comte de Coligny.

« Quant à ce que me mandez du baron des Adrets, chacun 1562.
le connait pour tel qu'il est; mais puisqu'il a servi jusqu'ici
en cette cause, il est force d'endurer un peu ses insolences,
car il y aurait danger au lieu d'insolent de le faire devenir
insensé; pour quoi je suis d'avis que vous mettiez peine de
l'entretenir et d'en endurer le plus que faire se pourra. »
Brissac envoya immédiatement cette lettre par le Dauphinois
Saint-Sernin à Nemours, qui la fit tenir à des Adrets.
Brissac écrivait lui-même au baron : « Vous verrez, par la
lettre que M. l'amiral écrit à son frère le cardinal, en quel
compte ils vous tiennent, et comme vous employez bien vos
peines et les services que vous faites à ceux à qui vous les
faites : pourquoi je vous prie d'y penser et vous souvenir
que les plus courtes folies sont les meilleures.... Si vous
voulez venir au secours du roi et vous joindre à M. de Nemours, je vous assure de vous faire donner l'ordre et 50
hommes d'armes et 100,000 fr. de récompense. Et si vous
ne vous y voulez fier et que vouliez aller demeurer hors le
royaume, je vous assure de vous faire tenir, dans Strasbourg
ou autre ville d'Allemagne, telle que vous la voudrez choisir,
100,000 écus comptant. » Nemours adressa en même
temps au baron deux gentilshommes, un protestant, du
Gaste, qu'il tenait prisonnier, et un catholique, La Duche,
qui lui dirent que le duc désirait fort de communiquer avec
lui pour traiter de la paix.

Des Adrets fit part de cette proposition à ses principaux
capitaines, Sénas, Ponsonnas, Mathieu de Forest, seigneur
de Blacons, Sauzet, Mouvans, Mirabel, Charles des Alrics,
seigneur du Pègue, Aimé de Glane, seigneur de Cugie et
d'Urre, et Bataille, qui ne trouvèrent pas mauvais qu'il
acceptât une conférence avec Nemours [1]. Des Adrets envoya

---

(1) De Thou dit le contraire. Nous suivons Bèze, dont le récit est plus
vraisemblable, comme le montre la suite.

1562. consulter pour la forme Soubise, dont il supportait impatiemment l'autorité, et, sans désemparer, il échangea des ôtages avec Nemours, savoir : du côté du duc, Jean de La Baume, comte de Montrevel, et François de Mandelot, seigneur de Passy, et de son côté, Ponsonnas et Blacons. Soubise répondit qu'il trouverait une conférence avec Nemours mauvaise de la part de tout autre que de la sienne, mais « qu'il le tenait si homme de bien qu'il s'en remettait de tout à ce que lui-même trouverait être le meilleur ». Soubise ajouta ces derniers mots par ménagement pour le baron', car, comme la suite le prouve, il ne voulait pour lui-même traiter en aucune façon avec Nemours, qui était tout dévoué aux Guises.

Le duc et des Adrets s'abouchèrent seuls à une demi-lieue de Vienne; mais rien ne transpira de leur conférence. Le baron, à l'époque de son arrestation, dit que Nemours lui reprocha ses cruautés et exigeait que les protestants missent bas les armes, que les ministres quittassent le pays et qu'on le reconnût comme gouverneur du Dauphiné; qu'à ces conditions il promettait la liberté de conscience, et que, finalement, il lui montra la lettre que l'amiral avait écrite à son sujet. Des Adrets aurait répondu que le peuple ferait de grandes difficultés pour l'agréer comme gouverneur, parce qu'il était l'allié des Guises; que jamais les réformés ne consentiraient à congédier leurs ministres, ni à déposer les armes; que, cependant, il communiquerait ses propositions aux gentilshommes de sa suite, à ses capitaines, ainsi qu'aux États du Dauphiné, pour connaître leur sentiment. Bèze estime avec raison qu'il faut se méfier de la version de des Adrets, attendu que devant ses juges il ne parla pas de la lettre qu'il avait écrite à Nemours, non plus que de celle qu'il avait reçue de Brissac [1]. Du reste, ni le maréchal ni le

---

(1) De Thou croit à tort que des Adrets était de bonne foi et que c'est

duc ne surent découvrir son côté faible. Ce que des Adrets 1562. désirait, c'était, non de l'argent, mais des honneurs; et si, au lieu de 100,000 écus, on lui eût offert le bâton de maréchal, il se serait rendu sur l'heure. Il était ambitieux à l'excès, mais non avare.

De retour au milieu de ses capitaines, il leur rapporta ce qu'il voulut et conféra avec eux sur la situation de l'armée, qui n'osait pas attaquer Vienne, manquait de vivres et d'argent et commençait à se débander. Le bruit courut aussi que Suze, sorti d'Avignon avec de grandes forces, avait pris Valréas et plusieurs autres places et fourrageait le Dauphiné sans résistance. On songeait donc à négocier une trève avec Nemours. Le baron en prit prétexte, malgré l'avis de Soubise, qui ne voulait de trève à aucun prix, pour conférer de nouveau avec le duc. Comme la première fois, il s'aboucha seul avec lui et dit à son retour à ses capitaines, premièrement qu'il avait promis au duc le gouvernement du Dauphiné, à la condition qu'il embrasserait le parti protestant; à quoi Nemours aurait répondu qu'il avait toujours favorisé les réformés et qu'il les favoriserait encore; secondement qu'une trève était conclue entre eux pour douze jours, du 25 novembre [1] au 6 décembre. Bèze fait de nouveau remarquer ici que le récit de des Adrets est peu croyable, d'abord parce que dans la trève qu'il signa avec Nemours il le qualifie de lieutenant général de Dauphiné, ce qu'il

---

en doutant de sa sincérité qu'on le poussa à bout. Pourquoi, en effet, évita-t-il avec soin de se faire accompagner dans ses diverses conférences avec le duc? Sur la fin de sa carrière, il avoua lui-même à Agrippa d'Aubigné qu'il traita avec Nemours « par vengeance et après l'ingratitude redoublée ».

(1) Chorier, *Abrégé*, dit le 20 par erreur. — Pilot (*Annuaire statist. de la Cour royale*, 1842, p. 37 et 38) donne le texte de la trève, qui s'étendait à tout le Dauphiné.

1562. n'aurait jamais dû faire sans l'assentiment de ses capitaines et même des États de la province ; ensuite parce que Nemours, voyant l'armée du baron débandée, n'aurait jamais accordé de trève, si celui-ci ne lui avait assuré la lieutenance de la province sans opposition armée.

Quoi qu'il en soit, le baron, ayant licencié ses soldats dauphinois, s'embarqua sur le Rhône, et, arrivé à la hauteur de Vienne, conféra pour la troisième fois avec Nemours. . Interrogé plus tard sur ce point, des Adrets répondit que c'était pour pouvoir conduire en toute assurance son artillerie dans le Comtat, où il allait faire la guerre avec ses compagnies provençales et comtadines. Or, comme il reconquit presque sans résistance les petites places que Suze avait reprises, et qu'il dégarnit de troupes le Dauphiné, on conclut avec raison qu'il était à la fois d'accord avec Nemours et Suze. Il refusa, il est vrai, de conférer avec ce dernier ; mais ce ne fut que pour sauver les apparences.

Des Adrets convoque à Montélimar les États du Dauphiné, qui lui résistent. Il continue ses conférences avec Nemours, assemble de nouveau les États à Valence et est arrêté comme traître.

Des Adrets, pour donner un semblant de légalité à sa conduite, convoqua les États du Dauphiné à Montélimar pour le 4 décembre. Il déclare dans sa lettre d'invitation, datée du 28 novembre, que depuis qu'il a plu à Dieu d'établir dans le Dauphiné le culte et le service divin selon sa volonté, par la pure et simple prédication du saint Évangile de Notre Seigneur Jésus-Christ, il est survenu, par la ruse du démon, un tel désordre dans tout le Dauphiné, que, sous l'ombre du nom de chrétien, se sont commis une infinité de ^{1562.} concussions, de pillages, de violences; qu'il n'y a plus ni justice, ni commerce, ni ordre politique; que tout est dans la confusion et tourne au détriment du pays; qu'ayant accepté et non usurpé lacharge de gouverneur de Dauphiné, ce désordre pourrait lui être imputé lorsqu'il rendra compte de son administration, et que, dans le but de réparer ces désordres et prendre des moyens pour maintenir le bon ordre à l'avenir, il convoque une assemblée générale des États à Valence, le 4 décembre [1], et engage tous ceux qui ont été grevés et outragés en quelque manière que ce soit, à apporter ou envoyer à cette assemblée leurs plaintes, griefs et doléances, afin qu'il les dédommage; il ordonne ensuite aux villes et aux villages du Dauphiné d'envoyer un député ou des mémoires où seront déposées toutes les plaintes, et exprime le désir que chaque église envoie un ministre, un diacre et un député à cette assemblée; il invite aussi tous les hommes de longue et de courte robe, à qui Dieu a donné quelque talent, à se joindre à lui pour aviser aux moyens de rétablir l'ordre, le commerce, la police et une meilleure manière de gouverner le pays.

Ce n'était là qu'un prétexte. Son but réel était de persuader aux États du Dauphiné de reconnaitre le duc de Nemours comme gouverneur de la province. Il s'y employa par tous les moyens, en représentant aux États le peu de forces dont disposait le parti réformé pour s'opposer à Nemours; « ce qui fut trouvé merveilleusement suspect et mauvais, dit Bèze, d'autant qu'auparavant il avait toujours accoutumé de dire qu'avec 2,000 soldats il voulait soutenir toute la force des adversaires ». D'autre part, le baron fit

---

(1) Ils se réunirent à Montélimar le 6 décembre, nous ne savons pour quelle raison.

1562. rédiger par Paul Rémy, conseiller au parlement de Grenoble, des articles de paix qui, à part la reconnaissance du duc de Nemours comme gouverneur du Dauphiné, « étaient grandement favorables à ceux de la religion », et les communiqua à Changy l'aîné (Michel) et autres gentilshommes logés avec lui à l'hôtel du Croissant. Mais ceux-ci protestèrent qu'ils préféreraient plutôt mourir que de les accepter. Des Adrets irrité voulut les jeter au feu, mais ils l'en empêchèrent, et il fut convenu entre eux que les articles seraient modifiés par Rémy [1]. Ils furent, avec cette nouvelle rédaction, présentés aux États, qui les rejetèrent, sur cette observation de de Clausonne, député du Languedoc, que les lettres de commission de Nemours portant expressément qu'il était envoyé pour châtier les séditieux et les rebelles, c'était se reconnaître tels que de l'accepter comme gouverneur de la province. On décida donc d'écrire au duc qu'avant de reconnaître ses pouvoirs il fallait qu'il « obtînt autres lettres, fondées sur autres qualités et octroyées par légitime conseil du roi, où fût Monseigneur le prince de Condé, comme tenant le lieu du roi de Navarre, son frère, décédé ».

Des Adrets subit bien d'autres humiliations. On blâma ses conférences avec le duc de Nemours, on lui fit connaître qu'on le tenait pour détaché du prince de Condé et de la cause commune, et on déclara expirés tous les pouvoirs, ou, comme on disait alors, toutes les provisions et commis-

---

(1) De Thou dit que les pasteurs réformés présents aux États détournaient les députés de traiter avec le duc de Nemours, et disaient que celui-ci promettrait ce qu'il ne serait pas en état de tenir, car les Guises, qui l'avaient obligé de manquer de parole à La Renaudie, à l'époque de la conspiration d'Amboise, et de laisser mettre à mort ce gentilhomme, l'empêcheraient également d'observer le traité de paix. De Thou trouve qu'en cela les ministres furent « animés d'un zèle outré de religion ». Il nous semble, au contraire, en examinant froidement les choses, qu'ils firent preuve de clairvoyance.

sions qu'il avait données touchant la guerre et la justice. 1562.
« C'était, dit Chorier, une révocation effective sous des
termes plus doux. On ne pouvait mieux lui ôter ses amis et
anéantir ses créatures. »

Les États de Montélimar prirent d'autres décisions importantes. Ils firent alliance avec les réformés du Languedoc et
de Lyon, décrétèrent une levée de 60,000 livres sur la province et l'établissement d'un conseil politique permanent à
Valence, composé des députés des villes et des principaux
bourgs du Dauphiné et chargé de la direction générale des
affaires publiques. Il fut aussi question, sur la proposition
de des Adrets, de transférer le siége du parlement à Valence ;
mais Jacques Galleys, premier consul de Grenoble et député
de cette ville, s'y étant fortement opposé, l'affaire n'eut pas
de suite. Le baron se fondait sur ce que Grenoble était une
place mal fortifiée et d'un ravitaillement difficile, ce qui
l'exposait à de fréquentes disettes. Il demanda également,
mais sans succès, le transfert à Montélimar de l'hôtel des
monnaies de Grenoble.

De Montélimar, des Adrets se dirigea, à tout événement,
vers le Languedoc, où commandaient Crussol et le cardinal
de Châtillon. Arrivé au Saint-Esprit, il apprit que les capitaines Bouillargues et Spondillan avaient voulu se saisir de
cette place au nom de Crussol. Néanmoins, il poursuivit sa
route jusqu'à Bagnols, pour conférer avec ce chef. Ayant
appris dans ce lieu qu'on lui avait dressé des embûches, il
revint au Saint-Esprit, où La Duche vint le trouver de la
part de Nemours, qui désirait savoir quelles avaient été les
résolutions des États de Montélimar. Il les lui communiqua
par écrit, mais sans lui donner d'autres espérances. C'est
du moins ce qu'il déclara dans son interrogatoire ; mais on
n'y crut guère, attendu qu'il paraissait peu vraisemblable
qu'il n'eût rien dit jusque-là au duc des résolutions des
États, puisqu'il les avait spécialement convoqués à son in-

1562. tention. Des Adrets revint ensuite à Valence, où La Duche lui fut de nouveau député par Nemours, pour lui apprendre que Saint-Auban, avec 60 ou 80 chevaux, avait été battu à Tarare, et que dans ses papiers on avait trouvé diverses commissions du prince de Condé pour plusieurs gentils-hommes du Dauphiné, nommément celle qui investissait Saint-Auban lui-même du gouvernement de la province à la place de des Adrets. Et en effet le prince, informé de la conduite insidieuse du baron, le remplaçait par Saint-Auban et l'invitait à venir auprès de sa personne pour être investi d'un poste plus important.

Cette nouvelle porta l'irritation de des Adrets à son comble et il résolut sans plus tarder de consommer sa trahison. Dans ce but, il convoqua pour le 4 janvier une nouvelle réunion des États à Valence, et s'efforça par tous les moyens de les convaincre de la nécessité de traiter avec Nemours. L'assemblée lui permit seulement de conclure une trêve de 4 mois, s'il pouvait l'obtenir, sinon de ne faire la paix qu'avec l'assentiment de tous les gentilshommes et du peuple de la province, convoqués en assemblée régulière [1]. Le baron dit plus tard qu'à dater de ce moment, n'ayant plus aucun espoir de paix, il se prépara à continuer la guerre; mais c'est bien plutôt le contraire qu'il fit, comme on va en juger.

Il emmena de Valence deux gros canons, qu'il conduisit à Romans, sous prétexte de faire le siége de la Côte-Saint-André ou du fort de La Buissière; cassa une compagnie de gens de pied, commandée par Changy l'aîné, qui lui avait fait le plus d'opposition aux États de Montélimar; réduisit de 200 hommes à 100 la compagnie de Changy le jeune (Jacques), son frère; de 100 hommes à 50 celles des capitaines Charbonneau et Chamel; puis, arrivé à Romans, il envoya

---

(1) Les États n'étaient en effet représentés que d'une manière imparfaite.

la compagnie de Portes à Saint-Marcellin et celle de Gay à 1562.
Tullins, dégarnissant ainsi Valence et Romans pour les
livrer plus facilement à Nemours, et, enfin, rendit la liberté
à Marseille, l'un des secrétaires du duc de Guise et prisonnier d'une grande importance. Il déclara plus tard que
c'était pour l'échanger contre Montjoux, qui avait été fait
prisonnier en Auvergne. Mais les faits lui donnèrent encore
un démenti, car Montjoux ne fut pas délivré.

Des Adrets assembla à Romans les gentilshommes qui y
étaient de passage, ainsi que le consistoire, et leur fit lire
les articles de paix amendés par Rémy, mais rejetés par les
États de Montélimar et de Valence. L'un de ces articles
portait que le traité conclu avec le duc devait avoir l'assentiment du prince de Condé. Il leur proposa, mais sans succès,
de le rayer, attendu, disait-il, que le prince avait été fait
prisonnier à la bataille de Dreux et qu'il ne jouissait plus de
sa liberté d'action. Puis, sous ombre des pouvoirs qui lui
avaient été conférés à Valence, il se rendit une nouvelle fois
auprès de Nemours à Vienne (8 janvier), nonobstant les
remontrances qui lui furent faites à Tournon. Cette conférence, comme les autres, fut encore secrète. Mais la suite
des événements donna à comprendre ce qui y fut arrêté.

Dès son arrivée à Moras, sur la route de Vienne à Romans, des Adrets reçoit des lettres de cette dernière ville,
qui l'informent des dispositions hostiles des gentilshommes
qui y sont réunis, et aussitôt il demande à Nemours d'envoyer à Serves, sur le Rhône, 3 compagnies de gens de pied
des vieilles bandes du Piémont, ce qui est exécuté sur-le-
champ. Lui-même se rend en hâte à Romans, tire l'épée
contre des hommes de la compagnie de Mouvans, qui, sur
l'ordre de Soubise, étaient venus l'observer, et leur empêche
d'entrer dans la ville, assemble le conseil communal, à qui
il fait signer les articles de paix rédigés par Rémy et ac-
ceptés en gros par le duc de Nemours, envoie ses complices,

1563. les capitaines Baron, Portes et Villieu, avec 75 arquebusiers, occuper les portes de Valence, dont les habitants étaient d'accord avec lui, et mande aux troupes de Nemours cantonnées à Serves de s'avancer jusqu'à une lieue de Romans. Les gentilshommes protestants, notamment Montbrun et Mouvans, qui voient l'ennemi si près d'eux, entrent dans Romans avec toutes leurs forces et le peuple se porte sur les remparts. Des Adrets s'excuse en disant qu'il est bien vrai qu'il a convenu avec le duc que trois de ses compagnies s'approcheraient de Romans, mais qu'elles ont dépassé leur consigne. Cette excuse ne satisfait pas Montbrun et Mouvans, qui, ayant la preuve manifeste que des Adrets veut livrer Romans et Valence aux troupes de Nemours, l'arrêtent dès le lendemain (10 janvier) [1]. Sur le premier moment, il saisit sa dague, comme s'il voulait se défendre ou se tuer, mais il en fut empêché par Mouvans et ses compagnons, qui l'assurèrent qu'il serait jugé selon les lois de la plus stricte justice.

Mouvans l'emmena alors à Valence, et sur l'ordre de Crussol, qui remplissait en Languedoc les fonctions de « chef et conservateur du pays sous l'autorité du roi jusqu'à sa majorité » et fut nommé peu après gouverneur du Dauphiné par les États de la province assemblés à Valence, on le conduisit à Montpellier, puis à Nîmes, où il fut « interrogé, dit Bèze, premièrement par le sénéchal de Valentinois, et depuis par quatre conseillers du présidial de Nîmes... Il les récusa, alléguant ne pouvoir être jugé qu'au pays de Dauphiné, selon les priviléges dudit pays; et finalement, après plusieurs interrogatoires et réponses ci-dessus mentionnés, la paix étant survenue, il fut relâché et renvoyé

---

(1) Chorier raconte les faits d'une manière qui rend la trahison plus évidente. Nous suivons Bèze, qui a écrit d'après des mémoires contemporains.

en sa maison sans absolution ni condamnation,.. Le plus [1563.]
grand mal fut que depuis ce temps-là, allant de mal en pis,
il quitta la religion, menant même ses enfants à la messe...
Étant tombé si bas, il passa encore plus avant depuis, ayant
porté les armes contre ceux de la religion, tant en pays de
Dauphiné qu'en France, étant colonel d'un régiment de
pied ; en quoi, toutefois, il ne gagna autre chose que dommage et honte, avec telle perte de sa réputation, qu'il n'a
oncques depuis été employé [1] ».

Décisions importantes des États du Dauphiné assemblés à Valence.

Les États du Dauphiné assemblés à Valence, du 27 janvier au 6 février 1563, firent un règlement général touchant
la discipline ecclésiastique, la guerre, la police, les finances
et la justice. Il est fort remarquable et nous devons le résu-
mer dans ses principaux articles.

En ce qui concerne la discipline ecclésiastique, les États
arrêtèrent que tous les habitants du Dauphiné, quels qu'ils
fussent, seraient tenus de fréquenter les saintes assemblées
et d'observer scrupuleusement le repos du dimanche ; que
tous ceux qui avaient des enfants les feraient baptiser selon
le rit réformé dans le délai de quinze jours ; que les hommes
et les femmes de mauvaise vie auraient à quitter le Dauphiné
dans trois jours, à moins qu'ils ne renonçassent à leur inconduite ; que les jeux, les blasphèmes, les serments et la

---

(1) Bèze, t. III, p. 183-194 ; — *Commentarii*, 1ᵃ pars, p. 126 ; — *Recueil
des choses mémorables*, p. 256, 257, 268 ; — *Inventaire*, p. 710 ; — La Popelinière, t. I, p. 357 ; — De Thou, t. IV, p. 452-462 ; — *Mémoires de*
Castelnau (édit. Petitot, t. xxxiii), p. 287, 288 ; — Chorier, p. 577-588 ;
— *Bulletin de la Soc. d'arch. de la Drôme*, t. vi, p. 444-446.

1563. fréquentation des tavernes seraient sévèrement punis; que les magistrats signeraient la confession de foi; que les administrateurs des biens des pauvres rendraient régulièrement leurs comptes, et qu'on prendrait un soin particulier des soldats blessés, des veuves et des orphelins de la guerre. Les États ordonnèrent en outre qu'on ne recevrait aucun ministre en Dauphiné sans une vocation régulière; que les ministres seraient répartis dans la province selon les besoins des églises; que ceux d'entre eux qui étaient célibataires recevraient 120 livres tournois d'honoraires ou d'états, les mariés sans enfants 150, les mariés avec enfants 200, les diacres pauvres ne sortant pas du chef-lieu de l'église 15, et les diacres se rendant dans les annexes 25. Enfin, tous les couvents d'hommes et de femmes étaient fermés et toutes les fêtes sur semaines abolies. On voit par ce dernier article et par le premier que les réformés du XVIe siècle, qui combattaient pour la liberté de conscience et de culte, ne la comprirent pas toujours. Ils en déposèrent seulement les germes, et ce n'est qu'insensiblement qu'ils en eurent une vue claire et distincte.

Sur la question de la guerre, les États du Dauphiné établirent un conseil de direction agissant sous les ordres de Crussol et composé de Montbrun, Saint-Auban, Mirabel, Sauzet et Furmeyer; ils recommandèrent l'observation exacte des « ordonnances du roi nouvellement scellées, dont l'invention est attribuée à M. l'amiral de Châtillon, en ce qu'elles se trouveront nécessaires à l'usage des guerres de ce temps; ensemble celles que le sieur baron des Adrets fit publier en la ville du Pont-Saint-Esprit », et arrêtèrent eux-mêmes divers autres règlements. D'un autre côté, ils donnèrent l'ordre à tous les baillis, sénéchaux et juges du Dauphiné de faire un dénombrement « de tous les habitants et domiciliés de chacune ville ou village de leur ressort aptes à porter les armes, depuis 18 ans jusques à 60, ensemble de

toutes les armes qui se trouveront dans les villes et villages », 1563.
et ils décrétèrent sur ce nombre une levée de 5,000 hommes,
dont les chefs seraient nommés par le comte de Crussol.

Pour le fait de la police et des finances, les États décidèrent la création d'un conseil politique de 12 membres,
comme cela avait été déjà décidé à l'assemblée de Montélimar, dont 3 nommés par le corps de la noblesse, 8 par les
villes et consistoires de Valence, Grenoble, Romans, Montélimar, Crest et Crémieu, et un par les villages. Les conseillers nommés par la noblesse furent Jean de Flotte, coseigneur de Jarjayes, Isaac d'Arbalestier de Beaufort et de
Beauchet. Les États adjoignirent au conseil politique deux
secrétaires, Jean Perronnet et Louis Balays, « notaires
royaux delphinaux, » et un procureur, Hector Pertuis,
avocat à Montélimar. Ils décrétèrent ensuite, « pour la
nécessité de la guerre, » un « emprunt de la somme de
10,000 livres sur les seigneurs, gentilshommes et autres
aisés qui n'auront été par le passé surchargés de frais et
dépenses, » et annulèrent « toutes commissions ci-devant
obtenues sous le nom du sieur des Adrets »; et, dans le cas
où le conseil politique serait « tardif, négligent ou oublieux »,
ils autorisèrent « le menu peuple » à le requérir de faire son
devoir. Enfin, les États allouèrent au comte de Crussol 6,600
livres de traitement annuel, « eu égard à la pauvreté du
pays, » à Montbrun, Saint-Auban et Furmeyer 200 livres
par mois, « eu égard qu'ils sont privés des deniers de leur
maison, » à Mirabel et à Sauzet, « jouissant de leurs biens, »
60 livres.

Pour ce qui est de l'organisation de la justice, les États ne
firent aucune innovation digne de remarque [1].

---

(1) Pour plus de détails, voyez *Documents protestants inédits*, p. 46 à 71;
— CHORIER, p. 588.

1563. Après l'assemblée des États, Montbrun fut promu par Crussol au commandement du Valentinois et Diois, Saint-Auban à celui des pays compris entre Montélimar et le Comtat, Mirabel à celui des Baronnies et Furmeyer à celui du Gapençais. Quant au gouvernement spécial de Valence, le boulevard des réformés à cette époque, il fut confié à Changy le jeune.

Intelligences de Maugiron dans Grenoble avortées. Il saccage de dépit le Trièves.

Pendant ces événements, les capitaines catholiques Claude de Gruel, seigneur de Laborel, gouverneur de Gap, et La Cazette, gouverneur de Briançon, s'emparèrent de La Mure, qu'ils pillèrent et démantelèrent en partie. Ils y firent prisonnier Pipet, qui en avait été nommé gouverneur par les protestants, et auquel un capitaine italien sauva la vie moyennant 200 écus et 3 chevaux.

Pour ce qui est de Grenoble, depuis le 16 novembre 1562, jour de la levée du siège de la ville, La Coche exerçait paisiblement ses fonctions de gouverneur. Le 7 janvier il s'empara de Lans et y fit prisonnier Sassenage, qui s'y était retiré tout honteux de son échec. Il ne lui fit aucun mal, mais il l'envoya sous bonne escorte à Valence.

D'un autre côté La Coche n'était pas sans préoccupation. Il manquait d'hommes et de vivres, et devait faire venir ses provisions de bouche de Romans et même de Valence, attendu que la partie supérieure de la vallée de l'Isère était occupée par les troupes catholiques. Il était heureusement entouré de bons conseillers, qui le secondaient dans sa tâche et soutenaient son courage. C'étaient le ministre Eynard Pichon, le vibailli Guillaume Berger, Jean et François de Ponnat, cousins d'André, le contrôleur Antoine Pinart et quelques autres.

Les choses en étaient là, quand Maugiron faillit entrer par 1563. intelligence dans la ville. La veuve du conseiller Jean de Saint-Marcel d'Avançon, qui demeurait en dehors des murs et n'était inquiétée par aucun parti, parce qu'elle avait l'air indifférente à tous, fut le principal instrument du complot. Elle fit venir auprès d'elle l'enseigne Gabriel de Genton, son cousin, qui gardait la porte Très-Cloîtres et que La Coche n'avait pas fait avancer de grade à cause de son inconduite, et lui persuada d'aller trouver Maugiron pour lui offrir de lui livrer la porte dont il avait la garde. De retour à Grenoble, Genton gagna un sergent nommé Caillat [1]. La Coche, qui était fort vigilant, apprenant que Genton ne s'était pas borné à faire une visite à sa cousine, mais était allé plus loin; s'apercevant de plus qu'il venait le voir moins fréquemment que de coutume, se douta de quelque chose et redoubla ses rondes de jour et de nuit. Caillat, comprenant que le projet de Genton devenait dès lors irréalisable, le révéla à La Coche, qui lui promit la vie sauve s'il feignait de l'exécuter dès la nuit suivante. Caillat fit en conséquence avertir Maugiron, qui, trouvant surprenant que Genton lui-même ne l'eût pas prévenu, s'éloigna prudemment de Gières, par crainte de quelque surprise. Quant à Genton, il fut fusillé en donnant des signes de repentance, et ses autres complices subirent le supplice de la hart.

Maugiron, apprenant l'échec de ses desseins, voulut tenter les voies de la douceur. Il écrivit des lettres fort amicales aux habitants de Grenoble, leur rappelant les bons traitements qu'ils avaient reçus de son père, Guy de Maugiron, lorsqu'il était leur lieutenant général, les assurant de son désir formel de les renouveler et les engageant à rentrer sous

---

(1) Chorier dit au contraire que c'est Caillat qui gagna Genton. Il aurait été non sergent, mais capitaine.

1563. l'obéissance du roi et la sienne. « Mais il ne fut longuement sans réponse, dit Bèze, lui mandant ceux de Grenoble le peu d'occasion qu'ils avaient d'espérer de lui ce qu'ils avaient connu en feu son père, vu que les plaies saignaient encore des horribles cruautés qu'il avait exercées contre eux un peu auparavant et contre ses promesses. Et quant à leur ville, qu'elle était au roi et non à autre quelconque ; auquel ils la garderaient jusques à la dernière goutte de leur sang contre les perturbateurs du repos public. »

Maugiron, plein de dépit de cette réponse, réunit toutes ses troupes à La Mure et envoya trois gentilshommes à Mens pour l'inviter à se rendre. Mais, au lieu d'attendre en loyal gentilhomme la réponse des habitants, il força le pont de Cognet sur le Drac, qui était la clef du Trièves, et se mit à saccager le pays, en tuant tous ceux qu'il rencontrait. Les habitants de Mens eussent pu user de représailles en mettant à mort les trois gentilshommes, ils n'en firent rien et se bornèrent à les reconduire au lieutenant général sous bonne escorte.

Le 20 février Maugiron, renforcé des troupes de Suze, s'avança plus avant dans le Trièves. A son approche et redoutant son artillerie, les habitants de Mens s'enfuirent. Les soldats du lieutenant général, n'éprouvant aucune résistance, se livrent à tous les excès, tuent les uns, rançonnent les autres, forcent filles et femmes et incendient les faubourgs de Mens et les villages et hameaux de Perse, du Villard, de Saint-Pancrace, de Serre, de Berthon [1] et des Rives.

Le 22 février, quelques capitaines étant sortis de Grenoble, avec un ministre, nommé Marin, qui était gentilhomme, furent faits prisonniers et menés au fort de La Buissière.

---

(1) **Chorier** dit *Bétour*.

L'un des capitaines, du nom de Boquet, et le ministre 1563. furent conduits sur le bord de l'Isère, assommés de sang-froid et jetés à l'eau.

Grenoble attaqué par Maugiron et secouru par Crussol. Furmeyer se saisit de Romette.

A Grenoble La Coche, dans l'attente d'un siège imminent, ne s'endormait pas. Le 18 février il fit ravitailler la ville par les soins du premier consul Galeys. Sept cents sétiers de blé et de la poudre furent amenés de Valence par l'Isère. Le même jour, par contre, 60 de ses soldats et 20 cavaliers, attirés dans une embuscade par la garnison de La Buissière, qui s'était avancée jusqu'aux portes de Grenoble, se laissèrent surprendre. Plusieurs d'entr'eux furent tués et d'autres faits prisonniers. La Coche ne se laissait pas abattre par ces échecs. Il fit incendier diverses maisons, situées en dehors des murailles et trop à leur proximité, et pratiquer des fossés, dont la terre fut adossée aux remparts dans les endroits où ils étaient le plus faibles.

Maugiron se montra devant Grenoble le dernier de février. Son armée, renforcée des reîtres de Nemours, que Vinay lui amena à Vif, comptait 8,000 hommes tant de pied que de cheval, 2 canons de cinquante livres et 3 pièces de campagne. La Coche avait 600 soldats aguerris, des volontaires, 9 capitaines et quelques gentilshommes, au nombre desquels était le brave Jean de Bardonnenche. Tous étaient résolus à se défendre avec courage, et l'on voyait des femmes de tout rang qui charriaient de la terre.

Le 1er mars Maugiron posta ses canons en face de la muraille attenant à la porte Troine, du côté du couvent des Jacobins, et la battit en brèche durant trois jours et trois

1563. nuits ; mais les assiégés élevèrent derrière elle un second rempart fait aveç des fagots et de la terre, de telle sorte que les assiégeants, malgré la brèche, furent obligés de se servir d'échelles pour monter à l'assaut. Trois fois ils se présentèrent et trois fois ils furent repoussés en perdant beaucoup de monde, tandis que les assiégés eurent seulement à déplorer la mort de Claude de Brunel, seigneur de Saint-Maurice, qui, au dire de Chorier, était un homme de cœur et de réputation, et de 5 soldats.

Crussol, qui était pour lors à Valence, averti de l'attaque de Maugiron, se dirigea sur Grenoble à marches forcées à la tête d'une armée considérable, qui s'était formée à Romans. Arrivé à la hauteur de Saint-Quentin, il cause une terreur panique à Maugiron, et le lieutenant général lève sur l'heure son camp, fait promptement passer l'Isère à son artillerie et rejoint le duc de Nemours, qui l'appelait à son aide pour prendre Lyon. C'était le 4 mars. Crussol entra à Grenoble le lendemain et y fut reçu comme un sauveur avec de grandes démonstrations de joie. Le 6 il fit le tour des remparts et dès le lendemain, après avoir donné les ordres nécessaires pour les réparer, il repartit pour le Midi de la France. Le brave capitaine La Coche ayant demandé, nous ne savons pour quel motif, à être relevé de ses fonctions, Crussol lui donna pour successeur le vaillant capitaine Pierre de Briançon, seigneur de Saint-Ange, qui, le 19 mars, fit le siége du château de Vizille, occupé par une garnison catholique ne cessant de faire des incursions aux environs de Grenoble. Il l'obligea à se rendre par composition [1].

Peu après son arrivée dans le Comtat, Crussol s'empara de Sérignan et des Piles. « La garnison du château des

---

(1) Bèze, t. III, p. 195-198 ; — *Recueil des choses mémorables*, p. 269 ; — *Inventaire*, p. 710 ; — De Thou, t. IV, p. 501-504 ; — Chorier, p. 588-591.

Piles-lès-Nyons, dit La Pise, sur la rivière d'Aigues à l'em- bouchure des montagnes du Dauphiné, composée de ca- tholiques, rançonnait les passants, ravageait les voisins et commettait toute sorte d'hostilités. Crussol et Montbrun, les voulant réprimer, s'y acheminent avec leurs forces, canon- nent la place, l'emportent et précipitent dans la rivière tout ce qu'ils y trouvent. Alexandre Gondelin, seigneur du lieu, âgé d'environ cent ans, les larmes aux yeux, demanda la vie, qui lui fut accordée par respect pour sa vieillesse. »

Après la délivrance de Grenoble par Crussol, le capitaine Furmeyer se détacha de son armée avec ses 300 Gapençais et conçut le projet de s'emparer de Gap. Arrivé dans le Champsaur, il fit prendre les devants à son frère Buissière et à deux autres gentilshommes, qui, venus à Romette, petite ville close, s'approchèrent si près du corps de garde, sous ombre d'avertir les habitants que les ennemis approchaient, qu'ils tuèrent quelques-uns des soldats de faction et surpri- rent tellement les autres qu'ils s'enfuirent en laissant libre l'entrée de la place. Le capitaine Mongin, qui la comman- dait, se réfugia dans le clocher avec 6 soldats et se mit à sonner les cloches à toute volée pour provoquer une sortie de la part des gens de Gap. Pendant ce temps Furmeyer approchait, faisant marcher son infanterie à la file devant lui dans un chemin creux. Les Gapençais, entendant les cloches de Romette, mirent sur pied un grand nombre de gens, tant de fantassins que de cavaliers, et menaçaient d'envelopper entièrement la petite troupe de Furmeyer. Le hardi capitaine voit le péril; il ordonne au derrière de son infanterie d'avancer et à la tête de faire halte, et lui-même se porte en avant au delà de Romette avec 15 gentilshommes résolus et fond avec impétuosité sur l'ennemi, qui, saisi sou- dain d'une terreur panique, prend la fuite et se laisse pour- suivre par Furmeyer jusqu'aux portes de Gap. Pour ce qui est des soldats de Mongin, ils furent précipités du haut du

1563. clocher de Romette et lui-même fut pendu. C'étaient des pillards, dont les protestants et les catholiques avaient également à se plaindre. Au nombre des gentilshommes qui se distinguèrent dans cette action, il faut nommer Martin Aubert, seigneur de Champoléon, et ses deux frères, Gaspard de Saint-Germain la Vilette, Guy[1] de Veynes, David de La Roche, Jean Bontoux de Corps, Vallouse[2], deux gentilshommes de Gap appelés *les Parisiens* et Lesdiguières. Deux jours après, les gens de Gap voulurent avoir leur revanche et s'avancèrent sur le chemin de Romette; mais Furmeyer envoya contre eux Lesdiguières et 20 autres gentilshommes, qui, les ayant surpris, taillèrent en pièces le plus grand nombre d'entre eux et poussèrent les autres l'épée aux reins jusques aux portes de Gap[3].

Faits particuliers relatifs à Vienne, Valence, Romans, Mens et Pragela.

Gabet, qui avait quitté Vienne au moment où Maugiron y fut reçu par les habitants, espérait toujours que le parti réformé reprendrait dans cette ville son premier empire. Aussi avait-il soin d'y entretenir des intelligences. « Mais, le 11 du mois de mars 1563, une lettre qu'il mandait à Soubise fut interceptée, et elle apprit aux habitants qu'il y avait conspiration contre eux. Elle avertissait Soubise que, s'il envoyait de ses troupes, elles y seraient reçues, et qu'il avait si bien lié la partie qu'elle était infaillible. Mais le

---

(1) Bèze dit *Guyot.*
(2) Bèze dit *de Valog* et Chorier *Valcoge.*
(3) Bèze, t. III, p. 198, 199; — *Recueil des choses mémorables*, p. 269; — De Thou, t. IV, p. 504; — Gautier, dans la *Revue du Dauphiné*, t. II; — Videl, p. 20, 21, qui raconte les choses un peu différemment, est suivi par Charronnet (p. 39-40).

bon ordre, ajoute Chorier, ruina cette entreprise. Une cons- 1562. piration découverte est toujours un dessein perdu. Maugiron et Suze étant venus à Vienne quelques jours après, leur présence dissipa les imaginations que pouvaient avoir des esprits inquiets [1]. »

D'autre part, on découvrit vers la même époque à Valence et à Romans, occupés par les réformés, une conspiration catholique, qui amena l'arrestation de quelques personnes, entre autres celle d'Achille Chion, secrétaire de l'évêque de Valence, qui affectait des sentiments protestants et fut pendu à cause de sa perfidie [2].

A Mens la garnison catholique qui tenait la place se souleva contre son capitaine, nommé Bernard, et le mit à mort, parce que des 1,500 écus qu'il avait recueillis dans les divers pillages exercés sur les gens du Trièves, il n'en avait donné aucune part à ses soldats [3].

Pendant la première guerre civile, il se livra beaucoup de combats entre les catholiques et les protestants dans les vallées de Cluson, de Pragela et de la Haute Doire, habitées par les Vaudois du Dauphiné. En mai 1562, ceux de la vallée de Cluson, unis à leurs frères de la vallée piémontaise de Luzerne, vinrent au secours des habitants de Pragela, qui étaient en guerre avec La Cazette, gouverneur de Brian-çon. Plusieurs rencontres sanglantes eurent lieu à Chaumont, à Salbertrand et ailleurs, et les Vaudois faisaient reculer leurs ennemis, quand La Cazette les surprit à Cé-sanne et en tua 150. Ayant toutefois reçu des renforts des vallées de Cluson et d'Angrogne, ils purent franchir le col du mont Genèvre et s'approcher à une faible distance de Briançon, où ils furent accueillis à coups d'arquebuse. Se

---

(1) CHORIER, p. 591.
(2) BÈZE, t. III, p. 199.
(3) BÈZE, id.

1563. repliant sur le val des Prés et poursuivis par ceux qu'ils venaient attaquer, ils gagnèrent le col des Échelles et de là Bardonnèche, où ils se reposèrent quelques jours. La Cazette parvint à les y surprendre en plein midi et, aidé des catholiques du lieu, les tailla en pièces. Le reste de la troupe se réfugia dans le château, où les catholiques les firent périr par le feu. Ceux qui échappèrent à l'incendie furent passés au fil de l'épée. Il en mourut en tout 140.

Peu de temps après, une autre troupe de Vaudois s'empara de la forteresse d'Exilles. « Mais elle se trouvait dépourvue de munitions lorsqu'ils s'y établirent, et ils y furent assiégés par La Cazette avant d'avoir pu s'en procurer. Ce capitaine pressa le blocus afin de les prendre par la famine. Ils avaient les meilleurs chefs et les meilleurs soldats des vallées ; ils firent des sorties vigoureuses, sans pouvoir parvenir à faire débloquer la place. Toutes les vallées, dit Gilles, firent alors un grand effort et un merveilleux devoir pour les dégager. Leurs gens, ayant passé les montagnes qui séparent le Cluson de la Doire en face de la forteresse, s'approchèrent de celle-ci de manière à pouvoir s'entendre avec les assiégés sans être vus des assiégeants. Le fort d'Exilles est situé sur un rocher escarpé qui s'élève isolé et resserré entre des montagnes rapides dans une des parties les plus étroites de la vallée. Les Vaudois captifs sur ce rocher virent leurs frères accourir pour leur prêter mainforte. Le capitaine Frache, qui commandait à Exilles, prenant son épée à deux mains, s'élance alors avec tout son monde sur les troupes ennemies. Il franchit leurs barricades, pénètre dans leurs retranchements et renverse tout ce qui s'oppose à son passage. Pendant qu'il les attaquait ainsi pardevant, ses compatriotes se précipitent du haut de la montagne et les entament par derrière. Les troupes de La Cazette, pressées ainsi comme par deux avalanches qui se rejoignent dans leurs rangs, sont rompues et dispersées.

Leurs chefs font d'inutiles efforts pour les maintenir ou les 1563.
rallier ; la place est dégagée, toute la garnison s'échappe par
cette brèche audacieuse, rejoint le corps de secours, regagne
avec lui les montagnes et s'apprête à de nouveaux combats[1]. »

Fin de la première guerre de religion.

Cependant la première guerre de religion touchait à son
terme. Le prince de Condé avait été battu et fait prisonnier
à Dreux, et le duc de Guise, au moment où il allait se saisir
d'Orléans, le boulevard des protestants dans la région de la
Loire, fut assassiné par Poltrot (18 février 1563). Rien ne
s'opposant plus à la paix, Condé demanda purement et
simplement la loyale exécution du fameux édit de janvier
1562 ; mais on lui accorda béaucoup moins. L'édit d'Amboise du 19 mars, auquel il eut la faiblesse de souscrire, ne
garantissait la liberté de culte qu'aux nobles dans leurs
châteaux, aux réformés des villes qui jouissaient de l'exercice de la religion au 7 mars 1563, et à ceux qui habitaient
les faubourgs des villes de bailliages. Les habitants des villages, qui formaient la classe la plus nombreuse, étaient
sacrifiés. Aussi les protestants furent-ils très-mécontents,
comme du reste les catholiques, qui trouvaient qu'on accordait encore trop à leurs adversaires. Les deux partis considérèrent donc la paix comme une trève. Celle-ci toutefois ne
fut rompue que cinq années plus tard.

---

(1) Muston, t. iii, p. 349-354.

INTERVALLE ENTRE LA PREMIÈRE ET LA SECONDE
GUERRE DE RELIGION.

(19 mars 1563 — septembre 1567.)

---

*Crussol refuse d'abord de déposer les armes.
Vieilleville commissaire exécuteur de l'édit
de paix en Dauphiné. Pacification de
Vienne, de Gap et des vallées vaudoises.*

1563. La paix fut publiée à Vienne sans pompe l'avant-dernier
jour de mars, mais dans les villes occupées par les réformés la publication n'eut pas lieu si promptement. Pour ce
qui est de Crussol, qui, on se le rappelle, avait succédé à
des Adrets comme lieutenant général du Dauphiné, la
reine-mère lui écrivit dès le 1er avril de déposer les armes.
Crussol lui répondit le 11 de Valence qu'il ne pouvait traiter
avec le représentant du pouvoir royal, Guillaume, vicomte
de Joyeuse, personnage généralement haï, et qu'il impor-
tait d'envoyer dans les provinces du Midi pour traiter de la
paix un personnage d'autorité. Il ajoutait que, depuis la
publication de l'édit d'Amboise, les catholiques continuaient
à piller, brûler et ravager; mais que néanmoins il s'em-
ploierait de son mieux pour rétablir la concorde entre les
deux partis. Il convoqua dans ce but à Valence, tout en
restant armé, une assemblée générale des députés des villes
protestantes de la province. Elle eut lieu le 20 avril. Un
envoyé de la cour fit connaître « la volonté et intention de
Sa Majesté »; mais on ne put s'entendre [1].

---

(1) LACROIX, *Notice sur Donzère*, p. 66; — *Hist. gén. du Languedoc*,
t. VIII, p. 3. — Selon d'autres la réunion eut lieu le 29.

Galeys, premier consul et député de Grenoble, fut chargé 1563. par le conseil général de cette ville, qui s'était assemblé le 15 avril et auquel assistèrent les ministres Étienne Noël et Eynard Pichon, d'émettre le vœu que la messe ne fût pas rétablie à Grenoble, que les charges publiques de la ville fussent toutes remplies par des protestants et que l'exercice de la religion réformée, prêchée depuis un an par les ministres, fût seul permis. Il se fondait sur ce que la paix ne serait possible à Grenoble qu'à ce prix. Galeys oubliait que si les catholiques avaient pu prendre la parole, ils se fussent appuyés sur les mêmes motifs pour demander l'interdiction de la religion réformée. La liberté la plus entière des deux cultes était au contraire le seul moyen d'établir une paix durable. Il a fallu trois siècles à la France pour comprendre cette vérité élémentaire, dont l'évidence n'a été reconnue qu'après douze guerres civiles.

Le roi, voyant que Crussol ne voulait pas déposer les armes, lui écrivit une nouvelle lettre le 11 mai, dans laquelle il le priait, aussitôt qu'il l'aurait reçue, de congédier ses troupes. Il ajoutait qu'il donnait le même ordre à Joyeuse en Languedoc et à Maugiron en Dauphiné, et l'engageait à se réconcilier avec eux, en attendant l'arrivée du maréchal François Scepeaux de Vieilleville, chargé de faire exécuter le dernier édit dans le Lyonnais et les provinces avoisinantes. Crussol obéit et à partir de ce moment il ne fut plus mêlé aux affaires du Dauphiné [1].

Un mois et demi après, Vieilleville arrivait dans la province. Le maréchal passait pour être « plus politique que religieux », au dire de Brantôme [2], et avait même favorisé la Réforme lorsqu'il était à Metz, « jusque-là, ajoute le même

---

(1) *Hist. gén. du Languedoc*, t. VIII, p. 3 et 4.
(2) *Vie des grands capitaines*, 1re partie.

1563. auteur, qu'il maria sa seconde fille avec le sieur de Lys de Lorraine, qui était fort de la religion; ce que de ce temps fut trouvé fort étrange, car lors ces mariages n'étaient communs en France ». Le maréchal arriva à Vienne le 5 juillet. Les protestants de cette ville, qui étaient nombreux et influents, lui demandèrent la liberté de célébrer publiquement leur culte. Maugiron, à qui ils avaient d'abord adressé cette demande, s'en était remis, pour y répondre, aux soins de Vieilleville, qui lui-même en référa au roi. Or, comme l'édit d'Amboise (art. V) n'accordait l'exercice public de la religion réformée qu'aux villes qui en jouissaient au 7 mars 1563, et que, depuis la prise de Vienne par Maugiron, les protestants en avaient été privés, quoique le lieutenant général et le duc de Nemours leur eussent promis le contraire, le roi refusa d'accéder à leur demande. Ils se virent donc obligés de célébrer leur culte en dehors de Vienne, dans le faubourg de Sainte-Colombe, sur la rive droite du Rhône.

Nous ne savons où se rendit le maréchal après avoir quitté Vienne, mais il était à Gap au mois d'août. Dès le mois précédent, les catholiques de cette ville lui avaient adressé une requête dans laquelle ils lui exposaient que Gap était la clef de l'Embrunais et de la Provence, et, par l'Embrunais, du Briançonnais et du Piémont; que les protestants occupaient Serre, Die, Valence, Montélimar et Grenoble et menaçaient Gap par Romette, où ils étaient établis et d'où ils ne cessaient de faire des incursions jusqu'aux portes de la ville. Ils lui demandaient donc une garnison et le priaient de leur laisser pour gouverneur Laborel, dont ils avaient déjà apprécié la bravoure et les services. Et comme les protestants déclaraient « ne vouloir subir jugement par-devant tous juges, avocats, procureurs et greffiers qui ont tenu le parti du roi durant ces derniers troubles, et ne sont de leur ligue et religion », ils lui demandèrent en outre que nul n'eût la faculté de récuser des juges pour cause de religion; que

l'exercice du culte réformé ne pût se faire à Gap, non plus 1563.
qu'à deux lieues à la ronde, et qu'aucun protestant qui ne
serait pas né à Gap ou n'y habiterait pas depuis dix ans,
n'eût le droit d'y établir son domicile. Vieilleville eut la faiblesse de souscrire à plusieurs de ces prétentions exorbitantes (11 août).

Le maréchal était secondé dans son œuvre par deux commissaires adjoints, Jacques Phelippeaux, sieur de la Madeleine, et Jean de Bouquemare, tous les deux membres du
grand conseil du roi. Il cita les protestants du Briançonnais
et des vallées de Cluson, de Pragela et de la Haute Doire à
comparaître devant lui; mais ceux-ci, par crainte assurément, ne répondirent point à son appel. Il n'en rendit pas
moins son ordonnance (17 sept.), d'après laquelle lesdits
protestants étaient invités à déposer leurs armes dans les
châteaux de Briançon, d'Exilles et de Château-Dauphin
(Castel-Delphino), et pouvaient célébrer leur culte à Chaumont, ensevelir leurs morts dans le cimetière commun,
« selon leur forme et manière de religion, jusqu'à ce qu'il ait
été pourvu d'autre lieu commode pour cela faire, » et entrer
dans les assemblées générales avec voix délibérative. Mais le
conseil communal et le consulat leur étaient interdits.

La question municipale ne fut réglée à Gap qu'en 1564,
et, à cause de son importance, fut renvoyée devant le parlement, qui décida que pour cette année 1564 il y aurait
deux consuls protestants et dix conseillers municipaux également protestants sur vingt-six. Ce règlement, d'autant
plus agréable aux réformés qu'ils n'osaient en espérer un
semblable, car ils n'étaient que 300 contre 6 ou 7,000 catholiques, fut modifié dès 1565 et donna lieu à plusieurs séditions. C'est dans celle de 1567 que, selon Charronnet, le
capitaine Furmeyer, le sauveur de Grenoble, aurait été tué
et sa maison rasée.

Pacification de Grenoble, Romans et Valence.

1563. Avant de se rendre à Grenoble, Vieilleville y avait envoyé le baron de Bressieux pour engager les compagnies de La Coche, Ponnat et Bardonnenche, qui comptaient 200 soldats, à mettre bas les armes. Tout ce qu'il put obtenir d'eux, c'est que les consuls fissent publier la paix et que les troupes jurassent de l'observer; quant à déposer les armes les capitaines n'y consentirent point, attendu que Grenoble était entouré de troupes catholiques et que les paysans de tous les villages environnants étaient également armés. Bressieux fut plus heureux auprès des conseillers du parlement, réfugiés à Chambéry depuis le commencement de la guerre. Sur son invitation ils rentrèrent à Grenoble et reprirent leurs siéges.

Le maréchal fit bientôt son entrée dans la capitale du Dauphiné et eut une réception magnifique. Quatre cents gentilshommes vinrent l'attendre à un quart de lieue des murailles, et il fut reçu aux portes de la ville par les consuls et à son logis par le parlement. Il répartit les charges municipales d'une manière égale entre les protestants et les catholiques, quoique ceux-ci fussent les moins nombreux de beaucoup; fit nommer 5o habitants, tant de l'une que de l'autre religion, pour maintenir l'ordre, et établit une garnison de deux compagnies.

Il avait résolu de convoquer à Loriol, pour le 3o novembre, une assemblée des députés des dix villes de la province; mais Maugiron et Bressieux lui conseillèrent de convoquer plutôt les trois ordres des États du Dauphiné. La réunion eut lieu à Grenoble le 5 décembre et décida que l'édit de pacification serait imprimé et affiché dans tous les

carrefours de Grenoble. Puis le maréchal, disent ses *Mé-* 1563.
moires, assembla « les chefs et anciens de la noblesse du
pays, en pleine place de la ville, à la vue de tout le peuple ;
auxquels il commanda de s'entrebrasser et oublier toute
inimitié, rancune et vindicte, en s'entrepardonnant les
courses, brûlements et voleries qu'ils auraient exercés les
uns contre les autres en fait de guerre seulement, combattant pour la manutention de leur parti durant les troubles ;
ce qu'ils firent très-volontairement en sa faveur. Ils faisaient
le nombre d'environ six-vingts gentilshommes de marque
d'ancienne extraction ».

Les états accordèrent aux protestants de Grenoble tout ce
qui était compatible avec l'édit d'Amboise. On leur fit restituer l'église du couvent de Sainte-Claire, parce que les
religieuses en avaient été rappelées ; mais le conseil fut tenu
de leur assigner un autre lieu d'exercice, avec permission d'y
bâtir un temple. Ils obtinrent également la permission, avec
l'agrément des chapitres de Notre-Dame et de Saint-Laurent, d'ensevelir leurs morts dans les cimetières attenant à
ces deux églises, mais seulement « par provision et sans
conséquence ».

Vieilleville séjourna un mois entier à Grenoble, puis se
rendit à Valence, après avoir laissé des instructions précises
au parlement pour le maintien de la paix à Grenoble et fait
jurer à la noblesse d'obéir à tous les ordres de cette cour
souveraine. Ses instructions furent dressées par Maugiron
et le parlement en forme de règlement. Elles portaient, suivant Chorier, « que les habitants choisis de l'une et de l'autre
religion, vingt-un de chacune, jureraient dans une assemblée générale fidélité et obéissance aux magistrats, au roi,
et, ce qui en était la suite, qu'ils promettraient, levant les
mains, d'observer exactement tous les articles de la pacification, de ne se soulever ni prendre les armes sous quelque
prétexte que ce pût être que pour le service du roi et par

1563. son exprès commandement, ou de ceux qui auraient pouvoir de lui...; qu'après ils éliraient cinquante d'entre eux, autant de l'une que de l'autre religion, premièrement pour travailler à ce que les habitants eussent à déclarer quelles armes ils avaient dans leurs maisons, à les porter dans le lieu qui serait désigné par Maugiron...; après, qu'ils auraient soin d'éclairer les actions de ceux qu'ils jugeraient suspects ou de vouloir susciter de nouveaux troubles par de secrètes conspirations, ou de mépriser les édits et les articles de paix par quelque infraction...; qu'ils veilleraient même sur ceux qui s'entrejurieraient; qui, les jours de fêtes chômables, travailleraient en public, tiendraient leurs boutiques ouvertes et étaleraient leurs marchandises; qui s'occuperaient à des jeux de hasard, qui blasphèmeraient, qui feraient des danses ou des assemblées publiques...; finalement, qu'ils feraient une recherche exacte des étrangers qui s'étaient établis dans Grenoble, pour leur faire vider la ville, et que ceux qui n'habitaient point avant ces derniers troubles seraient tenus pour tels ». Le parlement aurait désiré que ce règlement devint général pour toute la province, mais il ne fut pas reçu de tous, et la ville de Vienne, en particulier, le rejeta.

L'édit de pacification d'Amboise fut apporté à Romans par de Bressieux et calma les esprits. « Il fut délibéré, dit Dochier, dans une assemblée générale, que l'édit du roi serait exécuté; qu'aucun trouble ne serait causé aux exercices des deux religions; que ce qui avait été pris de part et d'autre serait restitué; qu'on nommerait six notables catholiques et protestants, auxquels on donnerait pouvoir de traiter toutes les affaires pour le service de Dieu et du roi. » Ce traité, malheureusement, ne fut pas longtemps respecté, car les catholiques durent bientôt cesser l'exercice de leur culte dans toutes les églises de Romans. Il fut rétabli l'année suivante, et les protestants, qui célébraient leur religion dans l'église des Cordeliers, furent à leur tour contraints d'abandonner

cet édifice, qu'on restitua à ses premiers possesseurs. Ils 1563.
établirent alors « leur temple, dit Ulysse Chevalier, dans
une maison du quartier de la ville neuve, près du couvent
de Sainte-Marie. Mais ce local était incommode. Le 7 juin
1564, Jean Magnet, syndic de l'église réformée, obtint de
la ville, pour la construction d'un nouveau temple, un emplacement situé aux vieux fossés ou *terreaux,* entre la place
de Jacquemart et la porte de fer. Ce projet n'eut, croyons-
nous, aucune suite ».

Quand Vieilleville arriva à Valence, il trouva les esprits
pacifiés, grâce encore aux soins de Bressieux. « Il ne se
présenta âme vivante pour se plaindre, disent ses *Mémoires ;*
et les édits étant attachés aux carrefours de la ville et aux
portes des églises, et toutes choses au reste exécutées en la
propre forme et manière, comme elles avaient été à Grenoble; ce que M. le maréchal loua grandement et en honora
beaucoup M. de Bressieux [1]. »

Pacification de Saint-Paul-trois-Châteaux, Dieulefit, Donzère et autres lieux du Dauphiné.

A Saint-Paul-trois-Châteaux, que le maréchal ne paraît
pas avoir visité, la pacification s'opéra d'elle-même. Les
habitants, qui avaient embrassé en masse la Réforme, ayant
eu connaissance de l'édit d'Amboise, « convoquèrent, dit
Boyer de Sainte-Marthe, une assemblée générale à la place
sous la halle de Sexteral (11 juin 1563), qui fut beaucoup

---

(1) *Mémoires du maréchal de Vieilleville,* dans la *Collection universelle des mémoires particuliers,* t. XXXII, p. 289-304; — CHORIER, p. 592-599; — CHARVET, p. 558, 559; — DOCHIER, p. 188, 189; — Ulysse CHEVALIER, dans le *Bullet. de la Soc. d'archéol. de la Drôme,* t. II, p. 388.

1563. plus nombreuse que celle de 1561, pour faire une députation au roi... et déclarer à Sa Majesté que tous en général et chacun en particulier avaient reçu ses édits avec respect et qu'ils voulaient les exécuter de point en point sans résistance ; qu'à ces fins les portes de la ville, qu'on tenait fermées, étaient ouvertes pour donner liberté à un chacun d'entrer et de sortir selon la nécessité de ses affaires ; qu'ils oubliaient les injures et les outrages qui leur avaient été faits par ceux qui avaient pris les armes contre le repos et la liberté de leur ville ; que, bien loin d'en tirer vengeance, ils les reçoivent à bras ouverts à leur retour de l'exil volontaire auquel ils s'étaient condamnés, et qu'ils vivaient avec eux dans une aussi profonde paix qu'avec leurs propres frères ; que si l'on voyait des gens armés et des gardes aux portes de la ville, ce n'était ni pour insulter ni pour blesser, moins encore tuer, mais seulement pour se défendre des voleries et des meurtres que quelques compagnies italiennes et autres étrangers pratiquaient en ce quartier de Dauphiné, faisant semblant de se retirer en leur pays ; qu'ils ne retenaient pas les biens des ecclésiastiques et qu'ils ne les empêchaient point de rentrer dans leurs bénéfices... Et d'autant que la paix, après Dieu, dépendait de la prudence des magistrats et que l'expérience faisait connaître que les dernières guerres avaient pris leur source dans leur méchante conduite, en particulier pour s'être déclarés trop partials, ils suppliaient Sa Majesté de ne pas députer M. de Maugiron en qualité de lieutenant général du Dauphiné, attendu qu'il était l'ennemi capital des partisans de la religion réformée, ce qui n'avait que trop paru en plusieurs actes d'hostilité qu'il avait faits ; mais de commander à M. le comte de Clermont de rentrer dans sa charge, et de défendre à tous les autres magistrats de ne les point troubler dans l'exercice de leur religion ».

Trois semaines après (1er juillet 1563), les habitants de

Saint-Paul se réunirent de nouveau à son de trompe par 1563, ordre du baillif et des consuls, et l'assemblée déclara publiquement « ne vouloir pas ci-après aucun service romain, cérémonies ou superstitions papales; seulement désirait la pure et libre prédication du saint Évangile de Notre Seigneur Jésus-Christ et observation de ses saints commandements, vivant sous l'obéissance et fidélité dues au roi, leur souverain et naturel prince, et observation de ses édits et ordonnances, en toute paix, amitié et union avec tous les sujets de Sa Majesté et autres leurs circonvoisins ». Cette assemblée se composait de 162 hommes, au nombre desquels le baillif et les deux consuls, et de 6 prêtres bénéficiers de l'église cathédrale de Saint-Paul.

Cette délibération prise, on chargea Guillaume Moreton de Sauzet, Gabet-Saint-Rémy, de Vienne, et Saint-Martin, de la maison de Morges-Ventavon, « de la porter au roi, à la reine-mère, aux seigneurs du conseil privé, au maréchal Scepeaux de Vieilleville et à tous les autres seigneurs, magistrats ou envoyés de Leurs Majestés à qui il pourrait appartenir, pour les supplier très-humblement de l'agréer et de l'approuver ».

L'évêque de Saint-Paul, Jean de Joly, rentra dans son diocèse et s'efforça de ramener au catholicisme les six prêtres qui avaient embrassé la Réforme; mais ce fut sans succès. N'ayant pas été plus heureux auprès de la population, et réduit à célébrer ses offices dans la maison de l'audience de la ville, il se retira en 1567, au commencement de la seconde guerre de religion, à Choins, en Bresse, laissant à ses chanoines le soin de pourvoir aux besoins religieux des quelques catholiques qui n'avaient pas fait cause commune avec le reste de la population. Ils ne demeurèrent toutefois à Saint-Paul que jusqu'en 1571 [1].

---

(1) Boyer de Sainte-Marthe, p. 228-234; — *Notices relatives aux*

1564. A Dieulefit, les habitants, dont l'immense majorité appartenait à la religion réformée, décidèrent, dans une assemblée générale (1er juillet 1563), de demander au maréchal de Vieilleville que le culte catholique ne fût plus permis dans la ville. Le maréchal ne souscrivit point à une décision si peu libérale. Cependant le culte catholique et l'union entre les adeptes des deux religions ne furent rétablis à Dieulefit que l'année suivante, sur les instances du sénéchal de Montélimar et grâce à l'énergie de Sébastien de Vesc, coseigneur du lieu [1].

A Donzère, qui avait embrassé en masse le protestantisme, lorsque le diacre réformé Brotier et l'ancien du consistoire Vidal voulurent, pour obéir à l'édit de paix, rendre aux catholiques, par l'entremise du châtelain, les clefs de leur église, qui avait servi jusque-là à l'exercice de la religion réformée, les prêtres refusèrent de la recevoir, en disant qu'ils ne voulaient faire « autre service à Dieu en autre manière qu'en la doctrine de la religion chrétienne, selon l'Évangile et la pure Parole de Dieu » (27 juill. 1563). Le maréchal de Vieilleville, informé par l'évêque de Viviers qu'on ne faisait à Donzère, non plus qu'à Châteauneuf-du-Rhône et à Pierrelatte, aucun exercice de la religion catholique, chargea le sénéchal de Montélimar de l'y rétablir (juin 1564). Les efforts de ce dernier paraissent avoir abouti, car l'année suivante on voit un curé installé à Donzère. On défendit en même temps au ministre de prêcher dans ce lieu, ainsi qu'à Châteauneuf; mais il refusa d'obéir [2].

A Montélimar, les catholiques et les protestants n'ayant pu s'entendre au conseil communal sur les lieux de culte à

guerres de religion, dans le Bulletin de la Soc. d'arch. de la Drôme, t. v.

(1) ROBIN, Hist. de Dieulefit (Mns.).

(2) LACROIX, Notice sur Donzère, p. 68-71.

affecter à chaque religion, il fut convenu que chacun « ferait 1564 ses prières chez soi [1] ».

Nous ne possédons pas de renseignements sur la pacification des autres villes du Dauphiné. Le maréchal ne les visita assurément pas toutes; mais les deux commissaires qui l'accompagnaient, Phelippeaux et Bouquemare, durent nécessairement le faire; de telle sorte qu'au commencement de 1564 toutes les places de la province étaient rendues au roi et le pays pacifié, quoique le roi Charles IX, donnant un fâcheux exemple à ses sujets des deux religions, eût déjà porté atteinte à l'édit d'Amboise par ses deux déclarations du 16 juin et du 14 décembre 1563.

La Roche-sur-Yon gouverneur du Dauphiné, en remplacement du duc de Guise. Restrictions apportées à l'édit d'Amboise. Maugiron destitué et remplacé par Gordes. Ligue des catholiques. Excès des deux partis.

Cette même année 1564, Charles de Bourbon, prince de La Roche-sur-Yon, nommé gouverneur du Dauphiné à la place du duc de Guise, assassiné devant Orléans, vint visiter la province. Brantôme [2] dit de lui : « Bien est-il vrai qu'il était plus politique que passionné catholique, comme Monsieur son frère (de Montpensier), et qu'il conseillait et tendait plus apaiser les troubles de la France par la douceur que par la guerre et la rigueur, et pour ce aucuns l'en tenaient plus sage. »

---

(1) LACROIX, Notice sur Donzère, p. 70.
(2) Vie des grands capitaines, 1re partie.

1564. Arrivé à Vienne, les réformés lui demandèrent l'autorisation de célébrer leur culte dans la ville, comme ils l'avaient
demandé sans succès à Vieilleville; mais il voulut connaitre
le sentiment des catholiques et chargea les deux partis de
désigner chacun six personnes pour débattre leurs intérêts
respectifs devant lui. Les députés n'ayant pu s'entendre,
La Roche-sur-Yon les renvoya au roi, qui, sans doute,
n'accorda pas aux réformés de Vienne la faveur qu'ils réclamaient [1].

Le prince gouverneur fut suivi de bien près dans le Dauphiné par Charles IX, qui parcourait la France pour relever
son crédit. Le roi séjourna dans la province du 17 juillet
au 20 septembre 1564. Il s'arrêta à Roussillon, « belle
petite ville et château, » 29 jours; à Valence, « belle, bonne
et grande ville, évêché, » 12 jours; à Étoile, « petite ville et
château, » 8 jours, et à Montélimar, « belle petite ville, »
4 jours [2]. En passant à Valence, il fit démolir les fortifications qu'y avaient élevées les protestants et y plaça une
garnison toute catholique.

Pendant son séjour à Roussillon, Charles IX publia une
nouvelle déclaration restrictive de l'édit d'Amboise (4 août).
Elle défendait aux seigneurs hauts justiciers d'admettre à
leurs assemblées d'autres personnes que les membres de
leurs familles et leurs vassaux immédiats; aux églises de
tenir des synodes et de faire des collectes d'argent; aux ministres de quitter les lieux de leur résidence et d'ouvrir des
écoles; elle enjoignait de plus aux prêtres et aux moines
qui s'étaient mariés de quitter leurs femmes et leurs enfants,
pour rentrer dans leurs monastères, sous peine, en cas de
désobéissance, de bannissement ou des galères perpétuelles.

---

(1) *Archives de la ville de Vienne*, P. 158, V°.

(2) *Recueil et discours du voyage du roi Charles IX... ès-années* 1564 et
1565; Paris, 1566, in-12.

Déjà, le 24 juin, le roi avait interdit l'exercice de la religion 1565. réformée dans les lieux où il devait passer et pendant toute la durée de son passage. C'est ainsi que la cour reprenait peu à peu aux protestants les concessions de l'édit d'Amboise et préparait de nouvelles luttes. « Catherine, dit le président Hénault [1], avait causé la première guerre civile, en favorisant les huguenots; elle fut la cause de la seconde, en les irritant. »

Le moment, toutefois, n'était pas encore venu de lever le masque, et la reine-mère, comme pour contrebalancer l'effet des graves restrictions apportées à l'édit d'Amboise, réprimait le zèle trop ardent des catholiques. Ainsi, dès qu'elle eut quitté le Dauphiné, elle destitua Maugiron et le remplaça par Bertrand-Raimbaud de Simiane III, baron de Gordes, homme équitable, modéré et judicieux, qui avait été l'élève de Bayard et fut surnommé l'Épaminondas français.

Les protestants du Dauphiné ne se soumirent pas à la déclaration de Roussillon, qui apportait de si grandes entraves à leur liberté religieuse. Malgré sa teneur, sept ministres se réunirent à Mens en synode ou colloque, pour s'occuper des intérêts de leurs églises. Gordes, qui avait fait sa première entrée à Grenoble le 22 février 1565, en eut connaissance, mais ne poursuivit pas les contrevenants. Le parti catholique, déjà irrité de la destitution de Maugiron, chercha dès ce moment à miner l'influence de Gordes, et même à le faire révoquer. Il alla plus loin encore en formant une ligue contre lui et les protestants. Maugiron, Guillaume de Saint-Marcel, archevêque d'Embrun, Suze, André Alleman Pasquiers, seigneur de Pasquiers, Charles de Moustiers, seigneur de Ventavon, en étaient les chefs, et

---

(1) *Abrégé chronologique*, p. 530. (Édit. de Paris 1785).

1565. ils avaient l'appui secret du comte de Tende, gouverneur de Provence, et de Henri de Montmorency, seigneur de Damville, gouverneur du Languedoc. Ils eurent entre eux de fréquentes conférences, auxquelles assistèrent un grand nombre de gentilshommes catholiques de la province, et firent des provisions d'armes. Gordes l'apprit, mais se borna à leur faire savoir qu'il n'ignorait pas leurs menées.

De pareilles entreprises n'étaient pas faites pour amener la paix entre les deux partis. Aussi y eut-il des mouvements en divers lieux. A Grenoble et dans les environs, les protestants et les catholiques ne sortaient pas sans armes, bien que les édits défendissent d'en porter. A Freissinières, le curé, « plus zélé que sage, dit Chorier, soit qu'il en eût l'ordre, soit qu'il suivît son humeur, dans la pensée de plaire à l'archevêque [d'Embrun], abusa de son autorité. Ne réussissant pas à la conversion de ces peuples par le discours, il voulut l'avancer par les armes. Il les fit piller et maltraiter par ses soldats... Il fut chassé, et depuis il fut impossible à Gordes de les porter à consentir à le recevoir : il fallut y en envoyer un autre [1] ».

Les protestants se livrèrent aussi à des excès. Saint-Auban et La Coche, qui étaient tout puissants dans Nyons, une des villes de la province qui renfermaient le plus de réformés, y abolirent la messe, rétablie depuis l'édit de pacification. Dans le Royannais, qui comptait également beaucoup de protestants, les églises de Sainte-Eulalie et de Saint-Nazaire furent incendiées. Les protestants cherchèrent encore, mais sans succès, à s'emparer par intelligence et sous le couvert des Genevois du château de Montmeillan. Des Adrets fut soupçonné d'avoir eu part au complot, mais il s'en disculpa. « Il avait toujours de grandes intelligences avec les hugue-

---

(1) Voyez aussi ALBERT, t. I, p. 166.

nots, dit Guy Allard, son historien, mais il ne s'en servait 1565.
pas pour leur nuire et en profitait auprès de Gordes pour le
service du roi. »

Gordes visite le haut Dauphiné pour le pacifier. Les protestants, traités sévèrement en divers endroits, s'assemblent pour aviser à leur défense.

Les partis étant très-animés dans le haut Dauphiné,
Gordes jugea nécessaire de le visiter pour en opérer, si possible, la pacification. Il partit de Grenoble le 8 août 1565 [1],
accompagné seulement de quinze archers et du conseiller
au parlement Severin Odoard, seigneur de Fiançayes. En
traversant l'Oisans, il voulut se saisir du ministre de Besse,
qui avait présidé des assemblées, contre la teneur de l'édit.
Mais celui-ci parvint heureusement à s'échapper. Le lieutenant général s'en vengea sur le consul de Misoën, qu'il fit
emprisonner parce qu'il avait assisté aux prêches du ministre,
et donna l'ordre d'arrêter tous ceux du pays qui se rendraient
dorénavant aux assemblées.

Il se dirigea de là vers les vallées de la Haute Doire et de
Pragela, et fit célébrer la messe dans cette dernière (16 et
17 août); mais aucun des habitants de la vallée ne s'y rendit.
Il n'en établit pas moins des curés dans ces paroisses sans
paroissiens et fit promettre aux consuls des communautés
qu'on ne les molesterait en aucune façon. Mais à peine se
fut-il éloigné, que les curés furent contraints de partir, sous
le coup des menaces des habitants.

·Gordes alla jusqu'à Turin et rentra dans le Dauphiné par

---

(1) Charronnet (p. 47) place à tort cette tournée en 1566.

1565. Saluces, Château-Daùphin (Castel-Delphino) et La Chenal
(Ponte-Chianale). Il visita Guillestre, Saint-Crépin et rétablit le culte catholique à Freissinières (25 août), où il fit
célébrer la messe par un nouveau curé, qui eut l'agrément
de Montbrun. A Corps, il reçut la visite de Lesdiguières,
de Pierre de Bonne de Molines, de Pipet, d'Étienne
d'Ambel, de Claude Pellat, seigneur de Saint-Maurice, et
à La Mure, celle de Ponsonnas et de Jacques de Moustiers.
Il était de retour à Grenoble le 22 août.

Gordes veillait ainsi à l'exacte observation de l'édit d'Amboise; mais ses envieux, qui l'auraient voulu violent et
persécuteur, ne lui pardonnaient point sa modération et son
équité. Ils le faisaient passer pour un huguenot déguisé.
« Surtout je vous prie, lui écrivait son ami le comte Antoine
de Crussol (13 mars), allez tous les jours à messe, afin
qu'on ne dise pas que vous êtes huguenot; car l'on dit déjà
partout que vous êtes assez homme de bien et assez habile
pour l'être. Donnez-en vous bien garde [1]. » La noblesse
catholique et le clergé, soutenus par le procureur général
Pierre Bucher et Maugiron, envoyèrent même des mémoires
au roi contre lui; mais il se justifia de toutes les accusations
qu'ils renfermaient. Peu de temps après il perdit un puissant protecteur dans la personne de La Roche-sur-Yon,
gouverneur du Dauphiné, qui fut remplacé par Louis de
Bourbon, duc de Montpensier, ennemi des huguenots.
Aussi se crut-il obligé de se relâcher à partir de ce moment
de sa modération habituelle.

Le célèbre réformateur Viret, contraint de quitter Lyon,
où il exerçait son ministère, s'était réfugié, en août 1565,
dans la Valloire, en Viennois, et y amena beaucoup de personnes à la foi réformée. Gordes essaya de se saisir de lui,

---

(1) D'AUMALE, *Hist. des princes de Condé*, t. I, p. 522.

et ne le put heureusement, grâce aux hautes protections 1565. dont jouissait le fervent ministre.

La Réforme faisait aussi de grands progrès à Valence, sous le ministère de Jean de La Place, pasteur plein de zèle et de talent. Gordes lui enjoignit de se retirer.

A Vienne, Gabet, Antoine d'Argoud et quelques autres célébraient ouvertement le culte évangélique dans leurs maisons, bien qu'ils n'y eussent pas droit, en vertu de l'édit d'Amboise. « Ils en furent châtiés, dit Chorier. Le consul et la ville en corps s'étant rendus instigateurs et parties contre eux, Gabet fut poursuivi criminellement et obligé de quitter Vienne, et Argoud condamné à cent livres d'amende[1]. Il fut ordonné à Jean Figon, leur ministre, de vider la ville dans huit jours, et, n'y trouvant plus de sûreté, il ne s'obstina pas et obéit. Il avait un exemple devant les yeux qui lui faisait peur. Un ministre, qui passait dans Vienne, avait été arrêté par Jean de Sessins, seigneur d'Aouste, Montfort, Sainte-Marie et Saint-Marc, soldat de fortune qui devint plus tard gouverneur de Vienne. Gordes, qui en fut averti, avait recommandé au vibailli de Vienne de lui faire son procès. Le parlement en avait fait autant. Il n'y avait point d'indulgence pour les ministres dans l'esprit des catholiques, ni de clémence dans la justice. » Chorier, dans son *Histoire abrégée*[2], dit que Jean Figon était un ministre d'une grande réputation.

En présence de ces sévérités, les protestants s'agitaient et menaçaient de se venger sur les officiers de justice. Ils avaient entre eux de fréquentes réunions. La plus importante est

---

(1) Charvet (p. 560) dit que c'est l'archevêque de Vienne qui porta plainte contre Gabet et ses compagnons au lieutenant général, et que ces derniers furent mis à mort. Le savant historien est certainement mal informé sur ce dernier point.

(2) T. II, p. 139.

1565. celle qu'ils tinrent à Saint-Paul-trois-Châteaux, au commencement de décembre, à la persuasion de Viret, et qui ne 'paraît pas avoir été autre chose que leur synode provincial annuel. Il y fut résolu que les protestants célèbreraient la cène à Valence le jour de Noël, et 'que toute la noblesse du Valentinois y assisterait en armes pour protéger le culte en cas d'attaque. Gordes, ayant eu vent de ce projet, le fit échouer par son habileté, et il défendit en même temps aux réformés des environs de Grenoble de prendre la cène dans cette ville. Le parlement confirma sa sentence.

Gordes visite le bas Dauphiné pour le pacifier. Animation des deux partis. Iniquités et violences commises contre les protestants des autres provinces. Ils décident d'en appeler au sort des armes.

Lesdiguières, qui ne jouissait pas encore à cette époque d'une grande autorité, profita des loisirs de la pàix pour se marier avec Claudine de Béranger [1], et nous ne rappellerions pas cet événement, qui n'a aucune importance pour notre histoire, s'il n'avait fourni à notre héros l'occasion d'accomplir un glorieux fait d'armes. Au milieu des réjouissances de la noce, il apprend que 200 hommes de Gap, au mépris de l'édit de pacification, s'avancent de nuit pour le surprendre dans son château des Diguières. Sur l'heure, il choisit 50 soldats déterminés et va attendre ses ennemis dans une embuscade au village de Laye. Les Gapençais, qui le croient tout entier au plaisir, tombent dans le piége et sont taillés en pièces.

---

(1) C'était la sœur de Claude de Béranger, seigneur de Pipet. Martin Aubert de Champoléon épousa une autre sœur de Pipet, nommée Madeleine, et se trouvait ainsi le beau-frère de Lesdiguières.

Autrement l'année 1566 fut témoin de peu d'événements. 1566.
Les officiers du pape en résidence à Avignon avaient enlevé
le pasteur de Tulette, et Gordes le fit relâcher. D'un autre
côté, les pasteurs du Valentinois et du Diois, unis à quelques autres du haut Dauphiné, tinrent leur synode annuel
de la province dans une verrerie du bois de Coloran, près
de Tullins. Gordes prit ombrage de quelques propos belli-
queux qui s'y étaient tenus, et fit hâter la démolition des
fortifications de Valence, ordonnée par Charles IX, lors de
son passage dans cette ville. Les protestants étaient de beaucoup les plus forts à Valence, et le lieutenant général voulait
les affaiblir.

Il entreprit à cette époque, accompagné du président au
parlement Guillaume de Portes, une tournée de pacification
dans le bas Dauphiné. Il « fit, dit Chorier, des règlements
pour chaque ville, et ordonna prudemment ce qu'il crut
y pouvoir établir la paix et la concorde entre les habitants.
A son retour, il vit Montbrun et Saint-Auban auprès de
Mollans. Ils lui étaient venus à la rencontre, et la matière de
leur entretien fut le mauvais traitement qu'ils se plaignaient
qu'on faisait aux huguenots en divers lieux. Ils en attri-
buaient la cause à la haine des prêtres contre eux et à la
facilité des magistrats à se laisser persuader par les discours
de leurs ennemis. Surtout ils accusèrent le vibailli du Buis
d'être partial et de paraitre trop irrité et envenimé contre
eux. C'est ce que Gordes ne devait souffrir ni ne pouvait
éviter ».

Blacons, Mirabel, La Coche et les autres chefs huguenots
se plaignirent également auprès de Gordes; et les chefs
catholiques, Maugiron, Pasquiers et Suze, ne se contenaient
pas davantage. Les deux partis, bien loin de craindre une
rupture, paraissaient au contraire la désirer. Pasquiers renouvela sa ligue contre les protestants, et ces derniers durent
songer à leurs intérêts. Pour contenir à Grenoble les uns et

1567. les autres, Gordes établit une garnison de 50 Suisses. La noblesse protestante eut des assemblées politiques en divers lieux : à Serre, sous la présidence de Saint-Auban, puis à Champoléon, dans le Champsaur. Quant aux églises réformées, elles tinrent leur synode provincial annuel à Tulette. Les catholiques, ne pouvant plus se contenir, se mirent à courir le pays, et l'on vit dans le Viennois des gens de cheval armés de cuirasses et de pistolets et commandés par des amis de Pasquiers. Des habitants réformés de Tulette furent arrêtés dans le Comtat-Venaissin. On les accusait de s'y être rendus pour exécuter quelque dessein sur certaines places. Les commissaires du pape instruisirent sur l'heure leur procès, et, comme les preuves faisaient défaut, ils s'apprêtaient à les appliquer à la question, quand Gordes, qui avait assisté aux interrogatoires, obtint leur mise en liberté.

A Romans, les protestants prirent les armes au commencement de l'année 1567. « Ils étaient les plus forts, dit Dochier. Les catholiques, qui allaient joindre de Gordes, n'osant pas y entrer, entrèrent à Peyrins. Tout était en feu dans les environs. Aymar de Clermont Chatte-Gessans, qui commandait la troupe que Gordes lui avait confiée, arrive (1er février). Il se présente au conseil, demande les clefs des portes de la ville, la remise de la tour qui était sur le pont, les munitions de guerre qui y étaient renfermées, le logement et la nourriture des soldats. Les consuls alarmés cherchèrent des prétextes pour éluder. Ils eurent recours à la bonté de Gordes, qui, satisfait de leur promesse de rester fidèles et tranquilles, ordonna de rendre les armes qui avaient été enlevées, et à la garnison de se retirer. De Chatte resta gouverneur [1]. »

Depuis l'édit d'Amboise (19 mars 1563) jusqu'à l'époque où nous sommes arrivé (sept. 1567), Catherine de Médicis

---

(1) CHORIER, p. 600.614 ; — VIDEL, p. 23 ; — DOCHIER, p. 189, 190.

avait tout fait pour pousser les protestants à bout. « On 1567. restreignait chaque jour, dit l'historien Mézeray, la liberté qui était accordée aux réformés par les édits, en sorte qu'elle fut réduite à presque rien. Le peuple leur courait sus aux endroits où ils étaient les plus faibles, et en ceux où ils pouvaient se défendre, les gouverneurs se servaient de l'autorité du roi pour les opprimer. Il n'y avait nulle justice pour eux dans les parlements, ni au conseil du roi ; on les massacrait impunément ; on ne les rétablissait pas dans leurs biens et dans leurs charges ; enfin, on avait conspiré leur ruine. » Il est vrai que la reine-mère les payait de bonnes paroles, mais en même temps elle promettait au pape de travailler sans relâche à l'extirpation de l'hérésie, et aux conférences qu'elle eut à Bayonne avec la reine d'Espagne (1565), elle prêta une oreille complaisante aux conseils du féroce duc d'Albe, qui l'engagea à faire des Vêpres siciliennes de tous les chefs huguenots. C'était à l'assemblée des notables de Moulins (1566) que devait avoir lieu cette Saint-Barthélemy anticipée. Elle fut heureusement ajournée. Du reste, plus de 3,000 huguenots avaient été massacrés depuis la conclusion de la paix. C'est pourquoi, voyant les violences auxquelles ils ne cessaient d'être exposés, l'échange fréquent de courriers entre la cour de France, le Saint-Siége et le duc d'Albe, l'inutilité des démarches que les princes protestants d'Allemagne avaient tentées en leur faveur auprès de Charles IX, enfin, l'entrée en France de 6,000 Suisses pour le service du roi, les protestants se décidèrent, pour sauver leur vie et leurs biens, d'en appeler au sort des armes. Le soulèvement fut fixé au 28 septembre 1567, mais il éclata quelques jours plus tôt. Gordes, qui était toujours bien renseigné, avait informé la cour de cette date dès la fin de l'été ; mais on ne voulut pas ajouter foi à sa parole [1].

(1) D'AUMALE, *Hist. des princes de Condé*, t. 1, p. 515.

14

Liste des églises du Dauphiné, qui demandèrent des pasteurs à Genève pendant cette période, et des pasteurs de la province depuis l'établissement de la Reforme.

1563-1567. Le 22 avril 1563, le consistoire de *Romans* prie la vénérable compagnie des pasteurs de Genève de lui envoyer un pasteur pour l'église « qui est de grande importance, » parce que l'un des ministres « est tellement visité par la maladie, qu'il ne peut servir en l'église comme il désirerait ». Signé P. Lenclaux[1]. Nous savons par une autre source que l'un des pasteurs de Romans en 1567 était Siméon de Lacombe[2].

Les frères de *Pragela* informent le 5 mai 1563 la compagnie que leur pasteur, Jean Poirier, va en congé à Genève pour mettre ordre à quelques affaires, et la prient de l'exhorter à revenir au milieu d'eux après qu'il les aura terminées. Signé Digaix, au nom de tous les frères de Pragela, Piémont et Marquisat de Saluces[3]. En 1567 Pragela avait pour pasteur Rodigus[4].

Et. Noël, pasteur à *Grenoble*, sollicite le 19 mai 1563 « avis et conseil » des pasteurs de Genève sur ce qu'il doit faire, car il est instamment demandé par Angrogne en Piémont, son ancienne église, par Grenoble, qu'il dessert actuellement, et par ses compatriotes de Brie et de Champagne. A la lettre est joint un mémoire, signé L. de Lacour, qui établit les droits de l'église de Grenoble à l'encontre des prétentions de ceux d'Angrogne, et une lettre des consuls de

(1) GABEREL, t. I (2ᵉ éd.), p. 183.
(2) *Bulletin de la Soc. de l'hist. du prot. franç.*, t. IX, p. 293 et suiv.
(3) GABEREL, t. I (éd. 1853), p. 134.
(4) *Bulletin de la Soc. de l'hist. du prot. franç.*, t. IX, p. 293 et suiv.

Grenoble à la compagnie, du 21 mai de la même année, 1563-1567 qui la supplie de laisser définitivement Noël à l'église de cette ville. Noël demeura à Grenoble; mais les Vaudois d'Angrogne le demandèrent une nouvelle fois à cette église en 1565, et lui députèrent à ce propos André Rippert et Michel Blanc, qui, sur le refus de l'église de Grenoble de le laisser partir, se rendirent à Lyon pour demander le ministre Langlois, qu'ils ne purent non plus obtenir. Noël informa aussitôt la compagnie de ce qui se passait (4 sept. 1565), car il éprouvait des scrupules, attendu que l'église d'Angrogne ne lui avait jamais donné son congé en règle [1].

La lettre de Noël du 19 mai 1563, citée plus haut, contient ce post-scriptum important : « Les présentes déjà écrites est arrivé l'un des ministres de M. *le baron de Sassenage,* lequel m'a prié avertir M. Calvin de faire réponse audit sieur baron touchant les lettres du ministre qu'il demandait, et lui faire quelque mot d'exhortation à bien persévérer, car il est grand terrier et faut (comme il dit) 14 ministres en ses terres. Ledit seigneur fait diligente réformation par toutes ses terres; aussi font Messieurs ses enfants. Mais sa femme et autres parents s'efforcent de le détourner. Vous plaise l'avoir pour recommandé. » La lettre d'exhortation de Calvin est datée de Genève du 8 juillet 1563 et ne renferme rien de particulier [2]. Le baron Laurent de Sassenage, comme on l'a vu plus haut, avait été fait prisonnier par La Coche dans son château de Lans, le 7 janvier de la même année, puis conduit à Valence. Il parait que son séjour au milieu des réformés le gagna à leur parti. Sa femme, qui tâchait de le détourner, s'appelait Marguerite

---

(1) Bibl. de Genève, Mns. 197ᵃ et 197ᵇ; — GABEREL, t. I (1ʳᵉ éd.), p. 140.

(2) *Lettres franç. de Calvin,* t. I, p. 522-524. L'éditeur, Jules Bonnet, a ignoré que le *baron* auquel la lettre est adressée fût Sassenage.

1563-1567. d'Oreson. Le baron l'avait épousée en secondes noces en
1557.

Le 4 juin 1564, l'église de *Grenoble* informe la vénérable
compagnie qu'elle a cédé à l'amiral Coligny, sur sa demande, Joachim de Coignac, l'un de ses pasteurs, et qu'elle
a jeté les yeux, pour le remplacer, sur Matthieu Ollivier,
ministre à Thonon. Elle la prie de faire connaître son sentiment sur ce choix à Porret, le porteur du message, avant
qu'il se rende auprès d'Ollivier. Signé E. Noël, Claude
Vernin (?), diacre, Anselme, diacre. Une lettre de Coignac,
portant la même date et jointe à la première, confirme les
faits précédents[1].

Jacques du Plessis, pasteur de l'église de *Vienne*, écrit
aux ministres de Genève, à la date du 3 mars 1566, pour les
faire juges du différend qu'il a avec Innocent Gentillet, diacre,
qui veut le retenir à Vienne, bien qu'il ait reçu une vocation
de l'église de Blois[2].

Le 17 décembre 1565, Claude de Maffey écrit aux pasteurs de Genève que dans les villes et villages voisins de *La
Tour-du-Pin*, où il habite, il y a plusieurs frères « languis-
sant de soif de la pâture céleste ». Ils ne peuvent avoir de
secours religieux que par le moyen de quelques gentilshommes ayant fief noble. « Or, dit-il, Mademoiselle de
Chanterot, Monsieur de Chabons et Monsieur de Torches-
clou, qui sont en ces lieux, se sont délibérés de faire prêcher
pour dix de leurs amis et ont advisé de s'accommoder avec le
peuple de cette contrée-là, si bien qu'ils m'ont prié de venir
par deçà par devers vous, afin de vous prier de leur envoyer
un pasteur pour cette bergerie. » De Maffey, n'osant aller
lui-même à Genève, à cause des défenses du roi, et voulant

---

(1) Bibl. de Genève, Mns. 197*.
(2) Bibl. de Genève, Mns. 197*.

pouvoir affirmer à Gex et à Chambéry, qu'il doit visiter, 1563-1567. qu'il n'est point entré à Genève, s'est arrêté à Viry, village de Savoie à 3 lieues de cette dernière ville,, et c'est de là qu'il expédie sa lettre au moyen d'un porteúr[1].

Nous donnons, en terminant ce sujet, la liste des églises et des pasteurs dauphinois, dont nous avons retrouvé les noms, depuis l'établissement de la Réforme en Dauphiné jusqu'à la seconde guerre de religion (1522 — sept. 1567)[2]. A partir de cette époque et jusqu'à la fin de la huitième guerre (13 sept. 1589), les églises, par suite de l'état presque permanent des hostilités, se virent souvent privées de leurs pasteurs, plusieurs d'entre elles n'en eurent même plus et d'autres furent détruites pour ne plus se relever.

VIENNOIS. *Vienne :* Christophe Fabri, dit Libertet, 1562, Antoine Héraud 1562, Jean Figon 1565, Jacques du Plessis 1566; *Crémieu :* Raymond 1561; *La Côte-Saint-André :* Pierre Bise 1561, Jacques Ruffi 1562; *Saint-Antoine :* André 1560, André Omo 1567; *La Valloire :* Pierre Viret 1565; *Chatonay :* Nicolas Beauvays 1562; *Pont-en-Royans :* François Tempesta 1561-1562, Denis d'Hérieu 1561-1562; *L'Albenc :* Joachim Mallet 1567; *Romans :* Siméon de Lacombe 1561-1562, Séverin Borrel 1562, Jonathan Varnier 1562, Jean Thiersand 1562; *Saint-Simphorien-d'Ozon, Beaurepaire, etc. :* Jacques Perrachey, Jean Figon, Pierre de Paris, David Chaillet, Pierre Chaillet 1562; *Chabeuil :* Jehan Odinet 1567; *La Baume-Cornillane*[3]... 1568; *La Tour-du-Pin...* 1565.

---

(1) Bibl. de Genève, Mns. 197ª.

(2) *Bullet. de la Soc. de l'hist. du prot. franç.*, t. IX, p. 293; — *Notices sur les guerres de religion en Dauph.*, dans le *Bulletin de la Soc. d'archéol. de la Drôme*, t. V; — *Mémoire de la maison des Gay;* etc.

(3) « Tous les habitants dudit mandement sont de la religion prétendue réformée, et il n'y a pas un qui veuille assister à la messe. » (Déclaration de Fanion, prêtre de Beaufort; Arch. de la Drôme, E. 780.)

1563-1567. GRÉSIVAUDAN. *Grenoble :* Pierre de Sébiville 1523-1525, Amédée Maigret 1524, Eynard Pichon 1561-1563, Étienne Noël 1562-1565, Marin 1563, Joachim de Coignac 1564; *Le Monestier-de-Clermont :* Jehan Taumarin 1567; *Domène :* Claude d'Arces 1562; *Mens...* 1562; *Besse...* 1565.

VALENTINOIS. *Valence :* Pierre Bruslé 1559, Gilles de Saulas 1559-1560, Lancelot d'Albeau 1560, Duval 1561, Jacques Roux 1561, Jacques Ruffi 1561, Jean de La Place 1561-1567, d'Aiguille 1561; *Montélimar :* François Tempesta 1560-1561, François de Saint-Paul 1560-1561, Toussaint Pichot 1560-1561, Fulgon 1562, Loys du Vergier 1562, Vincent Mathyer 1562, Claude de Cabanas 1566, Julien Picot 1567, Loys Bergeac 1567; *Sauʒet :* Thomas 1561; *Dieulefit :* Jean de Lusi 1561-1562; *Montjoux :* Giraudi 1561, Pierre Blanc 1561, Borrel 1567; *Le Poët-Laval :* Gaspard Giraud 1560; *Crest :* Laurent Vidal 1561, Arnaud Casaubon 1567; *Loriol :* Charles Miclot 1567; *Donʒère...* 1565; *Châteauneuf-du-Rhône...* 1565.

LES BARONNIES. *Orange :* Georges Caroli 1560, Siméon de La Combe 1561, Patac 1562; *Saint-Paul-trois-Châteaux :* De Combe 1560, Vincent Meylier 1561; *Grignan :* Valeri Crespin 1562; *Nyons :* Toussaint Pichot 1565; *Montbrun :* Pierdouin 1560.

DIOIS. *Die :* Guillaume Bermen 1561-1562, Jean Figon 1563(?), Jérôme 1567(?); *Châtillon :* Gaspard Delamer 1562; *Vercheny...* 1563.

GAPENÇAIS. *Gap :* Guillaume Farel 1522, puis 1561-1562, Pierre Reinaud 1561, Jean Blanchard 1561-1562.

EMBRUNAIS. *Vars :* Jean Féraud 1562.

PRAGELA ET VALCLUSON. *Pragela :* Jean Poirier 1563, Rodigus 1567.

SECONDE GUERRE DE RELIGION

(septembre 1567 — 20 mars 1568).

D'Acier gouverneur du Dauphiné pour le prince de Condé. Mouvans se saisit de Vienne. Les principales villes de la province se donnent aux protestants. Excès de ces derniers.

Pendant la seconde guerre de religion, le Dauphiné ne 1567. fut pas le théâtre de grandes batailles. « Le 28 septembre, dit Charronnet, paraissait une ordonnance royale appelant aux armes tous les sujets fidèles contre ceux de la religion, qui s'étaient déjà saisis de plusieurs places et même s'étaient avancés contre le roi, allant de Meaux à Paris, pour le combattre, dont ils n'avaient rapporté que honte et confusion. Je cite les propres paroles de l'ordonnance. Sa Majesté permet que chacun puisse vivre en liberté de conscience et amnistie tous ceux qui dans les 24 heures déposeront leurs armes entre les mains des officiers royaux et s'offriront à combattre pour la bonne cause. » Dans une lettre particulière, portant la même date et adressée à Gordes, le roi lui recommandait de pourvoir à la sûreté des places de son gouvernement, de dissiper les projets des rebelles dès qu'il en aurait connaissance, et de convoquer les arrière-bans de tous les bons et loyaux sujets, gentilshommes et autres.

L'ordonnance du roi, empreinte d'une grande modération, devait être publiée à son de trompe; mais au moment où le

1567. gouverneur de Briançon, La Cazette, s'apprêtait à le faire, il reçut, comme tous les autres gouverneurs de place du Dauphiné sans doute, ce petit billet : « Capitaine La Cazette, je vous prie ne faillir de me renvoyer les lettres patentes que je vous baillais au partement d'ici, et ne les faites publier, pour cause que je ne puis vous mander. Je me reconnais à Grenoble, ce 16ᵉ octobre 1567, votre entièrement meilleur ami. Gordes. »

Charles IX venait en effet de changer de politique. D'abord enclin à la modération, il résolut peu après de pousser la guerre avec une grande énergie, et écrivit de nouvelles lettres à ses lieutenants généraux dans les provinces. Il recommanda à Gordes (8 oct.) de lever le plus de forces possible, « tant de gens de cheval que de pied et même les arrière-bans et légionnaires du pays ». « Et là, ajoutait-il, où vous en sentirez aucuns qui branlent seulement pour venir secourir et aider à ceux de la nouvelle religion, vous les empêcherez de bouger par tous moyens possibles ; et si vous reconnaissez qu'ils soient opiniâtres à vouloir venir et partir, vous les taillerez et ferez mettre en pièces sans en épargner un seul, car tant plus de morts moins d'ennemis[1]. »

Sur l'ordre du prince de Condé, apporté dans le midi de la France par Jacques de Crussol, seigneur de Beaudiné, dit d'Acier, nommé par le prince gouverneur de Dauphiné, Provence et Languedoc, Mouvans, accompagné de François de Fay, baron de Peyraud, et de Jean de Saint-Chamond, seigneur de Saint-Romain, ancien archevêque d'Aix, chercha à se saisir de Lyon, mais sans succès. Il fut plus heureux à l'égard de Vienne, où il entra par intelligence le 4

---

(1) *Livre du roi*, dans le *Bullet. de l'Acad. delph.*, 1ʳᵉ sér., t. 1, p. 481, 482 ; — CHARRONNET, p. 49, 50 ; — D'AUMALE, *Hist. des princes de Condé*, t. 1, p. 560.

octobre et sans coup férir. Quelques jours auparavant (29 1567. sept.), « Messieurs des églises et citoyens de Vienne, tant d'une religion que d'autre, » s'étaient assemblés dans la maison consulaire et avaient juré « entre les mains de Mons. de Buffevent, vibailli de Vienne, de prendre, dit leur acte de serment[1], comme ils prennent chacun d'eux respectivement, ensemble tous les citoyens et habitants de la présente cité, en sauvegarde et protection sous l'autorité de Sa Majesté, sans qu'ils promettent ou consentent que aucun mal ni déplaisir advienne à aucun d'eux ni aux citoyens dessus dits. » Voyant les « capitaines des hûguenots » qui s'approchaient de Vienne, les consuls leur envoyèrent (3 oct.) des exprès pour les informer de l'acte d'union conclu entre les deux partis en vue de conserver la ville au roi, et pour les prier de ne pas s'approcher de ses murailles, de peur de troubler le repos des citoyens. Cette démarche, on vient de le voir, n'aboutit point, et Mouvans et ses compagnons entrèrent dans Vienne le jour suivant.

L'armée protestante avait promis, parait-il, de ne pas s'arrêter dans la ville, « mais en étant dedans, dit une relation de l'époque, ils s'en rendirent maîtres et ne voulurent sortir, disant qu'ils y étaient pour le roi et qu'ils ne voulaient fâcher tant ecclésiastiques que autres, leur permettant de rester dans ladite ville, pendant qu'ils firent le contraire, c'est-à-dire, en étant maîtres, ils contraignirent les ecclé-

---

(1) Il est signé par Jehan de Buffevent, vibailli, Droyn, vicaire de Mgr de Vienne, Costaing, gardier de Vienne, Jacques Gabet, juge royal, Putod, juge archiépiscopal, Plantier, procureur du roi, Antoine Putod, chanoine de Vienne, Desgranges, Duprat, Boyssat, I. Gentillet, Claude Dorgeyse, Gibert, Laurent Sambeyn, Bally, Mitallier, Ravier, M. Lambert, Vallier, Faure, Archimbaud Gabet, Bourgel, Pénonnier, de Fixonas, Affaneur, de Constance, Galeys, consul, Raymond, Gonin, Verdier, Trezenaux, des Fayes, L. Goyet, de Latour, Duboys, Laurent Pélisson, Magnin (Arch. de la ville de Vienne).

1567. siastiques à s'absenter de la ville tacitement et plusieurs autres.... Et furent maîtres de la ville dès ledit 4ᵉ jour d'octobre jusques à mi-novembre, que M. le prince de Nemours vint d'Italie avec une grande armée pour le roi, qui les en débarrassa par une nuit, et s'en retournèrent à Valence, où ils furent bien des années les plus forts. En étant audit Vienne, ils mirent le feu en plusieurs lieux, en l'église Saint-Maurice, de sorte qu'ils la ruinèrent et brûlèrent tout ensemble. Toutes les vitres fondirent et les cloches et les horloges [1] ».

Il avait été convenu entre les deux partis que le château de La Bâtie serait remis aux protestants, tandis que celui de Pipet, qui était le plus fort, demeurerait au pouvoir des catholiques. Les soldats de Mouvans n'en cernèrent pas moins ce dernier, de sorte que le chanoine d'Orgeoise, qui y commandait, commençait à manquer de tout. Il put faire connaître sa situation au duc de Nemours, qui, ayant réuni ses forces à celles de Gordes, pénétra dans le château de Pipet le 13 novembre. Mouvans, n'osant plus demeurer dans Vienne, l'abandonna de nuit le même jour [2].

Les principales villes du Dauphiné avaient imité l'exemple de Vienne et s'étaient livrées aux protestants sans coup férir, savoir Gap, Serre, Le Buis, Saint-Marcellin, Romans, Valence, Crest, Montélimar, etc. L'occupation de plusieurs d'entr'elles fut accompagnée de violences regrettables. Ainsi à Gap il y eut diverses émeutes, dans l'une desquelles le vibailli Benoît Ollier fut blessé et fait prisonnier par le capitaine d'Oronze, qui le relâcha quelques jours après sur l'invitation de Gordes [3].

---

(1) *Delphinalia*, p. 115, 123-128.
(2) Charvet, p. 561, 562.
(3) Charronnet, p. 52.

A Montélimar, le 1er novembre, dix enseignes de soldats, 1567. qui venaient de Nîmes et de Sommières, incendièrent les églises et les couvents de la ville et toutes leurs archives. Le gouverneur, Sébastien de Vesc, seigneur de Comps, et le plus ancien avocat de la ville, Claude Colas, qui faisait les fonctions de visénéchal, assistés de Blacons, Naucaze et autres gentilshommes protestants du voisinage, essayèrent d'arrêter ces furieux, mais ce fut en vain; ils continuèrent leur œuvre de destruction pendant plusieurs jours et rien n'échappa à leurs mains. Les matériaux provenant des démolitions furent employés à élever de nouvelles défenses dans la ville et à agrandir le temple qu'on avait permis aux protestants de construire après l'édit d'Amboise. On bannit aussi les catholiques les plus ardents [1]. A Valence le conseil politique, qui y avait été institué dès le commencement de la seconde guerre de religion [2], arrêta les deniers royaux et ordonna à tous ceux qui pouvaient porter les armes de s'enrôler, « à peine de trois traits de corde ». Il s'intitulait : « Le conseil commandant en ce pays de Dauphiné en l'absence de M. d'Acier, lieutenant général pour le prince de Condé, protecteur de l'État de la Majesté du roi, notre sire [3]. »

Grenoble toutefois n'avait pas ouvert ses portes aux protestants. La Coche, ayant réuni des troupes à Theys, lieu dont il était le seigneur, s'approcha de la ville la veille de la Saint-Michel pour tâcher de la surprendre; mais il fut repoussé.

---

(1) *Hist. des guerres excit. dans le Comté Venaissin*, t. 1, p. 15; — CANDY, *Hist. des guerres de religion à Montélimar* (Mns.).

(2) Saint-Romain, Montbrun, Gaspard de Béranger du Gua, Blacons et Mirabel en faisaient partie.

(3) *Not. relat. aux guerres de relig.*, dans le *Bullet. de la Soc. d'arch. de la Drôme*, t. v.

Gordes lève des troupes. Rencontres diver-
ses avec Cardé, d'Acier, Pipet. Prise et
reprise de places par les deux partis. Le
parlement négocie secrètement avec les
protestants.

1567.   Gordes, se voyant menacé de toutes parts, hâta la levée
de ses troupes, fit un emprunt de 50,000 livres par l'intermédiaire des commis des États du Dauphiné et autorisa fort
imprudemment les catholiques de son parti à porter sur
leurs vêtements une croix blanche, qui leur permît de se
reconnaître en toutes rencontres. Il établit son camp à La
Côte-Saint-André, et le premier fait d'armes qu'il accomplit
fut la prise de Vienne avec Nemours, que nous venons de
rapporter.

Maître de cette dernière ville, Gordes se présenta devant
Saint-Marcellin pour l'assiéger. Le capitaine Jacques de
Saluces de Miolans, seigneur de Cardé, gendre du comte
de Tende, gouverneur de Provence, accourut à sa défense,
mais fut battu en deux rencontres (20 et 22 nov.). Depuis
la reprise des hostilités, Cardé s'était établi à Romans, où
ses soldats, mal payés, avaient pillé les maisons et dévasté les
églises. Ils avaient aussi incendié le couvent des Cordeliers
(27 oct.) [1].

Se voyant près d'être écrasés par Gordes, les protestants
dauphinois appelèrent à leur secours leur gouverneur d'A-
cier, qui venait de se saisir de Montpellier et répondit à leur

---

(1) Dochier, p. 190, 191 ; — Ulysse Chevalier, dans le *Bullet. de la*
Soc. d'arch. de la Drôme, t. II, p. 389, 390.

appel. Réunissant ses troupes du Languedoc à celles de 1567. Provence, commandées par Mouvans et Rapin et formant 10 enseignes; à celles du bas Dauphiné, conduites par Montbrun [1], qui venait de s'emparer de Sisteron avec l'aide de Mouvans et disposait de 700 soldats; à l'armée des vicomtes [2], forte de 7,000 hommes, qui allait rejoindre le prince de Condé, d'Acier s'achemina vers le Dauphiné à la tête de 14,000 hommes environ [3]. Il força le Saint-Esprit, défendu par les Avignonais, et, après quelques jours de marche, campa à Peyrins près de Romans, au commencement de décembre. Gordes, n'osant se mesurer avec une armée si considérable, leva le siége de Saint-Marcellin et, se bornant au rôle d'observateur, se porta tour à tour à Faramas près La Côte-Saint-André, à Lens-Lestang près le Grand-Serre, à La Tour-du-Pin et à Bourgoin [4]. La Tour-du-Pin résista. Bernins, gouverneur de Vienne pendant la première guerre, tenta de la secourir, mais fut battu par Aussinet et mis en fuite. D'Acier s'empara de La Côte-Saint-André et de Saint-Quentin sur l'Isère. Il ne put nouer des intelligences dans Vienne, et, comme il n'avait point de canons, il n'osa non plus rien entreprendre sur Grenoble. Il quitta du reste bientôt le Dauphiné avec une partie de ses

(1) Chorier (p. 614 et 615) et tous les historiens après lui disent que Montbrun, dès le mois d'avril de cette année, s'était rendu à Genève, menacé par le duc d'Albe, et de là à Metz. C'est une erreur, paraît-il. Le capitaine qui secourut Genève fut Mouvans. (Voy. HAAG, t. IV, p. 460, 461.)

(2) Bernard-Roger de Comminges, vicomte de Bruniquel, Bertrand de Rabastens, vicomte de Paulin, Antoine, vicomte de Montclar, enfin le vicomte de Caumont.

(3) Chorier (Hist. abrég., t. II, p. 136) dit 17,000 hommes.

(4) Les Commentarii (IIª pars, p. 126) et La Popelinière disent que Gordes se réfugia à Grenoble. Nous suivons le récit de Chorier (p. 618), qui est plus vraisemblable, car le lieutenant général aurait pu facilement être cerné dans cette dernière ville par l'armée de d'Acier.

1568. troupes pour retourner dans le Languedoc, où sa présence était nécessaire, et laissa la garde de La Côte-Saint-André à Pipet, avec 300 mousquetaires.

De leur côté les vicomtes, réunis à Mouvans et à Rapin, se disposèrent à passer le Rhône pour se rendre auprès du prince de Condé, qui était en Auvergne. Ils formaient à ce moment un effectif de 6,000 fantassins et de quelques cavaliers. Mouvans commandait les troupes du bas Languedoc, de la Provence et du Dauphiné, le vicomte de Bruniquel, la cavalerie, le vicomte de Montclar, l'infanterie du haut Languedoc, et les vicomtes de Paulin et de Caumont, les Gascons. Gordes, le comte de Tende et le duc de Joyeuse, qui avaient sous leurs ordres des soldats du Dauphiné, de la Provence et du Languedoc, les harcelèrent, mais ils ne purent les empêcher de passer le Rhône à Ampuis, sous Vienne, au commencement de janvier 1568.

Après leur départ, Gordes, qui ne possédait en Dauphiné que les villes de Vienne, Grenoble, Embrun et Briançon (Saint-Auban venait de s'emparer du Buis), fit désarmer les protestants de Grenoble, qui étaient presque aussi nombreux que les catholiques, et expulsa de la ville ou emprisonna les plus ardents d'entre eux. Deux de ses capitaines se saisirent de Saint-Vallier, que les protestants avaient pris, et Pierre Cissé de La Marcousse, un autre de ses capitaines, reprit Saint-Quentin (6 janv.). Il assiégea, le 2 janvier [1], La Côte-Saint-André avec 6 canons. Le baron des Adrets, colonel d'un régiment de 2,000 hommes, l'accompagnait. C'était une place assez forte. Pipet la défendit vaillamment; mais, se voyant éloigné de tout secours, sans munitions et avec une large brèche à ses murailles, il l'abandonna par une nuit fort obscure (14 au 15 févr.) et sans que les assié-

---

(1) Chorier *(Hist. abrég.)* dit le 4 janvier.

geants pussent s'en apercevoir. Il avait résisté douze jours 1568. et supporté deux assauts. Gordes reçut pendant le siége un coup d'arquebuse à l'épaule, qui ne le blessa que légère-ment[1]. Cardé, qui occupait toujours Romans, s'était avancé jusqu'à Saint-Antoine pour secourir La Côte ; mais les sol-dats qu'il avait envoyés en avant pour tâcher de pénétrer dans la place, échouèrent dans leur entreprise et durent revenir sur leurs pas.

Pour se dédommager de la perte de La Côte, Cardé s'empara de Saint-Quentin sur l'Isère, qui avait été repris par les soldats de Gordes ; mais un capitaine du lieutenant général se saisissait à son tour de Saint-Marcellin, et Cardé, qui s'était établi à Saint-Antoine, ne s'y croyant plus en sûreté, l'abandonnait à l'ennemi et se repliait sur Romans. C'étaient toutefois de petites pertes, aussi Gordes tint-il un conseil de guerre, où il fut décidé qu'on enrôlerait toute la jeunesse catholique du Dauphiné en état de porter les armes, et qu'on pousserait la guerre à outrance, afin de déposséder les protestants des diverses villes qu'ils occupaient[2].

Peu après ces événements, le comte de Tende, gouver-neur de Provence, et Suze vinrent assiéger Tulette, occupé par les protestants. La ville se rendit le 19 février au matin, après avoir reçu 30 volées de coups de canon. Les deux chefs catholiques marchèrent de là sur Mirabel et Vinsobres, qui, ne voulant pas s'exposer à un siége, leur ouvrirent leurs portes (20 févr.). Apprenant leurs rapides progrès, d'Acier et Montbrun, qui tenaient le Languedoc, traver-sèrent le Rhône à Châteauneuf et marchèrent sur Pierrelatte, pour les obliger à quitter le Dauphiné[3].

---

(1) Clerc JACQUIER, La Côte-Saint-André, p. 54-56.

(2) Commentarii, II[a] pars, p. 114, 116, 123 ; — PÉRUSSIS, dans d'Aubais, t. I, p. 89 ; — LA POPELINIÈRE, t. I, p. 43 et 46.

(3) Not. relat. aux guer. de relig., dans le Bullet. de la Soc. d'arch. de la Drôme, t. V.

1568. Cependant le président Truchon et les principaux conseillers au parlement, qui « considéraient, comme le dit Chorier, que dans les guerres civiles la victoire d'un parti est toujours funeste », négociaient secrètement avec les protestants, de l'aveu même de Gordes, qui approuvait leur dessein. Mais les hostilités n'en continuaient pas moins leur cours. Des Adrets et Antoine de Murat de Lestang bloquaient Cardé dans Romans (23 mars). Le trop célèbre baron était devenu la terreur des protestants, comme il avait été celle des catholiques, et si Gordes, qui était naturellement doux et humain, n'avait tempéré son humeur farouche, il aurait fait éprouver à ses anciens coreligionnaires les mêmes maux qu'il avait jadis causés aux catholiques. Un soldat bourguignon se glissa dans le camp de Gordes pour l'assassiner, mais il fut découvert et puni de mort [1].

(1) CHORIER, p. 622.

INTERVALLE ENTRE LA SECONDE ET LA TROISIÈME
GUERRE DE RELIGION.

(20 mars — 25 août 1568.)

Publication de l'édit de paix. La même animation continue à subsister entre les deux partis.

Sur ces entrefaites, on apporta en Dauphiné l'édit de 1568.
paix que Charles IX avait fait publier à Paris le 23 mars,
à la suite du traité conclu le 20 à Longjumeau, après quelques faits d'armes insignifiants de la part des deux partis.
Cet édit confirmait celui d'Amboise, en le débarrassant des
modifications et restrictions postérieures que le roi y avait
apportées. Il autorisait l'exercice de la religion réformée
dans un certain nombre de villes et dans les maisons des
gentilshommes. Gordes le fit publier dans son camp à
Moras, et le parlement l'enregistra le 14 avril.

En exécution de ses articles, le lieutenant général fit sortir
de prison le pasteur Alexandre, de Grenoble. « Le peuple de
cette ville, dit Chorier, qui s'était promis de repaître ses
yeux du cruel spectacle de la mort de ce ministre, en fut
indigné contre Gordes. » Cardé traita et ouvrit les portes de
Romans. Valence fit de même, mais non sans quelques
troubles. Montélimar, Chabeuil, Étoile, Gap suivirent
leur exemple; trois cents places enfin occupées par les
protestants furent rendues au roi et acceptèrent l'édit de
paix.

La concorde, toutefois, n'était pas dans les cœurs. « Les
mêmes inclinations demeurèrent, » comme dit une pièce du

15

1568. temps. Dans aucune place du Valentinois, notamment à Valence, à Romans et à Montélimar, le culte catholique ne put être rétabli. Par contre, à Vienne, qui était tout entier à la dévotion de Maugiron, on ne permit à aucun protestant de rentrer dans la ville. A Gap, les catholiques, qui avaient conservé sur leurs vêtements la croix blanche, fort imprudemment autorisée par Gordes, étaient traités d'idolâtres et maltraités. A Châteauneuf-de-Mazenc le culte catholique ne fut non plus rétabli. Les protestants du lieu avaient converti l'église en temple et firent venir de Genève un pasteur, du nom de Lafièle, à qui ils achetèrent une robe, des chausses, une paire de mules et deux paires de souliers [1].

Les protestants tiennent diverses assemblées politiques. Projet de démentèlement de plusieurs places. Commissaires de l'édit.

Les protestants pas plus que les catholiques ne respectaient donc en Dauphiné la paix de Longjumeau et tout faisait présager une lutte nouvelle entre les deux partis. En vue de s'y préparer, les gentilshommes protestants eurent des assemblées politiques à Aouste près Crest, à Saint-Paul-trois-Châteaux, à Saint-Nazaire-en-Royans et en dernier lieu chez Cardé, à Jarcieux, près Beaurepaire. Toutefois, ne voulant rien entreprendre sans l'avis du prince de Condé, ils lui députèrent Lesdiguières (1er mai) pour connaître son sentiment. Gordes, de son côté, ne resta pas inactif. De concert avec le parlement, il résolut de démenteler un certain nombre de petites places dont les habitants

---

(1) Pérussis, dans d'Aubais, t. 1, p. 95; — Chorier, p. 622-624; — Robin, *Mémoire sur Châteauneuf-de-Mazenc* (Mns.).

tenaient pour la plupart le parti des réformés, et qui en 1568. temps de guerre devenaient facilement autant de citadelles de ces derniers. Il fallait ensuite les leur reprendre une à une, ce qui demandait une grande dépense de temps et de soldats. Il décida donc la démolition des places de Corps, Aspres-les-Veynes, Saint-Nazaire-en-Royans, Pont-en-Royans, Châtillon, Saint-Antoine-en-Valloire, L'Albenc, Beaumont-lès-Valence, Allex, Sauzet, Châteauneuf-de-Mazenc, Dieulefit, Tulette et Pierrelatte. Il pensa également qu'il serait utile de procéder à la démolition des remparts des villes de Die, Saint-Marcellin et Saint-Paul-trois-Châteaux, où les protestants étaient de beaucoup les plus nombreux. Mais les habitants de ces diverses places le supplièrent de ne pas mettre son dessein à exécution, et il accéda à leur vœu. Saint-Marcellin et L'Albenc ne conservèrent toutefois leurs murailles qu'à la condition de renoncer à l'exercice de la religion réformée. D'un autre côté, Gordes fit nommer des commissaires exécuteurs de l'édit de paix. Ce furent François Fléhard, président de la chambre des comptes de Grenoble, Ennemond Mulet et François de Bouvier, conseillers au parlement, qui, après avoir heureusement commencé leur œuvre de pacification, se virent tout à coup arrêtés par une nouvelle prise d'armes, fruit de la mauvaise foi de Catherine de Médicis [1].

----

(1) CHORIER, p. 624, 625.

TROISIÈME GUERRE DE RELIGION.

(25 *août* 1568 — 8 *août* 1570.)

D'Acier lève sept régiments en Dauphiné
pour le prince de Condé. Trait d'héroïsme
de Mouvans au passage du Rhône.

1568. La reine-mère n'avait pas licencié ses troupes, comme elle s'y était engagée, et encourageait ainsi les catholiques à la révolte. « Les chaires, dit Anquetil[1], retentissaient d'invectives contre les sectaires, de réflexions séditieuses sur la paix; d'exhortations à la rompre. On avançait hardiment ces maximes abominables, qu'il ne faut pas garder la foi aux hérétiques, et que c'est une action juste, pieuse, utile pour le salut. Les fruits de ces discours étaient ou des émeutes publiques, ou des assassinats dont on ne pouvait obtenir justice. » Dans le court espace de trois mois, plus de mille protestants furent massacrés à Amiens, Auxerre, Rouen, Bourges, Sisteron et ailleurs. Témoins de ces excès, et apprenant d'ailleurs que Catherine avait obtenu du pape la permission d'aliéner le temporel du clergé jusqu'à concurrence de 150,000 livres, à la condition que cette somme serait consacrée à l'extermination des hérétiques, Condé et Coligny se retirèrent à La Rochelle et se préparèrent à la lutte.

En vue des graves événements qui allaient s'accomplir,

---

(1) *L'esprit de la Ligue*, t. 1, p. 249 (Paris, 1767, 3 vol. in-12).

Gordes interdit l'exercice de la religion réformée à Greno- 1568.
ble et chassa de la ville tous les protestants qui s'y étaient
établis depuis l'année 1561 ou qui avaient porté les armes.
Ces bannis, joints à d'autres protestants expulsés de Tallard
et à un certain nombre de Provençaux fugitifs, s'emparèrent
de cette dernière ville, dont le château était·resté au pouvoir
des protestants depuis la paix. Une autre troupe protestante qui avait surpris Crest, échoua de même contre son
château, particulièrement fort, et dut se retirer (15 sept.).
Montélimar ne put être pris (11 sept.); de telle sorte que les
succès des protestants ne furent ni si prompts ni si considérables qu'ils l'avaient été au début de la seconde guerre de
religion.

Gordes, de son côté, faisait circuler parmi les gentilshommes de la province un serment de fidélité, rédigé par le
conseil du roi, que chacun d'eux devait signer. Mais « les
uns le faisaient de bonne foi, dit Chorier, et les autres n'y
mettaient leur seing que comme un témoin de la violence
que l'autorité leur faisait ». Le lieutenant général fit aussi
consentir les États de la province à un emprunt de 53,000
livres sur les personnes aisées du pays [1].

D'Acier, sur l'ordre du prince de Condé, fit de grandes
levées de troupes en Dauphiné. Elles s'élevèrent à 12,000
hommes, répartis entre 7 régiments et formant 74 enseignes
ou compagnies, plus 3 cornettes ou escadrons de chevau-
légers [2]. Les 7 mestres de camp ou colonels des régiments
d'infanterie du Dauphiné étaient Charles du Puy, seigneur
de Montbrun, Claude de Mirabel, seigneur de Mirabel,
Jean de Saint-Chamond, seigneur de Saint-Romain, et
Jean de Fay, seigneur de Virieu, son oncle, Matthieu de

---

(1) Pérussis, dans d'Aubais, t. 1, p. 97; — Chorier, p. 625., 626.

(2) Chorier (*Hist. abrég.*, t. 11, p. 142) dit 4 cornettes.

1568. Forest, seigneur de Blacons, Pierre de Sauvain, seigneur du Cheylard, Antoine de Pracomtal, seigneur d'Ancone et d'Orose [1]. C'étaient des gentilshommes pleins de courage et d'intrépidité, et depuis longtemps on n'avait pas vu d'aussi belles troupes. Le régiment de fantassins de Montbrun et sa cornette étaient particulièrement magnifiques, de même que le régiment d'Ancone. Les plus renommés de ces gentilshommes étaient Montbrun, Mirabel et Blacons. Brantôme [2] dit de ce dernier : C'était « un vieux et très-bon capitaine du temps passé, qui avait vu les croix rouges aussi bien que les blanches, car il avait beaucoup fréquenté les guerres espagnoles en Toscane ou ailleurs ».

L'ordre du départ arriva le 25 août, et le rendez-vous fut fixé à Alais, dans les Cévennes. L'armée résolut de passer le Rhône sur deux points : les troupes du Viennois à Peyraud et celles du Valentinois, du Diois, des Baronnies et du Gapençais à Baix-sur-Baix. L'armée particulière de Provence, commandée par Mouvans et composée d'un régiment d'infanterie fort de 10 enseignes et de deux cornettes de cavalerie, aux ordres de Scipion de Valavoire et de Charles Alleman, vicomte de Pasquiers, devait faire sa jonction avec l'armée du Dauphiné et franchir également le Rhône à Baix.

Informé de leur dessein, Gordes se saisit de Saint-Vallier

---

(1) 1. Montbrun. . . . . 10 enseignes et 1 cornette.
2. Mirabel. 10   »
3. Saint-Romain et Virieu. . 17   »   et 1   »
4. Blacons. 14   »
5. Cheylard. 11   »
6. Ancone. 8   »   et 1   »
7. Orose. 4   »

24 enseignes   3 cornettes.

(2) Édit. Buchon, t. I, p. 621.

pour se ménager un passage sur le Rhône, coupa tous les 1568. ponts et les trailles et écrivit au gouverneur de Lyon de débusquer Changy le jeune du château de Peyraud, qu'il occupait, en y amenant de l'artillerie par le Rhône. Changy fut informé de cet avis et fit dire à Saint-Romain, qui commandait les troupes du Viennois, que, s'il ne se hâtait de franchir le fleuve, tout était perdu. Bien qu'il dût s'écouler encore deux jours avant le moment de son départ du Dauphiné, Saint-Romain, prenant conseil de la situation, expédia des courriers à tous ses capitaines et leur donna rendez-vous à Serves, à 5 lieues au-dessous de Peyraud. Ils firent une telle diligence, qu'avant la diane ils étaient tous réunis et franchirent le Rhône en une heure et demie, sur un pont de bateaux. Le capitaine Boniface, envoyé par Gordes pour leur barrer le passage, arriva sur les lieux lorsque plus de 1,000 hommes de pied et 100 chevaux avaient déjà passé. C'étaient les fantassins et la cornette de Saint-Romain. Les troupes commandées par Virieu passèrent ensuite sans difficulté.

De son côté, l'intrépide Mouvans arrivait le premier avec son régiment et ses deux cornettes vis-à-vis de Baix. Sans plus tarder et secondé par le capitaine Moreau, il trace un fort triangulaire, dont chaque face avait 120 mètres de longueur et qui pouvait contenir 1,000 hommes. En un jour et deux nuits, combattant d'une main et travaillant de l'autre, il l'éleva de plus de trois mètres au-dessus du sol et le flanqua de sept petits bastions. Ce ne fut que sur la fin que le capitaine huguenot François de Barjac de Pierregourde put lui envoyer du Vivarais quelques pionniers avec des pics, des pelles et des cognées. Apprenant l'entreprise audacieuse de Mouvans, Gordes sortit de Montélimar pour s'y opposer, avec quelques chevaux et un assez grand nombre d'hommes de pied, qu'il avait tirés des garnisons de Valence, Romans et autres lieux. Mais Mouvans lui fit si bien tête,

1568. que le lieutenant général n'osa s'approcher du fort de plus de 500 pas, et ne perdit pas un de ses hommes. Il prit donc le parti de se retirer ; d'autant mieux que les mestres de camp et capitaines des régiments huguenots arrivaient les uns après les autres de Crest, Die, Loriol et autres villes, et qu'il risquait fort d'être enveloppé [1]. Mouvans se hâta de faire franchir le Rhône à ses Provençaux, mais non sans repousser les attaques de trois frégates catholiques, qui tentaient de s'opposer à leur passage. Après lui passèrent successivement les régiments de Mirabel, Blacons, Ancone et Montbrun. Quant à Cheylard et Orose, restés les derniers dans le fort pour attendre La Coche, chargé de lever des troupes dans le haut Dauphiné, ne le voyant point arriver, après un jour et une nuit, ils franchirent aussi le fleuve. L'armée protestante ne perdit pas un seul homme dans cette traversée, dont le plus grand honneur revint au brave Mouvans. D'un accord unanime, les soldats donnèrent au fort du Rhône le nom de leur capitaine, et célébrèrent ce haut fait d'armes dans une chanson militaire, qu'ils « chantaient en cheminant, dit Brantôme, et soulageant le travail de leur chemin par ce moyen, à la mode des anciens aventuriers ». Elle commençait par ce vers :

Mouvans a été commandé...[2].

---

(1) Chorier (p. 627) dit au contraire que Gordes s'avança jusque dans les tranchées du fort et « s'en retourna, sans être suivi, tout couvert du sang de ses ennemis, dont un grand nombre perdit la vie ». Ce n'est pas vraisemblable. Nous suivons le récit plus naturel de La Popelinière. Gordes était essentiellement prudent.

(2) Brantôme, *Vie des grands capitaines*, 2ᵉ partie. — Le même auteur dit que Mouvans fit construire un second fort sur la rive droite du Rhône, n'ayant, pour traverser le fleuve, qu'un petit bateau qu'il avait amené par terre et qui pouvait contenir 4 hommes seulement. Avec cette frêle embarcation, il aurait peu à peu conduit 3 ou 400 hommes sur l'autre rive. Brantôme est évidemment mal renseigné. La rive droite du Rhône tenait

On ne connaît pas les autres.

Après le passage de l'armée protestante, les catholiques
se hâtèrent de démolir le fort de Mouvans et d'en combler
les fossés. Gordes se mit ensuite en devoir de préparer un
corps de soldats dauphinois pour renforcer l'armée royale,
commandée par le duc d'Anjou. Il ne put réunir que 18
compagnies de fantassins et 40 argoulets, aux ordres du
baron des Adrets. Les officiers furent tous choisis et nommés
par Gordes, car le lieutenant général n'avait pas une confiance absolue dans le baron. Ce corps de troupes quitta
seulement le Dauphiné le 4 décembre [1].

Nous n'avons pas à nous étendre sur la marche de l'armée
dauphinoise protestante dans l'intérieur du royaume. Disons
seulement que, réunie aux troupes provençales et langue-
dociennes, aux ordres de d'Acier, elle fit sa jonction avec
l'armée de Condé à Aubeterre, dans la Charente, le 1er novembre 1568. Le duc d'Anjou évita avec soin une bataille
générale, qu'il aurait perdue à cause de son infériorité numérique, et tout l'hiver se passa en légers combats. Ce ne
fut que le 13 mars 1569 que les deux armées se rencontrèrent à Jarnac. Le commandant de l'armée royale avait eu
le temps de recevoir des renforts considérables, tandis que
l'armée du prince de Condé avait perdu beaucoup de monde
par suite des maladies et des désertions. Condé fut battu,
fait prisonnier et lâchement assassiné par Montesquiou.
L'armée protestante, ralliée par Coligny, se réunit à Saint-
Yrieix (Haute-Vienne) aux troupes allemandes, comman-

---

le parti des protestants; un fort y était donc inutile. Ce n'est pas du reste
le petit bateau de Mouvans qui eût pu résister aux frégates bien armées de
Gordes.

(1) *Mémoires de la 3ᵉ guerre civile*, p. 227-230; — La Popelinière, t. I,
p. 70 et suiv.; — *Recueil des choses mémorables*, p. 342, 343; — Pérussis,
dans d'Aubais, t. I, p. 98; — Chorier, p. 627.

1568. dées par le duc de Deux-Ponts, qui venaient à son secours (15 juin). Victorieuse à La Roche-l'Abeille (Haute-Vienne) le 24 juin, elle fut battue à Moncontour (Vienne) le 3 octobre. S'étant refaite de ses pertes à Montauban pendant l'hiver, elle défit l'armée royale à Arnay-le-Duc (Côte-d'Or) le 25 juin 1570, et se dirigea sur Paris, quand la reine-mère, effrayée, signa à Saint-Germain-en-Laye, le 8 août, une paix beaucoup plus avantageuse aux protestants que toutes les précédentes.

Retard de La Coche. Il tente de rejoindre l'armée du duc de Deux-Ponts. Sa lutte héroïque contre d'Aumale. Il est pris et assassiné.

Revenons au Dauphiné. La Coche n'avait pu réunir ses troupes assez tôt pour passer le Rhône avec le reste de l'armée protestante. Ses ordres avaient été accomplis avec lenteur, et plusieurs de ses soldats, venant de la vallée vaudoise d'Angrogne, de par delà les Alpes, n'avaient pu sortir de leur pays avec facilité. Quand La Coche eut assemblé tous ses soldats, il se dirigea vers le Rhône par l'Oisans. En passant au Bourg-d'Oisans, il s'en empara, et, y ayant laissé ses lieutenants Guigues Villet et Claude de Rivière Sainte-Marie, il s'apprêtait à passer l'Isère à Domène, quand une partie de la garnison de Grenoble surprit ses gens, qui étaient débandés, en tua plusieurs et dispersa les autres. Lui-même se retira précipitamment en Savoie, où son lieutenant Sainte-Marie, qui ne se sentait pas en sûreté au Bourg-d'Oisans, ne tarda pas à le rejoindre. C'est là que La Coche apprit que l'armée dauphinoise avait déjà franchi le Rhône. Il ne se livra pas pour cela au découragement, 1568. rallia sa troupe, composée non-seulement de Dauphinois, mais encore de Lyonnais, qui fuyaient devant la persécution, et en forma 8 enseignes de fantassins, escortées de quelques cavaliers. Leur ayant fait traverser la Savoie par bandes séparées et aussi secrètement que possible, il se dirigea sur Strasbourg par le Genevois, le Lyonnais et la Franche-Comté, dans l'intention de faire sa jonction avec l'armée allemande du duc de Deux-Ponts, qui venait au secours du prince de Condé [1]. Il recruta quelques hommes sur sa route, et, à la tête d'une colonne forte de 9 enseignes, il s'achemina vers la Lorraine. Arrivé à Neuville, il se trouva en face de toute l'armée du duc d'Aumale, et, pour sauver les siens, en soutint le choc avec 150 hommes d'élite, qui furent tous pris ou tués (22 nov. 1568). La Coche, couvert de blessures, fut emmené à Metz, où on l'assassina lâchement avec son enseigne Michallon, un jour qu'on les conduisit hors des remparts, sous prétexte de les échanger contre quelques prisonniers (5 janvier 1569) [2].

---

(1) Haag (t. ix, p. 370) dit à tort que La Coche conduisit ses troupes au fort Mouvans avant de partir pour le nord-est de la France. — Ad. Rochas (t. ii, p. 456) se trompe également quand il avance que ce capitaine suivit l'armée dauphinoise et assista aux batailles de Jarnac et Moncontour.

(2) *Mémoires de la 3ᵉ guerre civile*, p. 230, 231, 262-264, 351; — LA POPELINIÈRE, t. i, p. 70 et suiv.; — CHORIER, p. 627.

Gordes maître de tout le Dauphiné.
Sévérité du Parlement. Faits d'armes
dans la vallée de la Doire et le Valen-
tinois.

1568. Le départ de l'armée protestante du Dauphiné laissa cette province au pouvoir de Gordes, qui se hâta de mettre des garnisons dans Serres et dans Die, qui étaient très-attachés à la Réforme. Les protestants du Dauphiné ne possédaient guère alors que Corps et Nyons, où commandait Charles des Alrics, seigneur du Pègue.

La liberté de culte, dès le commencement de la troisième guerre de religion, avait été supprimée par l'édit de septembre 1568, qui défendait, sous « peine de confiscation de corps et de biens, tout exercice d'autre religion que de la catholique et romaine ». L'édit enjoignait, sous la même peine, à tous les ministres de sortir du royaume dans les quinze jours qui suivaient sa publication. Le parlement de Grenoble, délivré de toute crainte, rendait aussi les arrêts les plus sévères. Répondant à une lettre de Charles IX, du 7 août 1568, qui lui recommandait de sévir contre tous les auteurs de troubles, sa chambre des vacations ordonna, le 7 septembre, l'arrestation des rebelles de la province et la confiscation de leurs biens au profit du roi. Le 25 octobre suivant, la même chambre rendit un second arrêt pour assurer l'exécution du premier [1].

Les municipalités imitaient le parlement. Ainsi, les catholiques de Serres frappèrent des emprunts sur les protestants

---

(1) *Livre du roi*, dans le *Bulletin de l'Acadêm. delphin.*, 1re série, t. 1, p. 483, 484.

de la ville et se saisirent de leurs biens et de leurs récoltes, 1569. et quoique le dernier édit de septembre, qui défendait l'exercice public et particulier de la religion réformée, portât que ceux de ladite religion ne seraient « aucunement recherchés en leur conscience », on ne laissa pas que de les poursuivre. « Nous lisons, dit Charronnet, dans les *comptes consulaires* de Tallard, le petit article que voici : Donné six sols à un sergent royal envoyé par M. le vibailli de Gap pour faire crier qui auront des enfants baptisés à la nouvelle religion, les fissent baptiser en la religion catholique romaine [1]. »

Le 15 mars de l'année suivante, le parlement publia une nouvelle ordonnance pour l'exécution de son arrêt du 7 septembre dernier, et Gordes, en conformité avec sa teneur, fit arrêter un certain nombre de protestants et demanda au parlement que l'argent employé par les rebelles à acheter des armes fût compensé sur les biens confisqués. Ce même corps défendit aux protestants de remplir les fonctions de notaire et d'officier de justice. A Montélimar, le gouverneur Jean Dorgeoise de la Tivolière et le visénéchal André d'Exéa du Plan ordonnèrent aux protestants, à peine de 100 sols d'amende, d'assister à la procession solennelle qui eut lieu le dimanche 16 avril, « par toute la ville, » à l'occasion de la victoire du duc d'Anjou sur les protestants à Jarnac, le 13 mars. Le rendez-vous eut lieu « hors la porte d'Eygue, à heure de deux heures après-midi, au feu de joie ». Le 16 octobre même feu de joie et même procession au sujet de la défaite de Moncontour [2].

Quoique affaiblis par le départ de leur armée, les protestants du Dauphiné cherchaient néanmoins toutes les occa-

(1) CHARRONNET, p. 60.

(2) PÉRUSSIS, dans d'Aubais, t. 1, p. 79; — *Notices relat. aux guerres de relig.*, dans le *Bullet. de la Soc. d'archéol. de la Drôme*, t. v; — *Arch. de Donzère*, E. E. 3; — LACROIX, *Notice sur Donzère*, p. 79.

1569. sions de s'emparer des places importantes de la province.
C'est ainsi qu'ils prirent de vive force le château d'Exilles,
forteresse importante de la vallée de la Haute Doire sur les
frontières du Piémont. Elle était commandée par Jean de
Gaïe, capitaine estimé, qui avait sous ses ordres quelques
vétérans. Un capitaine fugitif de Grenoble, nommé Colombin, ayant eu vent (15 avril) que la plus grande partie de
la garnison était sortie du château et que Jean de Gaïe était
presque resté seul, l'attaqua vigoureusement avec des Vaudois de Pragela et l'obligea à se rendre après l'avoir blessé.
Louis Olivet, notaire à Oulx, châtelain et secrétaire de
l'escarton (arrondissement) d'Oulx et d'Exilles, apprenant
la prise du château, ordonna, au son du tocsin et du tambour, une levée générale de tous les habitants du pays,
depuis l'âge de 15 ans, destinée à reprendre la forteresse.
Colombin, de son côté, ne négligea pas les moyens d'augmenter ses forces; mais une troupe de Vaudois, qu'il avait
appelée à son aide et qui lui apportait des provisions de
guerre et de bouche, fut taillée en pièces par les catholiques
dans le village de Salbertrand, dont elle s'était emparée.

Cependant les gens d'Olivet n'avaient pu enlever le château
d'Exilles et étaient revenus le lendemain soir à Oulx. Le
châtelain, après les avoir réprimandés sévèrement, les
congédia. Informé de leur insuccès, Gordes envoya à Exilles
plusieurs compagnies de gens de pied, sous les ordres du
capitaine Jean de Vallin de Rosset, qui pressa Colombin si
vivement qu'il l'obligea à se rendre (27 avril). On lui promit
la vie sauve, à lui et à tous les siens; mais Rosset lui
manqua en partie de foi et ses soldats furent presque tous
massacrés.

Colombin fut conduit devant Gordes, qui lui accorda
généreusement la liberté, lorsqu'il eut appris de sa bouche
qu'un Piémontais lui avait offert 2,000 écus pour remettre
le fort à quelqu'un qui lui serait nommé en temps et lieu,

et qu'il avait refusé, sur le soupçon qu'il s'agissait de livrer 1569.
la place à quelque puissance étrangère [1]. On fut si satisfait
à Grenoble de la reprise du fort d'Exilles, qui était la clef
du Dauphiné du côté du Piémont, qu'on en rendit grâces à
Dieu par une procession générale (1er mai). Jean de Gaïe,
qui s'était laissé surprendre, fut remplacé par La Cazette,
gouverneur de Briançon [2].

A la suite de la reprise d'Exilles quelques protestants
furent arrêtés dans la vallée de la Haute Doire et conduits à
Grenoble, et les habitants du pays contraints de monter des
gardes fréquentes et de faire de nombreuses fournitures en
argent et en vivres à la garnison d'Exilles. L'archevêque
d'Embrun, Guillaume de Saint-Marcel d'Avançon, et le
procureur général Pierre Bucher, appuyés des habitants du
Briançonnais, auraient voulu que Gordes châtiât exemplairement les Vaudois de Pragela, qui avaient favorisé Colombin
dans son entreprise, et qu'il fît construire un fort dans leur
pays pour les contenir; mais Gordes dut retirer ses troupes
du Briançonnais, par suite des nouvelles qu'il reçut de
divers côtés des projets des protestants sur d'autres points
plus importants encore. Il ne laissa pas toutefois que de

---

(1) Chorier (p. 629), suivant en cela le récit des *Mémoires de la 3ᵉ guerre
civile*, accuse Colombin de n'avoir pas fait de provisions de guerre et de
bouche, et de s'être arrêté, avant de se saisir du château, à piller les
églises des environs. Nous voyons là une erreur. Colombin s'était, au contraire, tenu caché pour surprendre plus sûrement le château, et si sa marche
avait été connue, une partie de la garnison n'eût pas quitté la forteresse.

(2) *Livre du roi*, dans le *Bullet. de l'Acad. delph.*, 1ʳᵉ série, t. 1, p. 410-
417; — *Mémoires de la 3ᵉ guerre civ.*, p. 334; — CHORIER, p. 629, 630.
— Le *Livre du roi* (id., t. 1, p. 547) dit que la cour, trouvant Gordes trop
modéré, lui adjoignit le 8 août, dans la lieutenance de la province, Laurent
de Maugiron, ancien lieutenant général. Chacun d'eux aurait eu sa circons-
cription particulière, et le Grésivaudan, le haut Dauphiné et Les Baronnies seraient échus à Gordes. L'histoire ne faisant pas autrement mention
du fait, ce dernier demeura sans doute à l'état de projet.

1569. mander à « La Cazette, à ses lieutenants et à tous magistrats et officiers de justice respectivement » d'arrêter et de punir ceux qui continuaient à faire dans le pays l'exercice de la religion réformée, malgré le dernier édit de septembre, et qui avaient refusé de prêter au roi le serment de fidélité (20 août) [1].

Les desseins des protestants auxquels nous venons de faire allusion furent deux tentatives armées sur Die et sur Crest, qui échouèrent. Les échelles appliquées contre les murailles du château de cette dernière ville se trouvèrent trop courtes (25 juillet). Les protestants furent plus heureux à l'égard de Beaufort, dont ils se saisirent le mois suivant, mais que Gaspard d'Arces, seigneur de La Roche-de-Glun, gouverneur de Crest, leur reprit après cinq jours de siège. Il avait promis la vie sauve à la garnison; ses soldats, néanmoins, la passèrent au fil de l'épée. Gordes fit démolir à propos de ces entreprises le château d'Armieu, dans le bailliage de Saint-Marcellin, et les fortifications de Taulignan et de Roynac; mais il donna des ordres pour la réparation de celles d'Alixan [2].

Montbrun et les autres colonels dauphinois rentrent dans leur province. Passage héroïque du Rhône par Montbrun.

Après la bataille désastreuse de Moncontour (3 octobre 1569), Montbrun, Saint-Romain, Mirabel et les autres colonels dauphinois [3] obtinrent leur congé des jeunes princes

---

(1) *Livre du roi*, id., t. 1, p. 487, 491.

(2) CHORIER, p. 630.

(3) Blacons mourut en Saintonge en 1570 et Mouvans fut tué au combat de Messignac, le 30 octobre 1568.

Henri de Navarre (plus tard Henri IV) et Henri de Condé [1], 1570. chefs nominaux du parti protestant, et se mirent en route pour le Dauphiné, en traversant l'Angoumois, le Périgord et l'Auvergne. De leur belle armée il ne restait que quelques enseignes d'infanterie et 3 ou 400 chevaux [2]. Après divers engagements, que nous n'avons pas à raconter, et dans l'un desquels le brave capitaine Jean de Quintel fut fait prisonnier, ils arrivèrent, au commencement de mars 1570, au Pouzin, place très-forte, munie d'une solide citadelle et possédant un bon port, et s'apprêtèrent à franchir le Rhône. Gordes, informé de leur dessein, s'approcha du fleuve pour leur barrer le passage, à la tête de 1,200 hommes de pied, 250 chevaux et 3 pièces de campagne. Il fit, en outre, armer 4 grandes frégates (bateaux pontés) de pièces d'artillerie et d'arquebusiers, et avertit les garnisons des villes avoisinant le Rhône de se tenir prêtes à lui prêter main-forte. Mais il s'y prit trop tard. Le capitaine protestant Saint-Ange, qui s'entendait aux fortifications, franchit le fleuve avant que Gordes pût y croire, et, abordant sur la rive gauche avec 5 ou 6 fantassins, 10 ou 12 chevaux et 30 paysans munis de leurs outils, il construisit avec une merveilleuse rapidité un fort en terre en face du Pouzin, pour favoriser le passage de l'armée. Ce fort était carré et ses quatre angles avançaient sur les courtines en forme de bastions, qui permettaient de le défendre de tous côtés. Un fossé rempli d'eau lui servait de ceinture. Cinquante arquebusiers, qui réussirent à franchir le Rhône, y furent aussitôt postés et ne tardèrent pas à se mesurer avec les frégates de

---

(1) Fils de Louis de Condé, tué à Jarnac.

(2) Pérussis, dans d'Aubais (t. 1, p. 116, 118), dit 2,000 fantassins et 600 cavaliers; — L'*Hist. des guerres excit.* dans le *Comtat-Venaissin* (t. 1, p. 39), 800 fantassins et 200 chevaux.

16

1570. Gordes, tandis que deux pièces d'artillerie, placées sur la plate-forme du château du Pouzin, dirigeaient leur feu sur elles, mais sans grand succès. Durant ce temps, Montbrun, qui avait confié le commandement du Pouzin au jeune Changy, faisait embarquer ses arquebusiers, commandés par Antoine de Piégros, ainsi que sa cornette et celle de Saint-Romain, aux ordres de Jacques Esparsez de Lussan, seigneur de La Serre, formant en tout 5 enseignes de fantassins et 120 chevau-légers [1]. Quant à Saint-Romain lui-même, qui avait été nommé par les princes gouverneur du Vivarais et du Dauphiné, il demeura au Pouzin pour faire connaître par des signaux à Montbrun l'approche de l'ennemi. Lorsque les troupes furent à proximité de la rive gauche du Rhône, les frégates s'avancèrent pour les empêcher d'aborder, mais les soldats de Montbrun les assaillirent à coups d'arquebuse, tout en se rapprochant toujours de la rive. Exposées au triple feu de Saint-Romain, de Montbrun et du fort Saint-Ange, les frégates s'éloignèrent et les barques protestantes, redoublant d'efforts et de courage, abordèrent sur l'heure. Quand tous les soldats eurent mis pied à terre, Montbrun renvoya les barques au Pouzin pour ne laisser à ses troupes d'autre espérance que celle de la victoire (28 mars 1570) [2].

Sans perdre du temps, l'audacieux capitaine fit cacher sur sa gauche, derrière un épais fourré de saules, sur la route de Loriol, les 5 compagnies d'arquebusiers de Piégros,

---

(1) Pérussis, dans d'Aubais (t. 1, p. 116-118), dit 11 enseignes de fantassins et 400 chevaux, mais c'est exagéré; d'autant plus que, dans un autre passage (p. 295), Pérussis ne parle que de 400 fantassins et 120 chevaux : chiffres qui rentrent dans ceux des *Commentarii*, que nous suivons. Videl dit 300 fantassins et 200 chevaux.

(2) L'*Histoire génér. du Languedoc* (t. ix, p. 65) raconte le passage du Rhône d'une manière un peu différente, mais moins vraisemblable.

précédées de 30 pistoliers à cheval, placés à droite, qui 1570.
devaient tirer en tête sur les soldats ennemis, pendant que
les arquebusiers tireraient sur eux en flanc. Lui-même se
tint près du Rhône, devant le fort, avec ses cavaliers[1].
Saint-Ange, de son côté, travaillait sans relâche à mettre
en état de défense le fort, qui n'avait encore que deux mètres
de hauteur.

Sur ces entrefaites, on apprit à Gordes, qui était à Loriol,
le passage du Rhône par Montbrun. Il ne voulut point y
croire, tant la chose lui paraissait invraisemblable. Il avait
une confiance absolue dans ses frégates, si bien armées et
équipées, et il fallut que deux nouveaux messagers vinssent
lui confirmer le fait pour qu'il se décidât à réunir ses troupes,
qui comptaient 200 arquebusiers à pied, 50 lances et 200
chevau-légers[2]. Il fit d'abord avancer quelques salades et
chevau-légers, conduits par Rosset, pour charger en tête
les troupes de Montbrun, tandis que 150 arquebusiers les
suivaient de près pour donner sur elles en flanc. Il venait
lui-même avec le reste des soldats. Les troupes de Montbrun
apprirent sa marche par les signaux de Saint-Romain, et
dès qu'elles eurent aperçu ses soldats qui se mettaient en
bataille, les pistoliers déchargèrent leurs armes sur eux,
tandis que les arquebusiers les criblaient de balles. Effrayés
de cette réception inattendue, ils rebroussèrent aussitôt
chemin pour informer Gordes de ce qui se passait. Mais
celui-ci les contraignit à reprendre l'offensive, et, se joignant
à eux, ils se jetèrent tous ensemble avec furie sur la troupe
protestante. Celle-ci, animée par les paroles de Montbrun,

---

(1) Videl raconte ces dispositions d'une manière différente (p. 27, 28).

(2) Pérussis, dans d'Aubais (t. I, p. 295), dit seulement 24 fantassins et
30 chevaux; Chorier (p. 638), 80 fantassins et 30 chevaux. C'est inad-
missible.

1570. qui lui représentait que, toute retraite du côté du Rhône lui
étant fermée, il fallait vaincre ou mourir, soutint le choc
des ennemis avec fermeté, enfonça leurs rangs, blessa mortellement Guigues de Guiffrey, seigneur de Boutières, guidon
de Gordes, et les força à se retirer. Gordes laissa sur le
champ de bataille 50 à 60 morts [1]. Il eut lui-même son
cheval blessé, et sans son page Devaux, qui lui céda le sien
et le releva de terre, il eût été fait prisonnier. Rosset, son
lieutenant, fut pris au moment où il s'efforçait de rallier la
cavalerie pour couvrir la retraite des fantassins, et Devaux,
qui s'était dévoué pour son maître, fut également fait prisonnier; mais Montbrun, qui avait le cœur magnanime, le
renvoya à Gordes, pour le récompenser de sa belle action.
Le lieutenant général n'agit pas avec la même grandeur
d'âme, car, dans la crainte qu'on ne fît quelque mal à
son lieutenant Rosset, il envoya des soldats au château de
Montbrun, pour garder à vue la femme et les enfants de
son ennemi. La victoire de Montbrun remplit d'une telle
panique l'armée de Gordes, qu'elle alla s'enfermer dans
Valence, abandonnant Loriol et Livron aux protestants, et
les laissant maîtres du cours du Rhône. Gordes lui-même
se sauva à Crest. Montbrun fut blessé au pied dans ce
brillant combat et perdit 20 hommes. Il retourna au
Pouzin pour se faire soigner [2].

Quant à Saint-Romain, il passa le Rhône à Beauchastel,
au-dessus de Lavoulte, avec le reste de l'armée, sans que
l'ennemi pût l'en empêcher, et se mit en devoir d'enrôler
bon nombre de soldats huguenots qui s'étaient tenus cachés
jusque-là par crainte des catholiques. Avec leur concours il

---

(1) Pérussis, dans d'Aubais (t. 1, p. 95), dit qu'il perdit 14 gens d'armes,
13 Suisses et presque toute son infanterie. Videl parle de 80 morts.

(2) Chorier (p. 638) raconte les choses différemment, dans le but d'atté-
nuer la défaite du lieutenant général.

se saisit de diverses places, notamment de Grane, et, de là, 1570.
gagna le Gapençais par le Diois, pour faire des levées dans
le but de renforcer l'armée des princes ; car les maladies
avaient fait mourir un grand nombre de leurs soldats et
beaucoup d'autres s'étaient débandés.

Ludovic de Nassau franchit le Rhône pour secourir le fort Saint-Ange. Il échoue au siége de Montélimar et repasse le fleuve. Les protestants perdent Donzère et autres places.

Cependant Gordes, plein d'inquiétude, songeait aux
moyens d'intercepter les communications que les protestants avaient établies entre les deux rives du Rhône au
moyen du fort Saint-Ange, et décida, aidé du comte de
Tende et de Suze, d'en faire le siége en règle. Il réunit
12 enseignes de gens de pied et une nombreuse cavalerie
et fit ouvrir des tranchées contre le fort [1]. Celui-ci n'avait
pu être terminé, et les 100 à 150 arquebusiers qu'on y avait
postés pour le défendre, étaient serrés de si près que les
vivres leur parvenaient difficilement. Depuis deux jours ils
n'avaient pas de pain, et de plus ils étaient battus par deux
longues pièces d'artillerie que l'ennemi avait hissées sur
une plate-forme, à la droite du fort, et dont les boulets tombaient presque d'aplomb sur eux, sans qu'ils eussent aucun
ouvrage pour se mettre à couvert. Deux frégates enfin,

---

(1) La Popelinière dit qu'un coup d'arquebuse parti des tranchées tua à
ce moment Saint-Ange, qui était en observation sur la crête du fort. Mais
les *Commentarii* et Chorier s'accordent à dire que l'habile ingénieur fut tué
quelques mois plus tard dans un nouveau siége.

1570. montées par des soldats armés de mousquets et d'arquebuses, et établies sur le Rhône, l'une en amont et l'autre en
aval du fort, l'isolaient du côté du fleuve et de la rive droite.

Cependant les princes Henri de Béarn et Henri de Condé
s'étaient approchés du Dauphiné avec leur armée. Après la
bataille de Moncontour, Coligny, mis à la tête des troupes,
avait pris ses quartiers d'hiver à Montauban. Au printemps
il se remit en marche, traversa le Languedoc et arriva dans
les environs de Nimes à la fin de mars. Là, il divisa ses
troupes en deux corps : l'un, composé des reîtres et des
princes, passa par Alais, Saint-Ambroix, se rendant à
Aubenas; l'autre, qui faisait le gros de l'armée, prit la route
de Remoulins, Bagnols et le Saint-Esprit, emporta Saint-
Julien de Peyrolas et, en dernier lieu, Saint-Montaut, où
Coligny établit son camp (5 avril). Après quelques jours de
repos, une avant-garde de l'armée[1], composée de 3,000
hommes de pied et de 300 chevaux, franchit le Rhône et se
saisit de Donzère (22 ou 23 avril), de La Garde-Adhémar,
et de Pierrelatte, où elle entra sans coup férir, grâce aux
remontrances du ministre La Beurières. Elle prit aussi
Saint-Paul-trois-Châteaux, Châteauneuf-du-Rhône et autres
lieux, et s'apprêta à faire le siège de Montélimar, conjointement avec les soldats de Montbrun, qui occupaient les
petites places avoisinant la ville.

Dès l'arrivée de Coligny à Saint-Montaut, Montbrun
l'avertit du danger que courait le fort Saint-Ange et lui
représenta qu'il s'agissait non-seulement de la sûreté de ce
dernier, mais encore de celle de Saint-Romain, de tous ceux

---

(1) On croit généralement que Coligny franchit lui-même le Rhône et
assista au siége de Montélimar, que nous allons rapporter. Cela ne ressort
nullement des pièces du temps. Il est vraisemblable même que l'amiral ne
quitta pas la rive droite du Rhône, pour être plus à proximité des princes
confiés à sa garde, ou qu'il ne la quitta que momentanément.

qui avaient passé le Rhône avec lui et des recrues que ce
capitaine pourrait faire en Dauphiné. La prise du fort leur
rendrait impossible le passage du Rhône.

Informé de cette situation, Coligny chargea le comte
Ludovic de Nassau, qui avait le commandement général de
son infanterie, de se porter au secours du fort Saint-Ange.
Le comte choisit 120 salades d'élite dans 6 compagnies
différentes et résolut de les jeter dans le fort coûte que coûte.
Il trouva 4 barques, mais ne put y faire monter chaque fois
que 40 à 50 soldats; entreprise malaisée et périlleuse, tant
à cause des frégates ennemies situées sur l'autre rive, qu'à
cause de la rapidité naturelle du fleuve, qui ne permettait
pas aux barques d'aborder exactement en face du fort.
Ludovic réussit cependant à remédier à ce dernier obstacle
en établissant une traille sur le Rhône. Une grande couleuvrine, amenée d'Aubenas à grand peine et placée sur la
plate-forme du fort du Pouzin, avec quelques autres pièces,
devait protéger la traversée. Lorsque les barques de Ludovic
furent engagées dans le fleuve, les frégates catholiques commencèrent à tirer sur elles avec furie; mais les canons du
fort du Pouzin donnèrent aussi, et ils furent pointés avec
tant de justesse qu'ils endommagèrent grièvement les frégates et tuèrent plusieurs de ceux qui les montaient. Pendant ce temps, les barques avançaient; de telle sorte que les
frégates, soit à cause du dommage qu'elles avaient déjà
reçu, soit qu'elles crussent que toute l'armée des princes
allait passer, s'enfuirent, de même que les soldats qui occupaient les tranchées creusées autour du fort. Les bateaux
abordèrent alors sans difficulté, et les soldats se mirent
aussitôt en devoir de combler les tranchées de l'ennemi et de
terminer le fort (13 avril). « En peu de jours, dit La Popelinière, le mirent en tel état qu'ils voulurent, pour s'en servir
depuis au grand désavantage de tout le Lyonnais, Bourgogne et généralement de tous ceux qui reçoivent profit du

1570. trafic et commerce qui se fait par le moyen du Rhône, et y mirent nombre de soldats bien pourvus de tout ce qui leur fallait, et le capitaine Pipet, chef de tous, pour empêcher qu'aucun vaisseau, notamment du sel, tant en montant qu'en descendant, ne trafiquât sur cette eau, de laquelle ils délibéraient garder le passage avec des couleuvrines qu'ils y laissèrent. » Autrement, le fort Saint-Ange était tout entier construit avec des fascines et de la terre et n'avait qu'une faible hauteur.

Cependant le gros de l'armée de Coligny, campée à Saint-Montaut, franchit le Rhône en face de Donzère, au Robinet, sous la conduite de Ludovic de Nassau. Elle comptait 8 ou 10,000 hommes et 6 canons ; et, comme elle ne put se procurer un nombre suffisant de bateaux, elle mit 8 jours à traverser le fleuve (3-10 mai). Elle campa à l'île de Touchelaze et s'achemina vers Montélimar, déjà assiégé par l'avant-garde de l'armée depuis le 18 avril. L'artillerie prit les devants, car la ville fut canonnée le 10 mai, comme on va le voir. Arrivé au pied de Montélimar, Ludovic s'établit au quartier d'Espoulette, sur la rive gauche du Roubion, et mit à contribution la plupart des communes voisines pour lui fournir des vivres. La Tivolière, qui était gouverneur de Montélimar pour le parti catholique, instruit dès le 16 avril, par le comte de Tende et par Suze, des projets de l'ennemi, s'empressa d'en donner avis au conseil général de la ville et lui représenta « qu'il est instant de savoir si les habitants veulent garder la ville contre les ennemis de Dieu et du roi, vu que c'est l'heure qu'ils doivent arriver, s'offrant faire son devoir de son compte ». Le conseil général ayant répondu par l'affirmative, les consuls s'occupèrent sur l'heure d'approvisionner la ville de vivres et de munitions de guerre et furent puissamment secondés par les habitants, qui s'employèrent avec ardeur aux travaux de réparation et de défense, et comme pionniers et comme soldats. Quant

aux habitants réformés, les consuls emprisonnèrent les uns 1570.
et consignèrent les autres dans leurs maisons.

Le 10 avril « ceux de la religion, dit la relation contemporaine du notaire Amand Curtil [1], firent approche pour asseoir siége à la présente ville de Montélimar audit Valentjnois, se saisissant de tous les villages et châteaux à elle prochains et à son environ, tant que durèrent lesdites approches, non sans grande perte, meurtre et saccage des villages, fin au mardi 18ᵉ jour dudit avril, jour que ledit siége fut assis devant et contre ledit Montélimar ».

La Tivolière « commandait dans la place, ajoute Candy ; il n'avait pour sa défense qu'une faible garnison. De Gordes, instruit de sa position, tenta de lui envoyer quelques secours pour la renforcer ; mais l'ennemi tenait la ville cernée, et ce ne fut qu'après un combat opiniâtre de part et d'autre qu'il parvint à y faire entrer la compagnie du capitaine Reymond de Romans, celle du capitaine Mayras et un canonnier de Crest. Béranger Pipet fut tué dans une affaire et le capitaine Rostaing fait prisonnier avec sa compagnie. Ludovic de Nassau n'ignorait point le peu de troupes que les assiégés avaient à lui opposer. Plein de confiance dans la supériorité de ses forces, il croit les vaincre sans beaucoup de résistance; mais La Tivolière, plein d'intelligence et de bravoure, n'était pas homme à se laisser intimider; il dédaigna son ennemi. Toujours fidèle à l'honneur et à son roi, il fait toutes ses dispositions pour le recevoir en cas d'attaque; il harangue sa troupe et cherche à ranimer le courage des habitants, s'il avait eu besoin de l'être. Ses espérances ne furent point déçues. L'attaque, ainsi que la résistance furent également opiniâtres.

» Le 10 mai, jour de l'attaque, l'ennemi, malgré ses

---

(1) Dans CANDY, *Hist. des guerres de religion à Montélimar* (Mns.).

1570. nombreuses troupes et le feu roulant de son artillerie, composée de quatre canons et de trois pièces bâtardes [1], ne put pénétrer dans la place; tandis que les assiégés n'avaient à lui opposer qu'une faible artillerie, qu'on fit placer sur la tour de Narbonne et sur les remparts. Les habitants, réunis à la garnison, repoussèrent constamment et avec perte les assiégeants. Tout fut soldat dans cette mémorable journée, et l'on peut dire que la ville entière couronnait ses remparts. La brèche, d'environ soixante pas, faite par les assiégeants [2] fut vigoureusement défendue par les assiégés; les femmes même donnèrent des preuves du plus grand courage. On les vit avec tout l'acharnement du désespoir et de la vengeance prendre la place et les armes de leurs maris ou de leurs parents tués ou blessés, combattre sur les remparts entr'ouverts, repousser l'ennemi et encourager les habitants. Plusieurs y perdirent la vie, d'autres furent blessées sur la brèche. La municipalité accorda quelques secours à celles qui étaient dans l'indigence, entre autres à une nommée Pousoie, dite Gandonne, blessée à la main droite, et à Catherine Arnaud, femme d'Isnard Bourguet... Le comte Ludovic, fatigué d'une si longue résistance, fit sommer La Tivolière de rendre la place sous les conditions les plus honorables; mais ce brave officier, doué d'un caractère énergique, rejeta toute proposition et ne répondit à sa somma-

---

(1) L'auteur des *Mémoires de Messire Gaspard de Coligny* (Grenoble, 1670, in-18) s'abuse donc étrangement quand il dit de Ludovic: « N'ayant point de canon et estimant que, sans s'y arrêter davantage (dans le Dauphiné), il avait assez acquis de louange et témoigné sa valeur, après avoir pillé le plat pays, il ramena en peu de jours à l'amiral ses troupes en bon ordre, et saines et sauves, ce qui rendit sa conduite et son courage grandement recommandables envers les Allemands et les Français.

(2) « Entre la porte du Fust et la porte d'Aigu, au-dessous la tour de Bullet, contre le jardin des Ybot, qui fait hors la ville séparation de deux chemins assez amples d'environ vingt pas de largeur » (Amand Curtil).

tion que par une chanson à la fois injurieuse et méprisante, 1570, qui depuis passa en proverbe sous le nom de *Chanson de Montélimar*. Enfin, le comte, après 27 jours d'efforts inutiles et une perte d'environ 400 hommes, se décida à lever le siége.

» Les consuls, voulant perpétuer le souvenir de la glorieuse défense de Montélimar, firent graver sur pierre une inscription où l'on rapporta un précis du siége. On la voit encore [1] incrustée dans le rempart, à l'endroit où était la brèche. Depuis longtemps elle est écaillée en partie. Nous avons cru cependant devoir en conserver les restes et transcrire ce qu'on en a pu déchiffrer :

> Du jadis admiral d'armée
> Feit grande breche en ce lieu cy,
> Laquelle fut bientôt fermée
> Et la ville fut [sauve ainsi ;
> Alors moins] grand [fut] le souci
> Du seigneur de La Thivolière
> Notre chef de race première
> Comm[e en étant le] gouverneur ;
> Et par hardiesse guerrière
> En acquit louange et honneur
> L'an M.D.LXX.
> Dix sept d'afvril assiégée
> Et le X. de may canonnée.

» On voyait encore il y a peu d'années, au-dessus de cette inscription, une autre pierre sculptée faisant suite au même événement. Elle représentait une femme tenant dans ses mains une large pierre. Il y a lieu de conjecturer

---

(1) Commencement du XIXe siècle.

1570. que par ce symbole ingénieux on a voulu signaler le zèle et le courage des femmes à s'aider à rétablir la brèche [1]. »

La révolte des reîtres, qui étaient mal payés, avait contribué à faire lever le siége de Montélimar par Ludovic de Nassau, qui toutefois ne prit ce parti qu'avec l'assentiment des princes et de Coligny. Ce dernier était pour lors à Rochemaure. Ludovic se dirigea d'abord vers Loriol, puis sur Grane, où il laissa 4 canons à la garde de Montbrun, et s'apprêta à franchir le Rhône. Son insuccès devant Montélimar entraîna la perte des places de Saint-Paul-trois-Châteaux, Pierrelatte, La Garde-Adhémar, Taulignan et autres.

Ludovic repassa sans entrave le Rhône au Pouzin, le 22 mai, et rejoignit le reste de l'armée, campée à La Voulte, le Pouzin et Baix-sur-Baix, et se dirigea vers La Charité (Nièvre) par le Velay. Les princes, qui n'avaient pas quitté Aubenas, partirent le 23 avec leurs reîtres pour la même destination. Or, comme l'armée avait de longues étapes à faire et des pays fort montagneux à traverser, l'amiral laissa 4 de ses canons à Montbrun, qui les logea à Grane, comme on l'a vu, et 3 autres au Pouzin, avec 14 cornettes de cavalerie et un corps d'arquebusiers, pour défendre cette dernière place, assiégée par les catholiques [2], et protéger le passage des soldats que Saint-Romain devait amener du Dauphiné

---

(1) Expilly (*Dict. géograph., hist. et polit. des Gaules*) raconte que cette statue avait été élevée en l'honneur d'une nommée Margot Delaye, qui aurait tué de sa main le comte Ludovic de Nassau; mais ce fait, complètement passé sous silence par le notaire contemporain Amand Curtil, de Thou et Chorier, doit être relégué au nombre des fables. Il est, dans tous les cas, certain que Ludovic ne fut pas tué.

(2) L'*Hist. génér. du Languedoc* (t. IX, p. 459) se trompe quand elle fait dire à La Popelinière que les troupes laissées par l'amiral allèrent sur la rive gauche du Rhône dégager Montbrun, assiégé dans Grane. La Popelinière, dont la phrase est obscure, il est vrai, parle du Pouzin et non de Grane.

pour renforcer l'armée protestante. « La principale intention 1570. des princes, dit le *Recueil des choses mémorables*, était de tirer infanterie du Dauphiné pour rengrossir le corps de leur armée, comme aussi ils avaient pensé faire de Gascogne et de Languedoc ; lequel désir ne se put pas bien effectuer. Car quand les soldats venaient à entendre que c'était pour s'acheminer vers Paris et au cœur de la France, et qu'après ils se représentaient les misères qu'eux et leurs compagnons avaient souffertes l'hiver passé, chacun fuyait cela comme un précipice mortel et aimaient, sans comparaison, mieux demeurer à faire la guerre en leur pays. Toutefois encore ramassèrent-ils plus de 3,000 arquebusiers, délibérés d'aller partout, qui se disposèrent par régiments, mais tous étaient à cheval. La nécessité les contraignait à ce faire pour la longueur des chemins [1]. »

Les soldats protestants préposés à la garde de Donzère subirent un grave échec. La ville de Pierrelatte, qui était située dans son voisinage, renfermait une forte garnison de troupes catholiques françaises et piémontaises, qui ne pouvaient voir de bon œil des soldats protestants si près d'eux. Les occasions de se rencontrer sur le terrain ne manquèrent ni aux uns ni aux autres. Dans une première escarmouche, les protestants battirent une compagnie d'Italiens et luï firent 10 ou 12 prisonniers ; mais la nuit suivante les catholiques, sortant au nombre de 200 arquebusiers, s'approchèrent sans bruit de Donzère ; arrivés au pied des remparts, ils se divisèrent en deux bandes, l'une resta en face d'une ancienne brèche fermée par une barricade, l'autre pénétra

---

(1) *Commentarii*, iiiᵃ pars, p. 3o3, 3o9 ; — *Recueil des choses mémorab.*, p. 4o3 ; — Pérussis, dans d'Aubais, t. i, p. 116-118, 295, 122, 123 ; — La Popelinière, t. i, p. 173 et suiv.; — De Thou, t. vi, p. 33-36 ; — Chorier, p. 638, 639 ; — Videl, p. 26-28 ; — Lacroix, *Notice sur Donzère*, p. 81-83.

1570. dans l'intérieur de la ville par une grille rompue qui donnait accès dans le fossé, et où ils « laissent la sentinelle, dit La Popelinière, dormir jusques au jugement, qui toutefois n'y pensait reposer qu'une heure (c'était, s'il vous plait, un pauvre maréchal, que son maitre, trop délicat à si froides corvées, avait là envoyé pendant qu'il dormirait à la française). Se rendant sur-le-champ à la brèche, les soldats catholiques y eurent bientôt pratiqué un passage pour leurs compagnons demeurés en dehors, et tous ensemble ils envahissent la ville au bruit de leurs trompettes, fifres et tambours, et aux cris de *Tue! Tue!* Les protestants surpris se défendirent mal. Ils eurent 30 ou 40 morts, plusieurs blessés et perdirent 100 chevaux et une bonne partie de leurs bagages. L'un de leurs chefs, Brossac de Sainte-Grave, en se défendant dans son logis, fut atteint d'un coup de hallebarde et contraint de se rendre [1]. »

Exploits de Lesdiguières dans le haut Dauphiné. Gordes échoue au siége de Loriol et du fort Saint-Ange. Signature de la paix.

Lesdiguières, qui avait servi à côté de Montbrun pendant toute la campagne, prit le chemin de son pays avec les autres gentilshommes du Gapençais, Abel de Béranger de Morges, Champoléon, Bardonnenche, Saint-Germain, La Villette, Honoré de Castellane de Saint-Jean [2], son neveu, escortés de 150 hommes de pied et 60 à 80 chevaux. Ils s'emparèrent de la petite, mais forte ville de Corps, d'où ils

---

(1) LA POPELINIÈRE, t. I, p. 173 et suiv.; — JUSTIN, *Hist. des guerres du Comté Venaissin*, t. II, p. 51.

(2) Ou Saint-Juers.

portèrent l'effroi jusqu'aux portes de Grenoble. Les catholi- 1570.
ques tremblaient dans cette dernière ville, et le parlement,
sans les encouragements de Gordes, aurait peut-être pris la
fuite, car on apprit qu'une armée de 2,000 fantassins et de
1,100 chevaux était réunie à Genève, venant au secours des
princes. Le baron des Adrets passait pour la favoriser et fut
arrêté à ce propos (16 juillet). Mais on ne trouva pas de
preuves de sa culpabilité, et il fut relâché à la paix.

Quoique Lesdiguières occupât Corps et Saint-Bonnet,
les habitants de Gap, confiants dans leurs murailles, pous-
saient de fréquentes reconnaissances du côté de cette dernière place. Le vaillant capitaine résolut de leur donner une
leçon. Sur ses ordres, le capitaine d'Anthoine, qui occupait
le poste avancé de Laye, près Saint-Bonnet, va se saisir, le
jour de Pentecôte (14 mai), du bétail des Gapençais qui pais-
sait non loin de la ville. Les jeunes gens de Gap, tout endi-
manchés à cause de la fête, s'arment et courent à la poursuite de d'Anthoine; mais Lesdiguières, qui les attend dans
une embuscade près du Buzon, les taille en pièces et deux
ou trois seulement parviennent à s'échapper et vont annoncer à Gap la fatale nouvelle.

Trois semaines après environ (8 juin), Lesdiguières accomplit un autre exploit. La Cazette, gouverneur de Briançon, et Louis Armuet de Bonrepos, gouverneur d'Embrun,
ayant 1,200 hommes sous leurs ordres, assiégeaient, à
l'instigation de l'archevêque d'Embrun, prélat fort belli-
queux et ennemi des protestants, la vallée de Freissinières,
que l'on regardait à cette époque comme une petite Genève,
à cause du nombre et de la ferveur religieuse de ses habitants. Ils élevèrent d'abord une forteresse à Champcella
pour cerner la vallée, et acculèrent peu à peu les habitants
jusqu'à une baume ou caverne, célèbre dans l'histoire des
Vaudois. Se voyant exposés à mourir de faim, les habitants
de Freissinières implorent le secours de Lesdiguières, qui

1570. traverse le col d'Orcïères encore tout couvert de neige, culbute les ennemis et les poursuit jusqu'à Saint-Crépin, où un
grand nombre de ceux qui avaient échappé au tranchant de
son épée sont emportés par la Durance, qu'ils tentent de
traverser à la nage. La Cazette perdit tout son équipage et
7 à 800 hommes [1]. Quelques jours après ces glorieux faits
d'armes, un accord fut signé dans la province entre les deux
partis pour que les habitants des campagnes pussent « faire
librement, en toute liberté, la cueillette de tous grains,
labourer et semer pour le temps présent » (22 juin).

L'archevêque d'Embrun, qui demandait depuis quelque
temps à Gordes de se saisir de Corps, obtint enfin que le
lieutenant général envoyât de Grenoble Charles de Moustiers, seigneur de Ventavon, avec 600 hommes environ et
4 mortiers, et de Briançon, La Cazette, avec 1,500, pour
enlever la place (22 juillet). Ils ne réussirent point dans leur
tentative, et Lesdiguières, qui tenait la campagne et avait
réussi à faire entrer quelques soldats dans la place, contraignit les assiégeants à se retirer, après leur avoir tué leurs
meilleurs hommes et enlevé leurs quatre mortiers (15 août) [2].
Ce fut la première artillerie de Lesdiguières ; mais il dut la
rendre à Gordes à la paix [3].

Les protestants ne donnaient pas moins à faire au lieutenant général dans le Valentinois. Ils occupaient Loriol,

---

(1) Videl (p. 37-39), suivi par Charronnet (p. 77, 78, 80-82), place à
tort cet événement en 1573. Nous suivons Pérussis, dans d'Aubais, et Chorier,
dont la chronologie est confirmée par ce fait que le fort de Champcellà fut
démoli par Gordes immédiatement après l'édit de Saint-Germain du 15
août 1570.

(2) Pérussis, dans d'Aubais (t. 1, p. 125), dit le 7 août.

(3) *Commentarii*, III[a] pars, p. 312 ; — CHORIER, p. 639, 640. — Videl (p. 28.
30) et Pérussis, dans d'Aubais, attribuent à tort à Montbrun l'action de
Lesdiguières. Le premier capitaine était à cette heure dans le Valentinois·

Grane et d'autres places, sans compter le fort Saint-Ange, 1570. qui facilitait les communications des réformés entre les deux rives du Rhône et interceptait le commerce du fleuve. Gordes, renforcé par 6 compagnies françaises et italiennes, que lui envoyèrent de Valréas Fesquet et Conti, mit le siége devant Loriol (juin), défendu par 200 soldats commandés par Rochefort. Ne pouvant, malgré son zèle, s'en emparer, il essaya d'un curieux stratagème. Il fit venir d'Étoile une grande quantité de robes de femmes et de vêtements de paysans, en habilla ses soldats les plus résolus et les envoya de nuit aux alentours de Loriol, pour tâcher de pénétrer dans la place à l'aide de ce travestissement. Ils avaient eu « avis, dit Chorier, qui rapporte le fait, qu'à midi il restait peu de soldats en garde, et qu'il n'y avait nulle sentinelle sur la grosse tour qui pût les découvrir. S'étant approché de la ville le lendemain et attendant cette heure-là, un paysan qu'ils avaient voulu arrêter, comme ils avaient fait de beaucoup d'autres, s'échappa de leurs mains et, courant vers la ville, y porta l'alarme, ce qui fit échouer cette entreprise ». Le 29 juillet, l'armée assiégeante braqua des pièces d'artillerie « contre les murailles, ès quelles, dit La Popelinière, comme de faibles étoffes firent en peu de temps brèche raisonnable à ceux qui les voulaient prendre d'assaut. La brèche fut néanmoins si bien et si tôt remparée qu'avec les défenses et gabions qu'ils dressèrent en tête et en flanc d'icelle, les catholiques n'y purent gagner que des coups qui en envoyèrent plusieurs en l'autre monde ». Manquant de munitions et désespérant de prendre la place d'assaut, Gordes résolut de l'affamer et l'investit. Montbrun, informé de la détresse des assiégés, rassembla 300 arquebusiers et 120 chevaux, et, sortant de Grane, qu'il occupait, attaqua l'armée de Gordes avec impétuosité. A la faveur de cette diversion, cinquante paysans

17

1570. chargés de poudre et de farine pénétrèrent dans la place, qui resta aux protestants jusqu'à la paix [1].

Pendant le blocus de Loriol, Gordes fit diverses tentatives pour reprendre d'autres places, mais ce fut toujours sans succès. Ainsi, il fit attaquer en plein jour le fort Saint-Ange (10 juillet), qui n'était gardé que par 30 hommes, et ses soldats furent repoussés. Les échelles dont ils se servirent étaient trop courtes et les premiers assaillants en furent découragés. Rosset et d'autres, qui commandaient la cavalerie, mirent alors pied à terre, et, prenant ces échelles abandonnées, les appliquèrent eux-mêmes contre le fort et montèrent jusqu'à la crête du parapet; mais comme les soldats ne les suivirent point, ils durent battre en retraite. Saint-Ange fut blessé dans cet assaut et mourut onze jours après. Ce fut une grande perte. A la paix, les protestants démolirent eux-mêmes le fort.

Celle-ci venait en effet d'être signée le 8 août, à La Charité, entre la reine-mère et les princes du sang, Henri de Navarre et Henri de Condé, et le nouvel édit de pacification qui en fut la suite, publié le 15 à Saint-Germain-en-Laye, fut enregistré par le parlement de Grenoble le 29. Il rétablissait l'exercice de la religion réformée dans toutes les villes possédées par les religionnaires au 1er août, le permettait encore dans les faubourgs de deux villes par province [2], et livrait au parti réformé 4 places d'otage ou de sûreté pour deux ans, savoir La Rochelle, Montauban, Cognac et La Charité. Les protestants obtinrent aussi quelques garanties tutélaires pour leurs procès pendants devant les parlements. Ceux du Dauphiné, en particulier, eurent le droit de récuser trois conseillers dans chaque chambre.

---

(1) *Commentarii*, IIIe pars, p. 312; — La Popelinière, t. I, p. 181; — *Hist. des guerres excit. dans le Comtat-Venaissin*, t. II, p. 57.

(2) Pour le Dauphiné, ce furent les faubourgs de Crest et de Chorges.

(8 août 1570 — novembre 1572).

Les protestants du Dauphiné font leur soumission au roi. Damville commissaire exécuteur de l'édit. Sédition à Gap et à Valence.

Gordes, à qui le roi, en apprenant dès le 4 août la fin 1570. prochaine de la guerre, avait recommandé de faire cesser toute hostilité contre ceux de la religion, se hâta de signifier le traité de paix à Saint-Romain, lieutenant des princes en Dauphiné et Vivarais, et somma les garnisons de Grane, Loriol, fort Saint-Ange et Corps de vider ces dernières places. Toutes s'exécutèrent, sauf celle de Grane, qui, commandée tour à tour par Valavoire [1], Veisin, Chabenas, boucher de Crest, et La Roche, ne se soumit que le 6 décembre, après des négociations interminables, qu'il serait trop long de rapporter.

Le lieutenant général s'appliqua ensuite à faire exécuter l'édit dans sa province. Montbrun et les autres gentilshommes, dont les biens avaient été confisqués, furent remis en possession de leurs châteaux, et les troupes étrangères licenciées. Les protestants de Vienne demandèrent à pouvoir s'assembler pour célébrer leur culte à Sainte-Colombe, fau-

---

(1) Frère de Scipion de Valavoire. Nous ne connaissons pas son prénom.

1570. bourg situé sur la rive droite du Rhône ; mais cette faveur, que leur accordait l'édit précédent, leur était refusée par le nouveau, et leur requête fut rejetée, bien qu'ils en eussent appelé au roi. On l'a vu plus haut, les deux seuls faubourgs de ville où l'exercice de la religion réformée fût permis dans la province, étaient ceux de Crest et de Chorges. Les gentilshommes, qui n'étaient pas hauts justiciers, n'avaient non plus le droit de faire célébrer le culte réformé dans leurs châteaux ; mais, sur leurs pressantes et nombreuses réclamations, le parlement de Grenoble le leur concéda.

Pour hâter l'exécution de son édit en Dauphiné, le roi y envoya un commissaire spécial, le maréchal Damville, gouverneur de Languedoc. Damville fit d'abord un règlement pour réprimer les excès des soldats, qui, « à l'occasion des logements et des étapes, dit Charronnet, avaient fini par obtenir une vraie prépondérance dans l'administration des villes, dont ils gouvernaient à leur gré les finances, et souvent ils se faisaient justice eux-mêmes.... Un autre règlement ordonna aux officiers et soldats de laisser rentrer dans les places tous ceux qui en étaient sortis à cause des troubles et guerres civiles, à la condition que les personnes qui rentreraient déposeraient leurs armes, sauf les gentilshommes et autres ayant droit de porter l'épée...

» Le 16 octobre 1570, on publia dans Gap, au nom du roi, une ordonnance qui défendait à tous les sujets de Sa Majesté de renouveler la mémoire des choses passées depuis les troubles advenus en ce royaume, et, à leur occasion, s'attaquer, s'injurier, se quereller de fait et de parole.

» Le 5 novembre, de Gordes ordonnait à son tour à toute personne qui avait quitté la ville à cause des troubles et, depuis l'édit de pacification, était rentrée chez elle, de se présenter au bailliage dans les trois jours, sous peine de bannissement et autres. Le même jour, le parlement de Grenoble, consulté par plusieurs villes sur le point de savoir si les protestants fugitifs pendant les troubles pouvaient maintenant 1571. rentrer chez eux, décidait, sauf approbation du roi, que ces fugitifs pouvaient rentrer, et ceux d'entre eux qui voulaient changer de résidence ne le devaient faire qu'avec l'autorisation des officiers du roi. » Le roi défendit de plus aux hôteliers et aux habitants des villes de louer des appartements à des étrangers, de prendre ces étrangers à leur service, et il porta des peines contre ceux qui, sachant leurs voisins ou leurs amis en contravention, n'iraient pas les dénoncer surle-champ aux officiers royaux ou municipaux.

Une autre ordonnance de Damville du 10 décembre, et publiée à Gap seulement le 10 février de l'année suivante, avait pour but de refréner l'insolence des gens de guerre, de remettre chacun à sa place et de réprimer les usurpateurs de fonctions. Une nouvelle ordonnance, du 19 décembre, défendait toutes les assemblées extraordinaires et autorisait seulement la présence de 10 personnes aux ensevelissements réformés.

Des Adrets, enfermé au château de Pierre-Scize, à Lyon, sous la prévention d'intelligences secrètes avec les huguenots, fut relâché au commencement de l'année 1571. Il se déclarait hautement innocent et fit exprès le voyage de Paris pour se laver de tout soupçon aux yeux de la cour (16 mars), offrant de se purger ou par les formes de la justice ou par les armes. Le roi lui assura de sa propre bouche qu'il était satisfait de sa personne, avait reconnu la fausseté des accusations dirigées contre lui et ne doutait en aucune façon de sa fidélité. Le baron ne se contenta pas de cette déclaration ; il en fit dresser un acte authentique, qu'il pria le roi et tous les princes de la cour de signer, et qu'à son retour à Grenoble il fit enregistrer par la chambre des comptes de cette ville (16 juin).

Cependant Gordes continuait l'œuvre de Damville, en travaillant à la pacification de la province, en compagnie de

1572. deux nouveaux commissaires nommés par le roi, Édouard Molé de Jusavigny et Claude de Faucon de Riz. Il fit raser le fort de Champcella, construit à l'entrée de la vallée de Freissinières, qui était une menace permanente pour les protestants de la contrée, et abattre les fortifications de Mérindol de Dauphiné, près du Buis. Il parvint ainsi, par une application à la fois juste et large de l'édit de Saint-Germain, à rétablir la paix dans tout le Dauphiné. Il n'y eut que la ville de Gap qui continua d'être troublée. Les catholiques ne pouvaient tolérer l'exercice du culte réformé, qui se faisait au faubourg de Chorges en vertu de l'article VIII de l'édit de paix, et suscitaient de constantes querelles à ceux qui le fréquentaient. Pour éviter ce sujet perpétuel de division, Gordes transporta l'exercice de Chorges à Saint-Bonnet. Il promit d'un autre côté de châtier exemplairement les catholiques qui venaient d'assassiner Charles de Margaillan, seigneur de Miribel, et il punit les Gapençais qui, dans un moment de fureur, avaient démoli la maison de Jacques de Rambaud-Furmeyer le neveu. Félix Bourjac, l'ancien sénéchal du Valentinois et Diois, qui s'était déclaré dès l'origine pour la Réforme, fut également châtié pour avoir tué Dinolié.

Malgré ces actes d'impartialité et de justice, la ville de Valence fut le théâtre d'une sédition. Le colonel Alphonse d'Ornano, dit Alphonse Corse, qui y commandait, affectait des manières hautaines. Ayant frappé d'un bâton un étudiant de l'Université, qui appartenait sans doute au parti protestant, tous les étudiants prirent fait et cause pour leur compagnon, s'armèrent et en vinrent aux mains avec les soldats du colonel. Il y eut des tués et des blessés de part et d'autre, et sans l'intervention du célèbre Cujas, alors professeur de droit à l'Université, et la sagesse de Gordes, le mouvement aurait pu prendre de grandes proportions.

Pendant l'année suivante (1572) le culte réformé fut établi dans un certain nombre de maisons de gentilshommes.

Ainsi, Ysabeau Rambaud, veuve de noble Gaspard de La 1572.
Villette, et Jean de La Villette, son fils, coseigneur de Veynes, obtinrent des commissaires exécuteurs sus-nommés,
auxquels ils avaient adressé une requête (12 février), le droit
d'exercice de la religion réformée au terroir et dans la juri-
diction de Veynes, et dans le château même de Jean de La
Villette. Jean de La Ferté, coseigneur de Jarjayes, obtint le
même privilége.

La Saint-Barthélemy en Dauphiné. Sagesse de Gordes et du parlement.

La Réforme s'affermissait ainsi dans le Dauphiné, comme
dans le reste du royaume, et deux synodes nationaux (le 7ᵉ
et le 8ᵉ) s'étaient même tenus depuis la publication de l'édit.
La cour rendait justice aux protestants et avait donné l'ordre
de châtier les catholiques qui s'étaient rendus coupables de
divers massacres à Rouen, Dieppe, Orange et Paris. « Le
roi lui-même, dit Charronnet, paraissait content. Le 4 mai
1572, il adressait aux baillis une lettre dans laquelle il se
réjouissait grandement de l'état prospère de son royaume et
de la bonne conduite de ses peuples; il témoignait le plus vif
désir de consolider l'union et la concorde entre tous ses
sujets, et recommandait aux magistrats de tenir la main à
l'exécution exacte de son édit de pacification et de punir ceux
qui y contreviendraient. »

A Paris on volait de fête en fête à l'occasion du triple
mariage de Charles IX, de Henri de Béarn et de Henri de
Condé. Toute la cour respirait la paix et l'allégresse, quand,
dans la nuit du 24 août, eut lieu l'horrible massacre de la
Saint-Barthélemy, tramé depuis longtemps par Catherine
de Médicis et consenti au dernier moment par le roi, qui en
donna lui-même le signal. Plus de 6,000 protestants furent

1572. impitoyablement massacrés à Paris, et la première victime
fut l'amiral Coligny.

Le jour même du crime, le roi, assailli par les remords,
écrivit aux lieutenants généraux des provinces pour désa-
vouer toute participation au massacre, en rejeter la responsabilité sur les Guises et ordonner l'entière exécution de
l'édit de Saint-Germain. Mais ces derniers protestèrent et
obligèrent Charles IX à tenir un lit de justice (27 août), dans
lequel le roi accusa les chefs protestants, surtout Coligny,
d'avoir voulu l'assassiner, lui, sa mère et ses deux frères,
et reconnut que tout s'était fait « par son exprès commandement ». Le lendemain 28, une déclaration conçue dans ce
sens fut adressée à tous les lieutenants généraux des provinces. Le roi disait, il est vrai, qu'il ne voulait pas contrevenir à son édit de pacification, qu'il entendait que « tous
gentilshommes et autres quelconques de la R. P. R. » pussent « vivre et demeurer avec leurs femmes, enfants et
familles en leurs maisons », et il ordonnait à tous ses gouverneurs et lieutenants généraux de veiller à ce que personne
n'attentât aux personnes et aux biens de ceux de la religion;
mais il leur défendait en même temps, sous peine de confiscation de corps et de biens, de s'assembler pour quelque
sujet que ce fût, jusqu'à ce qu'il en eût décidé autrement
après l'entière pacification du royaume.

Immédiatement après le lit de justice, et malgré cette
déclaration, le roi ordonna secrètement aux lieutenants généraux des provinces de mettre des garnisons dans les places
fortifiées, de réunir des soldats et de faire main basse sur
tous les protestants. Le massacre commença aussitôt et ne
cessa que le 3 octobre. Mais il ne fut pas général, grâce à
l'humanité d'un certain nombre de lieutenants généraux. Ce
fut le cas de Gordes. Il se borna à quelques mesures de pré-
caution. Craignant que les protestants ne courussent aux
armes pour se venger des massacres de Paris, il les désarma

et prévint les catholiques de se tenir sur leurs gardes, et, 1572.
pour se mettre à couvert du côté de la cour, il réunit le parlement le 3 septembre et lui exposa que les ordres secrets du
roi étant « plutôt des témoignages d'une volonté timide que
des ordres positifs, » il valait mieux attendre quelques jours.
« La précipitation, dit-il, n'est pas inséparable de l'obéissance. » Le président Truchon opina dans le sens de Gordes.
« Avec tout un peuple égorgé par le fer de son prince, s'é-
cria-t-il, tombent nécessairement son empire et sa gloire.
Non, je ne croirai jamais qu'un roi aussi sage que le nôtre
approuve ces carnages. » « Ce n'est pas défendre la religion,
dit à son tour Fiançayes, que d'ôter la vie à qui lui résiste ;
désarmer l'obstination par le raisonnement et lui soumettre
les volontés par la persuasion, c'est vraiment combattre pour
elle. » Émery ajouta ces éloquentes paroles : « Qui allume
la première étincelle est l'auteur de tout l'incendie. Si nous
n'épargnons point nos parents et nos voisins pour l'amour
d'eux ; si leurs erreurs ont effacé ces qualités et ces noms
qui nous les rendaient chers ; si des ordres douteux les ont
en une nuit transformés en loups-garous, épargnons-les
pour notre intérêt et ne devenons pas les assassins de nos
proches, de nos amis et les nôtres. Le dernier coup de fer
des assassins en tourne la pointe contre eux et les punit. »
Les autres conseillers du parlement émirent le même avis,
et il fut résolu de châtier rigoureusement les catholiques
qui porteraient les mains sur les huguenots. Les *Mémoires
de l'Estat de France* disent que Gordes devait son avancement aux Montmorency, dont les sympathies pour les réformés étaient connues, et son poste de lieutenant général à
l'amiral Coligny lui-même. « Par ce moyen, disent-ils, il
n'a pas été sanguinaire jusqu'à présent. » Ils reconnaissent
du reste qu'il n'était pas naturellement cruel.

Massacres à Romans et à Valence. Humanité de Grimaldi, archevêque de Vienne, et de l'archidiacre Vacca, de Saluces. Proclamation de Gordes.

1572. Quelque sages que fussent les précautions de Gordes et du parlement, il y eut des massacres partiels en Dauphiné. Dès que les catholiques de Romans eurent appris la nouvelle des tueries de la capitale, ils se réunirent en grand nombre à l'instigation d'Antoine Guérin, juge royal, et, sans que les principaux de la ville cherchassent à les empêcher, ils se saisirent de 60 protestants, qu'ils jetèrent en prison et auraient tous massacrés sans l'intervention de quelques amis catholiques, qui s'employèrent activement en leur faveur et obtinrent la délivrance de 40 d'entre eux huit jours après leur incarcération, mais à la condition expresse qu'ils embrasseraient le catholicisme. Pour les autres, qui étaient sans amis influents ou dévoués, ou qui avaient des ennemis personnels, les assassins résolurent d'en relâcher encore 13 aux mêmes conditions et d'en mettre à mort 7. Le 20 (ou 22) septembre, se rendant armés de dagues à la prison, ils commencèrent par y faire pénétrer une épaisse fumée, puis, mettant à part les 7 malheureux [1] qu'ils avaient dévoués à la mort, ils les égorgèrent devant leurs compagnons terrifiés. Ils mirent deux heures à accomplir cette œuvre infernale, et ouvrirent les portes aux 13 autres prisonniers, mais non

---

(1) C'étaient Barthélemy Gros, surnommé le Capitaine; Romanet Duge, procureur et notaire; Saint-Mury, mêmes fonctions; Benoît Ducloux, mêmes fonctions; Ennemond Miliat, marchand chaussetier et drapier; Louis, chaudronnier; Le Père, cardeur.

sans leur avoir fait promettre par serment de revenir au catholicisme. Au mois de mars de l'année suivante, ils se saisirent encore du gentilhomme du Bois et de son fils, qu'ils accusaient de conspiration, et les mirent à mort sans autre forme de procès. Ils pendirent également quelques autres personnes de la religion.

A Valence, les catholiques assassinèrent aussi des réformés, mais en petit nombre. Les célèbres Ennemond de Bonnefoy et Joseph de l'Escale (Scaliger), professeurs à l'Université, ne durent la vie qu'aux prières de leur collègue le non moins célèbre Cujas.

A Montélimar il n'y eut aucune victime. Gordes écrivit le 28 août aux consuls d'armer les catholiques de la ville et de poster des sentinelles aux portes de leurs maisons, mais d'agir « avec telle modestie qu'on ne fasse aucun déplaisir quelconque à ceux de la religion ». Il ajoutait : « Ne vous veux céler l'occasion de ce remuement qui procède par la querelle particulière de la maison de Guise contre celle de feu amiral, qui fut blessé le xxiie de ce mois à Paris, dont mort s'en est ensuivie, et parce qu'on voudrait en poursuivre la vengeance, et que néanmoins le roi ne veut ni entend en rien altérer son édit de paix. Je vous en ai bien voulu avertir. » Rostaing d'Urre d'Ourches, gendre de Gordes et gouverneur de Montélimar, arriva dans la ville dès le 31, convoqua sur l'heure le conseil général et lui fit les mêmes déclarations; ajoutant qu'il n'était venu au milieu d'eux « que pour maintenir les choses en paix; que nul, soit de la religion, soit autrement, ait occasion de recevoir aucun dommage en personne ou en biens ». En terminant, il pria avec instance ceux de la religion de « se contenir modestement, à ce qu'ils ne fassent choses contraires à la volonté du roi et de M. de Gordes ». Ces derniers déclarèrent que leur intention avait toujours été et était encore d'obéir aux édits du roi et aux commandements de M. de

1572. Gordes et de leur gouverneur. C'est ainsi que la ville fut conservée pure de tout excès. D'Ourches ne fit même emprisonner personne, et se borna, par mesure de prudence, à renvoyer de la ville les étrangers [1].

A Vienne il n'y eut non plus aucune victime, grâce à la généreuse intervention de l'archevêque Vespasien Grimaldi. Dans le marquisat de Saluces, appartenant à la France depuis 1447, la non extermination des protestants fut due à un prêtre pieux. « L'ordre de faire massacrer dans une nuit tous les protestants de la province de Saluces, dit Muston, avait été donné à Birague, qui en était alors gouverneur. Ignorant que cette mesure s'appliquait à toute la France, il fut troublé de cet ordre et le soumit au chapitre du lieu. Plusieurs opinaient pour qu'il reçût une complète et immédiate exécution; mais des sentiments plus humains furent aussi exprimés.... Il n'y a que peu de mois, dit l'archidiacre Samuel Vacca, que nous avons reçu les patentes du roi, par lesquelles les pasteurs détenus devaient être élargis et leurs ouailles laissées en liberté. Or, il n'est rien survenu depuis lors qui puisse motiver un pareil changement; il est à croire que cet ordre cruel n'est que le résultat de quelque faux rapport. Donnons avis à Sa Majesté que ce sont des gens honnêtes et paisibles, à qui personne n'a rien à reprocher hors de leurs opinions religieuses, et si le roi persiste dans son dessein, il ne sera que trop tôt pour l'exécuter. »

De tous les gentilshommes dauphinois invités et réunis à Paris pour le mariage du roi et des jeunes princes, il n'y eut de tué que La Frette, fils du baron des Adrets, encore

---

(1) CANDY, *Hist. des guerres de relig. à Montélimar* (Mns.). — Chorier est mal renseigné quand il dit qu'à « Montélimar la populace força les prisons où les magistrats avaient fait conduire la plupart des huguenots de leur ville ». (*Hist. gén. de Dauphiné*, p. 649.)

le fait n'est-il pas bien certain [1]. Cugie, Saint-Romain et 1572.
d'Acier furent cachés par le duc de Guise (Henri de Lorraine[2]); Jacques Pape de Saint-Auban feignit d'abjurer pour
sauver sa tête ; Lesdiguières, sur les avis de son ancien précepteur ou sur les mauvaises nouvelles qu'il reçut de la
santé de sa femme, quitta la cour avant la Saint-Barthélemy. Quant à Montbrun, il n'avait pas accepté l'invitation
du roi. Au nombre des massacreurs nous ne voyons de
Dauphinois que Laurent de Maugiron, l'ancien lieutenant
général, dont la haine pour les huguenots était connue. Il
fut chargé de tuer les réformés logés dans le faubourg Saint-
Germain ; mais « il agit lentement, dit Chorier, pour pallier
son crime, et avec tant de négligence que les gentilshommes
huguenots, qui y étaient logés en grand nombre, eurent le
temps de monter à cheval et de se retirer ».

Peu après avoir reçu la première lettre du roi (24 août),
qui annonçait le massacre de Paris et en rejetait la responsabilité sur les Guises, Gordes lui écrivit (1er sept.) pour lui
faire connaitre les mesures qu'il avait prises dans le but de
conserver la tranquillité dans sa province. Le roi lui répondit (14 sept.), mais sans l'approuver ni le désapprouver de
n'avoir point obtempéré à ses ordres sanguinaires secrets.
« Monsieur de Gordes, se borne-t-il à lui dire, par votre
lettre du premier de ce mois, j'ai entendu l'ordre qu'avez
donné en votre gouvernement, après l'avertissement qu'avez
eu de l'exécution faite en la personne de l'amiral et ses adhé-
rens. » Il ajoute cependant que d'une manière générale il
est satisfait de ses bons services, et que la meilleure preuve
qu'il en ait, ce sont les plaintes et les accusations que ceux
de la religion dirigent contre lui. Le roi lui envoya à cette
occasion une copie de sa déclaration du 28 août, portant

---

(1) Voy. *La France protestante*, t. II, p. 119.
(2) Fils de François de Guise, assassiné par Poltrot, en 1563.

1572. que « tous meurtres, saccagemens et violences » devaient
cesser, et lui enjoignit de châtier ceux qui recommenceraient.

Quelques jours après (22 sept.), il lui adressa des mémoires, communs sans doute à tous les gouverneurs des provinces et à ses lieutenants généraux, pour qu'il eût à destituer de leurs charges ceux de la religion qui les occupaient,
quand même ils seraient disposés à abjurer. Ceux-là seuls
qui remplissaient des « menus états et offices » étaient exceptés de cette mesure. Un peu plus tard, renchérissant sur ces
sévérités, le roi, dans une lettre-circulaire adressée aux
mêmes personnages (3 nov.), déclare abolir tous les édits
précédents de pacification et manifeste sa volonté expresse
que la religion catholique subsiste seule dans son royaume.

Gordes fit publier la déclaration du 28 août dans toute la
province, et menaça de mort quiconque la violerait. « On
fait semblablement savoir, ajoutait-il, à tous gentilshommes
et autres de la nouvelle opinion, qui seraient par crainte et
doute des choses passées absentés de leurs maisons et demeures anciennes, de s'y retirer avec assurance dans quinzaine pour y vivre sous la protection du roi et de ses officiers.
Sa Majesté déclare que l'édit de pacification ne sera enfreint
ni violé, excepté pour le regard des prêches et assemblées,
qu'elle veut et entend être révoqués et interdits, pour obvier
à semblables maux et inconvénients qui en sont ci-devant
advenus. » Le lieutenant général fit publier, bientôt après,
une nouvelle proclamation portant que ceux de la nouvelle
opinion qui étaient absents et étrangers à la conspiration de
Paris, seraient réintégrés dans leurs biens; mais que ceux
qui refuseraient de rentrer, seraient déclarés rebelles et cri-
minels de lèse-majesté. Elle invitait aussi les gouverneurs
et officiers royaux à presser ceux de la nouvelle religion de
retourner à la religion catholique et d'adresser la même
invitation à leurs parents et amis [1].

---

(1) Crespin, fol. 797; — *De furoribus gallicis;* — *Mémoires de l'Estat de*

Gordes cherche sans succès à faire signer une confession de foi catholique, aux gentilshommes reformés. Conférences de ceux-ci.

Les événements de Paris plongèrent les protestants du 1572. Dauphiné dans la stupeur. « La noblesse, dit La Popelinière, justiciers et financiers, effrayés de la tempête parisienne, qui continuait en tant d'endroits, se cachaient de peur du tonnerre. » Un grand nombre d'entre eux se réfugièrent à Genève. On trouvera leurs noms aux pièces justificatives N.º IV[1]. « La plupart de ceux qui y (dans le Dauphiné) avaient fait profession de la religion, ajoutent les *Mémoires de l'Estat de France,* pour sauver le corps perdaient l'âme; les autres se sauvaient en quelques lieux du Vivarais ou hors du royaume... Plusieurs gentilshommes de la religion qui s'étaient portés vaillamment aux autres guerres, se refroidirent grandement; les autres, étonnés comme du tonnerre, se cachaient en leurs maisons, craignant d'être attrapés par le sieur de Gordes, qui néanmoins leur écrivit fort amiablement pour les détourner de la religion et leur

---

France, t. I, p. 536, 538; — *Recueil des choses mémorables;* — DE THOU, t. VI, p. 428; — *Économies royales de Sully,* dans la collection Petitot, 2ᵉ série, t. I, p. 246; — CHARVET, p. 565; — CHORIER, p. 643-649; — CHARRONNET, p. 63-75.

(1) Les plus connus d'entre eux sont : Giraud de Béranger, seigneur de Morges; Pierre de Sauvain, seigneur du Cheylard; Ch. Arbalestier, sieur de Beaufort; Jean de Guerry, sieur de La Robinière; Innocent Gentillet, avocat; Ennemond de Bonnefoy, professeur de droit à Valence, etc. — La pièce justificative N.º IV renferme d'une manière générale les réfugiés du Dauphiné du XVIᵉ siècle (jusqu'à l'édit de Nantes, 13 avril 1598). Nous avons jugé bon de les réunir pour faciliter les recherches.

1572. persuader que les troubles ne seraient si grands qu'on les imaginait. »

On avait rédigé à Paris un formulaire de confession de foi et d'abjuration [1], qu'on envoya à Gordes pour qu'il s'efforçât de le faire signer aux gentilshommes réformés de sa province. Il chercha surtout à persuader Montbrun, et peut-être aussi à se saisir de sa personne, par ses avances et ses cajoleries. « Le conseil secret, disent les *Mémoires* cités plus haut, l'avait recommandé entre tous autres au sieur de Gordes; lequel aussi par tout moyen tâchait de s'en saisir. Pour cet effet il lui envoie de fort douces lettres, l'assurant par icelles de la bonne affection que le roi lui portait et ledit sieur de Gordes aussi; le priait seulement de se tenir coi, et croire qu'en ce faisant tort aucun ne lui serait fait, au contraire serait grandement favorisé... Davantage, il tâchait par beaucoup de belles promesses à l'induire à faire service au conseil secret, ou que pour le moins il ne bougeât et se contentât de vivre paisiblement en sa maison. » Le rédacteur desdits *Mémoires* et les *Commentarii* [2] sont convaincus que toutes ces lettres étaient « une pipée pour attraper Montbrun sitôt que ses amis seraient tant soit peu éloignés de lui. » C'est aussi le sentiment de l'auteur de la complainte composée après son supplice :

> Mais, voyant que par surprise
> L'on prétendait de l'avoir,
> Il découvrit l'entreprise
> De Gordes, qui décevoir

---

(1) *Forme d'abjuration d'hérésie et confession de foy que doivent faire les dévoyez de la foy prétendans estre receus dans l'Église...* Imprimé à Paris, chez Nicolas Roffet (s. l. n. d.).

(2) Illi haud dubiè struebat (Gordius) insidias et hoc unum conabatur ut amicorum auxiliis denudatum interciperet.

Le venait secrètement
Et surprendre finement.
Lors entre tels durs alarmes
Fut contraint prendre les armes.

Quoi qu'il en soit, Montbrun se tenait renfermé dans son château ; mais il ne laissait pas que d'y avoir des conférences avec les principaux gentilshommes réformés de la province, et de chercher des auxiliaires auprès et au loin. Il s'était déjà assuré du concours des Vaudois de la vallée de Pragela. Gordes eut connaissance de ces trames des gentilshommes réformés et adressa à chacun d'eux une circulaire ainsi conçue : « Monsieur, je suis averti de vos déportements ; mais vous vous devriez souvenir des avertissements que je vous ai ci-devant faits et retourner de vous-même à la religion catholique, qui serait le meilleur sort et appui que vous sauriez choisir pour votre salut et conservation, en rejetant d'autour de vous ceux qui vous persuadent du contraire, qui voudraient plutôt voir toute commotion et désordre que de rabattre aucune chose de leurs opinions. Et par ce moyen vous feriez apparaître au roi la volonté que vous dîtes avoir d'obéir à Sa Majesté ; car aussi bien est-elle résolue de ne souffrir plus aucun exercice de religion en son royaume que la susdite. Vous avisant, de tant que je désire votre soulagement, que ce sera le meilleur si ainsi faites, sans en attendre autre plus exprès édit. Autrement vous pouvez assurer qu'il ne vous peut que mal venir, et que sadite Majesté voudra être obéie. A tant je prie Dieu vous vouloir aviser et donner ses saintes grâces. De Grenoble le sixième jour de décembre mille cinq cent septante-deux. Votre entièrement bon ami, Gordes. »

Le lieutenant général renouvela auprès de Lesdiguières, dont il connaissait le mérite, les instances qu'il avait faites auprès de Montbrun. Il eut même une entrevue avec lui au

18

1572. commencement de l'année suivante (1573), pour l'engager à retourner au catholicisme. Il développa devant lui des arguments tirés de l'ancienneté de la religion catholique, du grand nombre de ses sectateurs, de l'incompétence des laïques en matière de doctrine, des défaites réitérées du parti huguenot, du sang qu'il avait fait verser, des mobiles terrestres qui l'avaient poussé à prendre les armes, de l'obéissance due au roi, etc. « L'Italie, s'écria-t-il encore, l'Espagne et la plupart des États mettent la fête de la Saint-Barthélemy au rang des plus célèbres et l'accident qui vous est arrivé au nombre des actions les plus vertueuses d'un prince très-chrétien[1], tant on hait votre révolte contre les vérités catholiques, et tant on estime les moyens les plus extraordinaires de la dissiper et de la punir! Après ce coup, il ne vous reste plus d'excuse, il faut revenir à notre culte et à notre religion. » Lesdiguières, ne voulant pas brusquer avec Gordes, lui répondit très-finement qu'il « était bien persuadé de l'obéissance qu'un sujet doit à son roi et un chrétien à son Dieu; que l'une, en cette occasion, semblait ne pouvoir pas bien s'accommoder avec l'autre; qu'il lui fallait du temps pour y délibérer ».

Le lieutenant général essaya des mêmes tentatives de prosélytisme auprès de Champoléon, de Jacques de Poligny, du capitaine Bastien, de Jean-Antoine d'Yze d'Ancelle, seigneur de Rosans, mais sans obtenir plus de résultat[2].

---

(1) La nouvelle de la Saint-Barthélemy fut accueillie, en effet, par les applaudissements de Rome et de l'Espagne. Le pape Grégoire XIII fit frapper une médaille à cette occasion et commanda au célèbre peintre Vasari un tableau destiné à en perpétuer le souvenir. Voy. *Numismata pontificum*, Romæ, 1689, t. I, p. 336, par le jésuite Philippe Bonani. — Charles IX fit aussi frapper plusieurs médailles en mémoire du massacre des huguenots. Voy. *Bulletin de la Soc. de l'hist. du prot. franç.*, t. III, p. 137.

(2) *Mémoires de l'Estat de France*, t. II, p. 125, 158, 353; — *De furo-*

QUATRIÈME GUERRE DE RELIGION

(novembre 1572 *— juillet* 1573*).*

Différence entre les Dauphinois et les Français. Montbrun et les autres gentils-hommes reformés entrent simultanément en campagne. Faits d'armes divers.

La cour, qui avait cru se débarrasser en une fois de ses 1572. ennemis, ne tarda pas à reconnaître qu'elle n'était pas encore « au bout de tous les huguenots, bien qu'elle en eût fort éclairci la race, » comme on disait alors. Le premier moment de stupeur passé, ceux-ci recoururent aux armes pour se venger, ou plutôt pour veiller à leur sûreté, car ils ne pouvaient plus compter sur la parole du roi, et, traîtreusement massacrés par ses ordres, ils rentraient, à vues humaines, en s'armant dans le droit de légitime défense. Mais, « tout ce qui est permis n'édifie pas », dit l'Évangile. Ils se mirent en campagne dans l'ouest de la France dès le mois de novembre 1572.

Pour ce qui est du Dauphiné, grâce à l'habileté de Gordes, à la peur ou à l'hésitation des gentilshommes réformés, la guerre n'y éclata que le printemps de l'année suivante. « Comme tous les Dauphinois, dit curieusement La Pope-

---

ribus gallicis; — Commentarii, IIII⁰ pars. p. 76, 93; —. EUSTACHE PIED-MONT, *Mémorial perpétuel; —* LA POPELINIÈRE, t. II, p. 108; — CHORIER, p. 649-651.

1573. linière, et leurs voisins sont communément plus consciencieux et plus gens de bien que nos Français, lesquels l'abondance de tous biens et la continue licence des armées a eu plus de force à corrompre leur nature, que la pauvreté et le laborieux repos de ceux qui, pour la plupart, vivent ès montagnes, aussi ne voulaient rien faire contre le devoir de leur conscience. Parmi eux, les uns étaient pour que les protestants missent bas les armes, puisque le roi le commandait, les autres, non. Les premiers disaient que la religion ne doit pas être défendue par des armes temporelles, et que tout ce qui est arrivé dans les dernières guerres montre bien que Dieu ne bénit pas de pareilles entreprises. Cette opinion prévalait, et on débattait seulement qui devait poser les armes les premiers. Les premiers disaient que c'est celui qui est le maître qui doit céder le dernier. Les autres, au contraire, disaient qu'il est permis à des sujets de se défendre, puisque cela est permis à un esclave contre son maître, à l'enfant contre son père. Un roi, qui est comme le père de son peuple, a autant d'honneur à poser les armes que ses sujets. Les rois sont l'image de Dieu sur la terre, et ils ne doivent jamais se courroucer injustement contre leur peuple et ne le persécuter point[1]. » Cette dernière théorie qui, au point de vue politique et humain, était parfaitement correcte, sinon au point de vue chrétien, avait été soutenue avec talent par d'habiles jurisconsultes et des publicistes hardis, tels que La Béotie, Hottman et Linguet, et s'était propagée avec rapidité dans l'esprit du peuple.

Les protestants du Dauphiné, avant d'entrer en campagne, sollicitèrent vivement leur ancien gouverneur et commandant en chef d'Acier de se mettre à leur tête. Non-seulement ce capitaine ne voulut point accepter l'invitation,

---

(1) La Popelinière, t. ii, p. 122.

mais encore il se mit au service du duc d'Anjou, l'ennemi 1573. de ses coreligionnaires. Triste exemple du pyrrhonisme religieux de la plupart des gentilshommes de ce temps, qui ne cherchaient dans la guerre qu'une occasion de faire ou refaire leur fortune! L'amour de la religion et de la patrie n'avait aucune part à leurs actions. Charles IX avait craint un moment que d'Acier ne se laissât séduire, et, le 15 avril, il avait écrit à Crussol, son frère, un autre déserteur de la cause, de veiller sur lui et de le dissuader de se mettre à la tête des protestants du Dauphiné[1].

Montbrun, qui s'était tenu en repos pendant tout l'automne et tout l'hiver, apprenant les succès de ses coreligionnaires dans le Languedoc, les Cévennes et le Vivarais, ne put demeurer plus longtemps dans l'inaction. Repris dans sa conscience de gentilhomme huguenot et regrettant son long repos, quand ses frères combattaient depuis le mois de novembre, il se mit en campagne dans les Baronnies le 6 avril. C'était le jour de la prise d'armes convenu entre les divers chefs protestants de la province. Il n'avait pour toute armée que 18 chevaux et 22 fantassins. Sainte-Marie et Saint-Auban l'accompagnaient. Ayant bientôt fait sa jonction avec des réformés de Provence, qui avaient pénétré en Dauphiné, il chercha à s'emparer par surprise de la ville du Buis, mais, n'ayant pu y parvenir, il assiégea pendant 18 jours La Roche-sur-le-Buis. A bout d'efforts, les capitaines Falle, d'Avignon, et Fauchet, de Die, qui la défendaient, se rendirent par composition.

Mirabel, accompagné de Mary de Vesc de Comps[2], de Philibert de Roisses et d'autres capitaines, prit de son côté les armes au jour dit dans le Diois et s'empara de Saillans

---

(1) Pérussis, dans d'Aubais, t. ii, p. 93, 94.
(2) Fils de Sébastien de Vesc, seigneur de Comps.

1573. et de Pontaix, mais il échoua sur Die (oct.), défendu par Claude de Lhère de Glandage le père, capitaine fort expérimenté.

Lesdiguières entra également en campagne dans le Gapençais, avec Giraud de Béranger de Morges, Champoléon, Charles Lhère de Glandage le fils, et se saisit de Mens et d'Ambel. Il trouva dans la première place un grand nombre de réformés dauphinois, qui s'y étaient réfugiés à l'époque de la Saint-Barthélemy. Apprenant sur ces entrefaites que Jacques de Beaumont, gentilhomme catholique, vient de lui enlever Corps, il réunit 120 hommes, court à la place avec la moitié de ses gens, enfonce l'une des portes et tue Beaumont et une partie de ses soldats.

A la même date, les protestants du Viennois résolurent de se saisir de Vienne, Romans et Grenoble. Trois cents hommes, commandés par le capitaine Gay, de La Coste, de Pomerat, de La Robinière, Philibert de Suau Lacroix et Colombin, se réunirent dans le bois de Chambaran, près Pomerat, et se partagèrent en deux troupes. Les uns se portèrent sur Romans, qu'ils ne purent prendre, les autres sur Moirans à destination de Grenoble, et y furent découverts. Apprenant là l'échec de la première troupe sur Romans, ils se réfugièrent au-dessous de Voreppe, où, ayant voulu passer sur la rive gauche de l'Isère, les uns furent pris et pendus, les autres tués. Le reste rejoignit le corps de Montbrun. Les habitants réformés de Vienne, Romans et Grenoble qui étaient d'intelligence avec eux, furent découverts, pris et exécutés.

Les protestants du Vivarais, avertis du mouvement de leurs frères dauphinois, traversèrent le Rhône, le 17 avril, pour seconder leur entreprise. Ils étaient au nombre de 800 et commandés par Isaac de Barjac de Pierregourde. Mais ils ne purent se saisir du fort que Gordes avait fait élever sur le bord du fleuve dès le 24 février, et, battus par

Julio Centurione, capitaine d'hommes d'armes italien, qui 1573, occupait Grane, ils durent repasser le Rhône après avoir perdu 24 hommes.

Pour en revenir à Montbrun, il s'empara d'Orpierre et de Serres (27 avril). Le château de cette dernière place ayant tenu bon, Gordes charge le capitaine Gargas de voler à son secours et de reprendre la ville. Gargas s'avance plein de confiance avec 1,500 soldats provençaux[1]. Informé de son approche, Montbrun appelle à son aide Lesdiguières, le poste en observation à Aspres et marche lui-même au-devant de l'ennemi, qu'il rencontre à La Bâtie-Saléon. Il l'attaque de front, tandis que Lesdiguières tombe sur lui en flanc, et le met en pleine déroute. Gargas laissa 120 soldats tués ou blessés sur le champ de bataille, sans compter de nombreux prisonniers (8 mai)[2]. Sa troupe avait été détachée d'un camp que l'archevêque d'Embrun, prélat guerroyeur, avait établi près de Gap. L'archevêque aurait voulu que tous les hommes du camp se fussent jetés de nuit sur Montbrun, et ce plan était certainement préférable. La garnison qui occupait le château de Serres, apprenant la déroute de Gargas, se rendit à composition.

Après ce glorieux fait d'armes, Montbrun poussa des reconnaissances du côté de Gap et de Tallard, et se saisit de Veynes, de La Motte-Chalancon et de quelques autres places (18 mai). Il se retira ensuite avec ses soldats à Saint-Maurice-Lalley en Trièves, et Lesdiguières alla loger les siens à Mens.

Les troupes de Gordes campées à Vif faisant de fréquentes courses du côté de cette dernière place, Lesdiguières résolut

---

(1) D'Aubigné dit 1,000 seulement.

(2) Videl (p. 40) raconte cette bataille différemment. Nous avons suivi Charronnet. Chorier (p. 651, 652) ne donne pas de détails.

1573. d'y mettre un terme. Il donne rendez-vous à Montbrun au Monestier-de-Clermont, y arrive le premier, et taille en pièces la garnison, composée de 50 soldats. Montbrun arrive ensuite et tous les deux marchent sur Vif. La garnison de cette place, comptant 300 soldats et 60 gentilshommes, terrifiée par la prise du Monestier, n'offre qu'une faible résistance et est également mise en pièces[1]. Si Montbrun et Lesdiguières eussent à ce moment continué leur marche sur Grenoble, qui était frappé d'épouvante et gardé seulement par 100 Suisses et une compagnie incomplète de gens de pied, ils l'auraient vraisemblablement pris, et la face des affaires eût aussitôt changé en Dauphiné, car la chute de Grenoble aurait nécessairement entraîné celle de toutes les autres villes de la province.

Lesdiguières chercha ensuite à s'emparer d'Embrun par ruse. Pour exécuter son dessein, il jeta les yeux sur « un capitaine de La Bréole, nommé Chamiséas, dit Albert, qui dans le fond n'était qu'un tisserand, qui avait emprunté le nom de Château-Redon et qui feignait d'être catholique et natif de Digne. Parmi les différentes manœuvres dont il avait été chargé, sa principale était de lier et d'attacher, par manière de badinage, la sentinelle qui était à la porte de la ville, et ensuite, après avoir préparé tout ce qu'il fallait pour faire réussir sa trahison, de donner le signal au jour marqué de s'approcher de la place. Les troupes des huguenots étaient en partie à Savines, et les autres étaient cachées à l'hôpital Saint-Lazare, près d'Embrun. Leur cavalerie était au Pinet, au delà de la Durance, dans des embuscades. Le bruit qu'elle faisait en s'approchant de la ville fut entendu des

---

(1) La Popelinière (t. ii, p. 192), qui prend Vif pour Virieu, place cet événement en septembre, ainsi que les *Commentarii* (iiii* pars, p. 119). Cette date nous paraît trop tardive.

bergers qui étaient à la campagne, et ceux-ci se hâtèrent 1573. d'en venir donner avis à Embrun. Ils y furent aux portes ouvrantes, et aussitôt les bourgeois se mirent sous les armes. Les conjurés, voyant qu'ils étaient découverts, prirent la fuite... Château-Redon fut cependant soupçonné de trahison. On s'en saisit, on fait déposer des témoins et il est convaincu de cette perfidie. Les juges le condamnèrent à la mort et à être traîné sur une claie. Son corps fut ensuite mis en quatre quartiers et suspendu sur des fourches, afin d'inspirer de la terreur aux autres. »

Montbrun continua sa course. Après les brillantes affaires du Monestier et de Vif, il se dirigea vers les Baronnies et reprit Sahune, qui renfermait les effets les plus précieux de Saint-Auban et dont les catholiques s'étaient emparés par surprise. Il se saisit ensuite de Condorcet, Vinsobres, Nyons (2 juil.), Dieulefit, Poët-Célard, Poët-Laval, Manas, Bourdeaux, Loriol et Livron. Il fortifia cette dernière place, qui devait bientôt soutenir un siége célèbre. Les intelligences qu'il avait dans Crest et Valence échouèrent. En revanche, il se saisit de Soyans.

Mirabel, de son côté, prit la ville de Chabeuil (6 juil.). Gordes, qui était à Valence, se mit aussitôt en devoir de la reprendre, et Mirabel, ne se sentant pas en état de résister, l'abandonna, en laissant 80 hommes dans le château, avec promesse de revenir bientôt avec des renforts. Mais n'ayant pas osé ou pu tenir sa promesse, les 80 soldats furent obligés de se rendre, et Gordes fit passer au fil de l'épée tous ces malheureux.

Le lieutenant général était à la tête de 2,000 hommes de pied et de 700 chevaux, dont 200 étaient montés par des gentilshommes de la province qui s'étaient engagés volontairement dans cette guerre. Le baron des Adrets faisait cause commune avec eux. Gordes se dirigea ensuite sur Manas, dont il se saisit (18 juillet), malgré les efforts de Montbrun, accouru au secours de la place.

1573. Vers le même temps, les protestants de Grenoble avaient
formé le complot de livrer la ville à Lesdiguières. Mais ils
furent trahis, et 40 des conjurés durent payer de la prison
leur entreprise. Les chefs subirent un châtiment exemplaire.
Le capitaine Jean Follier, dit Curebource, et Jean de Coct,
qui avaient découvert le complot, furent déchargés de toute
taille leur vie durant. Chorier ajoute que les conjurés
avaient formé le dessein d'égorger tous les catholiques en
une nuit; ce qui paraît invraisemblable, car ceux-ci étaient
de beaucoup les plus forts. Tout au plus doit-il s'agir ici de
certains catholiques dont la haine contre les protestants ou
l'influence était particulièrement grande [1].

(1) *Mémoires de l'Estat de France*, t. ii, p. 353; t. iii, p. 106; — *Commentarii*, iiii° pars, p. 93, 94, 119; — Eustache Piedmont, *Mémorial*; —
La Popelinière, t. ii, p. 122, 176, 193; — D'Aubigné, t. ii, p. 113; —
Videl, p. 33-43; — Pérussis, dans d'Aubais, t. i, p. 145-149; — Chorier,
p. 651-654; — *Hist. des guer. excit. dans le Comtat-Venaissin*, t. ii, p.
82-84; — Albert, p. 66.

INTERVALLE ENTRE LA QUATRIÈME ET LA CINQUIÈME
GUERRE DE RELIGION.

(juillet 1573 — septembre 1574.)

Simple trêve en Dauphiné, du 18 juillet au 25 août 1573.

Pendant !e siége de Manas, on apprit au camp de Gordes 1573.
la nouvelle de la paix de la Rochelle, suivie de l'édit de Boulogne de juillet 1573, qui n'accordait le droit d'exercice de
la religion réformée que dans les villes de Nîmes, Montauban et La Rochelle, et aux gentilshommes hauts justiciers.
Le lieutenant général en informa aussitôt Montbrun, qui
conclut avec lui, le jour même de la capitulation de Manas
(18 juillet), une trêve qui devait durer jusqu'au 25 août. Les
catholiques en furent très-mécontents et auraient voulu que
Gordes, nonobstant la paix, attaquât le chef huguenot.

Montbrun se retira dans son château et logea ses troupes
à Nyons, Condorcet et Orange. Nyons toutefois ne les reçut
qu'à la condition qu'elles pourvoiraient elles-mêmes à leur
entretien et aux dépens des catholiques des environs, ce qui
les entraîna à commettre beaucoup d'actes de brigandage.

L'édit de Boulogne, comme on devait le prévoir, mécon-
tenta au plus haut point les réformés de France, et ils ne
considérèrent la paix de La Rochelle que comme une trêve.
C'était le sentiment particulier de Montbrun, qui craignait
que, lorsqu'il aurait déposé les armes et congédié ses troupes, « son intérêt, comme dit Guy Allard, ne serait pas
assez puissant pour être compris dans le général ». Il se
montrait donc très-peu disposé à accepter l'édit de paix, et

1573. Gordes, comme on l'a vu, n'avait pu obtenir de lui qu'une trêve d'environ un mois.

Pendant ce temps, divers pourparlers eurent lieu entre les deux partis. Montbrun, qui était pour lors chez Comps, son ami, à Dieulefit, envoya Lesdiguières et Roisses, ses lieutenants, auprès de Gordes à Montélimar, et Chaste-Gessans et Jean de Pracomtal, lieutenants de Gordes, vinrent à leur tour auprès de Montbrun à Dieulefit. Mais on ne put s'entendre[1].

D'un autre côté, des délégués de la noblesse et du commun état des églises réformées de Languedoc, Provence et Dauphiné, assemblés à Nîmes le 22 août 1573, supplièrent le maréchal Damville, pour gagner du temps, de licencier ses troupes et de permettre aux protestants d'envoyer des députés au roi, pour le prier de proroger jusqu'au 1er octobre la trêve que Montbrun avait conclue avec Gordes. Damville, qui favorisait secrètement le parti réformé, accéda à leur vœu ; mais la négociation n'aboutit point.

Reprise des hostilités. Faits d'armes divers de Montbrun et de Lesdiguières. Nouvelle trêve de six semaines jusqu'au 1er février.

Dès la fin de la trêve (25 août), Montbrun se remit en campagne. Au commencement de septembre, il s'empara de Rosans et de Verclause, châteaux situés à proximité l'un de l'autre, et vint de là à Nyons pour dissimuler une entreprise sur Die, qu'il dirigea en personne dans les premiers jours d'octobre, mais qui échoua. A la même date, renforcé par quelques troupes du Languedoc, qui avaient passé le

---

(1) ROBIN, *Hist. de Dieulefit* (Mns.).

Rhône au Pouzin, il essaya d'attaquer dans un défilé, près 1573.
du bois du bourg de la Berre, 4,000 Suisses qui allaient au
secours du maréchal Damville; mais il n'eut pas plus de
succès. En novembre, après s'être concerté avec Glandage
le fils, un de ses lieutenants, il se dirigea avec lui du côté
de Nyons. Ce dernier, toutefois, s'étant arrêté à Venterol,
le capitaine Favier, de Valréas, le fit attaquer par 100 hommes, qui lui enlevèrent 80 chevaux et faillirent le tuer. Ils
auraient même pu se saisir de sa personne, car ils l'avaient
blessé d'un coup de hallebarde; mais, au lieu de le poursuivre, ils se mirent à piller la place, et Glandage eut le
temps de rejoindre Montbrun à Nyons, qui venait de
donner des ordres pour la fonte de 2 canons de 8 livres à
Serres.

De son côté, Lesdiguières ne restait pas inactif. A la fin
d'octobre, il s'empara de La Mure, place importante qui
était la clef du Trièves et commandait la route de Grenoble.
Il la fortifia avec soin et y laissa une forte garnison, qui soutint bientôt un siége célèbre. De là il s'avança sur la route
de Grenoble et accomplit un beau fait d'armes (8 nov.). Le
capitaine italien Julio Centurione, qui commandait à 100
lances, tenait garnison à Grenoble et ne cessait de se livrer
à des bravades, qui méritaient d'être châtiées. Lesdiguières
l'attira habilement dans une embuscade au pont de Claix, à
une lieue de Grenoble, et le maltraita tellement « qu'il ne
s'en sauva que trois ou quatre, dit Videl, entre lesquels le
capitaine, laissant tout le reste mort ou prisonnier, avec de
belles armes et de bons chevaux, qui accommodèrent les victorieux, auparavant assez mal montés, la plupart sur des
juments de louage ou d'emprunt, dont même quelques-uns
n'avaient pas de selle [1] ». On fut tellement effrayé à Grenoble

---

[1] Chorier (p. 639, 640) place ce fait en 1570 et Videl vers le milieu

1573. que, dans une assemblée générale, on décida de suspendre le cours de tous les tribunaux et de négocier une nouvelle trêve avec Montbrun. Le capitaine huguenot y consentit, mais Gordes fut obligé de lui accorder des garanties personnelles, que l'histoire ne nous a pas fait connaître. La trêve fut signée quelques jours avant la Noël (le 20 ou le 21 décembre), et devait durer six semaines en tout, jusqu'au 1ᵉʳ février. On la publia à Grenoble le 29 décembre. Les Suisses qui formaient la garnison de Grenoble, s'étant signalés par leur violence, furent congédiés, et Gordes ordonna la démolition des fortifications que les protestants avaient élevées à Loriol et à Livron ; mais ses ordres ne furent exécutés qu'en partie.

Bien que la trêve eût été publiée dans toute la province et que Montbrun l'observât rigoureusement, il y eut cependant quelques actes d'hostilités commis contre les catholiques par des coureurs n'appartenant à aucun parti. Ainsi, un certain nombre d'entre eux, s'étant approchés de Crest, défirent le capitaine Gaubert, sorti de cette ville pour les combattre, et faillirent s'emparer du château de Mirabel.

Voyant que Montbrun se bornait à conclure des trêves avec Gordes et ne voulait pas accepter le dernier édit, Charles IX lui envoya un gentilhomme de sa maison pour l'engager à déposer les armes et lui ôter de l'esprit l'idée que la paix entraînerait plus de danger pour lui que la guerre. Mais depuis la Saint-Barthélemy, qui avait révélé l'intention de la cour de se défaire d'eux par tous les moyens, les réformés ne croyaient plus à la parole du roi et ils ne comptaient que sur eux-mêmes. Aussi les vit-on se donner, le 16 décembre 1573, à Millau une organisation

---

de l'année 1573. Eustache Piedmont, que nous suivons, donne la vraie date.

politique et militaire qui constituait un véritable État dans 1573.
l'État.

Il se formait, d'un autre côté, à la cour, parmi les seigneurs catholiques, un parti puissant, qu'on appela le parti
des *politiques,* qui, mécontent des violences exercées contre
les protestants et de l'espèce de captivité où l'on tenait le
jeune roi de Navarre et le prince Henri de Condé, conçut le
dessein de s'emparer de Charles IX, de proclamer le duc
d'Alençon, son frère, héritier du trône, dans le cas où le
roi mourrait sans enfant mâle, et de faciliter au roi de
Navarre et au prince de Condé les moyens de se mettre à la
tête du parti huguenot. Ce complot, qui avait à sa tête les
deux Montmorency, François et Henri (ce dernier dit Damville), tous les deux maréchaux de France, est connu dans
l'histoire sous le nom de *conspiration des jours gras.* Il
avorta ; mais le prince de Condé put s'échapper de la cour.

Seconde prise d'armes de Montbrun. Ses succès et ceux des autres chefs huguenots. Le dauphin d'Auvergne en Dauphiné. Mort de Charles IX.

Dès la fin de la seconde trève qu'il avait conclue avec
Gordes, c'est-à-dire au commencement de février, Mont-
brun se mit en campagne et se trouva bientôt à la tête de
1,500 arquebusiers et 400 chevaux, sous les ordres de
Lesdiguières, Mirabel, Roisses, Glandage le jeune et d'autres
capitaines. Il prit le château de Ruinat, dans les Baronnies,
Le Poët-Laval, Bourdeaux, Le Poët-Célard, Le Puy-
Saint-Martin, Pontaix, Loriol, Livron, Allex, Aouste, La
Vache, Montelier, etc., en tout vingt places ; mais il échoua
sur Chabeuil et sur Valence, qu'il essaya de prendre par

1573. escalade. Il occupa toutes ces places presque sans coup férir.
A Montelier, toutefois, il y eut un léger engagement, et la
prise d'Allex donna lieu à des excès condamnables de la
part des soldats protestants. « Les huguenots, lit-on dans
un mémoire contemporain, entrèrent par escalade dans le
lieu d'Allex, du côté de la bise, par-dessus la maison de
noble sieur d'Urre, écuyer dudit lieu; et après être entrés
dans ledit lieu, qui était la compagnie de M. de Mirabel,
près d'Aoste, les soudards s'embusquèrent dans ladite maison du sieur d'Urre et avaient délibéré de tuer tous ceux
qui se trouveraient à la messe du matin pour prendre des
cendres, et ce fut une femme, nommée Rossignole, qui les
découvrit. Et mirent à mort Messire Pierre Vions, curé;
Messire Claude Lamier, Chorier, Pons Viron, Bocquet,
Guillaume Janoyer, et gardèrent un prêtre six à sept jours
avec eux, et puis le menèrent hors la ville, au-devant de la
porte du bout de l'église, où trois des soudards huguenots
le saignèrent comme un mouton. Et après avoir le seigneur
de Mirabel demeuré dans ce lieu d'Allex, s'en alla demeurer
à Livron, qui était démantelé et fit accroître les brèches; et
ce fut là où il mourut, en sautant et tombant d'un bastion.
Auparavant il frappa une femme de Livron, appelée Jou-
bernonne, qui lui dit qu'il se pourrait bien repentir de l'avoir
frappée, et incontinent il tomba dudit bastion. Lequel seigneur de Mirabel la fit attraper aux soudards et la fit mettre
au feu. Ne se pouvant brûler, ce que voyant, alors il lui fit
tirer des coups de pistolet contre; et personne ne lui pouvant
rien faire, il la fit tuer avec des pierres et un cep de vigne,
et mourut. Et laissa Jean d'Urre, bâtard du sieur d'Urre,
audit lieu d'Allex, avec cent ou six-vingts soudards, et
demeurèrent là depuis le carame-entrant, fin du dix-septième jour du mois de juin [1]. » Mirabel, qui était un vaillant

---

(1) *Prinse et reprinse du lieu d'Allès en l'an* 1574, dans l'*Album du
Dauphiné*, t. IX, p. 18.

et habile homme de guerre, fut vivement regretté de l'armée 1574.
protestante [1].

Après ces faits d'armes, Montbrun marcha sur Grenoble,
à la tête de toutes ses forces, au commencement de mars,
et fit dire par des trompettes aux conseillers et aux avocats
du parlement que s'ils ne lui envoyaient pas un tribut de
guerre dans trois jours, il incendierait leurs maisons de
campagne, situées à l'entour de la ville; ajoutant qu'il res-
pecterait les biens des pauvres et n'en voulait qu'aux ministres
du tyran et de la tyrannie. Effrayés de ces menaces, plusieurs conseillers prirent la fuite; mais la plupart demeurèrent à leur poste, ne voyant qu'une bravade impuissante
dans les paroles de Montbrun.

Au même mois de mars, des soldats protestants du Vivarais passèrent le Rhône, dans le but sans doute de seconder
le mouvement de Montbrun, et se saisirent de Sablon, dans
le voisinage de Roussillon. Informé de ce coup hardi, Gordes
ordonne une levée générale et immédiate des gentilshommes
du Viennois et oblige les envahisseurs à repasser le Rhône
sur les mêmes barques qui les avaient amenés.

Le 10 avril, les protestants qui occupaient le Royannais,
sous les ordres de Cugie, feignirent d'abandonner la contrée
pour porter les catholiques à se relâcher de leur vigilance,
puis, revenant à l'improviste, sous la conduite d'un vaillant
soldat du Pont-en-Royans qui portait le même nom que
le célèbre Montbrun, ils emportèrent d'assaut le château de
Saint-André. Gordes donna à Laurent Alleman d'Allières
l'ordre de reprendre la place; mais le capitaine Bouvier
l'aîné, de Romans, vole au secours de la garnison à la tête
de 400 hommes et met en fuite les 300 paysans commandés

---

(2) Pérussis, dans d'Aubais (t. 1, p. 163), le fait mourir à Bourdeaux par
erreur.

19

1574. par d'Allières. Ce fait d'armes mit tout le Royannais aux mains des protestants. Ils se saisirent ensuite du château d'Izeron, qui commandait la vallée de l'Isère, et augmentèrent ses fortifications.

Un mois après environ, les soldats protestants qui tenaient le bas Dauphiné, sous la conduite sans doute de Saint-Auban, se saisirent de Mérindolet, place assez forte, et, un peu plus tard, de La Roche-sur-le-Buis (19 mai), qui était défendue pourtant par une garnison nombreuse. .

La cour, apprenant que Montbrun avait repris une seconde fois les hostilités depuis l'édit de Boulogne, lui envoya deux gentilshommes, Villeroy et Saint-Sulpice, pour l'engager à déposer les armes. Ils arrivèrent au camp de Gordes le 10 avril, et, dès le lendemain, jour de Pâques, Montbrun, comme pour leur souhaiter la bienvenue, s'empara par escalade de Grane, propriété personnelle de Gordes; ce qui donna à comprendre aux deux députés de la cour combien ils avaient peu à compter sur les dispositions du capitaine huguenot. Aussi ne purent-ils traiter avec lui.

La cour se décida, en conséquence, à envoyer une armée contre Montbrun. Elle fut confiée au commandement de François de Bourbon, duc de Montpensier, dauphin d'Auvergne, qui venait remplacer le maréchal Damville en qualité de commandant des troupes du roi dans le Dauphiné, la Provence et le Languedoc. Le dauphin entra dans la province au mois de mai, à la tête de 7,000 fantassins, dont 800 Suisses, 1,200 chevaux et 8 canons. Vingt-deux compagnies, qu'il logea à La Sône-sur-l'Isère, se saisirent sans résistance de Pont-en-Royans, et, après l'avoir pillé et démantelé, se retirèrent en y laissant une garnison de cinq compagnies de fantassins, qui maltraitèrent beaucoup les protestants, en majorité dans le bourg.

Montbrun, apprenant la prise du Pont, réunit 1,500 hommes tant de pied que de cheval, force la place le jour

de l'Ascension (20 mai) [1] et tue 400 soldats ennemis. C'est 1574.
à peine s'il en réchappa 120 ou 140.

Le dauphin d'Auvergne s'apprêtait à venger la défaite de
ses troupes, lorsqu'il apprit la mort de Charles IX, survenue le 3o mai; ce qui lui fit suspendre momentanément
ses opérations.

Montbrun échoue sur Die. Le dauphin d'Auvergne échoue sur Livron. Marguerite, duchesse de Savoie, exhorte Montbrun à la paix.

Après son beau fait d'armes, Montbrun quitta le Royans,
laissant Bouvier le jeune à Izeron et son vaillant homonyme
à Saint-André, avec une faible garnison dans l'une et l'autre
place, car il voulait tourner toutes ses forces contre Die,
qu'il espérait emporter facilement d'assaut ou par composition; car la garnison de la place était fatiguée des courses
incessantes qu'elle avait faites, et il croyait qu'elle comptait
dans son sein peu de soldats expérimentés. Cette ville, du
reste, gênait beaucoup les mouvements des protestants, qui
occupaient la plupart des places de la contrée. Enorgueilli
de sa récente victoire, Montbrun se présente devant la place
avec confiance. Mais il manquait de canons, et la ville avait
une forte assiette. Fortifiée avec soin par ses habitants, elle
pouvait même résister longtemps au canon. Montbrun
ravage ses alentours pour l'effrayer et tente de l'enlever de
nuit par escalade. Mais Glandage le père, qui y commandait,
a compris son dessein. En capitaine expérimenté, il attend
que les soldats huguenots aient dressé leurs échelles, appa-

(1) Pérussis, dans d'Aubais (t. 1, p. 168), dit à tort le 6 juin.

1574. raît ensuite à l'improviste sur les murailles, renverse les engins et lâche sur ses ennemis une telle bordée de coups de canon, que non-seulement il les oblige à fuir, mais encore leur tue 30 hommes et en blesse plusieurs autres, notamment l'un des deux Blacons [1]. On attribua la cause de l'insuccès de Montbrun à la trahison de Glandage le fils, jeune homme perdu de mœurs et sans convictions, qui servait dans l'armée protestante et qui, à dater de ce moment, quitta le parti huguenot. Montbrun, sans oser l'accuser ouvertement de félonie, lui reprocha vivement de ne pas avoir poussé l'attaque avec assez d'impétuosité, et leva sur l'heure le siége (9 juin) [2]. Une particularité digne de remarque, c'est que le brave capitaine huguenot passa, dans toute l'Allemagne et ailleurs, pour avoir été tué à Die; et ce bruit se répandit non pas comme une conjecture, mais comme un fait certain, qui parut dans des documents imprimés. Lorsqu'on sut plus tard la vérité, on considéra cette méprise comme d'un mauvais augure pour l'avenir.

De Die, Montbrun conduisit la plus grosse partie de ses forces à Livron et à Loriol, parce qu'il venait d'apprendre que le dauphin d'Auvergne allait reprendre l'offensive et faire le siége des places du Valentinois occupées par les protestants. Ce dernier ne tarda pas en effet à reparaître. Il fit reprendre par 4 compagnies, sur Bouvier le jeune, le château d'Izeron, qui commandait le cours de l'Isère, et se présenta devant Allex le 17 juin. « Vint au lieu d'Allex, dit

---

(1) Ainsi s'exprime Pérussis, dans d'Aubais (t. 1, p. 163). Ces « deux Blacons » ne peuvent désigner que *Hector de Forest-Blacons*, fils de Matthieu, mort en 1570 en Saintonge, au dire de Montluc, et *Arnaud de Forest-Blacons*, frère de ce dernier. Il s'agirait donc ici de l'oncle et du neveu. Que si Matthieu n'était pas encore mort, la phrase de Pérussis désignerait le père et le fils.

(2) Selon d'autres, le 11 juin.

le mémoire contemporain cité plus haut [1], Monsieur le prince 1574. dauphin, nommé Monsieur de Montpensier, avec son armée et grandes pièces d'artillerie et nombre de gens de pied et de cheval, dix mille hommes. Et firent brèche du côté de la bise de la maison André Bruzac; entrèrent de là dans la ville par assaut, tirèrent au moins six-vingts coups de canon; ce que voyant, les susdits huguenots se rendirent aux papistes, qui prirent lesdits soudards et amenèrent Jean d'Urre avec les autres soudards par-devant ledit seigneur le prince, au camp, qui était à la grange dudit sieur d'Urre, et de là furent retournés en ladite tour et furent massacrés.

» Et partit du lieu d'Allex ledit prince avec son armée, et, partant d'Allex, s'en allèrent à Crest pour battre la ville d'Aoste; mais ils trouvèrent que les huguenots s'en étaient saisis, et de là ils allèrent battre Livron. » C'était une place, située sur un coteau, qui avait fait peu parler d'elle pendant les trois premières guerres de religion, et dont la population était restée plus ou moins neutre entre les deux partis. Gordes, toutefois, après la Saint-Barthélemy et dans la crainte que les protestants ne s'y fortifiassent, en avait fait détruire les portes. On a vu que Montbrun, après la seconde prise d'armes, ordonna à Mirabel d'en réparer les brèches. Son enceinte murée renfermait un grand espace vide et ses remparts, peu consistants et flanqués de tours à de grands intervalles, se reliaient à une citadelle qui appartenait à l'évêque de Valence. Montbrun préposa aux fortifications un ingénieur très-habile, nommé Julien, et mit dans la place une bonne garnison, qu'il confia au commandement de Roisses, gentilhomme plein de courage et d'intelligence, et se posta lui-même à Loriol, qu'il avait également fait fortifier.

---

(1) *Prinse et reprinse*, etc., dans l'*Album du Dauphiné*, t. II, p. 19.

1574. Le dauphin d'Auvergne attaqua la place le 25 juin et battit ses murailles de 660 coups de canon de gros calibre, puis tenta un assaut du côté de la tour Manchenin au faubourg, par la brèche qu'il avait ouverte; mais il fut repoussé avec pertes. Montbrun, de son côté, ne cessait de le harceler et lui prenait ses convois et ses hommes, pendant que les assiégés faisaient de vigoureuses sorties. Dans l'une d'elles, ils lui enlevèrent une enseigne et enclouèrent un gros canon. A bout de sa provision de poudre, et apprenant que Montbrun venait de recevoir des renforts du Vivarais par Saint-Romain, le prince dauphin, qui n'avait fait aucun progrès du côté de la place, leva son camp le septième jour du siège et se retira à Étoile, après avoir envoyé son artillerie à Valence. Montbrun lui avait dressé une embûche à un détour de chemin, et, sans un furieux vent du nord, qui ôtait à ses gens la respiration et la vue et renversait pêle-mêle hommes et chevaux, il l'aurait taillé en pièces, car il avait réuni toutes ses forces pour lui couper la retraite. Découragé de son insuccès, le prince parlait de quitter la province, quand la ville et le parlement de Grenoble lui envoyèrent une députation pour le supplier de prolonger son séjour. Il y consentit et fit peu après son entrée solennelle dans la capitale du Dauphiné.

L'abandon du siége de Livron par le prince dauphin procura quelques mois de tranquillité au Dauphiné, et Montbrun en profita pour publier une ordonnance (23 juillet) qui faisait défense à toute personne de troubler, molester et empêcher directement ou indirectement aucuns marchands et autres manants conduisant des marchandises dans la province, sous peine de la vie, attendu que le commerce était libre. Peu après, ses gens s'emparèrent de Saint-Paul-trois-Châteaux (juillet) et de Sassenage (août), mais il perdit La Roche-sur-le-Buis, que le gouverneur livra aux catholiques moyennant 7 ou 800 écus.

Vers le même temps, les protestants du midi, qui n'avaient 1574. pas encore pris les armes, élurent à Millau (10 juillet) le prince Henri de Condé comme chef et protecteur des églises réformées, et le mois suivant signèrent une étroite alliance avec le parti des Politiques, représenté dans le midi de la France par le maréchal Damville. Les confédérés s'engagèrent à se soutenir mutuellement, à ne jamais traiter séparément, et à ne déposer les armes que quand les États généraux du royaume, légalement convoqués, auraient pourvu à la réforme du gouvernement, à la punition des perturbateurs du repos public et au soulagement du peuple. Cette union fut de nouveau jurée dans l'assemblée de Nîmes, du 10 janvier 1575.

Sur ces entrefaites, Marguerite de France, fille de François Ier et femme d'Emmanuel-Philibert, duc de Savoie, qui passait pour favorable au parti huguenot, écrivit à Montbrun pour l'exhorter à faire la paix au commencement de ce nouveau règne. Elle lui représenta qu'Henri III, qui arrivait de Pologne pour monter sur le trône de France, à la place de Charles IX, son frère, et qui se trouvait pour lors à sa cour, était animé des meilleures intentions, n'avait rien tant à cœur que la pacification du royaume, et que ce serait dangereux pour ceux de la religion de l'aigrir, en continuant des hostilités qui entraîneraient nécessairement leur perte, une fois le cœur du roi irrité et son armée jetée en France ; d'autant plus que celle-ci, composée en grande partie d'étrangers, était la personnification vivante des passions du pape, de tous les princes italiens et des Espagnols.

On crut généralement à l'époque que cette lettre fut inspirée par Henri III lui-même. Quoi qu'il en soit, Montbrun répondit qu'il ne désirait certainement rien plus que la paix, et qu'il croyait en avoir donné des preuves ; que s'il ne déposait pas les armes, c'était parce que le prince dauphin occupait à cette heure le Dauphiné avec une armée, et assié-

1574. geait les places que ses coreligionnaires tenaient pour leur
sûreté personnelle; que du reste il ne pouvait désarmer
qu'avec le consentement des confédérés du reste de la
France; car c'était la cause commune des églises réformées
qui était en jeu, et que si le roi faisait connaître ses bonnes
intentions à celles-ci, en les convoquant dans une assemblée
générale et en leur donnant des garanties, elles ne resteraient
pas au-dessous de leurs devoirs[1].

Autrement, l'échec du dauphin d'Auvergne sur Livron
avait jeté le découragement dans le parti catholique de la
province et la mort du roi Charles IX lui faisait désirer la
paix. Nous croyons du moins en apercevoir un indice dans
un arrêt du parlement de Grenoble rendu cette même année,
et qui mettait « sous la protection et sauvegarde du roi et
de la cour ceux de la *nouvelle opinion* de Molines et de
la vallée du Queyras, avec inhibition et défense faites aux
capitaines La Cazette et Féronne et à tous autres de les
inquiéter et molester, sous peine de 1,000 livres, à condition
qu'ils se tiendraient en leurs maisons sous l'obéissance du
roi, et qu'ils rendraient aux catholiques l'église paroissiale
de Molines, dont ils s'étaient emparés[2] ».

On va voir qu'Henri III n'était pas disposé à traiter avec
les huguenots.

---

(1) *Mémoires de l'Estat de France*, t. III, p. 106, 282, 283; — Pérussis,
dans d'Aubais, t. I, p. 150, 151, 155, 158, 160, 161, 163, 165, 168; —
Franc. et Joan. Hotomanorum epistolæ, p. 43; — *Commentarii*, IIII* pars,
p. 134, 137; V* pars, 8-10, 26, 27; — *Recueil des choses mémorables*, p.
497, 512; — La Popelinière, t. II, p. 193, 230; — D'Aubigné, t. II, p. 134;
— De Thou, t. VII, p. 85, 86; — Chorier, p. 654-662; — *Hist. des guer.
excit. dans le Comtat-Venaissin*, t. II, p. 92.

(2) *Arch. dép. de l'Isère*, B. 2035 (Inventaire).

CINQUIÈME GUERRE DE RELIGION.

(septembre 1574 — 6 mai 1576).

Henri III décide de continuer la guerre avec Montbrun. Entretien de des Adrets avec d'Aubigné. L'armée royale prend diverses places. Lettre du roi à Montbrun et réponse de ce dernier.

Le roi entra en France, le 4 septembre, par le Pont-de- 1574. Beauvoisin, où le prince dauphin et Gordes vinrent le complimenter. Pendant ce temps, des coureurs de Montbrun se saisissaient d'une partie de ses bagages, non loin du même lieu. Henri III en garda le plus vif ressentiment et jura qu'il n'accorderait aucun quartier à Montbrun, si jamais il le tenait entre ses mains. Quelques personnes reprochèrent à cette occasion au capitaine huguenot d'oublier qu'il était né sujet du roi, mais il répondit : « Les armes et le jeu rendent les hommes égaux. »

Arrivé à Lyon (6 sept.), Henri III tint un grand conseil, où il fut résolu que l'on recommencerait la guerre contre les huguenots. L'empereur d'Allemagne Maximilien II et le sénat de Venise, qu'Henri III avait vus à son retour de Pologne, l'en avaient vivement dissuadé. Il ne tint pas compte de leurs sages conseils. Ce fut la cinquième guerre de religion, bien qu'en Dauphiné la quatrième durât encore. Touchant cette dernière province, le conseil décida qu'on poursuivrait activement les hostilités contre Montbrun, que la direction en serait confiée au prince dauphin d'Auvergne et

1574. à Gordes, et que le maréchal Roger de Saint-Lary de Bellegarde accompagnerait l'armée à la fois comme homme de
guerre et comme négociateur.

Le roi reçut à Lyon l'hommage de tous les gentilshommes
catholiques du Dauphiné. Le baron des Adrets se présenta
comme les autres, mais ne put obtenir d'audience particulière ; ce qui l'outra profondément. C'est au moment même
où l'huissier lui refusait la porte d'Henri III, que le célèbre Agrippa d'Aubigné, qui n'avait alors que 24 ans, « lui
demanda trois choses : Pourquoi il avait usé de cruautés
malconvenables à sa grande valeur ; pourquoi il avait quitté
un parti auquel il était tant créance, et puis pourquoi rien
ne lui avait succédé depuis le parti quitté, quoiqu'il se fût
employé contre.

» Il me répond au premier point, continue d'Aubigné,
que nul ne fait cruauté en la rendant ; que les premières
s'appellent cruauté, les secondes justice... ; qu'il leur avait
rendu quelque pareille en beaucoup moindre quantité, ayant
égard au passé et à l'avenir... Le seul moyen de faire cesser
les barbaries des ennemis est de leur rendre des revanches.
... Il n'y a rien de si dangereux de montrer à ses partisans
imparité de droit et de personnes...

» Quant aux raisons pour lesquelles il quitta le parti, elles
furent que Monsieur l'amiral avait disposé de la guerre par
des maximes ministrales et voulait donner les diseurs pour
juges aux faiseurs ;.. que la modestie n'est pas bonne pour
abattre l'orgueil des ennemis qui n'en ont point ; qu'il est
mal de combattre des lions avec des moutons... Qu'à la
vérité il avait traité avec le duc de Nemours non par avarice
ou crainte, mais par vengeance après l'ingratitude redoublée...

» Quand je le pressai sur la troisième demande, il la fit
courte avec un soupir. Mon enfant, dit-il, ... avec les huguenots j'avais des soldats ; depuis je n'ai eu que des mar-

chands, qui ne pensent qu'à l'argent. Les autres étaient 1574.
serrés de crainte sans peur, soudoyés de vengeance, de passion et d'honneur. Je ne pouvais fournir des rênes pour les premiers : ces derniers ont usé mes éperons. »

En exécution des arrêts du conseil de guerre de Lyon, le maréchal de Bellegarde ne tarda pas à se rendre en Dauphiné pour organiser ses troupes; ce qui lui prit assez de temps. Il en profita pour faire des ouvertures à Montbrun, mais elles ne purent aboutir. Le prince dauphin et Gordes arrivèrent ensuite à l'armée, le premier le 22 septembre, le second le 26. Bellegarde disposait à ce moment de 18,000 hommes, tant Suisses que Français et Piémontais[1], de 14 gros canons et de plusieurs petits. A l'approche de l'armée royale, Chabeuil, tenu par les protestants, se rendit; par contre, un régiment de Suisses qui passait à Beaumont y fut taillé en pièces par les gens de Montbrun.

Le prince dauphin, qui se souciait peu de compromettre une seconde fois sa réputation, laissa bientôt toute la conduite du siége à Bellegarde, qui passa d'abord sur la rive droite du Rhône avec une partie de l'armée, pour se saisir du Pouzin, dont la garnison, conjointement avec celle de Livron, interceptait la navigation du fleuve. Cette place avait été fortifiée antérieurement par Charles de Barjac de Rochegude, Pierregourde et Saint-Romain. Le maréchal la prit le 15 octobre, après l'avoir battue de ses gros canons, qui occasionnèrent l'éboulement des remparts, trop chargés de terre du côté de la place, mais il perdit 1,800 hommes. La garnison fut assez heureuse pour se sauver de nuit et gagner Privas. Le bourg fut pillé et entièrement brûlé, à l'exception d'une maison. On y trouva pour 150,000 écus

---

(1) Pérussis, dans d'Aubais, dit 6,000 Suisses, 4,000 Français, 4,000 Italiens, de la gendarmerie et des reîtres allemands.

1574. de marchandises, capturées sur les bateaux du Rhône. L'armée royale s'empara ensuite de plusieurs autres places du Vivarais, mais échoua sur Privas, défendu par Saint-Romain, qui était accouru du Languedoc à son secours et qui battit les royaux en avant de la ville.

Les chefs de l'armée hésitèrent alors sur le parti qu'ils devaient prendre. Les catholiques du Languedoc suppliaient le roi de laisser les troupes continuer leur marche vers le midi par la route du Vivarais, disant que, cette province une fois soumise, les villes du Languedoc occupées par les protestants seraient facilement réduites. Les catholiques du Lyonnais et du Dauphiné, qui avaient déjà fait de grandes dépenses pour la nourriture de l'armée, disaient au contraire qu'il était de la dernière importance que le commerce du Rhône, intercepté par la garnison protestante de Livron, fût rendu libre par la prise de cette dernière place, et ils réussirent à faire prévaloir leur sentiment.

Avant de mettre le siége devant Livron, l'armée royale voulut se saisir de quelques places avoisinantes. Montbrun, jugeant que Loriol ne pourrait offrir de résistance sérieuse, donna ordre à sa garnison de l'abandonner. Il s'était demandé un instant s'il ne devait pas l'incendier pour qu'elle ne fût d'aucun secours à l'armée ennemie ; mais, se laissant arrêter par la considération des dommages que sa ruine causerait à ses coreligionnaires, il se borna à l'abandonner, et les catholiques l'occupèrent aussitôt, la fortifièrent et y logèrent les reîtres, après avoir massacré une partie des habitants.

Le maréchal de Bellegarde assiégea ensuite Grane avec ses gros canons (24 oct.), et fit une assez large brèche à ses murailles. Blacons, Louis de Marcel-Blaïn du Poët et Comps, qui l'occupaient, estimant qu'ils ne pourraient défendre la place bien longtemps, y mirent le feu et se réfugièrent dans la citadelle, d'où ils prirent la fuite dans la

nuit du 30 octobre. Les catholiques déshonorèrent leur vic- 1574.
toire par de coupables excès. Des « femmes furent meur-
tries, disent les *Mémoires de la maison des Gay*, d'autres
violées, d'autres mises à rançon ; plusieurs filles, après avoir
perdu leur pudicité, furent vendues des uns aux autres ; plusieurs autres méchancetés furent perpétrées ; bref, des choses
si barbares que le Turc serait navré d'en faire de semblables
sur des chrétiens ».

Les protestants, effrayés de l'approche de Bellegarde,
abandonnèrent les places de Saint-Paul-trois-Châteaux et
de Saint-Restitut (19 oct.), et le capitaine Georges de Saint-
Ferréol, qui commandait à Roynac, après avoir reçu seulement trois coups de canon, se rendit sous main à son frère,
qui commandait dans l'armée royale. Montbrun en fut très-
irrité, car la citadelle de Roynac, sise sur un rocher, était
très-forte, et les assaillants ne disposaient que de 4 canons,
dont 2 couleuvrines. De plus, il avait décidé de se jeter à ce
moment sur l'armée royale, déjà fatiguée par les siéges anté-
rieurs.

Quelques jours après, le maréchal s'empara du Puy-
Saint-Martin (28 oct.), d'Aoste et d'Allex, puis de la maison forte de Lastic, attenant à Saou (10 nov.).

Le roi, étant descendu sur ces entrefaites de Lyon à Avignon (16 nov.), écrivit à Montbrun une lettre « un peu
brave et haute, et digne d'un roi », dit Brantôme, dans
laquelle il le sommait de se retirer dans sa maison, s'il voulait profiter du bénéfice du dernier édit de Boulogne ; qu'autrement il serait traité avec la sévérité que méritent les
rebelles, et qu'il pouvait juger, par ce qui s'était déjà passé
depuis le commencement de la guerre, quel châtiment était
réservé à ceux qui s'opiniâtraient dans la rébellion. Montbrun lui répondit que le titre de rebelle, que le roi lui appliquait, était une injure et devait être renvoyé aux méchants
conseillers qui l'animaient contre ses plus fidèles serviteurs

1574. et provoquaient des guerres incessantes, cause de maux
sans nombre pour la malheureuse France; que pour lui,
après l'horrible boucherie de Paris, perfide violation du
dernier édit, il s'était vu obligé de prendre les armes et de
se saisir d'un certain nombre de places pour assurer sa liberté et conjurer le danger qui menaçait ses jours; que
Dieu, qui est le soutien et le vengeur de l'innocence, avait
également sauvé son église dans les autres parties du
royaume, et qu'il s'agissait ici non de sa cause particulière,
mais de la cause commune des églises. Il déclarait en outre
que rien ne lui tenait plus à cœur, comme aux autres confédérés, que l'établissement d'une paix durable, et que si de
mauvais conseillers, étrangers à la France, avaient employé
contre eux des soldats également étrangers, Dieu n'aban-
donnerait pas les siens et leur permettrait de prouver à ces
bas et perfides Italiens qu'ils avaient affaire à de véritables
Français, qui estimaient qu'après tout une mort glorieuse
est la plus belle récompense de la foi et de la vertu[1].

Montbrun, en recevant la lettre du roi, se serait écrié, au
dire de Brantôme : « Comment! le roi m'écrit comme roi
et comme si le devais reconnaître! Je veux qu'il sache que
cela serait bon en temps de paix; mais en temps de guerre,
qu'on a le bras armé et le cul sur la selle, tout le monde est
compagnon. » « Telles paroles, ajoute Brantôme, irritèrent
tellement le roi, qu'il jura un bon coup qu'il s'en repentirait. » La lettre du hardi capitaine ne put que contribuer à
porter au comble son irritation.

(1) Nous avons suivi les *Commentarii* pour l'analyse de la lettre de Montbrun. D'Aubigné et Mézeray les suivent également. Quant à Eustache Piedmont, il ne diffère guère d'eux et fait écrire ces paroles au roi par le capitaine huguenot : « De rendre ce qu'il tenait, il ne le pouvait faire pour ne
pouvoir prendre assurance, aucuns craignant d'être massacrés comme à
Paris; que si on le voulait forcer, il était délibéré de se défendre. »

Second siége de Livron. Discours de Rois-ses. Bellegarde canonne les remparts et y fait de larges brèches.

L'armée royale, après avoir passé quelques jours de repos 1574. dans les plaines de Valence et de Crest, se décida enfin à faire le siége de Livron. Les seigneurs, qui allaient faire leur cour au roi à Avignon, ne cessaient en effet de se plaindre qu'ils étaient dévalisés, tout comme les trafiquants, par la garnison de cette place. On amassa donc de grandes provisions de bouche et on commença un siége en règle le 17 décembre. Bellegarde garda le commandement en chef, et Gordes se rangea sous ses ordres. L'armée comptait à ce moment 14 compagnies des gardes du roi, 2 légions de Suisses, formant 11 enseignes, 12 compagnies d'arquebusiers dauphinois, rompus à l'art de la guerre, 9 de soldats piémontais, 3oo soldats des vieilles bandes, 4 compagnies de gendarmes, 8 cornettes de reîtres, commandés par Charles de Mansfeld, 22 canons de gros calibre et 2 basilics, en tout 7 à 8,ooo hommes. On y remarquait Louis de Béranger du Gua, favori du roi, et Jean de Montluc de Balagny, fils naturel de l'évêque de Valence Montluc. L'armée se croyait assurée de la victoire et comptait emporter facilement la place. « Ils se vantaient, disent les *Mémoires de la maison des Gay,* de faire leurs chalendes dans Livron, pour à leur départ l'avoir pillé, le brûler et le raser du tout, afin qu'il n'en fût jamais mémoire. Quelques papistes de Saillans, le premier jour de Noël, envoyèrent à leurs femmes qu'elles vinssent au camp avec des bêtes, qu'ils prétendaient charger du pillage de Livron, leur assurant qu'ils devaient y entrer le deuxième ou le troisième jour de Noël. Ils se vantaient d'aller puis faire carême-entrant dans la ville de

1574. Nîmes, d'aller faire leurs Pâques dans La Rochelle, puis, tout pacifié, aller à Genève et râcler toute la race des huguenots et en voir la fin. » La reine-mère elle-même, Catherine de Médicis, ne cachait pas sa confiance et se réjouissait de ce qu'il s'offrait à elle une occasion si facile d'anéantir ses ennemis. Les événements ne tardèrent pas à ruiner de si belles espérances.

Roisses, jeune gentilhomme d'une rare intelligence et d'un courage à toute épreuve, à qui Montbrun avait confié la défense de Livron, apprenant que l'armée royale s'avançait pour prendre ses positions de siége, envoya au-devant d'elle, pour arrêter sa marche, Pontaix, escorté de quelques cavaliers. Mais ils ne purent soutenir le choc des reîtres et furent poursuivis jusqu'aux portes de la place. Sur le soir, quand l'armée eut établi son camp, Bouvier, à la tête de quelques arquebusiers de la garnison, se jeta sur les gardes avancées, en blessa quelques-unes et rentra dans la place.

Le lendemain (19 déc.), Bellegarde posta deux canons dans la plaine de Loïs, un à la métairie de Sablière, huit en face de la tour Fontaine, située à un angle des remparts, dans la direction de Romans, huit autres en face de la tour de Genève, construite du même côté, six enfin sur la colline qui domine Livron.

En voyant ces préparatifs et les brèches incomplètement réparées des murailles de la place, Roisses eut un moment de défaillance et songea à se rendre par composition. Mais il fut détourné de ce dessein par le capitaine Brancion, et, reprenant courage, il demanda pardon à Dieu d'avoir douté un instant de sa protection et de sa puissance. D'un autre côté, comme il n'avait pas une entière confiance dans tous ses capitaines, dont quelques-uns étaient étrangers et parlaient de se rendre, et que les habitants eux-mêmes ne laissaient pas que de manifester de l'inquiétude, Roisses se décide à convoquer ses officiers et leur déclare, après leur

avoir représenté la faiblesse numérique de la garnison et la 1574.
force de l'armée assiégeante, que s'ils sont résolus à repousser la violence des ennemis de Dieu et de l'Église, il se
mettra résolûment à leur tête et versera pour eux jusqu'à
la dernière goutte de son sang; que Dieu lui-même, dont la
cause est en jeu, et qui tant de fois a délivré le peuple d'Israël d'ennemis nombreux et puissants, les aidera à triompher des forces considérables qui les entourent; que dans les
guerres précédentes il les a souvent secourus, et naguère
encore a arraché La Rochelle par miracle de la gueule du
loup; il les engage donc à examiner le parti qu'il faut prendre, et leur assure que, s'ils sont tous animés du même
courage que lui, il ne doute point que Dieu ne rende vain
l'effort de l'ennemi. En terminant, il invite ceux qui ont des
craintes sur l'issue du siége à dire librement leur pensée,
afin que l'on puisse examiner ce qu'il importe de faire pour
le salut commun.

Ce discours émouvant entraîna l'assemblée, et les capitaines dont la fidélité était douteuse furent les premiers à
déclarer qu'ils attendaient avec confiance le secours de Dieu
et étaient résolus à défendre la place au péril de leur vie.

Dans sa partie élevée, Livron possédait une bonne citadelle, que Roisses fit démolir, parce qu'il ne pouvait l'armer
de soldats. Les 400 hommes dont se composait la garnison
étaient en effet à peine suffisants pour protéger les remparts,
qui avaient un immense développement, comme nous l'a-
vons déjà dit. Roisses voulait en outre ôter tout espoir de
retraite à ses soldats et les obliger à combattre en gens qui
n'ont à attendre leur salut, après Dieu, que de leur courage.
Ces préparatifs prirent les 19 et 20 décembre.

Du 21 au 24, les canons de l'armée royale tonnèrent avec
furie contre les tours Fontaine et de Genève, et contre les
remparts qui y étaient attenants, et, les ayant battus de
1,080 coups bien comptés, ils y firent une brèche large de

_{1574.} 60 pas. Pérussis raconte que la batterie était si forte qu'on entendait les coups d'Avignon.

Bellegarde, qui voulait donner l'assaut à la place sur plusieurs points, et avait reçu du reste l'ordre du roi de raser toutes ses fortifications, établit le 25, le jour même de Noël, des canons en face de la porte d'Ampech, qui était très-forte, et la battit de 1,487 coups, qui y firent une large brèche. Pour ne pas interrompre son tir, il faisait jeter du vinaigre sur ses pièces, rendues brûlantes par le feu de la poudre. Il donna ensuite l'ordre de creuser dans la direction des brèches de profondes tranchées pour que les soldats pussent s'y loger et s'approcher le plus près possible de la place au moment de l'assaut. Il fit aussi construire des tours ambulantes et des mantelets pour mettre à couvert ses hommes à ce même moment. La garnison ne possédait pour tout engin de guerre qu'un canon de campagne, qui pouvait lancer des boulets de la grosseur d'un œuf. Mais elle sut s'en servir avec adresse. Elle le transportait en divers lieux, suivant qu'elle apercevait des groupes ennemis à portée de son tir, de telle sorte que ces derniers, qui se croyaient à l'abri des coups de leurs adversaires et se répandaient librement dans la plaine, perdirent plusieurs des leurs et n'osèrent plus se montrer.

En présence des brèches immenses faites à ses murailles, la garnison ne demeura pas inactive. Aidée des habitants, tant hommes que femmes, elle se mit aussitôt en devoir de les réparer avec des matériaux de démolition, et, pour narguer le maréchal de Bellegarde, elle planta sur les remparts une hallebarde à laquelle elle suspendit un fer à cheval, une mitaine de peau et un chat, disant par ce rébus à Bellegarde : « Maréchal, on ne prend point un chat sans moufles. »

Premier assaut, heureusement repoussé.

Le 26 décembre, vers deux heures de l'après-midi, l'ar- 1574.
mée royale rangée en bataille marche à l'assaut, tandis que
les reîtres défendent le passage de la Drôme et que les arquebusiers dauphinois occupent la plaine pour s'opposer aux
diversions que Montbrun pourrait tenter en faveur des assiégés. L'assaut est donné sur trois points différents : à la
brèche de la porte d'Ampech, à celle de la tour Fontaine et
à une troisième, faite dans le premier siége par le prince
dauphin, du côté de la tour Manchenin au faubourg, mais
réparée en partie.

La brèche de la porte d'Ampech est attaquée par 11 enseignes des gardes du roi et les soldats des vieilles bandes.
Mais Roisses s'apprête à les recevoir rudement, entouré de
Fiancey, natif de Livron, Pontaix, Bouvier, de Romans,
Brancion, Nétonier, Petri, Jérôme, Sigalon, Saint-Aule,
tous braves capitaines, dont les noms, au dire même de
leurs ennemis, méritèrent de passer à la postérité. Les soldats royaux cherchent à pénétrer par la brèche avec une
ardeur extrême; mais les assiégés, qui s'encouragent au
combat en chantant des psaumes, les repoussent avec vigueur, descendent quelquefois jusqu'à trente pas en avant
de la brèche, de telle sorte que les soldats ennemis ne tar-
dent pas à remplir les fossés de leurs morts. Tandis que les
assiégeants essaient de les retirer par la contrescarpe pour
les dérober à la vue de la garnison, ou leur ménager une
sépulture honorable, celle-ci leur crie : « Venez, canailles,
venez chanter des Noëls dans Livron ! Allez, canailles, allez
faire vos chalendes à Avignon, car ici ne fait pas bon pour
vous ! » Les soldats royaux, en attaquant les assiégés, leur
crient à leur tour : « O larrons huguenots, pensez à vos
consciences, car nous vous accoutrerons de sorte qu'il ne

1574. sera jamais mémoire de vous ! Chantez le psaume : Donne
secours, Seigneur, il en est temps ! » « et plusieurs autres
paroles blasphématoires, disent les *Mémoires de la maison
des Gay,* menaçant de violer les femmes et les filles, et puis
meurtrir tout corps ayant âme, esprit et mouvement, jusques aux bêtes de service domestique. »

Les femmes de Livron rivalisent d'ardeur avec les soldats.
Les unes charrient des matériaux pour combler la brèche,
les autres jettent des pierres contre les assaillants, d'autres
combattent avec des piques, des hallebardes et même avec
des arquebuses; l'une d'elles surtout, qui porte des man-
ches rouges, se fait remarquer par la bravoure qu'elle
déploie en dehors de la brèche, une hallebarde à la main.
Les enfants se mêlent aussi à la lutte. Ils encouragent leurs
parents de leurs cris, transportent des matériaux qui excè-
dent leurs forces, font pleuvoir sur l'ennemi, avec leurs
frondes, une grêle de pierres et l'accablent d'invectives.
L'armée royale, au dire des catholiques eux-mêmes, fut
vivement impressionnée de la mâle énergie que montrèrent
en cette occasion les femmes et les enfants.

A cet assaut de la porte d'Ampêch, le vaillant Roisses fut
malheureusement tué par un boulet de canon. Le soldat
qui l'avoisinait couvrit aussitôt d'un manteau son corps
palpitant, pour que ses compagnons d'armes ne fussent pas
pris de découragement en voyant leur chef inanimé. Avec
Roisses périrent encore les capitaines Fiancey et Bouvier
(le jeune probablement), et 60 soldats de la garnison. De là
le nom de *porte meurtrière* donné après le siége à la porte
d'Ampech.

A la brèche de la tour Fontaine on combattit de part et
d'autre avec le même acharnement. Huit enseignes de soldats vétérans et autres l'attaquèrent; mais elle fut défendue
par le sergent Saillet, de Livron, secondé par Louis de
L'Homme, sieur de Corbières, et une compagnie de sol-

dats. Saillet les repoussa vaillamment ; mais il fut blessé et 1574. perdit plusieurs des siens.

Quant à la brèche, imparfaitement réparée, de la tour Manchenin au faubourg, les ennemis s'en approchèrent avec des échelles dans l'espoir de la prendre par escalade ; mais le capitaine Gaspard de Montagny de Vinay, qui commandait à une compagnie de soldats, les repoussa avec le même courage et le même succès.

Battues sur tous les points, les troupes royales rentrèrent au camp ; mais les canons vomirent jusqu'à la nuit des projectiles contre les brèches, pour empêcher les soldats de la garnison de les réparer.

Les capitaines huguenots, douloureusement émus de la mort de Roisses, se réunirent spontanément auprès de son corps inanimé pour délibérer en commun sur ce qu'ils avaient à faire. Ils rendirent d'abord grâces à Dieu de l'heureuse issue du premier assaut, et se livrèrent à l'espoir qu'un second n'aurait pas plus de succès pour l'ennemi. Puis ils songèrent à élire un chef, et portèrent unanimement leurs voix sur Antoine de Poitiers de Laye, jeune homme de 23 ans, cousin de Roisses, qui commençait à peine sa carrière militaire, mais était chéri des soldats à cause de son extrême bonté. Laye, retenu au lit par une grave blessure, refusa d'abord une charge si lourde ; mais, sur les instantes prières qui lui furent faites de ne pas abandonner la patrie en danger, il accepta. Sous ce digne chef Livron jouit jusqu'à la paix d'un gouvernement sage et prospère.

Du 27 décembre, lendemain de l'assaut, jusqu'au 7 janvier, les canons de l'armée royale ne cessèrent pas de lancer des projectiles sur les travailleurs qui réparaient les brèches des remparts ; mais ils ne parvinrent pas à les en chasser, car tous, hommes, femmes et enfants, travaillaient à l'envi de jour et de nuit avec une merveilleuse activité, sous la direction de l'habile ingénieur Julien, et sans se préoccuper

1575. des vides nombreux que les boulets causaient dans leurs rangs.

De leur côté, les soldats royaux, à l'aide de grands assemblages de madriers et de planches, qui les mettaient à couvert du côté de la place, creusèrent une tranchée profonde qui leur permit d'atteindre le point le plus élevé des fortifications et de s'y établir. Ils pratiquèrent aussi une mine pour faire sauter la tour Fontaine ; mais les assiégés purent l'éventer au moyen d'une contre-mine. Enfin, ils postèrent 8 canons en face de la porte Barrière, située près de la Drôme, et, l'ayant battue de 500 coups, y firent une large brèche.

Second assaut, également infructueux. Montbrun envoie des renforts à la garnison.

Ces préparatifs achevés, Bellegarde donne ordre le 8 janvier de monter à l'assaut sur trois points : à la tour Fontaine, à la porte d'Ampech et à la récente brèche de la porte Barrière.

Près des murailles attenant à la tour Fontaine une nouvelle mine a été creusée. Bellegarde compte beaucoup sur ses effets. « Mes compagnons, dit-il à un jeune capitaine et à 30 soldats d'élite chargés d'occuper la brèche que devait produire la mine, en votre valeur, ou, pour mieux dire, en votre obéissance est la bonne ou mauvaise issue de ce siége. Tout dépend de ce point, c'est que, voyant le feu pris à la mine, sans vous étonner de la fumée de la poudre qui est tout le mal qu'elle vous saurait faire, vous alliez vous loger, en faveur de cette grande obscurité que vous verrez, en la brèche qui sera faite. » Le feu est ensuite mis à la mine ; elle entraîne la chute du rempart au pied duquel elle a été pratiquée, mais elle tue plusieurs mineurs.

. Aussitôt 10 enseignes de soldats vétérans et 4 de soldats 1575. piémontais, commandées par d'Altefort, s'élancent avec une telle impétuosité à l'assaut de la brèche de la tour Fontaine, qui vient d'être accrue par la mine, qu'ils parviennent d'un seul trait au faîte du retranchement. Le capitaine Corbière et ses soldats s'efforcent de les repousser, mais ils vont céder au nombre, quand Laye, le nouveau commandant de la garnison, s'aperçoit de leur situation critique et vole à leur secours. Alors commence une lutte opiniâtre. Un soldat de l'armée royale saisit de ses propres mains la pique de Laye, qui ne réussit qu'à grands efforts à lui faire lâcher prise ; un autre soldat royal est tué sur le faîte même du retranchement.

Durant la mêlée, un paysan de Livron, qui s'était caché dans la tour Fontaine à demi-ruinée, tirait sur tous les soldats royaux qui venaient à passer, et en tua plusieurs, soit à coups d'arquebuse, soit à coups de pierre. On chercha à le déloger, mais ce fut en vain. Quelques boulets tirés pendant le combat ayant démoli le sommet de la tour, le hardi paysan se réfugia dans un asile qui semblait avoir été ménagé tout exprès pour lui au milieu des décombres, et il continua de sa nouvelle retraite son œuvre de destruction.

La brèche de la porte d'Ampech fut attaquée avec le même élan par 8 enseignes des soldats de la garde du roi et les arquebusiers du Dauphiné, mais les soldats de la garnison les repoussèrent avec une égale énergie. Un jeune habitant de Livron, ayant eu le bras emporté par un boulet, se fit immédiatement panser par un chirurgien et revint plus acharné sur le théâtre de la lutte, jetant jusqu'à la fin des pierres à l'ennemi de son autre bras.

A la porte Barrière la lutte fut encore plus opiniâtre. Là combattaient en personne le colonel des gardes du roi et un grand nombre de gentilshommes catholiques du Dauphiné, qui, soit pour donner des preuves de leur bravoure au maré-

1575. chal de Bellegarde, soit qu'ils fussent poussés par cette haine plus aveugle qu'on ressent contre des compatriotes ennemis, montrèrent une intrépidité rare. Mais les capitaines huguenots Grangeville, Bar, Imbert de Vérone et Caudebec, chargés de défendre la brèche, les repoussèrent avec une rare vaillance et les contraignirent à la retraite, bien que les Suisses, qui avaient demandé à marcher à l'assaut par faveur et contre l'usage de leur nation, se fussent avancés pour leur prêter main-forte. Les *Mémoires de la maison des Gay* décrivent ainsi cette lutte de géants : « A cet assaut eussiez vu venir d'un pas fort superbe les capitaines de l'ennemi avec leurs tolaches d'acier et armes à preuve, et les soldats d'élite de la garnison des mieux estimés ; lesquels par le bon courage que Dieu leur donna ne faisaient qu'en rire et branlaient à la brèche la pique d'une façon gentille, disant : « Approchez-vous, canailles, approchez-vous de notre brèche ! » Ceux de dehors criaient : « Sarre ! sarre ! tue ! tue ! sans rien épargner ! » Mais, étant au combat, eussiez vu tomber gens comme grêle, repoussés à coups d'arquebuse, à coups de pique et d'autres armes. »

Comme au premier assaut, les femmes de Livron montrèrent un courage au-dessus de leur sexe. Elles blessèrent et tuèrent plusieurs soldats de l'armée royale, et quelques-unes furent également blessées et tuées. Leur colère surtout ne connut point de bornes lorsqu'elles virent les Suisses s'avancer. Elles les reçurent à coups de pierre, de pique et même d'arquebuse, en poussant de grands cris, et les contraignirent à rebrousser chemin. L'une d'elles, atteinte de trois blessures, ne quitta la brèche que lorsqu'on donna le signal de la retraite.

Durant tout le temps de ce second assaut, « le maréchal de Bellegarde, disent les *Mémoires* déjà cités, pensant mieux exploiter besogne que le premier dauphin, fit faire à la coutume des anciens Romains, qui, pour étonner leurs ennemis au combat, criaient et menaient grand bruit. Or 1575. donc, pour étonner les assiégés, le maréchal, voulant donner l'assaut, fit mettre toute sa cavalerie en bataille, tant reîtres, Français que autres, au-devant de la ville, menant grand et énorme bruit; car les trompettes sonnaient toutes de voix ardente, les tambours de l'infanterie française, Suisses et autres battaient tous d'un accord. Puis avec cette martiale harmonie, ce qui faisait la contre-basse était le bruit et escopeterie des arquebusades avec l'horrible et épouvantable bruit des canons. Du bruit de ces canons furieux eussiez dit que la terre avec le ciel étaient mêlés par ensemble, ou bien que la terre se dût ouvrir, comme fit jadis, au temps que Coré, Dathan et Abiron périrent, étant engloutis dans la terre ».

Dès le lendemain de cet assaut furieux (9 janv.), les habitants de Livron, bien que fatigués de la lutte acharnée qu'ils venaient de soutenir, se mirent en devoir de réparer leurs retranchements et ne furent plus gravement inquiétés par l'armée royale, qui devint, dès ce jour, un sujet de raillerie de la part des assiégés. C'est ainsi qu'une femme de Livron s'assit sur le point le plus en évidence des fortifications, et se mit tranquillement à filer de la laine avec une quenouille.

Montbrun cependant n'oubliait pas les courageux défenseurs de la place. Il réunit à La Répara, sous Auriple, 140 à 160 arquebusiers, qu'il s'apprêtait à jeter dans Livron, quand un espion envoyé par Bellegarde et parlant au nom des assiégés le pria de n'envoyer pour le moment aucun renfort à la garnison afin d'épargner ses vivres. Montbrun se laissa prendre au piége et renvoya ses arquebusiers dans leurs garnisons respectives. Le lendemain les soldats royaux crièrent aux habitants de Livron : « Allez quérir votre secours! Nous l'avons défait près d'Auriple ; nous avons défait et tué Montbrun, gouverneur, et plusieurs autres de leur troupe. » Sans ajouter foi à ces paroles, les assiégés n'en

1575. furent pas moins inquiets, car ils attendaient pour cette nuit ou pour l'autre un secours de leur chef.

Quatre jours après, Montbrun, pressé une nouvelle fois par les Livronais de leur envoyer des renforts, chargea les capitaines Champs et Payzan, soutenus par des cavaliers, commandés par Sainte-Marie, Villedieu, Lesdiguières et autres, de pénétrer avec leurs compagnies dans la place ; mais au moment où ils traversaient la Drôme à gué, non loin de Loriol, le capitaine Champs et ses soldats, apercevant quelques cavaliers ennemis, furent saisis d'une terreur panique et prirent la fuite [1]. Les soldats royaux, informés de cet échec, crièrent encore aux habitants de Livron qu'ils avaient battu un nouveau secours. Irrité de la lâcheté du capitaine Champs, Montbrun le révoqua et cassa sa compagnie.

Une troisième tentative réussit mieux. Une troupe d'arquebusiers, conduits par le capitaine Coursange, de Die, cherchèrent à pénétrer dans la place par la montagne. Arrivés sans être découverts au pied du rempart, les habitants leur ouvrirent les portes et 80 d'entre eux entrèrent. Mais le capitaine Coursange et quelques autres restèrent en arrière pour une raison inconnue et durent rétrograder. Les capitaines Grangeville, Bar, La Balme et Vérone étaient au nombre de ceux qui purent s'introduire dans Livron.

Une autre tentative fut également couronnée de succès. Le capitaine Villedieu, secondé par Blacons, Gaspard de Montauban du Villard, Lesdiguières et quelques autres, se fraya un chemin jusqu'à la place avec 200 hommes déterminés, y demeura un ou deux jours et en sortit en laissant 52 hommes à la garnison ; « ce que, dit d'Aubigné, les

---

(1) Les *Commentarii* disent cependant que 14 d'entre eux entrèrent dans Livron.

courtisans appelaient impudence sous la moustache de la 1575. cour ». Villedieu ne perdit que 6 ou 7 hommes dans ce brillant fait d'armes [1].

Le 12 janvier, l'armée royale fit une grande perte dans la personne du comte Antoine-Sigismond Saint-Séverin Gayasse, colonel de la légion italienne au service du roi, qui fut tué par des cavaliers de Montbrun envoyés en éclaireurs. Il jouissait d'une grande réputation militaire et avait beaucoup d'autorité dans le camp.

Découragement de l'armée royale. Le roi visite le camp. Invectives violentes des assiégés contre la cour. Levée du siége. Causes supposées de son insuccès.

Cependant le découragement s'était emparé de l'armée royale à la suite de ses deux assauts infructueux. D'un autre côté, les maladies faisaient de grands ravages parmi les soldats, surtout parmi les Piémontais, qui n'étaient pas habitués à coucher en plein air ou sous des baraques mal jointes, bien que l'hiver fût très-doux et que pendant le mois de janvier le temps n'eût cessé d'être beau, ce qui avait fait primitivement dire aux catholiques que « Dieu n'était plus huguenot comme au temps passé ». Mille à douze cents hommes avaient été mis hors de combat depuis le commencement du siége et la désertion était devenue générale, de telle sorte que l'armée, qui comptait 7 à 8,000 hommes au commencement du siége, n'en avait plus à la fin que 3,000.

Le roi, qui était demeuré tout ce temps à Avignon,

---

(1) Videl attribue tout l'honneur de l'affaire à Lesdiguières, mais les auteurs contemporains ne confirment pas son dire.

1575. voyant que les prédictions de sa mère et de ses courtisans ne se réalisaient point et apprenant d'ailleurs la prise du port d'Aigues-Mortes par les protestants du Languedoc, résolut de lever le siége de Livron. Il partit d'Avignon le 13 janvier, coucha à Bollène, et le lendemain passa quelques heures au camp en se rendant à Valence. « Aucuns voulurent dire, lit-on dans les *Mémoires de la maison des Gay*, que le roi Henri III, voyant la pauvreté de ce camp, tant de meurtris, tant de blessés, tant de malades et tant de débandés, soupirant et quasi pleurant, regardait Livron en disant : « O malheureuse ville ! que tu m'as fait perdre ici de bons hommes et retarder de bons autres affaires ! » Et, faisant voltiger son cheval, dit assez haut à quelques soldats qui étaient là et qui bien l'entendirent : « Otons-nous d'ici, compagnons ; allons, allons en France, car il y a plus à gagner qu'ici. » Et, ayant appelé le maréchal de Bellegarde, lui commanda de faire tenir ses gens serrés, prêts et appareillés pour décamper au premier commandement. »

Puis le roi distribua un teston à chaque soldat, et, pour dissimuler la retraite de ses troupes, dit qu'il en avait besoin pour la cérémonie de son sacre et qu'au mois de mars il reviendrait en Dauphiné avec une puissante armée. Il ne cacha pas du reste son mécontentement à ses officiers sur la triste issue du siége, et, comme disent les *Mémoires* souvent cités, « Gordes ni les capitaines des gardes n'eurent bon visage de Sa Majesté ». Il n'avait cependant pas dépendu de leur habileté et de leur courage que la place ne fût prise, car le duc de Guise, qui l'examina attentivement et eut son cheval blessé sous lui pendant cette exploration, déclara lui-même que « si le lieu était accommodé de ballouards et de fossés à fond de cuve, il se rendrait imprenable ».

La garnison de Livron, ayant appris par ses éclaireurs que le roi était au camp, « lui dressent, dit le *Recueil des choses mémorables,* une salve d'arquebusades, puis se prennent à 1575. huer et crier à gorge déployée, malgré leurs chefs, disant mille injures au roi et à la reine, en telle sorte qu'on les oyait aisément, et, entre autres propos, ceux-ci furent répétés plusieurs fois : « Hau, massacreurs, vous ne nous poignarderez pas dedans nos lits comme vous avez fait l'amiral! Amenez-nous un peu vos mignons passesillonés, godronés et parfumés; qu'ils viennent voir nos femmes, leur feront connaître si c'est proie aisée à remporter! » « Plusieurs gentilshommes et capitaines étaient très-marris de cette licence soldatesque, ajoute le même *Recueil,* et néanmoins remarquaient en ces huées que les horribles désordres et cruels traitements faits aux pauvres Français, depuis quelques années, avaient tellement altéré les esprits de la plupart, que l'ennemi mit bas cette révérence que la nation française voulait porter à son roi, et que la juste douleur emportait si loin les affligés qu'ils ne pouvaient plus se contenir. Lorsque le prince de Condé, tué à Bassac, et l'amiral commandaient aux armes, le nom du roi était respecté au camp, et, parmi les bandes de ceux de la religion, quiconque s'ingérait d'en parler en mauvaise bouche était incontinent et rudement châtié. Les causes de ces changements procédèrent de la déloyauté des conseillers pernicieux, qui souillèrent méchamment les mains royales au sang des pauvres sujets; lesquels ils réduisirent à telle nécessité que, ne pouvant plus se fier ès promesses de leur prince, force leur fut de chercher refuge et protection ailleurs. »

Les assiégés firent une sortie la nuit même du jour où le roi passa à Livron. Ils dispersèrent le poste ennemi le plus rapproché du rempart, pénétrèrent dans le camp, y tuèrent beaucoup de Suisses et rentrèrent sains et saufs dans la place, emportant avec eux des armes et des ustensiles de diverses sortes pris dans les tentes des soldats.

Bellegarde, pour dissimuler le dessein de sa retraite, fit

1575. tirer le même jour quelques coups de canon sur la place, et pendant la nuit, à la faveur d'un vent violent, essaya de surprendre la garnison. Ses soldats s'approchèrent en effet jusqu'au pied des remparts; mais, le vent ayant tout à coup cessé, les assiégés entendirent le bruit de leur marche, se jetèrent sur eux et les dispersèrent.

Ce fut le dernier effort de l'armée royale. Bellegarde « fit faire cri, disent les *Mémoires* déjà cités, et bandon général par toute son armée, que tous soldats et autres se eussent à tenir prêts et appareillés à demain pour donner assaut général. Ce n'était que pour garder d'aller courir les soldats et les faire relier et joindre. » Le 20 janvier, en effet, pendant qu'un épais brouillard couvrait toute la plaine, il fit transporter ses gros canons sur le Rhône et donna l'ordre à toute l'armée de lever le camp, laissant aux reîtres le soin de protéger son arrière-garde.

Les habitants de Livron, soupçonnant la retraite de l'armée royale à l'incendie de ses baraquements, sortirent en masse et se saisirent de quelques reîtres isolés qui venaient d'escorter l'armée royale et retournaient à Loriol. Quelques femmes, oubliant toutes les lois de l'humanité et le respect qui se doit à la douleur, se vengèrent de leurs longues privations en mettant à mort un certain nombre de malades et de blessés ennemis qui n'avaient pu suivre le gros de l'armée. Montbrun lui-même, ayant appris que les catholiques avaient décapité à Carpentras le gentilhomme protestant Castillon d'Orange, fit mettre à mort quelques gentilshommes catholiques et autres prisonniers qu'il avait en son pouvoir. Montbrun écrivit à cette occasion au roi « une lettre bien petite, disent les *Mémoires de la maison des Gay,* et encore moins de mots », où il annonçait au roi que la mort de Castillon « coûterait cher à beaucoup d'autres ». « Le roi, continuent les mêmes *Mémoires,* fut fort marri d'avoir reçu cette lettre par un trompette et dit qu'il en aurait sa revanche, et qu'il en coûterait la vie à Montbrun, 1575. quoiqu'il tardât, pour avoir écrit tel et en si peu de papier; que c'était mépriser son prince. »

Telle fut la fin de ce siége mémorable, où l'on vit une garnison de 400 hommes à peine résister avec succès, derrière de faibles murailles, à une armée comptant de 7 à 8,000 soldats aguerris et commandés par un chef habile.

S'il faut en croire Secousse, la reine-mère avait confié le siége de Livron à Bellegarde pour le « rendre odieux et contemptible ». C'est le maréchal lui-même qui l'aurait déclaré, en ajoutant « que poudres et boulets ne lui avaient été fournis que par intervalle et que, cela ayant rendu la batterie lente, la ville n'avait été prise ». Le maréchal Tavanes raconte lui-même, dans ses *Mémoires*, qu'on « lui fit faillir Livron par manquement d'argent pour le ruiner de réputation ». Brantôme est encore plus explicite. « Pour l'ôter de la cour, dit-il, le roi lui donna la charge d'aller assiéger Livron en Dauphiné, charge certes qui fut fort fâcheuse et ruineuse, dont il s'en fût bien passé. » Dans le Dauphiné on attribua, au contraire, parmi les catholiques, l'échec de Bellegarde à son mauvais vouloir, peut-être même à un commencement de connivence avec le parti huguenot, connivence qu'il étala plus tard au grand jour. Le notaire de Saint-Antoine en Valloire, Eustache Piedmont, écrit à la date même du siége : « On l'accusait qu'il avait causé que, au deuxième siége de Livron, la ville n'avait été prise, et que, s'il eût voulu, elle ne pouvait résister ; ce fut la cause de la mort de braves soldats. » On dit aussi que Gordes, qui s'attendait, en qualité de lieutenant général du roi en Dauphiné, à commander l'armée royale, ne s'entendit pas toujours avec Bellegarde, et que toutes les troupes ne donnèrent pas à la fois au second assaut. Pour nous, nous croyons que la victoire des habitants de Livron fut surtout due, après Dieu, à leur bravoure, véritablement digne des temps antiques.

^{1575.} Pendant le siége, Glandage le père, gouverneur de Die, avait fait pendre en effigie dans cette ville divers chefs protestants. Thomas Gay, l'un d'eux, eut avec lui à ce propos une correspondance, rapportée par Long, et composa une « Chanson¹ des enfants de Dye qui furent pendus en effigie au mois de décembre 1574, pour porter les armes pour le service de Dieu et liberté de leur conscience² ».

Cessation des hostilités pendant l'hiver. Montbrun entre en campagne au printemps et prend diverses places. Bataille de Châtillon.

Après la levée du siége de Livron par l'armée royale, Montbrun et son lieutenant Lesdiguières se retirèrent dans leurs châteaux, ne pouvant rien entreprendre de sérieux pendant l'hiver, qui devint tout à coup fort rude. Le second cependant se saisit du Bourg-d'Oisans au commencement de février, tandis que, de son côté, la garnison de Livron battait un détachement de troupes catholiques aux environs de Montélimar. Gaspard de Laval, fils de Gordes, y perdit la vie (25 février).

Montbrun, ayant acheté de gros canons, se mit en cam-

---

(1) Voy. *Pièces justificatives*, N.º V.

(2) *Mémoires de la maison des Gay* (Mns.); — EUSTACHE PIEDMONT, *Mémorial* (Mns.); — PÉRUSSIS, dans d'Aubais, t. 1, p. 168, 169, 170; — *Commentarii*, vᵉ pars, p. 30-33, 42-45, 48-52; — *Recueil des choses mémorables*, p. 527, 529, 531, 532, 536-540; — D'AUBIGNÉ, t. II, p. 134; — SECOUSSE, p. 56, 57; — TAVANES, p. 455; — BRANTÔME, *Vie des grands capitaines*, 1ʳᵉ partie; — DE THOU, t. VII, p. 163, 164, 244-246; — VIDEL, p. 43-46; — CHORIER, p. 662-667.

pagne au printemps, et avec son artillerie battit Le Saix, 1575. La Motte-Chalancon (11 mai)[1] et Saint-André-de-Rosans (18 mai). Ces trois affaires furent chaudes. La Motte soutint un siége de sept jours et Saint-André endura 100 coups de canon et deux assauts. Montbrun perdit beaucoup de monde devant cette dernière place, et, dans les trois affaires, les catholiques eurent 6 à 700 hommes mis hors de combat[2]. La Motte fut démantelée, pillée et 318 de ses habitants périrent massacrés par les assiégeants[3].

Après ces exploits, Montbrun résolut de s'emparer de Châtillon, qui était muni d'une bonne forteresse, commandait la route du Trièves et gênait ses mouvements. Il confia le soin de cette entreprise à Lesdiguières, qui se présenta devant la place avec 500 hommes et deux canons. Gordes, cependant, qui avait reçu messagers sur messagers des places assiégées, se décida à secourir Châtillon. Il prit pour quatre jours à son service 22 enseignes de Suisses[4], que d'Acier, passé au service du parti catholique, avait congédiées après le siége infructueux de Baix en Vivarais, et qui retournaient dans leur pays. Elles avaient beaucoup souffert devant Livron et Baix et ne voulurent pas donner au lieutenant général plus de ces quatre jours. Gordes avait en outre 400 arquebusiers dauphinois à pied[5] et 200 chevaux[6].

---

(1) Pérussis, dans d'Aubais, dit le 5.

(2) Charronnet place ces trois faits d'armes en octobre 1574, nous ne savons pour quelle raison.

(3) Baron DE COSTON, *Prise de La Motte-Chalancon* (Bullet. de la Soc. d'archéol. de la Drôme, t. VIII, p. 449).

(4) Soit 2,500 hommes d'après Eustache Piedmont et Matthieu; 1,500 à 2,000 d'après Brantôme; 4,000 d'après d'Aubigné; 3,500 d'après May de Romainmotiers. Eustache Piedmont doit approcher le plus de la vérité.

(5) D'après Eustache Piedmont. Matthieu dit 5 à 600.

(6) D'après Eustache Piedmont. Videl dit 500 chevaux; d'Aubigné, 30 compagnies. — Les *Commentarii* portent à 6,500 hommes l'infanterie de Gordes, et d'Aubigné à 9,500. Ces chiffres sont exagérés.

Montbrun, apprenant la marche de Gordes et ne voulant pas laisser Lesdiguières seul aux prises avec lui, se rend par le col de Penne à Barnave, village qui domine le cours de la Drôme et du Bez, son affluent. Lesdiguières, de son côté, en capitaine prudent, n'avait pas attendu l'arrivée de Gordes et s'était replié avec son artillerie sur Menglon, à deux lieues environ de Barnave, sur la rive droite de la Drôme. Les forces réunies des deux chefs protestants s'élevaient à 12 ou 1,500 hommes de pied, 300 arquebusiers à cheval et 300 autres cavaliers bien montés, selon l'historien Matthieu [1]. Montbrun comptait rejoindre Lesdiguières à Menglon; mais, apercevant du col de Penne l'infanterie suisse qui marchait sur Châtillon, escortée de quelques arquebusiers, et commençait à remonter la rive droite du Bez, il résolut de l'attaquer sans retard. Il mande donc à Lesdiguières de venir le rejoindre dans la plaine, lui confie une partie de ses cavaliers, fait traverser le Bez et la Drôme à ses fantassins et vers midi les lance sur les Suisses, pendant que, du haut d'un monticule, il tire sur eux sans relâche avec un gros canon. Mais ceux-ci, après avoir fait leur prière, s'avancent pique baissée vers les soldats de Montbrun et les abordent avec une telle vigueur qu'ils jettent le désordre dans leurs rangs. Lesdiguières accourt pour les soutenir avec ses cavaliers et a son cheval tué sous lui. Montbrun se précipite à son tour avec les siens sur le théâtre de la lutte et cherche à rompre cette forêt de piques; mais ses efforts sont vains, ses soldats reculent en désordre, quelques-uns d'eux même se précipitent dans le Bez, et les Suisses acclament déjà leur victoire.

Toutefois, le brave capitaine huguenot n'entend pas leur

---

(1) D'Aubigné dit que Montbrun n'avait que 800 fantassins et 500 cavaliers. May de Romainmotiers lui donne au contraire en tout 6,000 hommes. C'est trop et trop peu.

céder ainsi le terrain. Il réunit ses cavaliers à ceux de Les- 1575.
diguières et charge une seconde fois les Suisses avec une
extrême impétuosité, pendant que ses arquebusiers tirent
sur eux sans relâche. Mais les Suisses, qui combattent en
forme de coin, selon leur habitude, ne se laissent pas enta-
mer, et survient la nuit qui sépare les combattants. Satisfait
de ce résultat, Gordes, qui avait eu un cheval tué sous lui
pendant la lutte et voulait seulement ravitailler Châtillon et
doubler le chiffre des hommes qui le défendaient, proposa
aux Suisses de les ramener sur-le-champ à Die ; mais ils
refusèrent, disant que « l'ordre de leur milice portait de ne
quitter de tout le jour le champ de bataille où ils avaient
combattu ». Le combat, du reste, fut peu meurtrier. Le
lieutenant général perdit 26 hommes[1] et Montbrun 8, au
nombre desquels le capitaine Rupicus. La bataille eut lieu
le 12 juin.

Bataille du pont d'Oreille. Défaite des Suisses.

Après avoir muni la forteresse de Châtillon de vivres et de
soldats, Gordes, qui avait allumé un grand nombre de feux
pour faire croire à l'ennemi qu'il avait établi un camp régulier sur les bords du Bez, fit prendre la route de Die à ses
gens bien avant la pointe du jour. Montbrun, averti de ce
mouvement par une sentinelle qu'il avait placée au moulin
du Bez, ordonne à tous ses soldats de se tenir prêts, rappelle 7 enseignes qui s'étaient avancées du côté de Luc pour
se procurer des vivres, et se met en devoir de poursuivre le
lieutenant général dès la pointe du jour.

---

(1) Le *Recueil des choses mémorables* dit 120.

1575. Gordes avait distribué ses Suisses en deux bataillons. Le premier comprenait les Suisses armés seulement de piques, et était escorté par une partie des arquebusiers dauphinois; le second bataillon comprenait les Suisses armés de piques et de cuirasses, et était flanqué sur ses ailes de quelques arquebusiers suisses et du reste des arquebusiers dauphinois. Gordes lui-même se plaça avec sa cavalerie entre les deux bataillons.

Montbrun divisa ses cavaliers, qui étaient, comme on l'a vu, supérieurs en nombre à ceux du lieutenant général, en trois escadrons. Il confia l'un à Morges et à Champoléon, l'autre à François des Massues de Vercoiran, du Poët et du Bar, et se réserva le commandement du troisième, qui avait pour chefs Hector de Forest-Blacons et Comps, et dont il fit un corps d'observation ou de réserve prêt à se porter où le cas l'exigerait.

L'armée de Gordes, pour se rendre à Die, devait nécessairement passer sur un pont très-étroit, appelé le *pont d'Oreille* et jeté sur le ruisseau de Valcroissant, près de Molières, village voisin de Die. Montbrun, s'étant porté en avant par la rive gauche de la Drôme pour observer la marche de Gordes, vit que 7 ou 800 Suisses avaient déjà franchi le pont. Il fait aussitôt monter en croupe 200 arquebusiers sur les chevaux de Morges, les appuie à une certaine distance des cavaliers de Vercoiran, et leur ordonne d'aller occuper le pont pour arrêter la marche des Suisses et les couper en deux parties. Les cavaliers de Morges, portant les arquebusiers en croupe, s'élancent sur l'heure vers le pont avec une grande impétuosité, s'en saisissent et l'encombrent de bagages, de pièces de bois et des chevaux tombés morts pendant l'action. Pendant ce temps les hommes de pied de Montbrun, commandés par Establet, marchaient à la suite de l'arrière-garde de Gordes et ne cessaient de la harceler. Les Suisses, se voyant attaqués, se rangent en bataille et se jettent sur les 200 arquebusiers qui gardent le 1575. pont d'Oreille et sur les 200 cavaliers qui les y ont conduits. Témoin du danger qu'ils courent à cause de leur infériorité numérique, Vercoiran, chargé de les soutenir à distance, se rue sur l'ennemi avec son escadron et fait avertir Montbrun de ce qui se passe. Le capitaine huguenot, voyant que le lieu était favorable à la cavalerie, s'apprêtait aussi à se mêler au combat. Il s'avance toutefois au petit pas pour mieux observer la situation, traverse la Drôme et marche à l'ennemi. Gordes, le voyant approcher, s'ébranle à son tour avec ses cavaliers comme pour le combattre. Montbrun se jette sur les arquebusiers dauphinois qui escortaient les Suisses et les force à se disperser dans les vignes des coteaux environnants. Pour ce qui est des Suisses eux-mêmes, dont le premier bataillon, le plus rapproché de Die, avait été déjà mis en désordre par la retraite précipitée du lieutenant général, ils eurent à supporter, à partir de ce moment, tout l'effort de la lutte. Plusieurs se sauvèrent à Die, d'autres dans les vignes; mais le plus grand nombre d'entre eux, parvenant à se former en masse compacte dans un lieu favorable, abaissent leurs longues piques et deviennent impénétrables. Bientôt cependant, criblés de balles par les mousquets, les escopettes et les pistolets des soldats de Montbrun, et se voyant d'autre part abandonnés par les cavaliers et les arquebusiers de Gordes, ils décident de se retirer sur Die en bon ordre. Ce projet, toutefois, était d'une exécution difficile. Ils avaient déjà perdu beaucoup de soldats et d'officiers, et il leur aurait fallu abandonner leurs morts et leurs blessés sur le champ de bataille. Ayant donc entendu Montbrun qui criait à ses soldats de les épargner (car il était naturellement bon et humain), ils levèrent leurs piques et se rendirent. Ils durent livrer leurs drapeaux, mais ils conservèrent leurs épées en témoignage de leur valeur, et Montbrun leur délivra un sauf-conduit pour qu'ils pussent se retirer dans leur pays sans être inquiétés.

1575. Ils perdirent dans ce combat leur colonel, Guillaume Frœlich [1], son frère, 16 capitaines, 900 soldats [2], 18 drapeaux [3] et une grande quantité de bagages. Le capitaine Gallaty, qui devint plus tard célèbre comme colonel, fut blessé. Les Suisses emmenèrent, avec l'assentiment de Montbrun, les corps de leurs capitaines à Die, où on leur rendit les honneurs funèbres. Les simples soldats furent enterrés sur le champ de bataille. Ce glorieux fait d'armes eut lieu au Plan de Supas, commune de Molières, le 13 juin [4], le lendemain de la bataille de Châtillon. De Sacy, dans son livre de *L'honneur français,* raconte que Montbrun se fit jour jusqu'au milieu des Suisses et arrêta de sa propre main leur colonel, qui se serait écrié, en rendant son épée : « Jamais les Suisses n'ont été vaincus par une armée inférieure à la leur que par Jules César, François Ier et le brave Montbrun. » L'historien suisse May de Romainmotiers tient cette parole pour apocryphe.

Gordes perdit également beaucoup de monde. Il eut un grand nombre d'arquebusiers à pied mis hors de combat [5], et la compagnie d'arquebusiers à cheval de Valpergues, de Visan, fut presque entièrement détruite. Montbrun perdit

---

(1) François Girard dit que Frœlich n'avait que le grade de capitaine, et May de Romainmotiers, que les Suisses étaient commandés par Taner, d'Uri, et Zurmatten, de Soleure; que le premier fut tué et que le second conduisit à Die le reste des Suisses. Ces deux historiens, qui appartiennent à la Suisse et ont écrit longtemps après les événements, ne paraissent pas bien informés.

(2) Eustache Piedmont dit 1,200; la *Complainte de Montbrun,* 1,500; Pérussis, dans d'Aubais, et Chorier, 300 seulement. C'est trop et trop peu.

(3) Stettler dit 9. Ce ne peut être exact, puisque les Suisses rendirent tous leurs drapeaux.

(4) Stettler dit, par erreur, le 13 juillet.

(5) D'Aubigné dit 6 à 700. Ce doit être exagéré, puisque les arquebusiers de Gordes furent tout de suite dispersés.

seulement 6 gendarmes de sa compagnie et 20 arquebusiers. 1575.
Mais il ne sut pas tirer parti de sa victoire, car la terreur
était telle dans Die, tant parmi les soldats de Gordes que
parmi les habitants, qu'il eût pu pénétrer dans la ville presque sans coup férir.

Cette défaite des Suisses eut un grand retentissement
dans leur pays et en France, et le roi se vit obligé de présenter presque des excuses aux autorités des cantons auxquels ressortissaient ces malheureux. Gordes avait eu le tort
de ne pas les protéger avec une cavalerie assez nombreuse
et de les abandonner lâchement. Ils lui en firent à Die d'a-
mers reproches. Arrivé en Suisse, le chef qui les conduisait eut la tête tranchée, tant était grande l'irritation des
cantons.

Bataille du pont de Blacons. Défaite de Montbrun. Il est fait prisonnier.

Le lieutenant général, se voyant serré de près par
Montbrun, ne songea plus qu'à chercher du secours. Il envoya dans ce but des émissaires à Grenoble, à Lyon et à
Avignon. Son gendre d'Ourches, qui s'était chargé d'aller
dans les deux premières villes, passa par le val de Quint,
le Royannais et franchit l'Isère à la Sône, escorté par les
arquebusiers dauphinois battus au Plan de Supas. Le duc
de Nemours, Mandelot, gouverneur de Lyon, et Julio Centurione, qui commandait la garnison de Grenoble, lui promirent chacun leur compagnie. Le rendez-vous était fixé
pour le 3 juillet, à Romans. Avignon fournit 400 chevaux
et 5 enseignes d'infanterie, conduits par Aimar de Passadel
de Vaquéras, qui passa la Durance le 25 juin.

Pour ce qui est de Montbrun, il laissa la plus grande
partie de ses forces aux environs de Die, et alla à Livron

1575. avec sa compagnie de gendarmes pour observer la marche des troupes envoyées au secours de Gordes. Il manda en même temps Cugie en Suisse pour lever quelques soldats. Lesdiguières, de son côté, à qui il avait confié le commandement du Diois, ne cessa de faire des courses jusqu'aux portes de Die et incendia ses moulins dans la nuit du 29 juin; mais il échoua dans l'assaut du château d'Aix.

Pendant que Montbrun était à Livron, une sentinelle, postée sur l'une des tours de la place, ayant aperçu la compagnie de cheval du comte italien di Beino qui passait dans la plaine du Rhône, revenant d'escorter un messager royal et regagnant Étoile, où elle était en garnison, le hardi capitaine envoya aussitôt à sa poursuite du Bar avec 14 chevaux, qu'il fit suivre de René de La Tour-Gouvernet; et qu'il rejoignit bientôt aussi lui-même. Du Bar atteint l'ennemi, et, le voyant hésitant dans son allure, l'attaque avec impétuosité et le met en fuite. Gouvernet et Montbrun, qui surviennent, lui coupent la retraite et le taillent en pièces. Un seul cavalier en réchappa (28 juin).

Les forces qui venaient au secours de Gordes firent leur jonction à Crest, dans la soirée du 3 juillet, et dès le lendemain matin se mirent en route. L'avant-garde, formée des troupes du Dauphiné et du Lyonnais, comprenait 400 arquebusiers à pied et 300 gendarmes; l'arrière-garde, composée des troupes de Provence, comptait 500 hommes de pied et 400 chevaux [1]. Les troupes les plus solides, notamment les gendarmes, avaient été placées à la tête de la colonne, parce qu'on estimait que Montbrun se porterait à la rencontre du renfort et qu'il était nécessaire de lui opposer,

---

(1) Eustache Piedmont dit 5 à 600. Nous suivons Pérussis, dans d'Aubais, qui, habitant Avignon, devait être mieux informé. — Videl et Chorier disent en tout 1,200 gendarmes, 400 arquebusiers à cheval et 2,500 hommes de pied. C'est une exagération de la moitié.

dès l'abord, une vive résistance. Arrivées près du pont de 1575. Blacons [1] sur Gervanne, les troupes catholiques, qui ne voulaient pas s'engager dans la route ordinaire, longeant la Drôme, parce que Montbrun était maître des défilés de Saillans et de Pontaix, qu'il serait fort difficile, peut-être impossible de forcer, remontèrent le cours de la Gervanne, sans traverser le pont, et projetèrent de se rendre à Die par Beaufort et la vallée de Quint.

Avant l'arrivée de l'armée catholique à Crest, Montbrun, qui était à Livron, avait été averti par ses coureurs de son approche. Il s'était donc porté en toute hâte à Saillans et avait ordonné à Lesdiguières et à toutes ses troupes de venir le rejoindre, car il voulait barrer à l'armée de secours le passage du pont de Blacons. Lesdiguières désirait, au contraire, attendre les troupes catholiques au défilé de Saillans ou à celui de Pontaix. C'eût été sans doute plus sûr; mais, nous venons de le voir, l'armée royale n'était pas tombée dans le piége et avait pris le chemin des montagnes. Arrivé à la hauteur de Mirabel, bâti sur un coteau qui cachait ses forces à l'ennemi, Montbrun aperçoit les troupes catholiques qui remontent la vallée de Gervanne. Il attend que l'avant-garde se soit engagée dans un détour du chemin qui ne lui permette pas de voir ce qui se passe sur ses derrières, et ordonne aussitôt à Lesdiguières de se jeter sur l'arrière-garde et sur les bagages, qui étaient entre les deux colonnes de l'armée ennemie, lui promettant de le suivre sans retard. Lesdiguières franchit le pont de Blacons, s'avance plus près de l'ennemi, et, voyant qu'il marche en bon ordre et dispose de forces considérables, en informe Montbrun et renonce à l'attaquer tout seul. Mais celui-ci, emporté par son zèle, dit au

---

(1) Il portait le nom de *pont de Mirabel* à l'époque où Blacons, dépendance de la commune de Mirabel, n'avait aucune importance et n'existait pas même comme nom.

1575. messager : « Qu'il marche à l'ennemi ou me cède la place [1] ; »
et Lesdiguières n'hésita plus. Il se jette avec impétuosité sur
l'arrière-garde de l'armée ennemie, séparée de l'avant-garde
par les bagages, culbute 3 compagnies de gens de pied et
fait mordre la poussière à 6o Corses ; mais il a un cheval tué
sous lui. « Montbrun, de son côté, ajoute Videl, vient aux
mains avec un gros de cavalerie qu'il avait vu filer le long
d'un coteau, et, à cet abord, du Bar et Rousset, cornettes
blanches des deux partis, s'étant choisis, se choquèrent si
rudement qu'ils se portèrent tous deux par terre, où ils
furent étouffés par la foule des survenants. »

Les soldats de Montbrun, vainqueurs sur toute la ligne,
oublient qu'ils n'ont affaire qu'à une partie de l'armée royale,
se débandent, courent en sens divers pour poursuivre et
tuer l'ennemi, s'avancent en aveugles dans la vallée, qui va
en se rétrécissant, et se mettent à piller les bagages et fouiller
les morts. Les fuyards ennemis, pendant ce temps, portent
l'alarme à l'avant-garde de l'armée. Elle était composée,
comme nous l'avons dit, de cavaliers bien armés, gentilshommes pour la plupart, qui, revenant sur leurs pas, et
s'apercevant du désordre qui règne parmi les soldats de
Montbrun, se mettent en bataille et s'apprêtent à leur couper
la retraite sur Saillans en s'emparant du pont de Blacons.
Montbrun, du haut d'un col, aperçoit le danger que courent
ses soldats occupés au pillage, et, au lieu de leur donner
l'ordre de la retraite, en présence des forces supérieures qui
vont les accabler, s'efforce de les rallier à grands efforts de
voix et de cheval et de les ramener au combat. Lui-même,
accompagné de ses gendarmes, charge impétueusement les
premiers rangs de l'ennemi et les culbute ; mais la nom-

---

(1) D'après Videl, cette scène se serait passée avant le passage du pont,
et Montbrun aurait dit à Lesdiguières : « Passez, ou me laissez passer.
Monsieur de Lesdiguières, où est le courage? »

breuse cavalerie de l'armée royale se déploie, l'entoure et 1575.
crible ses soldats d'une grêle de coups d'arquebuse, qui
cependant n'en blessent et tuent qu'un nombre relativement
restreint, mais qui suffisent pour jeter la panique dans leurs
rangs. Se voyant fort inférieurs en nombre, ils s'enfuient du
côté de Saillans, les uns par le pont de Blacons, les autres
en franchissant la Gervanne à gué. Montbrun, laissé presque
seul et atteint de trois blessures, se dégage du gros de l'ennemi par des prodiges de valeur, renverse par terre d'un
coup d'épée un soldat ennemi qui le somme de se rendre, et
s'élance vers le pont pour protéger la retraite des siens ;
mais, en voulant franchir le canal des moulins d'Aouste,
son cheval fatigué s'abat sur lui et, en tombant, lui brise la
cuisse. Aidé de son lieutenant Gouvernet, qui l'a rejoint, il
essaie de se dégager de sa position périlleuse ; mais les dou-
leurs de sa nouvelle blessure l'en empêchent et il conjure
son lieutenant de songer à son propre salut. Gouvernet
s'éloigne, non pour fuir, mais pour chercher du secours, et
Montbrun, bientôt reconnu et entouré par l'ennemi, se rend
à son cousin François du Puy de Rochefort, qui lui promet
la vie sauve. Le capitaine italien Julio Centurione veut
qu'on le mette à mort ; mais d'Ourches, également parent
du valeureux capitaine, accourt, lui prodigue ses consola-
tions et ses soins, et l'assure qu'il ne lui sera fait aucun mal.
« Trop de cœur, dit Chorier, fit périr Montbrun et son bonheur le trompa. Quand on se promet tout de sa fortune, on
ne refuse rien à son courage. » Trente-huit de ses gens
furent faits prisonniers, au nombre desquels Comps et
Timothée du Mas de l'Isle, frère du baron d'Allemagne.
Cet événement eut lieu le 4 juillet [1].

Montbrun fut transporté à Crest, où il demanda le célèbre

---

(1) Les *Commentarii* disent à tort le 9.

1575. chirurgien Jacques d'Allan pour panser ses blessures. Sa femme et Jean d'Urre de Brette obtinrent aussi la permission de lui donner leurs soins. Mais son beau-frère Vercoiran, qu'il désira voir, ainsi qu'André des Massues, dit Le Mas, et du Poët lui refusèrent cette satisfaction, dit Chorier, bien que Gordes leur eût délivré des sauf-conduits.

L'armée protestante, que Lesdiguières ramena à Pontaix, n'eut que 22 hommes de tués, parmi lesquels du Bar, neveu de Montbrun, dont la bravoure avait été appréciée en diverses circonstances et qui portait la cornette de son oncle, sur laquelle étaient inscrits ces mots : « Du mont bruira du Seigneur la louange. » L'armée catholique, tant les charges de Lesdiguières et de Montbrun avaient été furieuses, perdit 200 hommes, parmi lesquels Chaudon, Onoffre d'Albizzi, le capitaine Valpergues, qui mourut des suites de ses blessures, Gaspard de Brancas de Céreste et Rousset. Ce dernier, commis des États du Dauphiné, homme de beaucoup de cœur et d'expérience, emporta les regrets des protestants et des catholiques,.et sa mort fut fâcheuse pour les deux partis. « C'est ainsi, dit tristement l'auteur des *Commentarii,* que dans ces guerres insensées il n'y a point de victoire : la patrie malheureuse perd ses enfants en tout état de cause, et la victoire est funeste aux vainqueurs. Ceux-là seulement se regardent comme victorieux qui, en qualité d'étrangers, font tourner à leur profit [1] les malheurs de la France, et qui, lorsque les vrais Français ont été anéantis, introduisent dans le royaume des colonies d'étrangers, au moyen desquels ils assurent leur domination. » « A la cour et ailleurs, dit le même auteur dans un autre écrit, il y avait des esprits malins qui prenaient singulier plaisir à recevoir les nouvelles de telles rencontres et défaites mutuelles. »

---

(1) « Récompense n'est aujourd'hui donnée, disent les *Mémoires de la maison des Gay*, qu'aux Italiens et autres étrangers, n'étant point les

Jugement de Montbrun par le parlement de Grenoble. Sa condamnation à mort. Son portrait.

La nouvelle de la prise de Montbrun fut portée au roi 1575. par le capitaine provençal de Berre, qui accomplit son message avec une rapidité surprenante. La bataille eut lieu le 4 juillet, et de Berre était à Paris le 9. Henri III, en l'apprenant, ne put contenir sa joie et s'écria : « Je savais bien qu'il s'en repentirait; il en mourra et verra à cette heure s'il est mon compagnon. » Il fit un riche présent à de Berre et donna les revenus [1] du péage de Montélimar à d'Ourches, qui avait eu la principale part à la défaite de Montbrun. Il écrivit le même jour (9 juillet) à Gordes de livrer le prisonnier aux mains du parlement. « Je désire grandement, lui disait-il, qu'il soit fait justice dudit Montbrun, lequel, ayant été pris les armes à la main, combattant contre mon service, mérite d'être puni et châtié comme criminel de lèse-majesté, ainsi qu'ont été plusieurs autres de ses semblables. Au moyen de quoi, je vous prie l'envoyer au plus tôt aux gens tenant ma cour de parlement de Grenoble, afin que la justice en soit faite comme il appartient. En quoi je veux qu'il soit usé de toute diligence pour les occasions que vous dira notre porteur. J'ai advisé d'en écrire aux gens tenant ma cour de parlement de Grenoble et particulièrement au président Truchon et à mes gens, pour les admonester d'en faire prompte justice. En somme, Monsieur de Gordes, je vous rappelle

---

travaux des Français rémunérés ni salariés. Nous en avons assez vu les exemples en toutes les guerres civiles de ce royaume. »

(1) Ils s'élevaient à 1,270 écus.

1575. une autre fois que je veux qu'il en soit promptement fait justice. » Le roi cacha donc son véritable sentiment lorsqu'il répondit au prince de Condé et au maréchal Damville, qui intercédèrent auprès de lui en faveur de Montbrun, qu'ils pouvaient tout espérer de son bon vouloir. Le roi fut plus sincère avec le duc de Guise, à qui il refusa d'échanger Montbrun contre Besme, l'assassin de Coligny.

Le parlement, en recevant la lettre du roi, fut très-affecté. Il comprit qu'Henri III voulait rejeter sur lui tout l'odieux de la condamnation de Montbrun, et voiler sa propre responsabilité sous l'apparence de la justice. Il répondit donc que Montbrun devait être traité comme un prisonnier de guerre et jugé par le roi lui-même ou ses lieutenants. Mais il ne réussit point à se faire comprendre et reçut, ainsi que Gordes, de nouveaux ordres plus pressants que les premiers (19 juillet). Montbrun fut donc transféré de Crest dans « les prisons de la gouvernerie de Grenoble », le 29 juillet.

Ses compagnons d'armes, apprenant qu'il allait être jugé par le parlement, se réunirent à Mens, à la demande de la femme de Montbrun, Justine de Champs, et écrivirent des lettres menaçantes à Gordes et au parlement. Ils disaient au premier : « S'il advient audit sieur de Montbrun autre traitement que celui qu'on a accoutumé de faire aux prisonniers de guerre,... nous en aurons revanche, non tant seulement pour les prisonniers que nous tenons en grande quantité, mais par le feu et tous autres moyens les plus cruels que nous pouvons penser » (5 août). Ils disaient au second : « Étant assemblés en ce lieu, à la requête de Mademoiselle de Montbrun, pour traiter d'une trève de laquelle elle nous a fait recherche... nous vous déclarons que, en cas qu'il mésadvienne audit sieur de Montbrun, nous sommes résolus de n'entendre en aucune paix ou trève... Il ne demeurera aucun papiste, de quelque qualité que ce soit, qui ne reçoive le même traitement... Nous gagnerons le devant, usant de

feu et de toute espèce de cruautés que nous pourrons contre
tous ceux et par tous les lieux que nous pourrons » (5 août)[1].

Le jour même où ces lettres étaient écrites, le parlement
faisait part de ses hésitations à Gordes. Il lui représentait
que l'on craignait pour le 15 de ce mois l'entrée des reîtres
protestants dans le Dauphiné ; que le roi paraissait croire
que toutes les troupes de Montbrun avaient été défaites ; que
les blessures du prisonnier étaient mortelles, au dire des
chirurgiens ; que son assimilation aux autres prisonniers de
guerre faciliterait l'établissement de la paix dans le Dauphiné ; enfin, que l'on devait redouter de cruelles représailles
si Montbrun était exécuté (5 août). Gordes ne se laissa pas
toucher par ces considérations et manda au parlement qu'il
eût à se conformer aux ordres du roi. Il répondit en même
temps à la lettre menaçante des compagnons de Montbrun[2].

Deux jours après, la femme du prisonnier, de passage au
Monestier-de-Clermont, écrivit aussi une lettre au parlement
de Grenoble, offrant de céder les places de Serres et de
Livron en échange de la liberté de son mari, et faisant
remarquer qu'une seule de ces places était plus utile au roi
que la mort de Montbrun (7 août). Le parlement se réunit
dès qu'il eut reçu cette proposition (8 août). Il décida qu'il
ne devait pas répondre à la lettre menaçante des gentilshommes de Mens ; mais, jugeant que l'offre de Justine des
Champs méritait d'être prise en sérieuse considération, il la
communiqua à Gordes, qui « répliqua au parlement qu'il

Note: "1575." appears in the right margin next to the first line.

---

(1) Les deux lettres sont signées par Lisle, Morges, Desdiguières, Dou-
raison (Annibal d'Oraison), Gouvernet, Champoléon, Mirabel (David de),
Blacons, Montorcier, Vercoiran, Le Poët, Saint-Auban, Aspremont (Claude
de Baile de Sauret d'), Condorcet (Paul de Caritat de), Chamet, Achenne,
de Pontevès, Le Mas, Roussens, Ferrier (Pierre), Monron (Joachim de
Montrond).

(2) Ces deux lettres de Gordes n'ont pas été retrouvées.

1575. connaissait d'où procédaient leurs longueurs; que ce n'était pas continuer les procédures que lui envoyer la copie des lettres de Mlle de Montbrun, pleines de promesses conditionnées et de menaces; que s'ils étaient de si bon jugement, sujets et serviteurs de Sa Majesté et ses officiers, ils suivraient sa volonté à eux assez connue par ses lettres du 9 et du 19 passé à lui écrites et dont il leur avait envoyé copie ».

Le parlement eut ainsi la main forcée, et, rempli d'une confusion qu'il avait peine à dissimuler, il procéda au jugement de Montbrun, qui choisit un avocat catholique et demanda à récuser quinze des conseillers du parlement : ce qui lui fut refusé. La cour l'interrogea « sur trois points, dit Eustache Piedmont : le 1er, s'il ne reconnaissait Henri de Valois, troisième de ce nom, roi de France, pour son souverain prince naturel, auquel il devait obéissance; dit que oui; 2° si lorsqu'il fut pris il ne portait les armes; répondit : oui, mais pour sûreté de ma vie; 3° s'il n'avait écrit une lettre au roi lorsqu'il était à Avignon, de laquelle lecture lui fut faite; dit : oui, à mon grand regret ».

Le parlement déclara dans son arrêt, rendu le 12 août, Montbrun coupable de lèse-majesté et prononça la peine capitale contre lui, la confiscation de ses biens et la dégradation nobiliaire de ses enfants. Il le condamna en outre « en vingt mille livres d'amende, applicable la moitié au roi et l'autre moitié à la réparation du palais, et en trente mille envers le procureur des États de ce pays de Dauphiné pour aider à acquitter les dettes faites et créées pour les frais de la guerre; en cinq cents livres envers les religieuses de Sainte-Claire, en semblable somme de cinq cents livres envers les Cordeliers de Grenoble. » Il fut aussi défendu verbalement à Montbrun de parler au peuple, sous peine d'avoir la langue coupée.

Après la lecture de son arrêt, Montbrun se plaignit amè-

rement auprès de ses juges de l'injustice qui lui était faite et
exprima la douleur qu'il ressentait à la pensée des représailles dont son exécution allait être suivie. « Je ne suis pas
surpris, ajouta-t-il, et je ne regarde pas comme un déshon-
neur de faire le sacrifice de ma vie à une cause pour laquelle
tant de personnes ont versé leur sang et moi-même me suis
trouvé tant de fois en danger de mort. Le dessein de ceux
qui demandent ma vie est manifeste ; mais je leur pardonne
de se jeter ainsi sur un homme à demi-mort et de se rendre
coupables à mon égard d'une injustice qui tournera, j'en ai
la persuasion, à mon salut éternel. Je ne me suis pas montré rebelle au roi, non plus que je n'ai troublé ma patrie, et
je n'ai jamais eu d'autre but que celui de venger l'église de
Dieu de la fureur des étrangers, qui abusent du nom et de
l'autorité du roi. Arrivé au terme de ma course, ce dont je
remercie Dieu, je lui demande pardon des diverses fautes
que j'ai commises par les armes, bien que mes intentions
aient toujours été pures, et je déplore profondément les
maux qui affligent ma malheureuse patrie. »

Le parlement rendit son arrêt le plus secrètement qu'il
put et, au moment de l'exécution, fit fermer soigneusement
les portes de la ville et poster des soldats dans ses différents
quartiers, tant il redoutait les suites de la sentence. Montbrun fut tiré à demi-mort de sa prison et porté sur une
chaise au lieu du supplice à cause de ses blessures. « En
son affliction, dit le martyrologue de Crespin, parut toujours un visage paisible et assuré, tandis que le parlement
de Grenoble tremblait et que toute la ville lamentait... Sa
fin fut constante et chrétienne. » Dès que Montbrun eut fait
sa prière, on le décapita, parce qu'il était gentilhomme. Il
reçut trois coups dans l'exécution, comme si la hache du
bourreau se fût refusée à trancher une si noble tête.

Puis son corps ensanglanté
Fut par icelui porté
Sur un chariot ou coche
Jusques au port de La Roche[1].

L'exécution de Montbrun eut lieu le vendredi 13 août, « à
la place du ban du mal conseil », aujourd'hui la place aux
herbes[2]. Ainsi mourut ce vaillant capitaine. Il emporta
dans la tombe les regrets de tous : de ses amis, qui louaient
son zèle pour la religion, sa justice, sa douceur, son humanité et sa modestie; et de ses ennemis, qui ne pouvaient
s'empêcher de rendre hommage à sa bravoure et à sa
loyauté.

Il était tant debonnaire,
Si humain, si bon François,
Que tous le tenaient pour père,
Au moins les vrais Dauphinois.
Il n'était point orgueilleux,
Pillard, avaricieux,
Ains humble, doux et paisible,
Voire autant qu'il est possible.

Toute sa réjouissance
Et sa délectation
Était de voir en la France
La vraie religion,
Et l'Évangile annoncé
Purement et avancé;
Tenant pour chose frivole
Tout, fors de Dieu la Parole.

---

(1) Le rocher dit de la porte de France.

(2) Guy Allard, dans sa *Vie de Montbrun*, prétend que la grâce de ce
capitaine arriva deux heures après son exécution. Ce fait, qui n'est attesté
par aucun document contemporain, n'est ni vrai ni vraisemblable, étant
connue la haine profonde qu'Henri III avait vouée à Montbrun.

Si Montbrun fut inférieur comme capitaine à des Adrets 1575.
et à Lesdiguières, il ne leur céda en rien en courage, en
constance et en audace; et ce serait lui faire injure que de le
comparer à eux sous le rapport du désintéressement, de la
moralité et de la fidélité aux convictions. C'était « un des
plus vertueux hommes du monde », dit Videl[1]. On ne pouvait lui reprocher qu'une trop grande indulgence pour ses
soldats, qu'il ne sut pas maintenir dans une discipline sévère. Aussi la licence militaire s'accrut-elle en Dauphiné
sous son commandement, pendant que la piété déclinait et
que les églises perdaient de leur première prospérité. Encore
ne saurait-on lui imputer entièrement la responsabilité de
cette dernière circonstance, car l'état permanent de guerre
qui régnait en Dauphiné ne pouvait que nuire profondément
à la conservation et au développement de la vie religieuse
parmi les troupeaux.

La mémoire que Montbrun laissa parmi ses coreligionnaires fut à la fois si chère et si pure que, trente ans après
sa mort, le synode provincial de Grenoble (1605), ayant
appris qu'un obscur écrivain, du nom de Chapuis[2], avait
« publié plusieurs injures merveilleusement atroces contre
l'honneur du feu seigneur de Montbrun, gentilhomme
d'heureuse mémoire, le qualifiant, entre autres, turbulent,
rebelle, voleur et séditieux », résolut d'en informer le synode
général pour qu'on répondît à ce pamphlétaire. Le synode
provincial de Saint-Marcellin de l'année suivante (1606)
décida même qu'il serait poursuivi en justice et qu'à cet effet
on solliciterait l'intervention des députés généraux en cour.

---

(1) *La vie de Souffrey de Calignon*, dans les Documents inédits, etc.,
p. 15.

(2) Vraisemblablement Gabriel Chapuis, auteur d'une *Histoire de ce qui
s'est passé sous les règnes de Henri III et Henri IV jusqu'en* 1600; Paris,
1600, in-8°.

1575. Ce qu'il en est des choses humaines! Au moment où l'on conduisait Montbrun de Crest à Grenoble, Cugie, envoyé en Suisse par ce capitaine après la bataille du pont d'Oreille, franchissait le village savoyard de Saint-Genis, amenant de Berne un corps de cavaliers et de fantassins pour renforcer l'armée protestante du Dauphiné. Il n'était ainsi qu'à une faible distance de la route suivie par Montbrun et eût pu, s'il en avait été averti, le délivrer facilement; mais les voies de Dieu ne sont pas nos voies.

L'exécution de Montbrun remplit d'effroi non-seulement Grenoble, comme on l'a dit, mais encore tous ses alentours. On craignit que les religionnaires ne se livrassent, comme ils l'avaient dit, à de terribles représailles. Ils commirent en effet quelques dévastations aux environs de la ville; mais comme elles n'atteignaient pas les véritables coupables et qu'il n'était pas juste que le peuple portât la peine de l'injustice de ses chefs, ils n'y donnèrent pas suite.

Gordes avait quitté Grenoble quatre jours avant le jugement de Montbrun. Il voulait établir sa non-participation à l'arrêt qui frappait son ennemi; mais il ne donna pas le change aux esprits clairvoyants. « Cette mort, dit de Thou, ne fit pas honneur à Gordes lui-même, malgré la réputation qu'il s'était acquise de modération et d'équité. Après avoir été tant de fois battu par Montbrun, on crut que la jalousie avait beaucoup contribué aux ordres qui vinrent de la cour de le mettre entre les mains de la justice et de le traîner à la rigueur. » « La condescendance, dit ailleurs le même historien, qu'il eut pour la reine en livrant Montbrun à la rage de ses ennemis, le rendit odieux non-seulement aux protestants, mais même à toute la noblesse. » L'auteur de l'*Histoire des guerres excitées dans le Comtat-Venaissin*, qui est hostile aux réformés, ajoute : « On croit que Gordes ne se montra si animé dans cette poursuite que par ressentiment de la perte de Gaspard de Laval, son fils aîné, tué au mois

de février par les huguenots de Livron. » Nous avons rap- 1575.
porté ces divers témoignages pour faire la part exacte des
responsabilités dans la condamnation de Montbrun.

Les gentilshommes protestants du Dauphiné donnent Lesdiguières pour successeur à Montbrun. Les mécontents forment le parti des Désunis.

Pendant que les gentilshommes réformés étaient réunis à
Mens, ils s'occupèrent du choix du successeur de Montbrun.
La majorité des voix se porta sur Lesdiguières, qui, bien
qu'âgé seulement de 32 ans, s'était déjà fait remarquer
par son courage, sa sagacité et son caractère conciliant.
Mais cette majorité était formée par les gentilshommes du
haut Dauphiné. Ceux du bas Dauphiné avaient d'autres
vues, et, pendant plusieurs années, ils agirent en dehors de
l'autorité de Lesdiguières, et constituèrent ce qu'on appela
le parti des *Désunis*. Chacun d'eux se croyait un droit égal
au commandement par la naissance, l'influence ou la fortune. Le gentilhomme toutefois qui avait la position la plus
considérable parmi eux était Aimé de Glane, seigneur de
Cugie et d'Urre [1], qui s'était établi dans la province depuis
plusieurs années, passait pour un capitaine expérimenté et
était d'un âge mûr. Lesdiguières fut confirmé dans ses fonctions de « commandant général en Dauphiné pour le service
du roi et parti de la religion » par le maréchal Damville en
1577, par le prince de Condé en 1580, à l'époque où il passa

---

(1) Fils de Jean, écuyer, seigneur de Cugie au pays de Vaud. Quelques
auteurs disent qu'il était gendre de Montbrun. C'est une grave erreur. Il
paraît même avoir été plus âgé que Montbrun.

1575. en Dauphiné, revenant de Suisse, et par le roi de Navarre en 1580 et 1582. Ce fut seulement à cette dernière date que son autorité fut pleinement reconnue par tous les gentils-hommes protestants de la province.

Aussitôt après l'assemblée de Mens et sa nomination, Lesdiguières s'occupa de rétablir la discipline dans l'armée. Avec l'assentiment de ses officiers, il édicta des peines contre le blasphème, le luxe, le jeu, la rapine et défendit à ses soldats de causer aucun préjudice aux propriétaires du sol et aux trafiquants. Mais les meilleures lois ne sont pas toujours assez puissantes pour réagir contre les mauvaises passions, et il régnait dans tout le royaume à cette époque une affreuse licence[1].

Trêve conclue entre Gordes et les protestants (fin août-octobre). Reprise des hostilités.

Quelques jours après le supplice de Montbrun, Gordes conclut une trêve avec les protestants de la province, qui s'étendit jusqu'au mois d'octobre. François de Châtillon, fils de l'amiral Coligny, et Guy de Laval, fils de d'Andelot, son frère, réfugiés en Suisse depuis la Saint-Barthélemy, en

---

(1) Crespin, fol. 835; — Eustache Piedmont, *Mémorial;* — *Commentarii,* vᵉ pars, p. 106-115; — Pérussis, dans d'Aubais, t. i, p. 172-173; 177-179; — *Recueil des choses mémorables,* p. 545, 546; — D'Aubigné, t. ii, p. 134; — La Popelinière, t. ii, p. 288; — Brantôme, *Vie des grands capitaines,* 2ᵉ partie; — Matthieu, t. i, p. 412; — Videl, p. 46-51; — Guy Allard, *Vie de Montbrun;* — Chorier, p. 667-671; — *Hist. des guer. excit. dans le Comtat-Venaissin,* t. ii, p. 141 et suiv.; — De Thou, t. vii, p. 268-272.

profitèrent pour rentrer en France·par le Dauphiné. Les 1575.
pièces du temps signalent leur présence à Freissinières, à
Serres (2 sept.) et à Dieulefit. Ils demeurèrent quelque
temps dans cette dernière localité avec une suite de 14 personnes..

Les gentilshommes du parti des Désunis eurent pendant
la trève diverses assemblées politiques, notamment à Roybon et à Saint-Antoine en Valloire ; mais, comme chacun
d'eux aspirait au commandement, ils ne purent s'entendre.
A l'expiration de la trève, ils prirent Monteléger (16 oct.),
que Gordes reprit sept jours après, tandis qu'un de ses lieutenants s'emparait de Barbières près Valence. Mais le capitaine Chabanas, de Die, lui enleva Izeron près Saint-Marcellin, qu'il garda jusqu'à la paix.

Vers le même temps Gouvernet, accompagné d'une petite
troupe de soldats, s'empara de La Bâtie, au levant de Gap.
Péligny, le commandant de la place, résista mollement et
reçut, dit-on, 1,000 écus pour prix de sa défection. Lesdiguières, ne tardant pas à se joindre au corps expéditionnaire
de Gouvernet, tint Gap assiégé pendant quinze jours. Mais
l'attaque pas plus que la défense ne furent bien sérieuses, car
le gouverneur de la ville avait des intelligences avec le
capitaine huguenot. Quelque temps auparavant et, ce
semble, pendant la trève elle-même, Châteauvieux sur
Tallard tomba également au pouvoir des protestants (15
sept.), et à dater de ce jour il y eut des escarmouches quotidiennes entre la garnison de Tallard et celle de Châteauvieux.

Le duc d'Alençon se met à la tête du parti
des Politiques et remporte divers avantages.
La reine-mère conclut une trêve avec lui.
Lesdiguières continue les hostilités. Con-
clusion de la paix.

1576. A la cour cependant les affaires prenaient une tournure fâcheuse pour la reine-mère. La haine opiniâtre du roi Henri III contre son frère le duc d'Alençon, dit Monsieur, favori de Catherine, détermina ce dernier à se mettre à la tête du parti des Politiques. Il se sauva de la cour (15 sept.), et, ayant fait sa jonction avec le prince Henri de Condé et le duc Jean Casimir, accouru d'Allemagne au secours des protestants de France, il remporta avec eux divers avantages sur les troupes royales en Champagne et en Bourgogne, pendant que Damville en Languedoc et François de Lanoue en Saintonge étaient également victorieux. Effrayée de leurs succès, Catherine signa avec son fils, à Chantilly, une trêve, qui devait s'étendre du 22 novembre au 25 septembre de l'année suivante.

Lesdiguières ne voulut point l'accepter pour sa province, parce qu'elle ne lui offrait pas assez de garanties, et continua à inquiéter diverses places catholiques. C'est ainsi qu'il s'empara de La Roche, au couchant de Gap (déc.), puis incendia les moulins de cette dernière ville. L'hiver toutefois lui fit cesser les hostilités, et les protestants de la province en profitèrent pour tenir leur synode provincial habituel.

Au printemps de l'année suivante, Lans fut enlevé aux protestants ; mais ils se saisirent d'Eurre près Crest. Lesdiguières échoua sur le Bourg-d'Oisans, et n'en tenta pas moins de surprendre Grenoble. Apprenant toutefois que les habitants se tenaient sur leurs gardes, il n'osa pas pousser 1576. plus loin son dessein. Avant de se retirer, ses troupes commirent des dévastations à l'entour de la ville, et il en eut un grand déplaisir, car les mesures de violence n'entraient pas dans son caractère. De là il se rendit à Gap, qu'il bloquait le 8 mars.

Les ingénieurs Pierre Point et Lambert, qui avaient pris part à la tentative avortée de Grenoble, se joignirent quelque temps après à François de Lettes, baron d'Aubonne, et à J. de Guerry de La Robinière le père, qui amenaient 300 soldats de Genève, et avec eux se saisirent de Morestel, place assez forte du Viennois. Le capitaine catholique César-Martin de Disimieu en fit aussitôt le siége, sur l'ordre de Gordes (29 mars)[1], avec 4 couleuvrines et un canon, et emporta la place neuf jours après[2], mais non le château, où le baron d'Aubonne, qui parvint à se sauver, laissa La Robinière avec 60 soldats. Disimieu fit battre le château avec du canon (4 avril), et le prit deux jours après. La Robinière préféra mourir sur la brèche plutôt que de se rendre. Point et Lambert s'évadèrent dans une sortie, mais ils furent reconnus, quoique déguisés. On pendit le premier, et le second ne dut sa vie qu'à l'intervention généreuse de Lesdiguières.

Vers le même temps un gros de soldats du parti réformé descendit de Lyon pour se saisir de Vienne. La ville dut son salut, suivant Charvet, à l'intervention de l'archevêque Pierre IV de Villars. « On le vit, dit cet historien, aller au-devant des rebelles avec cette confiance qui répond du succès et leur parler avec tant de fermeté que, ne pouvant résister à la force de ses raisons ni à son éloquence, qu'ani-

---

(1) Le 10 mars, selon d'autres.

(2) Quatre jours après, selon d'autres.

1576. mait un zèle tout divin, ils abandonnèrent leur dessein et allèrent décharger leur fureur sur la petite ville de Moirans, qu'ils surprirent et pillèrent. »

Sur ces entrefaites, la reine-mère, voyant sa position de plus en plus menacée, car le roi de Navarre était également parvenu à se sauver de la cour, n'attendit pas la fin de la trève de Chantilly et conclut à Chastenay, le 6 mai 1576, la paix, dite de Monsieur, avec le duc d'Alençon, son fils, le parti politique et les réformés. L'édit de pacification, qui fut publié à Paris le 14 du même mois, à la suite de cette paix, et qui porte le nom d'édit de Beaulieu ou de Loches, accorda aux réformés « l'exercice libre, public et général » de leur religion dans toutes « les villes et lieux » du royaume qui leur appartenaient, et généralement dans toutes les places où on leur permettrait cet exercice. L'édit leur concéda en outre le droit d'avoir des temples, des écoles, des consistoires, des synodes provinciaux et généraux, et des chambres mi-partie dans huit parlements; leur octroya huit places de sûreté et réhabilita la mémoire des plus illustres victimes de leur parti. En Dauphiné la chambre mi-partie devait être composée de deux présidents et de dix conseillers, dont cinq protestants et cinq catholiques (d'où son nom de mi-partie), et résider six mois à Grenoble et six mois à Saint-Marcellin. Les places de sûreté pour la province étaient Nyons et Serres. Pour ce qui est des réhabilitations, le Dauphiné n'avait à revendiquer que celle de Montbrun, et il l'obtint. Le parlement de Grenoble reçut l'ordre de rayer, biffer et mettre hors des registres de son greffe l'arrêt prononcé contre le brave capitaine.

INTERVALLE ENTRE LA CINQUIÈME ET LA SIXIÈME
GUERRE DE RELIGION.

(6 mai 1576 — janvier 1577).

L'édit de paix mal exécuté en Dauphiné.

La paix de Monsieur, conclue le 6 mai, comme on l'a vu, 1576. fut publiée à Grenoble seulement le 23 juin. Les protestants de cette ville demandèrent aussitôt à Gordes la permission de célébrer leur culte, et le lieutenant général la leur accorda; mais, pour une raison qui ne nous est pas connue, cette permission resta sans effet. A Saint-Antoine en Valloire les réformés firent prêcher (8 juillet) Pierre de La Haye, natif de Picardie, ancien cuisinier du grand prieur de Rux, puis notaire à Saint-Antoine et marié. Ils firent venir ensuite un ministre du Vivarais, nommé Raphanel, qui, regardé de mauvais œil par le seigneur du lieu et les catholiques, retourna dans son pays. Lesdiguières chercha à faire jouir Château-Dauphin (Castel-Delphino) de l'exercice public de la religion réformée. Le roi y avait d'abord consenti; mais, sur les représentations de Gordes et de Charles de Birague, gouverneur du marquisat de Saluces, la permission fut retirée.

L'édit de paix fut reçu avec satisfaction à Montélimar. Claude Colas, le plus ancien avocat de la ville, le publia le 29 mai à l'audience, en l'absence des magistrats du siége. « Le concours des habitants d'une et d'autre religion, dit Candy[1], était si grand que la plupart ne purent entrer dans

---

(1) *Hist. des guer. de relig. à Montélimar* (Mns.).

1576. l'auditoire pour prêter le serment de fidélité et d'obéissance au roi voulu par l'édit. Le 21 juillet, le ministre Raphanel prêcha publiquement dans la maison de Pierre de Marcel-Blaïn, seigneur de Savasse, rue des Taules. Charles Olier et plusieurs autres religionnaires, qui par sentence avaient été condamnés à mort par contumace pour crime de lèse-majesté et leurs biens confisqués au profit du roi, rentrèrent dans leurs propriétés et le jugement rendu contre eux fut rayé sur le registre du greffe. »

Au mois de septembre 1576, Lesdiguières se présenta devant les portes de Gap à la tête de 200 cavaliers et demanda à entrer dans la ville comme ami. Les consuls, trouvant la visite peu amicale, le prièrent de réduire son escorte à cinq cavaliers. Le capitaine huguenot n'y consentit point, et, se prétendant insulté par ce refus, jura d'en tirer un jour vengeance.

Autrement l'édit de pacification n'était bien exécuté dans la province ni par les protestants, qui ne s'y fiaient guère, ni par les catholiques, qui le trouvaient trop avantageux aux premiers. Lesdiguières signalait à Gordes diverses contraventions, et le lieutenant général reprochait au capitaine huguenot de donner lui-même l'exemple de celles-ci. Le maréchal Damville, qui commandait en Languedoc et « n'était, dit Chorier, dans le parti huguenot que pour les intérêts de sa maison et non pour favoriser les nouveaux dogmes, agit comme il devait pour la réconciliation des uns et des autres ».

Le nouvel édit portant création d'une chambre mi-partie à Grenoble, comme nous l'avons dit plus haut, le roi, dès le mois de mai, en ordonna l'érection et chargea son frère, le duc d'Alençon (1er août), de procéder à la nomination des titulaires, qui furent : M.re Antoine Decolle, sieur de la Madeleine (Provençal), président; Jacques Finnet, Innocent de Gentillet, Jean de Gavat, Pierre de Marcel-Blaïn, coseigneur de Savasse, et Soffrey de Calignon, conseillers. Nous 1576. avons déjà eu l'occasion de parler de Gentillet, qui était un controversiste et un jurisconsulte de quelque célébrité, et de Calignon, un habile négociateur. Le roi ne ratifia pas tous les choix de son frère, car, ayant réglé les attributions de la nouvelle chambre le 1ᵉʳ oct. 1576, il ne pourvut de sa charge que Calignon[1].

La paix se serait peu à peu rétablie dans le Dauphiné, quand le roi Henri III eut la faiblesse de se mettre aux États de Blois (6 déc.) à la tête de la redoutable association que les Guises[2] venaient de fonder pour anéantir la Réforme, supplanter les princes du sang et dominer la cour, et qui reçut le nom de *sainte ligue*. Ces États, où le roi de Navarre, le prince Henri de Condé et le maréchal Damville n'assistèrent point, de peur de s'y voir faits prisonniers, demandèrent au roi à la pluralité des suffrages de « réunir tous ses sujets à la religion catholique et romaine », et opinèrent pour « que tout autre exercice de la religion prétendue réformée fût ôté tant en public qu'en particulier ; les ministres dogmatiques, diacres, surveillants, contraints de vider le royaume ». C'est en vain que les députés des gouvernements de Bourgogne, Bretagne, Guyenne, Lyonnais et Dauphiné « furent d'avis qu'on devait ajouter audit article que l'union de ladite religion se fît par voies douces et pacifiques et sans guerre » ; la majorité des députés ne voulut pas les entendre et la guerre recommença[3].

---

(1) Videl, *La vie de Souffrey de Calignon*, dans les Documents inédits, etc., p. 305-311 ; — Brun-Durand, *Essai historiq.*, etc., p. 8.

(2) Henri de Lorraine, duc de Guise, Charles de Lorraine, duc de Mayenne, Louis de Lorraine, cardinal de Guise, tous les trois fils de François de Lorraine, duc de Guise, assassiné par Poltrot en 1563.

(1) Eustache Piedmont, *Mémorial;* — Pérussis, dans d'Aubais, t. 1, p. 188 ; — Chorier, p. 671-677 ; — Charvet, p. 569 ; — *Recueil général des Estats tenus en France*, Paris, 1651, in-4°.

SIXIÈME GUERRE DE RELIGION.

(janvier — 17 septembre 1577).

Les protestants du Dauphiné entrent en campagne de divers côtés et prennent plusieurs places, notamment Gap, Die et Saint-Paul-trois-Châteaux.

1577. Aussitôt qu'ils eurent connaissance des décisions des États de Blois, les protestants du Dauphiné se mirent en campagne sur plusieurs points.

Une troupe partie du Royans et conduite par Bouvier surprit Armieu (4 janv.), mais une seconde assiégea sans succès Saint-Nazaire. La première troupe, continuant sa marche, se dirigea vers le Valentinois et s'empara de Montmeyran, Loriol et Allex. Du côté de Vif, Allières, qui avait embrassé le parti protestant depuis la condamnation de son oncle Montbrun, mit son château en état de défense et y établit une garnison.

Lesdiguières de son côté se porta sur Gap dans la nuit du 2 au 3 janvier. La ville était mal gardée, car le vibailli Benoît Olier faisait plus ou moins cause commune avec les protestants. Une partie de la troupe du capitaine huguenot s'introduit dans l'hôtel des Trois-Rois, qui était attenant aux remparts, et le cadet de Charence[1], l'un de ses chefs les plus résolus, court chez un maréchal et à l'aide de tenailles

---

[1] François de Philibert de Charence, seigneur de Montauquier.

et de marteaux ouvre la porte Saint-Arey, qui conduit à 1577. Serres. Lesdiguières entre aussitôt, et, se réunissant à la troupe cachée dans l'hôtel des Trois-Rois, se répand dans la ville. Quelques catholiques essaient de lutter, mais, après avoir perdu trois ou quatre des leurs, ils regagnent leurs demeures. L'évêque Paparin de Chaumont seul oppose une certaine résistance. Secondé par une trentaine d'hommes résolus, il élève une barricade à la porte Sainte-Colombe et s'y défend vaillamment; mais, voyant que personne ne vient à son secours, il fait enfoncer la porte et se réfugie, lui douzième, à Jarjayes, à trois lieues de la ville, et de là à La Baume-lès-Sisteron, où il passa la plus grande partie de son épiscopat. Les protestants se saisirent des bénéfices et revenus des ecclésiastiques et ruinèrent la cathédrale, le palais épiscopal et d'autres édifices religieux. Puis Lesdiguières, jugeant que la montagne de Puymore, qui domine Gap, offrait une assiette très-avantageuse pour la construction d'une forteresse capable de tenir la ville en respect, la fit acheter par ses amis en parties brisées. Ceux-ci, qui donnèrent pour prétexte leur intention d'y bâtir des maisons de campagne, la firent aussitôt enclore de fortes palissades. C'est à cela que se borna pour le moment le rusé capitaine, qui alla ensuite bloquer La Mure et faire des courses en plein jour jusqu'aux portes de Grenoble, sous les yeux de Gordes, qui était dans la ville (26 et 27 février). Un mois plus tard il recevait du maréchal Damville, commandant dans le Languedoc, sa nomination de chef de la noblesse et des églises réformées du Dauphiné (5 avril).

La ville de Die fut également prise à cette époque par les protestants, qui y dévastèrent les monuments religieux, comme à Gap. Dans le bas Dauphiné Gouvernet s'empara de Tulette (27 févr.), Visan et Pierrelongue. Donzère (1er février), Les Tourettes, Châteauneuf-de-Mazenc, La Rochebaudin, Clansayes et Le Puy-Saint-Martin tombèrent éga-

1577. lement aux mains des protestants ; mais ils échouèrent sur Montélimar, et les soldats de Gordes leur enlevèrent Barbières près Valence.

La prise de Gap avait plongé le bourg de Tallard dans une grande stupeur, et ses habitants se mirent aussitôt en devoir de travailler à mettre leurs remparts en état de défense. Cependant ils ne furent pas attaqués tout de suite et prirent eux-mêmes l'offensive en détruisant les moulins de Gap, le 11 avril. « Le 12, dit Charronnet, dans la nuit, les réformés parurent à leur tour sous les murs de Tallard et tentèrent une escalade ; le 15 ils en essayèrent une autre sans plus de succès, mais en blessant quelques hommes. De ce moment jusqu'à la fin du mois, le bourg fut sérieusement assiégé ; un assaut formidable fut même donné dans la nuit du 27 au 28 avril, croyons-nous, mais inutilement. » Le 8 mai, les protestants, aux ordres cette fois de Gouvernet, assiégèrent de nouveau Tallard, défendu vaillamment par le capitaine Bastian. Ils avaient même construit des forts autour de la place pour l'obliger à se rendre, mais ce fut en vain. Ils perdirent plus de 200 hommes dans les diverses sorties que firent les assiégés. Le 7 juin, ils revinrent encore devant Tallard, mais sans obtenir plus de résultat.

Blacons, de son côté, qui voulut pénétrer dans Donzère · avec ses cavaliers, se laissa battre par d'Ourches, gouverneur de Montélimar, près du port d'Ancone (10 mai). C'est vraisemblablement ce qui engagea les protestants à abandonner cette place quelques jours après (23 mai).

Gordes, qui avait embrassé le parti de la Ligue et faisait signer son formulaire à tous les gentilshommes de la province, se décida à essayer de reprendre Corps et Ambel sur Lesdiguières. L'expédition fut confiée au capitaine italien Julio Centurione, qui, à la tête de 1,000 arquebusiers à pied et de 100 chevaux, parvint facilement à se saisir de ces deux places, dont les garnisons étaient extrêmement faibles et s'enfuirent à son approche (7 juin). A la nouvelle de leur 1577. chute, Lesdiguières réunit le plus de soldats qu'il peut, et, armé de deux canons, se dirige résolument du côté de Corps. Mais Gordes, qui a prévu la marche de Lesdiguières et vient prêter main-forte à Centurione, s'avance aussi vers Corps par le Monestier-de-Clermont et Saint-Jean-d'Hérans (3 juillet), à la tête de 4,000 hommes tant de pied que de cheval. Ne pouvant lutter contre des forces si considérables, le capitaine huguenot se retira, mais non sans faire éprouver des pertes à Gordes, qui essayait de lui couper la retraite. Il n'en faillit pas moins être fait prisonnier et fut poursuivi jusqu'aux portes de son château des Diguières. Ayant atteint le but de son expédition, le lieutenant général reprit le chemin de Grenoble par Aspres-lès-Corps et Valbonnais, et dut forcer même sa marche, car l'état des affaires de son parti le réclamait dans le Valentinois. Nous devons ajouter qu'en partant pour l'expédition que nous venons de rapporter, et passant devant Allières, il fit le siége de ce château, qui avait été mis dernièrement en état de défense par son propriétaire, le seigneur de ce nom. Il le battit avec le canon, et les soldats qui le défendaient se firent presque tous tuer. On pendit les deux capitaines qui survécurent et les fortifications furent démolies (21 juin-1er juillet) [1].

Gordes partit précipitamment de Grenoble avec ses troupes pour contenir les garnisons de Livron, Loriol et Eurre, qui menaçaient Crest et Montélimar. En passant, il reprit Armieu (12 juillet) et fit démolir ses murailles. Bouvier, qui défendait la place, réussit heureusement à s'échapper avec les siens. Le lieutenant général rejoignit ensuite à La Roche-de-Glun les troupes du Lyonnais venues à son secours.

---

(1) Chorier et Videl ne s'accordent pas dans le récit des événements. Nous avons dû les corriger l'un par l'autre.

1577. Rappelé subitement à Grenoble (30 juillet), qui était assez
mal gardé et dont les lieux circonvoisins, notamment Jarrie-
Saint-Martin, étaient dévastés par les protestants, il pourvut à sa sûreté et redescendit dans le Valentinois. D'Ourches,
son gendre, à qui il avait confié le commandement de ses
troupes, fut blessé dans une rencontre entre Romans et
Livron et mourut peu après. Un autre de ses capitaines
échoua sur Livron (31 août); mais il put obtenir lui-même
la reddition de Loriol (2 sept.). C'est là qu'il apprit que
Lesdiguières, à la tête de 4 ou 500 hommes, s'était de nouveau emparé de Corps et d'Ambel. La garnison de Corps
comptait cependant 700 hommes; mais elle se défendit
mollement. Gordes n'en continua pas moins sa marche dans
le Valentinois. Il se saisit d'Allex et bloqua Cugie à Eurre
(3 sept.), et douze jours après [1] l'obligea à capituler [2]. Pendant ce temps, les protestants s'emparaient de Châteaudouble (2 sept.).

Lesdiguières avait appris la position critique de Cugie et
était accouru par le Diois pour le secourir; mais il n'arriva
pas à temps. Sa course, néanmoins, ne fut pas inutile. Le
lieutenant général s'apprêtait, en effet, à reprendre Châteaudouble, quand Lesdiguières, dit Videl, « paraissant à Com-
bovin [3], à la vue de Gordes, lui rompt son dessein et le
contraint de s'en retourner sur ses pas ». Encouragé par ce
succès, le capitaine huguenot tenta de se saisir de Crest par
escalade, dans la nuit du 13 octobre, et fit appliquer dans
ce but des échelles contre les murailles du château; mais ses
soldats furent découverts et précipités dans les fossés.

---

(1) Chorier dit quatre jours seulement. Pérussis, dans d'Aubais, rapporte la prise d'Eurre au 20 septembre.

(2) Eustache Piedmont dit que Gordes prit Grane fin août et fit prisonnier Cugie. Ce chroniqueur paraît avoir confondu Grane avec Eurre.

(3) Videl dit *Cobonne* par erreur évidemment.

Un peu auparavant (28 sept.), les protestants s'empa- 1577. rèrent de Saint-Paul-trois-Châteaux et y commirent un meurtre, au rapport de Boyer de Sainte-Marthe, dans la personne du chanoine Vincent Reverdit. Il s'était attiré leur haine pour une raison qui ne nous est pas connue. S'étant saisis de lui, ils le forcèrent à dire la messe dans une des chapelles de la cathédrale pendant qu'ils creusaient son tombeau devant le marche-pied de l'autel. « Cet affreux appareil ne l'empêcha pas d'achever la messe, dit Boyer ; après laquelle il protesta hautement qu'il souffrirait plutôt tous les tourments des martyrs que de trahir sa religion et de renoncer la foi en Jésus-Christ. Dans le même instant il fut égorgé et jeté à demi-mort dans cette fosse, où il fut enterré. »

Les armes des réformés n'avaient pas été heureuses dans le reste de la France. Le duc d'Anjou (anciennement duc d'Alençon) et le duc de Mayenne (Charles de Lorraine), frère du duc de Guise, leur enlevèrent plusieurs places importantes, et le maréchal Damville s'apprêtait à les abandonner dans le Languedoc. Henri III, cependant, ne voulant pas détruire le seul contre-poids qu'il eût à opposer à l'omnipotence et à l'ambition des Guises, qu'il haïssait mortellement, signa avec eux le traité de Bergerac, au commencement de septembre, bientôt suivi de l'édit de Poitiers (17 sept.), qui limitait l'exercice de la religion réformée aux villes et bourgs où il était célébré à la veille du traité ; encore fallait-il en excepter les villes et bourgs dont les protestants s'étaient emparés pendant la guerre qui venait de finir, et où ils ne jouissaient pas auparavant du droit d'exercice. L'édit, toutefois, leur accordait en sus un lieu de culte par bailliage, dans le village, bourg ou faubourg de ville qu'il leur plairait de choisir. La chambre mi-partie de Grenoble, qui n'avait encore existé que sur le papier, devenait tri-partie, ne comptant plus que quatre conseillers protestants sur douze, c'est-

1577. à-dire un tiers, d'où son nom de tri-partie. La mémoire de Montbrun était de nouveau réhabilitée, et les villes de Nyons et de Serres maintenues comme places d'otage ou de sûreté pour les protestants dauphinois [1].

---

(1) Eustache Piedmont, *Mémorial;* — Pérussis, dans d'Aubais, t. 1, p. 195, 199, 200, 202, 205, 206; — Videl, p. 51-56; — Chorier, p. 677-682; — Boyer de Sainte-Marthe, p. 234, 235; — Charronnet, p. 111-118; 127-129.

INTERVALLE ENTRE LA SIXIÈME ET LA SEPTIÈME
GUERRE DE RELIGION.

(commencement de septembre 1577 à février 1580.)

Lesdiguières et les autres chefs protestants n'acceptent pas l'édit de Poitiers. Mort de Gordes. Intrigues de Bellegarde.

L'édit de Poitiers fut publié à Grenoble en novembre 1577. seulement et mal exécuté dans la province, comme les autres édits. On relâcha les prisonniers faits de part et d'autre pendant la guerre; mais la clause importante relative à l'érection d'une chambre tri-partie à Grenoble fut éludée. Le roi de Navarre proposa, pour en faire partie : Innocent Gentillet, Soffrey de Calignon, Louis du Vache, sieur d'Estables, Pierre de Marcel, coseigneur de Savasse, et Pierre de Frize, docteur en droit et avocat à Saint-Marcellin. Marcel et Frize furent pourvus de leur charge le 2 octobre 1577, Calignon le 3 du même mois (confirmé le 20 janvier 1579) et Gentillet, avec le titre de président, le 20 janvier 1579. Quant à du Vache, il ne paraît pas avoir obtenu à cette époque ses lettres de provision. Le roi, au commencement de l'année 1579, avait publié des lettres patentes portant création de la chambre tri-partie de Grenoble, conformément à l'édit de Poitiers, et le 24 janvier il enjoignait à Maugiron de tenir la main à ce que la chambre fût établie et instituée dans le plus bref délai. Elle ne le fut point, malgré la parole royale, le parlement de Grenoble s'y étant constamment opposé. Calignon seul, qui était le moins mal

1577. en cour, fut reçu conseiller le 6 février 1579. Mais le parlement n'alla pas plus loin, et la chambre tri-partie ne fonctionna pas. Elle fut même incorporée au parlement après la septième guerre de religion [1]. Lesdiguières n'accepta pas tout de suite l'édit de paix et empêcha sa publication à Gap. Il prétendait « qu'il ne lui était ni honnête ni utile » de désarmer tant que Ménerbe, place forte du Comtat occupée par son ami Saint-Auban, était assiégée par les catholiques. Le roi cependant lui ayant écrit diverses lettres, dans lesquelles il lui accorda quelques avantages secrets, il désarma, mais sans rendre les places de Die, La Mure et Livron, occupées par des garnisons protestantes.

Gouvernet, qui commandait dans les Baronnies, ne mit pas bas les armes, et il tenait la campagne du côté de Tulette. « La cavalerie légère d'Oddy, dit Justin de Monteux, l'atteignit et lui livra un combat qui fut rude et opiniâtre. Rouvillasc d'Aspres, dit le cadet d'Aspres, neveu de Gouvernet, et plusieurs autres des siens y perdirent la vie. Gouvernet, revenant quelques jours après de faire le dégât dans la campagne de Bollène, rencontra une seconde fois Oddy et demanda à lui parler. Oddy ne le refusa pas; mais en approchant tout seul il essuya un coup d'arquebuse qui ne fit que l'effleurer. »

Quant à Cugie, qui était dans Die, il ne permit pas que la paix y fût publiée. « Il colora son refus, dit Chorier, de ce prétexte que les habitants de cette ville avaient des remontrances à faire pour leur intérêt particulier, et que, pour les porter à Gordes, ils ne voulaient se servir que du ministère de Calignon, qui était en Languedoc, et qu'ils en attendaient le retour. »

---

(1) VIDEL, *La vie de Souffrey de Calignon*, dans les Documents inédits, p. 19, 312-315; — BRUN-DURAND, *Essai hist. sur la chambre de l'édit de Grenoble*, passim.

Le substitut du procureur du roi au bailliage d'Embrun, 1577, chargé de publier l'édit de paix à Chorges, fut arrêté et conduit à Gap, où on l'emprisonna. Le commissaire chargé de le faire connaître dans cette dernière ville fut insulté et chassé. Seize soldats de la compagnie d'Étienne de Bonne d'Auriac, capitaine de la garnison de Tallard, qui voulurent entrer dans Gap, furent tués, et les habitants qui avaient quitté la ville au moment où elle fut prise par Lesdiguières, s'en virent refuser les portes. A Châteaudouble, le commissaire qui venait y publier l'édit fut également insulté et chassé. La ville de Moirans, de son côté, s'apprêtait si peu à cesser les hostilités, que ses échevins écrivirent au conseil de Genève pour lui demander l'autorisation d'acheter à Genève des arquebuses et fournitures de guerre [1].

Les protestants n'étaient pas les seuls à s'opposer au nouvel édit. L'archevêque de Vienne, Pierre IV de Villars, en empêcha l'exécution autant qu'il put. Charvet, pensant faire son éloge, dit de lui : « Quoique le dernier édit, ratifié à Poitiers, permit l'exercice public de la nouvelle religion et qu'elle fût tolérée dans quelques provinces, le zèle de l'archevêque de Vienne se raidit contre une condescendance si criminelle dans un évêque, et jamais sa fermeté ne se démentit sur ce point capital; jamais on ne put gagner sur lui de signer, d'accepter, ni même d'approuver un édit qui donnait à l'erreur les mêmes avantages dont la vérité seule est en droit de jouir. Ainsi, malgré le mauvais exemple que l'on donnait ailleurs, il empêcha dans plusieurs lieux de son diocèse que le calvinisme fût ouvertement professé. » Les gentilshommes catholiques vexaient aussi les protestants de leurs terres. Ainsi, Louis d'Urre d'Oncieu, seigneur du Puy-Saint-Martin, chassa le pasteur Moru, qui exerçait

---

(1) *Arch. du conseil; portef. des pièces histor.*, N.° 2,000.

1578. son ministère dans la localité de ce nom depuis un certain temps (24 mars 1578).

Cependant le maréchal de Bellegarde, celui-là même qui avait échoué au siége de Livron, venait d'être nommé commissaire exécuteur de l'édit de Poitiers pour le Lyonnais, le Dauphiné et la Provence. Ayant été informé des dispositions hostiles des protestants du haut Dauphiné, qui subissaient l'ascendant de Lesdiguières, il n'osa pas s'aventurer au milieu d'eux et écrivit à Gordes de se rendre, le 15 février 1578, au Buis, pour conférer avec lui sur les moyens de pacifier la province. Quoique malade, le lieutenant général partit de Grenoble le 12 février et mourut à Montélimar le vendredi 21 [1]. Depuis la mort de Laval, son fils, et d'Ourches, son gendre, il était tombé dans une tristesse profonde et n'avait fait que languir. Le duc d'Aumale, dans un récent ouvrage [2], dit de lui : De Gordes, « très-lié avec les Châtillon, parut d'assez bonne heure incliner aux idées nouvelles, qui avaient trouvé de nombreux prosélytes dans la province et que deux de ses frères avaient ouvertement adoptées. Pourtant il ne renonça jamais à la foi catholique et se maintint à peu près dans la même ligne que les Montmorency; en un mot, il était déjà ce qu'on appela plus tard un *politique...* On ne put jamais le faire dévier de la voie de modération et d'équité où il s'était engagé ». Il en donna un exemple remarquable à l'époque de la Saint-Barthélemy. Voyez cependant plus haut (p. 340) ce que de Thou dit de lui à propos de la mort de Montbrun. Il est certain, en effet, que depuis cet assassinat juridique, auquel il aurait dû s'opposer de toutes ses forces dans l'intérêt de l'union des deux partis, et qu'il ne fit rien pour empêcher, si même il ne le favorisa

---

(1) Chorier dit à tort le 20.

(2) *Hist. des princes de Condé*, t. 1, p. 515.

point, il perdit sa réputation de douceur et d'équité, et 1578. devint odieux aux protestants et à une grande partie de la noblesse, même catholique. Cette tache de sa vie ne nous empêche pas, toutefois, de rendre hommage à la grandeur morale de son caractère.

Après la mort de Gordes, le maréchal de Bellegarde, qui s'était rendu au Buis, résolut de faire servir à ses intérêts la pacification de la province. Ayant reçu plusieurs avanies de la cour, il songeait à en tirer vengeance en s'emparant du gouvernement du marquisat de Saluces et peut-être aussi de celui du Dauphiné, et pour réaliser son projet il avait besoin de l'assistance des protestants dauphinois. « Il était persuadé, dit Secousse, son biographe, que les protestants aimeraient mieux se fier à lui qu'à toute autre personne qui serait dévouée au roi. Dans cette confiance... il fit dire à Lesdiguières qu'il était outré des injures qu'on lui avait faites, qui étaient connues de tout le monde et dont il rejetait tout l'odieux sur la reine-mère. Il l'informa ensuite de l'ordre qu'il avait reçu du roi pour faire exécuter dans la Provence, le Dauphiné et le Lyonnais le dernier édit de pacification ; mais il le fit assurer qu'il n'avait point voulu se charger de cette commission avant que Lesdiguières lui eût fait connaître avec sincérité si les protestants étaient résolus d'exécuter l'édit et de remettre, en conséquence, les places fortes qu'ils occupaient, et qu'à moins qu'il n'eût des assurances positives qu'ils étaient dans cette disposition, il laisserait à un autre cette commission honorable, avec la honte de n'avoir pu réussir. Lesdiguières sentit que l'amitié d'un homme dont l'esprit était ulcéré pouvait lui être utile ; mais, ne voyant pas de sûreté ni même de bienséance à se déclarer dans les circonstances présentes, il ne répondit à ses propositions que d'une manière ambiguë. Il fit donc savoir à Bellegarde que si ceux qui avaient la confiance du roi voulaient en agir de bonne foi avec les protestants, ils avaient résolu d'exé-

1578. cuter l'édit en toutes ses parties; qu'autrement ils ne se dessaisiraient point des places fortes dont ils étaient en possession jusqu'à ce qu'on leur eût donné des sûretés raisonnables; que c'était donc à Bellegarde à s'assurer des intentions du roi et de ses ministres avant que de se charger de cette commission, et que si les protestants et lui, qui était leur chef, se trouvaient dans la nécessité de refuser d'exécuter les articles de l'édit, ils n'auraient jamais l'intention de rien faire qui pût déplaire à une personne dont ils respectaient la dignité, dont ils connaissaient le zèle pour la tranquillité publique, qu'ils savaient n'être point injuste à l'égard de leur parti, et dont ils avaient toujours souhaité ardemment de pouvoir cultiver l'amitié par toutes sortes de moyens.

» Bellegarde, jugeant par cette réponse que sa négociation n'avait pas eu un succès aussi heureux qu'il l'aurait désiré, et résolu d'attendre une occasion plus favorable, se retira à Villeneuve, près d'Avignon. »

Maugiron, successeur de Gordes, travaille à la pacification du Dauphiné. Convention de Jarrie. Assemblée politique de Die. Articles de Nérac repoussés par Lesdiguières. Ruine de Laprade.

Laurent de Maugiron, qui avait déjà rempli les fonctions de lieutenant général du roi en Dauphiné avant Gordes, lui succéda et fit enregistrer ses lettres de nomination par le parlement, le 8 avril. Comme pour lui souhaiter la bienvenue, le capitaine Bouvier, qui était fort remuant, parvint à s'emparer du Pont-en-Royans. Il s'entendait avec le capitaine Laprade, qui commandait à Châteaudouble et se livrait à toutes sortes de déprédations, faisant la guerre plutôt en 1578. brigand qu'en soldat. Laprade devait secourir Bouvier en cas d'attaque; et comme celui-ci, en effet, fut bientôt assailli par une troupe catholique, il se présenta devant le Pont avec 60 argoulets; mais Bouvier, serré de fort près, avait déjà pris la fuite.

Dans le bas Dauphiné, entre Nyons et Mirabel, Gouvernet tailla en pièces la compagnie du chevalier Oddy, qui était venue fourrager dans le pays. Il lui tua 45 hommes, mais perdit son neveu, le cadet d'Aspres.

Maugiron, désireux de poursuivre avec les protestants de sa province les négociations que la mort de Gordes avait interrompues, eut une conférence avec eux, le 12 juin 1578, à Jarrie, village des environs de Grenoble. Il se fit représenter par Jacques Faye d'Espesses, avocat général au parlement de Paris, et les protestants par Cugie, Gentillet et d'Estables. Il fut décidé que les protestants dauphinois garderaient les diverses places qu'ils occupaient jusqu'à l'entière exécution de l'édit de Poitiers, et qu'ils toucheraient 6,200 livres par mois pour l'entretien des garnisons desdites places. Les États du pays, qui se réunirent peu après (4 juillet), sur la demande du lieutenant général, approuvèrent la convention de Jarrie le jour même de leur ouverture, et, avec les députés protestants Cugie, Gentillet et d'Estables, qui s'étaient rendus dans leur sein, acceptèrent l'édit de Poitiers sous le bénéfice de cette convention. Tous jurèrent « que, en observation dudit édit, tant ceux d'une que d'autre religion, se prendront, comme présentement ils se prennent, en la protection et sauvegarde les uns des autres, avec promesse, sous même serment que dessus, de ne se rechercher les uns les autres en quelque sorte ou manière que ce soit, mettre en oubli toutes injures et offenses passées ».

Le roi de Navarre avait approuvé ce traité particulier,

1578. fort avantageux aux protestants du Dauphiné, parce qu'il
prévoyait, en habile politique, que la reine-mère ne pourrait
accorder à tout le parti protestant des conditions moins
bonnes que celles qu'avait obtenues le Dauphiné. Catherine
le comprit en effet et fut très-mécontente des concessions de
son lieutenant général, qui entama aussitôt de nouveaux
pourparlers avec les protestants et obtint d'eux des conditions moins désavantageuses au parti de la cour [1]. Nous
n'avons pu retrouver ces dernières, qui paraissent avoir également reçu l'agrément du roi de Navarre, et furent pré-
sentées à Catherine et à Henri III par Soffrey de Calignon
et Gabriel de Fay-Gerlande, baron de Saulsac, ce dernier
représentant les catholiques dauphinois. Ce n'était point
encore assurément ce qu'auraient désiré Catherine et son fils;
mais ils étaient impuissants à cette heure. La Ligue prenait
des proportions de plus en plus considérables et menaçait
d'annihiler complètement l'autorité royale. Aussi se hâtèrent-
ils d'adhérer aux nouvelles conditions des protestants dauphinois. « Après avoir vu les articles qui ont été présentés à
la reine, ma dame et mère, de la part de ceux de la religion
prétendue réformée de mon pays de Dauphiné, écrivit à ce
propos Henri III à Maugiron (24 janvier 1579), avec les
réponses qu'elle a faites, et ouï sur eux particulièrement les
sieurs de Saulsac et Calignon, je les ai confirmés et arrêtés
en la forme que verrez par le double signé de ma main, que
vous emporte ledit sieur de Saulsac, et fait expédier là-dessus
toutes les provisions nécessaires pour effectuer ce qui en
dépend et parvenir, en ce faisant, à l'entière exécution de
mon édit de pacification. »

Les protestants dauphinois n'étaient pas, paraît-il, bien

---

(1) VIDEL, *La vie de Souffrey de Calignon*, dans les Documents inédits,
p. 20.

persuadés des bons résultats de la convention royale, car, le 1579. 19 février, ils eurent une assemblée politique dans la ville de Die, dont ils avaient fait un de leurs boulevards. Cette assemblée devait rechercher les moyens d'établir une paix solide. Lesdiguières en fut le principal orateur. « Le seul et vrai moyen, dit-il, pour parvenir à une paix ferme et inviolable, c'est de faire que ceux qui la voudraient violer et rompre ne le puissent faire; et le moyen, pour les garder de la pouvoir rompre et violer, c'est que nous soyons toujours sur nos gardes. » Les raisons sur lesquelles Lesdiguières fondait la nécessité de cette paix armée étaient : l'impunité de ceux qui avaient rompu les paix précédentes; la prise, depuis la promulgation de l'édit, de plusieurs villes appartenant au roi de Navarre; l'empressement avec lequel on voulait que les protestants désarmassent; l'exécution de l'édit limitée aux pays où les protestants étaient forts; le non-établissement de la chambre tri-partie de Grenoble; l'exemple donné par les protestants du Languedoc, qui demeuraient prudemment armés, etc. L'assemblée, entraînée par ces raisons, décida que les protestants dauphinois continueraient la garde des lieux qu'ils occupaient jusqu'à l'entière exécution de l'édit par tout le royaume et à la disparition de toutes les causes de défiance.

Sur ces entrefaites, la reine-mère, effrayée de l'influence toujours croissante de la Ligue, signa avec le roi de Navarre un traité de paix (28 fév. 1579), dont les articles portèrent le nom d'*articles de la conférence de Nérac,* et qui fut très-avantageux aux protestants, car il confirmait entièrement l'édit de Poitiers de 1577, leur accordait le droit de bâtir des temples et de lever des deniers pour l'entretien de leurs ministres, et leur cédait 14 places de sûreté au lieu de 9. Soffrey de Calignon, qui avait été député par les protestants dauphinois au roi de Navarre et avait joué un rôle important dans la négociation des articles de Nérac, apporta

1579. ceux-ci en Dauphiné. Lesdiguières ne voulut pas les recevoir et surtout se dessaisir des places qu'il occupait, parce
que les catholiques, disait-il, étaient encore trop animés
contre les protestants, à cause des déprédations de certains
capitaines du parti de ces derniers.

Laprade, en effet, commandant de Châteaudouble, continuait ses brigandages et s'était associé un sieur La Cloche,
qui ne valait pas plus que lui, et qu'il avait placé dans le
château de Ruissas, voisin de celui de Châteaudouble. Las
de leurs excès, 4,000 hommes environ, qui appartenaient à
la *ligue des vilains,* dont nous parlerons plus loin, vinrent
les assiéger dans leurs repaires. Mais, privés de canon, ils
demeurèrent pendant trois semaines ou un mois devant
Châteaudouble et commençaient à se débander. Maugiron,
apprenant leur détresse, accourut à leur secours avec deux
canons, quoiqu'il n'approuvât point cette levée populaire
de boucliers, faite sans son ordre, et il eut bien vite raison
de Laprade, qui se rendit. Il lui fut permis de sortir avec
armes et bagages et de se réfugier auprès de Bellegarde,
dans le marquisat de Saluces, où son nouveau maître le fit
mettre à mort pour une raison qui ne nous est pas connue [1].
Le château de Ruissas avait été emporté dès le 5 mars, et
La Cloche perdit treize hommes ; mais il parvint à se sauver.
Quant à Châteaudouble, ses murailles et son château furent
entièrement rasés.

---

(1) Chorier dit au contraire qu'il fut fait prisonnier à Châteaudouble et
condamné à mort.

Conférence de La Mure. Bellegarde, d'accord avec Lesdiguières, s'empare du marquisat de Saluces. Maugiron cherche à gagner le second par la ruse.

Peu après ces événements, une nouvelle conférence eut ·1579· lieu à La Mure (20 mai 1579) entre les deux partis, « pour parvenir à l'exécution d'une ferme paix, qui ne puisse jamais se rompre ». Lesdiguières, Comps, Gentillet, Calignon, Frize et Fabri, pasteurs à Mens, chargés par l'assemblée politique de Serres (30 avril) de représenter le parti réformé, demandèrent : 1° que l'exercice des deux religions fût libre dans toute la province; 2° que la chambre tri-partie de Grenoble fût « installée avec toutes les prérogatives et autres qui ont été accordées à la chambre du Languedoc »; 3° que les réformés fussent admis aux charges provinciales et municipales comme les catholiques; 4° que les places occupées par eux leur fussent laissées jusqu'à l'entière exécution de l'édit de Poitiers par tout le royaume et aux frais de la province.

Le baron de Saulsac et Debourd, Pérolier, Guigon, J. Bonnet et Montanyer, consuls de Vienne, Valence, Romans et Embrun, représentants du parti catholique, voulaient bien : 1° que l'édit de pacification fût « promptement exécuté en toutes ses parties, à la forme des déclarations dernièrement obtenues de leurs dites Majestés par le conseiller Calignon », et 2° que la chambre de l'édit fût établie au premier jour; mais ils demandaient 3° que les deux partis déposassent les armes, et que toutes les garnisons fussent licenciées de part et d'autre, « hors celles de Nyons et de Serres, accordées pour la sûreté de la religion », et 4° que toute saisie de biens ecclésiastiques, création de péages,

1579. impositions extraordinaires, destinées à l'entretien des gens de guerre, fussent abolies.

Les députés ne parvinrent pas à s'entendre. Quand les protestants demandaient qu'on leur accordât le premier point, savoir le libre exercice de leur religion dans la province, les catholiques répondaient qu'ils n'avaient pas reçu mission de leur concéder ce droit, et que cet exercice serait « en danger de remettre non-seulement ledit pays ; mais aussi tout le demeurant de cedit royaume en plus de controverse et trouble que jamais ».

Les députés catholiques ayant ensuite reproché à leurs adversaires de n'avoir pas tenu le serment qu'ils avaient fait aux États du pays, de l'année précédente, d'observer l'édit de Poitiers, ceux-ci leur répondirent : « Quant à la foi publique de nos accords, vous savez qu'elle n'a été nullement violée de notre part, mais de votre côté. Il serait malaisé de soutenir par raison que la prise de Roussas et le meurtre des soldats qui y étaient, le rasement du château et des murailles de Châteaudouble, l'exaction sur les nôtres de plusieurs deniers imposés durant les troubles, et le déni de nous payer les six mille et deux cents livres par mois, suivant notre accord de Jarrie, ne soient évidentes effractions de la foi publique. » Les députés catholiques ayant encore invité leurs adversaires à avoir pitié du pauvre peuple, ceux-ci s'écrièrent : « Ce sommes nous qui vous requîmes au mois de septembre dernier de ne faire point d'emprunt sur le peuple, ainsi prendre sur les péages et autre nature de deniers l'entretenement des villes de garde de part et d'autre ; ce sommes nous qui offrîmes casser les garnisons de vingt-trois de nos places, pour diminuer la dépense dudit entretenement, pourvu que vous fissiez de même ; ce sommes nous qui, depuis notre accord de Jarrie, avons cassé les états et gages de tous nos gouverneurs de villes, capitaines, lieutenants, enseignes et sergents, pour nous restreindre à la moindre dépense : ne retenant justement qu'autant de 1579. soldats qu'il nous était nécessaire pour la garde de nos portes; ce sommes nous qui avons contenu les compagnies de nos soldats sans courir de village en village, et sans piller ni manger le peuple... Et quant à ce, Messieurs, que vous requérez de nous départir de la saisie de ce bénéfice et des péages, nous offrons le faire en nous donnant bonne assurance de nous payer tous les mois les six mille deux cents livres avec les arrérages, suivant votre promesse faite à Jarrie, confirmée aux États de l'année passée, vous offrant tenir et rendre bon compte de ce que nous avons fait [1]. » La conférence se passa ainsi en récriminations mutuelles et n'aboutit à aucun résultat.

Bellegarde, qui ne perdait pas de vue son projet de se rendre indépendant dans le marquisat de Saluces, où il n'était que le lieutenant du gouverneur Charles de Birague, avait enfin traité avec Lesdiguières, du consentement du roi de Navarre. Il fut convenu entre eux que les protestants aideraient Bellegarde à s'emparer du marquisat, que Lesdiguières, leur chef, recevrait 20,000 écus pour cette expédition, et que dès que Bellegarde serait le maître incontesté du marquisat, il céderait à Lesdiguières Château-Dauphin, Dronier, Demont et quelques autres places situées sur la limite des deux pays. Le capitaine huguenot réunit au mois de mai [2] 1,200 soldats et 6 pièces de canon et en confia le commandement à Gouvernet. Nous n'avons pas à raconter cette opération militaire, qui réussit au gré de Bellegarde et fit de lui un allié sérieux des protestants dauphinois.

Pendant que le marquisat de Saluces était ainsi conquis

---

(1) Arch. de l'hôtel de ville de Vienne.

(2) Videl dit au mois de janvier par erreur ; car le passage des Alpes n'était pas praticable à cette époque.

24

1579. par son lieutenant, Lesdiguières s'emparait du château de La Motte près La Mure, et Antoine Blosset, maréchal des logis de sa compagnie de gendarmes, après avoir fait une tentative infructueuse sur Tallard (22 juin), attirait quatre jours après d'Auriac, commandant de Tallard, dans une embuscade, où il le faisait prisonnier .[1]. Dans le bas Dauphiné, les protestants perdirent Tulette en l'absence de Gouvernet, qui était leur chef dans cette région de la province et se trouvait encore dans le marquisat de Saluces.

Ne pouvant triompher de Lesdiguières par les armes, on chercha à le prendre par la ruse. Maugiron, selon Videl, « lui fit dire que s'il voulait absolument accepter la paix, le roi lui donnerait un commandement particulier dans la province avec le titre de son lieutenant au haut Dauphiné, dépendant néanmoins de la charge de lieutenant général, par-dessus quoi on lui promettait de grandes récompenses en argent, avec deux places fortes, moyennant qu'il voulût rendre les autres ». On pensait le rendre ainsi suspect à ses coreligionnaires et écraser facilement le parti protestant, quand il ne serait plus ni dirigé ni soutenu par son habile et vaillant capitaine. Lesdiguières comprit que l'offre qu'on lui faisait n'était qu'un leurre et la repoussa, malgré l'insistance de quelques-uns de ses amis plus dévoués qu'intelligents.

---

(1) Chorier (p. 687) dit à tort que la ville fut prise à cette époque. Depuis 1562 les protestants n'avaient pu réussir à s'en emparer.

La reine-mère en Dauphiné. Circonspection de Lesdiguières. Acte de réconciliation des deux partis. Expédition de Colas contre les protestants du bas Dauphiné. Conférence de Montluel. Convention du Monestier-de-Clermont.

Sur ces entrefaites, la reine-mère, qui voyageait en France 1579. avec ses filles d'honneur pour désunir les protestants ou les séduire par les plus viles passions, arriva à Grenoble le 27 juillet. « Lesdiguières, dit Fauché-Prunelle, qui connaissait la personne à qui il avait affaire, opposa la ruse à la ruse, temporisa le plus qu'il put et répondit d'une manière indirecte aux propositions plus ou moins insidieuses ou adroites qui lui étaient faites. » Il avait du reste appris par Soffrey de Calignon que le roi de Navarre n'était nullement satisfait des articles de la conférence de Nérac, et ils convinrent entre eux, dit Daniel, « de ménager des intelligences en quantité de villes, afin que, supposé qu'on en revînt à la guerre, on pût tout d'un coup en surprendre un bon nombre, et qu'un soulèvement subit en tant d'endroits déconcertât la cour; et, de peur que, par les fréquentes allées et venues des courriers, on ne s'aperçût qu'ils s'entendaient ensemble, le roi de Navarre avait envoyé la moitié d'un écu d'or rompu à Lesdiguières, dont l'autre moitié, qu'il lui enverrait lorsqu'il en serait temps, devait être le signal pour courir partout aux armes ». Lesdiguières refusa donc d'entrer en conférence avec Catherine[1]. Il avait du reste été

---

(1) Chorier (p. 568) donne au contraire à entendre que Lesdiguières eut une première conférence avec Catherine, mais qu'il ne voulut pas en avoir une seconde. Nous suivons Videl.

1579. averti qu'il ne serait pas en sûreté à Grenoble. Les autres seigneurs protestants imitèrent sa prudente réserve.

Catherine, en attendant une meilleure occasion pour traiter, fit dresser devant elle, dans la maison de la trésorerie de Grenoble, un acte d'union entre les divers ordres de la province, dont les rapports, passablement tendus à cette époque à cause des lourdes charges imposées sur le Tiers-État par suite des frais de guerre, pouvaient facilement dégénérer en guerre ouverte, comme on le verra plus loin. « Nous soussignés, leur fit-elle dire, comme principaux du clergé, de la noblesse et aussi du tiers ordre et état de ce pays et gouvernement de Dauphiné... promettons et jurons... que nous entretiendrons et continuerons à jamais la fidélité que nous devons au roi, notre souverain seigneur... garderons et observerons tous ses édits et ordonnances, même dès à présent celui de pacification dernière et de ce qui a été accordé sur icelui en la conférence dernièrement tenue à Nérac, à la requête de ceux de la religion prétendue réformée de ce pays et poursuite du conseiller Calignon, pour ce leur député; nous jurons et promettons aussi amitié et ferme foi les uns aux autres sous son obéissance... Fait à Grenoble, ledit jour 10 d'août dudit an 1579[1]. »

La présence de Catherine dans le Dauphiné n'y arrêta en rien la marche des affaires protestantes. Le conseil politique des églises de la province, séant à Die, imposa une taille de deux écus et 1/3 par feu sur les communautés des Baronnies pour l'entretien de la garnison de Nyons. La reine-mère en fut très-irritée et publia le 20 août une ordonnance défendant, sous les peines portées par les édits, à tous ceux de la religion prétendue réformée de lever de pareilles contribu-

---

(1) *Reconciliation faicte par la Reyne, mère du roy, entre les gens du clergé, de la noblesse et du tiers-estat du Daulphiné.* — Lyon, in-8°.

tions. Mais cette défense demeura lettre morte. « Ce n'est
pas être politique, dit Chorier à ce propos, de défendre ce
que l'on ne peut empêcher. »

Le ligueur Jacques Colas, visénéchal de Montélimar,
profita du séjour de la reine-mère pour faire une expédition
contre les protestants des Baronnies. Exploitant habilement
les agitations naissantes de la ligue des Vilains, dirigées
contre la noblesse, et réunissant un certain nombre des
mécontents qui la composaient, il les conduisit dans les
Baronnies, sous prétexte de secourir Birague contre les entreprises de Bellegarde, mais en réalité pour ravager ce
pays, qui était au pouvoir des protestants. Il pilla en effet les
maisons de ces derniers, et même celles des catholiques, et
réussit à s'emparer de Mévouillon et de La Roche-sur-le-
Buis. Lesdiguières, que l'on voulait amuser par de longs
traités, dit Videl, voyant que ce feu pouvait s'étendre plus
loin, que cette ligue acquérait tous les jours de nouveaux
partisans, et que le lieutenant temporisait pour donner loisir
à cette populace de faire quelque effort d'importance, court
à Mévouillon, et, autant par sa présence que par ses armes,
l'arrache à la ligue[1]. En même temps Gouvernet revient,
qui reprend le château de La Roche ; et ce tumulte populaire se passe aussitôt qu'il s'était ému. « Maugiron descendit
à Montélimar et Jean de Bellièvre d'Hautefort, premier président au parlement, alla au Buis pour informer sur l'expédition de Colas ; mais ils se bornèrent à blâmer extérieure-
ment les auteurs de ce mouvement, sans les punir, pendant
qu'ils conjuraient Lesdiguières de ne point interrompre pour
cela les négociations relatives à la paix.

---

(1) Chorier (p. 689) dit au contraire que Lesdiguières ne s'empara pas
de Mévouillon par égard pour la reine-mère, et il semble avoir raison ;
car dans le règlement de Bellegarde, cité plus loin, il est stipulé que le
roi retirera ses troupes de Mévouillon.

1579.   Un certain nombre de gentilshommes protestants du parti des Désunis[1] se rendirent à Montluel, où s'était établie Catherine après avoir quitté Grenoble, dans le but de parvenir si possible à une entente. Mais la reine-mère ne voulut faire avec eux qu'un accord provisoire et sur quelques points seulement, les renvoyant au roi pour statuer sur les demandes contenues dans leur cahier et exigeant d'eux jusqu'à cette époque une suspension complète des hostilités et des levées de deniers. Dans l'ordonnance qu'elle publia à cette occasion (20 oct. 1579), elle enjoignit aux protestants de la province de ne contrevenir en rien aux articles de Nérac, et de vider toutes les places qu'ils occupaient, à l'exception de Gap, Die, La Mure, Livron, Châteauneuf-de-Mazenc, Pontaix et le Pont-en-Royans, qu'elle voulait bien leur laisser pour six mois en outre de Serres et Nyons, que leur accordaient les édits précédents. Elle permit d'un autre côté qu'on leur payât, pour l'entretien pendant un mois des garnisons des places susdites, la somme de 1,733 écus et 1/3, mais à la condition que la religion catholique serait rétablie dans ces places et que les ecclésiastiques et autres personnes qui les avaient quittées pourraient y rentrer sans crainte.

Comme Lesdiguières et les gentilshommes qui le reconnaissaient pour leur chef ne s'étaient pas fait représenter à la conférence de Montluel, Bellegarde, que la reine-mère avait confirmé dans la possession du gouvernement du marquisat de Saluces parce qu'elle ne pouvait le lui ôter, fut chargé par la même ordonnance de Montluel de s'entendre avec le capitaine huguenot et ses adhérents pour négocier un traité de paix s'étendant à toute la province. Des députés des deux

---

(1) Cugie, du Mas, Comps, Furmeyer, du Poët. Les jurisconsultes d'Estables et de Calignon s'étaient joints à eux.

partis se réunirent au Monestier-de-Clermont[1], et convinrent 1579. entre eux que les protestants laisseraient « de bonne foi tous actes d'hostilités, impositions, contributions, péages et toutes autres levées et cueillettes de deniers, vivres ou munitions de quelque nature qu'ils soient, ensemble toutes courses et autres charges quelconques »; qu'ils videraient toutes les places qu'ils occupaient, excepté Nyons et Serres, qu'ils possédaient de par l'édit, et Gap, La Mure, Livron, Die, Pont-en-Royans, Pontaix et Châteauneuf-de-Mazenc, que leur cédait l'ordonnance de Montluel; que ¦Maugiron licencierait les garnisons catholiques de Mévouillon, Tulette, Ruinat, Saou et Grane et démantèlerait ces deux dernières places; que les ecclésiastiques catholiques jouiraient dans tous les lieux de la province d'une entière liberté, mais devraient se « comporter modestement[2] ».

Ce règlement ramena pour quelques mois dans le Dauphiné une paix, que l'on avait mis plus de deux années à conclure. Bellegarde, qui présida la conférence du Monestier-de-Clermont, était tout dévoué à cette heure, mais secrètement, au parti huguenot. Il avait informé le roi de Navarre de tout ce qui s'était passé à Montluel pendant le séjour de la reine, et lui avait demandé le brevet de lieutenant général du Lyonnais, Dauphiné et Provence, dans le

---

(1) C'étaient, pour le parti catholique : Maugiron, lieutenant général de la province; Bellièvre, déjà nommé, premier président au parlement; Gaspard Fléhard de Pressins, quatrième président au parlement; Bertrand Plouvier, premier président de la chambre des comptes; le baron de Saulsac. Gaspard Chapuis de Brigaudières, procureur des États du Dauphiné; — pour le parti protestant : Lesdiguières, Aspremont, Morges, Gouvernet, Sainte-Marie, Allières.

(2) *Le règlement sur la pacification du pays de Dauphiné faict par M. le maréchal de Bellegarde, suyvant l'arrest et ordonnance de la Reyne, mère du roy, donné à Montluel en Bresse, le vingtieme d'octobre 1579.* — Lyon, in-8°.

1580. cas où les hostilités recommenceraient entre les deux partis.

L'année suivante (1580), les habitants de Grenoble, tant de l'une que de l'autre religion, jurèrent un pacte d'union, dans lequel ils protestaient de leur obéissance au roi et à ses lieutenants, et déclaraient vouloir exposer leurs « personnes et biens pour la tuition de l'État, conservation de l'autorité de Sa Majesté et sa justice et défense de la pâtrie », et particulièrement de leur ville de Grenoble, et de se « tenir armés, chacun selon ses pouvoirs et facultés, tant pour la conservation de la paix, union des habitants de ladite ville... que pour courir sus, tant dans ladite ville que hors d'icelle, à tous rebelles, séditieux et larrons, voleurs et perturbateurs dudit État et repos public[1] ».

Tous ces serments, hélas! devaient être bientôt rompus.

---

(1) Le *Livre du roi*, dans le *Bull. de l'Acad. delph.*, 1ʳᵉ série, t. 1, p 558, 559, 653-667; t. II, p. 136-149; — *Mémoires de Bellegarde*, p. 111, 135, 193; — *Additions aux Mémoires de Bellegarde*, p. 27, 29, 34; — CHORIER, p. 682-690; — VIDEL, p. 61-73; — PÉRUSSIS, dans d'Aubais, t. I, p. 341; — *Hist. des guerres excitées dans le Comtat-Venaissin*, t. II, p. 189, 213, 218, 234; — CHARRONNET, p. 131-139, 145, 146.

SEPTIÈME GUERRE DE RELIGION

(février 1580 — 26 *novembre* 1580*)*.

Insurrection démocratique de la Valloire. Lesdiguières tente de la secourir. Son échec sur Tallard. Opposition des Désunis. Prise de Saint-Paul-trois-Châteaux. Confirmation du commandement de Lesdiguières par le roi de Navarre.

Au moment où commença la 7ᵉ guerre de religion (février 1580. 1580), appelée *guerre des amoureux,* parce que le roi de Navarre l'entreprit à l'instigation de sa femme Marguerite, qui était vivement irritée de ce qu'Henri III avait dénoncé à son époux le commerce criminel qu'elle entretenait avec le vicomte de Turenne, éclatait (fin janv.) à Roybon, dans la Valloire, une insurrection fomentée par l'association connue sous le nom de *ligue des vilains.* En voici l'origine.

D'après le droit delphinal, l'église et la noblesse devaient contribuer, tout comme le tiers-état, aux dépenses nécessaires à la défense du pays. Or jusqu'à ce jour le tiers-état seul en avait supporté le poids, et il en souffrait d'autant plus que depuis 1562 le Dauphiné avait déjà eu à supporter six guerres de religion. De là des tailles fréquentes et excessives imposées au pauvre peuple, et de violents murmures de la part de ce dernier. Les communautés demandaient que l'on en revînt au droit ancien et qu'on les délivrât des garnisons, qui les ruinaient en pure perte, attendu qu'elles pou-

1580. vaient se garder elles-mêmes, sans le secours des soldats
étrangers. Ce mouvement, qui remontait à 1578, avait pris
naissance à Montélimar et de là s'était étendu à Valence,
Vienne, Grenoble et autres lieux d'une moindre importance,
et, à la date où nous sommes, il avait beaucoup grandi à
cause de la manière évasive dont la reine-mère avait répondu
aux plaintes de ceux qui étaient à sa tête. Ce mouvement
était né en dehors du protestantisme et lui était étranger,
mais celui-ci s'y rattachait indirectement par ses tendances
égalitaires et démocratiques, et plusieurs protestants de
marque, soit par sympathie, soit par politique, le secondaient de tout leur pouvoir, notamment le savant jurisconsulte et controversiste Innocent Gentillet, qui, natif
lui-même de la Valloire, lui avait promis le concours de
Lesdiguières.

De Roybon, les insurgés, commandés par les capitaines
La Pierre et Lambert, se rendirent à Moirans, où ils furent
rejoints par le capitaine protestant Bouvier, qui, faisant
habilement servir l'insurrection à ses intérêts particuliers,
prit 500 de ses meilleurs soldats, construisit avec leur concours un fort à Beauvoir et se saisit du château de la Sône
et de la maison forte de Saint-Alban. Maugiron, secouru
par Mandelot, gouverneur de Lyon, qui avait reçu l'ordre
formel du roi de comprimer le mouvement, attaqua bientôt
Moirans avec 3 ou 4,000 hommes de pied et 200 chevaux,
et s'en empara de vive force (28 mars). Les soldats de Mandelot massacrèrent 900 ligueurs, en firent prisonniers 200,
pendirent leurs chefs et, sans l'intervention de Maugiron,
ils eussent mis le feu à la ville [1]. Le roi, trouvant sans doute

---

(1) Rubys (ou Rubrys) qui, dans son *Histoire de Lyon* (p. 430), place à
tort cet événement en 1581, rapporte que Mandelot, après avoir désarmé
les séditieux à Moirans, se contenta de les renvoyer chacun chez eux avec

que la répression avait été sévère, remit aux ligueurs qui 1580. survécurent « leur coulpe et offense corporelle, criminelle et civile[1] » (26 avril).

La prise de Moirans et le massacre qui la suivit ayant décidé le capitaine Bouvier à abandonner La Sône et Saint-Alban et à se retirer à Beauvoir, Maugiron alla mettre le siége devant cette dernière place; mais il y échoua complètement et perdit beaucoup de monde.

Lesdiguières, qui voyait un avantage évident pour ses armes à se joindre à la ligue des Vilains, n'avait pas osé cependant sortir de ses montagnes, de peur de nuire par sa précipitation aux desseins du roi de Navarre; mais, ayant reçu de lui vers la fin de mars la seconde moitié de son écu d'or, il se mit en campagne malgré les instances de Maugiron et marcha au secours de Moirans, dont il ne connaissait pas encore la chute. Ce fut au moment où il passait l'Isère à Veurey, au-dessous de Grenoble, qu'il apprit la défaite de la ligue. C'était le 1er avril[2]. Il n'en continua pas moins sa marche. Mandelot, n'osant pas l'attendre, se retira dans son gouvernement et laissa tailler en pièces ses traînards par le capitaine huguenot, qui occupa successivement Saint-Quentin, Tullins, Izeron, La Sône et autres places démantelées des rives de l'Isère, pour que le passage ne pût lui être disputé au retour. Après les avoir rançonnées et pillées, il reprit la route du haut Dauphiné, se dirigeant sur Briançon, que les consuls devaient lui livrer le 14 avril.

---

un drapeau blanc. Nous suivons Eustache Piedmont, qui était sur les lieux.

(1) *Lettres patentes du Roy contenant l'abolition et pardon de la ligue du pays de Dauphiné, ensemble les modifications et restrictions de la cour de parlement dudit pays.* — Lyon, in-8°.

(2) Eustache Piedmont dit le 15; mais cette date ne coïncide pas avec les suivantes.

1580. Mais ceux-ci, pressés par un procès qui devait se juger avant cette date, et dans lequel la communauté les accusait d'avoir dérobé le trésor public, précipitèrent le mouvement et le firent échouer. Le capitaine Nély, de Château-Dauphin, qui tenait le parti de Lesdiguières, put entrer, il est vrai, dans Briançon; mais le château lui ayant résisté et les catholiques des environs étant venus en grand nombre au secours des leurs, le capitaine Nély et ses soldats, bloqués de toutes parts et pressés par la famine, durent se rendre. Quant aux consuls, ils furent condamnés à mort et leurs têtes plantées aux avenues de la ville. Lesdiguières, qui accourait en toute hâte pour se trouver devant Briançon au jour dit, apprit en route la catastrophe des consuls et rebroussa chemin vers Gap.

Pendant ce temps, Blacons, à la tête de 300 hommes, tant de pied que de cheval, s'était emparé de la citadelle ruinée de Châteaudouble et l'avait réparée. Mais peu après une partie de sa compagnie se laissa battre par des cavaliers venus de Romans et de Saint-Marcellin.

Lesdiguières, aussitôt après son retour à Gap, tenta l'assaut du château de Tallard (18 avril). Ayant été repoussé, il fit, aidé de Gouvernet, le siége régulier de la ville en construisant des forts et des tranchées. Les Tallardiens se défendirent avec une grande vaillance, et l'armée huguenote ayant coupé la corde du bac de la Durance, ils construisirent un fort sur une île de cette rivière pour en protéger le passage. Au commencement de juin le fort fut pris; mais dès le 12 du même mois les Tallardiens le reprirent. Dans la nuit du 17 au 18 août les assiégeants, ne sachant plus à quelle ruse recourir, se déguisèrent en fantômes blancs et montèrent à l'assaut avec un acharnement incroyable. L'attaque se prolongea jusqu'à 10 heures du matin, mais sans succès. Le 22 août nouvel assaut et nouvel échec, mais continuation du blocus.

Quelques mois auparavant (fin mars) les protestants du 1580. Dauphiné avaient tenu à Die, à la sollicitation du roi de Navarre, une assemblée politique et un synode pour s'occuper de l'interminable affaire de la nomination du successeur de Montbrun. Toutes les églises, à l'exception de Pontaix, Bourdeaux et de deux autres, se prononcèrent en faveur de Lesdiguières. Cugie fut dépossédé du gouvernement de la ville de Die, qui obtint la faveur de pourvoir à sa propre sûreté. Puis l'assemblée politique, en présence du refus persistant du parlement de Grenoble d'exécuter l'édit de Poitiers, relatif à la création de la chambre tri-partie, institua à Die, pour en tenir lieu, un *conseil de justice,* dont Innocent Gentillet fut nommé président, avec le titre de surintendant général de la justice[1]. Ce conseil, qui fut réorganisé en 1586[2] et autorisé plus tard par Henri IV, en 1589, subsista jusqu'à la prise de Grenoble par Lesdiguières et d'Ornano, en 1590. Ses archives, de 1587 à 1590, sont conservées à la préfecture de l'Isère[3].

Trois mois plus tard (en juin), Cugie et Saint-Auban, qui étaient à la tête du parti des Désunis et n'avaient pas encore reconnu les pouvoirs de Lesdiguières, provoquèrent la réunion d'une assemblée politique à Bourdeaux « pour résoudre, dit Eustache Piedmont, à ce qu'on murmurait du différend du gouvernement, que le fils de M. de Montbrun disait lui appartenir, et pour résoudre des propositions que les sieurs commis du pays leur avaient faites, et aussi sur les avis qu'ils avaient de l'armée de M. du Mayne (Mayenne) qui venait en Dauphiné. Ils ne voulurent se résoudre à la paix ». Le fils de Montbrun n'avait guère à cette époque que

---

(1) *Mémoires de la maison des Gay* (Mns.).

(2) Sous la présidence de d'Estables. Voy. *Pièces justif.,* N.º VI.

(3) *Arch. dép. de l'Isère*, B.; — BRUN-DURAND, *Essai historique sur la chambre de l'édit*, p. 64.

1580. 14 ans, mais c'était un drapeau mis en avant par Saint-Auban et Cugie, qui auraient voulu, chacun en ce qui le concernait, obtenir le commandement suprême, sans oser toutefois le briguer ouvertement.

Peu après, les protestants du Royans et des environs, tantôt seuls, tantôt accompagnés de quelques soldats catholiques des débris de la ligue des Vilains, firent diverses irruptions à Quirieu, La Forteresse près Saint-Étienne de Saint-Geoirs et Saint-Antoine, et revinrent chargés de butin dans les diverses places qu'ils occupaient (10 juin — 6 juillet).

Un mois après, une autre troupe protestante, qui opérait dans le bas Dauphiné, s'empara par surprise de Saint-Paul-trois-Châteaux (23 juil.) sous la conduite de Bernard d'Alençon de Teissières. Ils investirent d'abord la maison de Pierre Prat, procureur du temporel de l'évêque Thomas Pobel, et le jetèrent en prison, « où, au rapport de Boyer de Sainte-Marthe[1], ils lui firent souffrir la faim, la soif et mille injures pour l'obliger de rendre les deniers du séquestre et les livres des reconnaissances de l'évêché; mais il ne voulut jamais le faire... Cependant ces sentinelles qui le gardaient, le voyant inflexible, le contraignirent, sous peine de le faire mourir, de leur payer la peine qu'ils prenaient à son occasion. Pour se rédimer de ce danger... il emprunta cent six écus de ses amis, qu'il leur donna : ce qui lui servit d'un moyen efficace pour s'évader ».

Quelques jours après, les protestants dauphinois tinrent un nouveau synode à Die (3 au 13 août). Vers la fin des séances arrivèrent cinq paquets du roi de Navarre concernant la police militaire de la province et confirmant la nomination de Lesdiguières au poste de commandant en

---

(1) P. 236, 237.

chef des troupes protestantes du Dauphiné. Le roi blâma à 1580. cette occasion la conduite des Désunis, qui, persistant néanmoins dans leur scission, tentèrent le 29 août, mais sans succès, de se saisir de Die. Cugie, Jean de Grammont de Vachères, Comps, du Poët, de Laye, Condorcet et autres étaient à la tête de l'expédition[1].

Le duc de Mayenne envahit le Dauphiné et prend quelques petites places. Siége mémorable de La Mure. Conférence de Fleix.

Les Guises, voyant que le Dauphiné ne se disposait nullement à déposer les armes, engagèrent Henri III à y envoyer le duc de Mayenne (Charles de Lorraine), un des leurs, avec une armée suffisante pour le réduire. Elle comptait 9,000 hommes de pied, 3,000 Suisses, 2,000 gendarmes, 1,400 reîtres, 10 canons et une couleuvrine[2]. Arrivé à Valence, qui lui ouvrit ses portes, Mayenne voulut d'abord essayer son artillerie contre Châteaudouble (5 sept.), que Blacons évacua en la voyant approcher; puis il envoya pour débloquer Tallard, que Lesdiguières tenait assiégé depuis le mois d'avril, Guillaume de Saulx de Tavanes, fils du célèbre maréchal de ce nom, qui devait faire dans ce but sa jonction avec le grand prieur Henri de Valois, bâtard d'Angoulême, gouverneur de Provence, et le colonel corse Alphonse d'Ornano. « Je trouve, dit Tavanes dans ses Mémoires, le grand prieur et les Provençaux en crainte des huguenots; je les rassure, marche droit à Lesdiguières sous

---

(1) *Mémoires de la maison des Gay.*

(2) Chorier dit 7,000 hommes de pied et 1,000 chevaux; Eustache Piedmont, 8,000 hommes de pied et 2,000 chevaux.

1580. promesse d'être soutenu. Il se présente en bataille, la Durance entre deux ; Morges, son cousin, et plusieurs autres des siens furent blessés... Je passai le lendemain ladite rivière de Durance auprès de Tallard... et sans attendre les Provençaux je fais lever le siége à Lesdiguières, qui se retire à Gap au trot ; si le Corse m'eût voulu ou pu suivre, je l'eusse défait. » « Je regretterai toujours, dit Tavanes dans un autre passage, que lorsque je chassai Lesdiguières de devant Tallard... que, lui paraissant en gros sur le bord de la rivière de la Durance avec toutes ses forces, le jour de devant que je ne la passai, sans doute il n'eût point rendu de combat. Le lendemain que je traversai la rivière, ils se tinrent si loin du bord qu'ils eurent moyen de se retirer quand mes coureurs furent aux pistoletades avec eux. »

Le duc de Mayenne, qui était resté à Valence, se rendit à Romans (30 août). Le 5 septembre ses soldats prennent Saint-Nazaire-en-Royans. La garnison, comptant 40 soldats, se réfugie dans la tour, rend les armes, mais est passée au fil de l'épée, puis le bourg est incendié. Les soldats protestants qui occupaient le Pont-en-Royans, voyant approcher les troupes du duc, mettent le feu à la ville, dont un seul quartier est détruit, rompent le pont jeté sur la Bourne et se retranchent dans le château, d'où on ne put les déloger[1]. Après cela, 4,000 soldats investissent Beauvoir (19 sept.). Cette petite place assez forte n'avait pour toute garnison que 140 soldats, dont plusieurs étaient nouveaux et peu connus des capitaines et quelques autres catholiques. Après cinq ou six jours de résistance, le capitaine Féraud (ou Ferraut), qui commandait le fort situé en avant de la place, ne voyant venir aucun secours, se découragea et

---

(1) Les *Mémoires de la maison des Gay* disent que ce furent les catholiques qui, irrités de la résistance opiniâtre du château, mirent le feu à la ville.

obtint une capitulation honorable. D'Allières, qui était dans 1580. Beauvoir même, n'espérant plus pouvoir lutter, se retira à Die avec ses gens, et les catholiques incendièrent le bourg. Le duc de Mayenne reçut pendant le siége un coup d'arque-buse, qui lui blessa légèrement l'œil. Lesdiguières avait donné ordre au capitaine Gaspard Faure de Vercors d'aller secourir Beauvoir avec 100 hommes, mais il s'y était refusé lâchement. D'Allières, ayant rencontré celui-ci quelques jours plus tard, ne put contenir sa colère, le saisit à la gorge et l'étrangla.

De Beauvoir l'armée royale se porta sur Izeron. Après quelques jours de siége, Bouvier, qui y commandait, capitula et obtint la vie sauve, à la condition que Saint-Quentin et la tour du Pont-en-Royans, occupés par les protestants, se rendraient. Saint-Quentin y consentit, mais la garnison de ladite tour résista, et, pour se venger, l'armée royale incendia le Pont (12 nov.), qui avait été déjà brûlé en partie quelques mois plus tôt. La mésintelligence se mit malheu-reusement parmi les soldats de la. garnison, ce qui entraîna la reddition de la tour. D'Allières et le ministre Denys, de Die, s'étaient dirigés vers eux pour apaiser leur différend; mais la garnison avait été déjà achetée par le capitaine ca-tholique Beaucroissant et la tour livrée. Saint-Egrève tomba également au pouvoir de l'armée royale.

Mayenne se rendit ensuite à Grenoble et résolut d'assiéger La Mure, le boulevard des protestants du haut Dauphiné. « Cette petite ville, dit Chorier, qui est la clef des montagnes du côté du Grésivaudan, est bâtie sur le penchant d'un rocher assez élevé. Lesdiguières l'avait fortifiée avec grand soin et s'était servi des connaissances d'Hercule Nègre, [natif de Cental, marquisat de Saluces], appelé depuis le comte de Saint-Front, excellent ingénieur, pour n'y rien épargner de ce qui pouvait la rendre bonne. Les murailles en avaient été terrassées et étaient environnées d'un fossé

25

1580. large et profond. Vers le midi était un grand bastion, qui y avait été élevé pour couvrir la ville de ce côté, le plus nu et le plus accessible ; mais ce qu'il y avait de meilleur, était une citadelle au-dessus de la ville, qui commandait avantageusement à tous les lieux d'où elle aurait pu être le plus incommodée. » Les courtisans du duc de Mayenne le dissuadaient d'assiéger cette place, en lui représentant cette entreprise comme hasardeuse et difficile ; mais « son propre courage, dit l'historien Matthieu, le fortifia en ce dessein, et les raisons que l'archevêque d'Embrun et le premier président de Grenoble ajoutèrent, le rendirent plus facile ».

Lesdiguières avait placé 800 hommes environ dans la ville ou dans la citadelle. Celle-ci, qui disposait de trois canons, était défendue par Aspremont, assisté de Montrond, les deux frères Chenevières[1], du Port et La Gautière, choisis entre les meilleurs capitaines ; celle-là par du Villar. Lesdiguières lui-même campa avec ses hommes à Saint-Jean-d'Hérans, prêt à se porter au secours de la place au moindre signal. Pour ce qui est du duc de Mayenne, il avait 8,000 hommes de pied, 800 chevaux et 18 canons, et pour principaux officiers Jean d'Arces, dit Livarrot, neveu de Maugiron, Aymar de Poissieu du Passage, Antoine de Clermont-Montoison, gendre de Gordes, Birague-Sacremor, Louis-Guillaume-Reymond de Mourmoiron, comte de Montlaur, beau-père de Maugiron, Charles-Emmanuel de Savoie, duc de Nemours, frère utérin du duc de Mayenne, François de Mandelot, gouverneur de Lyon.

Le duc de Mayenne[2], accompagné de Maugiron, partit

---

(1) Jacques de Miolans, sieur de Chenevières, et Pierre Bardel Chenevières. Ce dernier fut tué pendant le siége.

(2) Nous suivons le *Journal du siége* d'Aymar du Rivail et un autre *Journal* anonyme. Chorier et Videl donnent peu de détails et ne s'accordent pas avec ces relations.

le 29 septembre de Grenoble, et dès le 30 son avant-garde 1580. était devant **La Mure**. Il y arriva lui-même le 1er octobre, avec le reste de l'armée, à l'exception de l'artillerie, qui ne fut au camp que le 9. Jusque-là il n'y eut que de légères escarmouches entre la garnison et l'armée assiégeante, et quelques alertes causées à celle-ci par Lesdiguières.

Le 10, Mayenne fit établir 6 canons sur la colline de Beauregard, d'où l'on pouvait diriger un feu plongeant sur la place, et, du 11 au 14, il disposa ses autres pièces de façon à battre divers points des fortifications de la ville, spécialement le grand bastion qui défendait le côté le plus nu. Le 14, on ne put tirer que quelques coups, à cause du brouillard ; mais on pratiqua une assez grande brèche à la grande pointe de la citadelle. Le 15, les assiégés firent une sortie sans importance ; mais, à la faveur du brouillard, ils reçurent un renfort de 240 hommes. Le 16, il y eut une grande canonnade. La ville fut battue par les 6 canons placés sur la colline de Beauregard, pendant que le grand bastion supportait de son côté le choc de 8 autres canons, qui lui causèrent cependant peu d'avaries. Les assiégeants réussirent à monter sur la contrescarpe faisant face au bastion ; mais, ayant voulu descendre dans le fossé, ils furent repoussés. Néanmoins ils passèrent la nuit sur la contrescarpe.

Le 17, ils continuent leurs tranchées jusqu'au fossé et parviennent à monter sur le bastion, d'où ils sont repoussés, à coups de pique et de pierre. Cependant ils se logent au pied du fossé, s'y mettent à couvert au moyen de barriques remplies de terre et de planches, et commencent aussitôt à creuser une mine sous le bastion, qu'ils continuent toute la journée du 18.

Le 19, les assaillants avancent leur mine de 16 à 18 pieds, y mettent le feu et, profitant de la brèche, s'élancent à l'assaut de deux côtés différents ; mais ils sont également repoussés à coups de pique et de pierre. Trois autres

1580. assauts n'eurent pas plus de succès, et la brèche demeura
au pouvoir de la garnison, qui s'empressa de la réparer.
Mayenne eut, dans cet assaut, 20 soldats et plusieurs gentilshommes tués, et 35 à 40 blessés. Les assiégés perdirent
37 des leurs.

Le 21, dans la nuit, Montjoux, beau-frère de Blacons,
s'efforce, avec 300 hommes, de pénétrer dans la place par
la montagne. Les soldats du duc l'aperçoivent, l'entourent
et se saisissent de sa personne et de six de ses soldats. Les
autres se sauvèrent ou furent assez heureux pour entrer
dans la ville. Dans la journée qui suivit et le 23, les assiégeants se bornèrent à saper les murs du bastion. Le 24, à
l'aide de planches et de poutres, ils parvinrent à se loger « à
la fleur du haut du bastion »; mais, à 8 heures du soir,
Montrond et les deux Chenevières, avec 300 hommes, qui
avaient revêtu des chemises ou casaques blanches pour jeter
la confusion dans les rangs des soldats ennemis, habillés de
cette façon, s'élancent dans le fossé à droite et à gauche du
bastion, chassent les royaux et détruisent leur logement.
Apprenant cette surprise, quelques gentilshommes ennemis
se précipitent dans le fossé, rallient les soldats et repoussent
à leur tour les assiégés. Le duc arrive lui-même avec toute
la noblesse du camp; mais leurs adversaires étaient déjà
rentrés dans la place. La nuit fut employée par les royaux
à couvrir la tranchée, afin de protéger les mineurs, qui
continuèrent leur galerie. Les assiégés firent toutefois une
contre-mine, et, le 25, les soldats des deux camps se rencontrèrent dans la galerie et échangèrent entre eux quelques
arquebusades. Dans la nuit de ce même jour, 500 hommes
de pied des troupes de Lesdiguières, dont 100 cuirasses,
attaquèrent le village de Prunières, où était logée une partie
de l'armée royale, prirent 23 chevaux avec leur harnache-
ment et incendièrent le village.

Les 26, 27 et 28, les soldats du duc continuèrent leurs

tranchées sans être gravement inquiétés. Le 29, ils mirent 1580.
le feu à une mine qui fit une assez grande brèche au bastion
et tua quelques assiégés. « Partie de ceux qui étaient dedans, dit le *Journal* anonyme, périrent : les uns étouffèrent,
les autres furent mis en pièces et les autres étaient enfoncés
dans terre jusqu'à la gorge, lesquels, pour penser de sauver
leur vie, disaient aux vainqueurs : Cent écus, deux cents
écus, trois cents écus. » Aussitôt la brèche formée, les assiégeants s'élancent à l'assaut ; mais ils sont repoussés à coups
de pierre et d'arquebuse et violemment incommodés par
des pièces d'artifice, auxquelles les assiégés mettent le feu.
Renforcés par une nouvelle colonne, ils gravissent le bastion et parviennent à s'y mettre à couvert du feu de la place
au moyen de fascines et de sacs remplis de terre.

Le 30 et le 31 furent employés par les royaux à établir
deux canons sur le bastion et cinq sur la contrescarpe, près
de la porte Peschier, de façon à battre l'encognure de la
courtine du bastion. Les pièces logées sur ce dernier firent
beaucoup de mal à la ville et tuèrent un grand nombre de
soldats, de femmes et d'enfants. Pour surcroît de malheur,
l'ingénieur Hercule Nègre se laissa corrompre et envoya
au duc, dans la journée du 31, son laquais, qui dit à ce
dernier, d'après du Rivail, « que le matin la garde de ladite
encognure avait pris si chaude alarme qu'elle s'enfuit jusqu'au milieu de la place ; mais, arrivant, Aspremont en
tua deux, et à coups de bâton fit retourner le reste ; qu'ils
avaient tout débagagé et porté à la citadelle ; que la nuit ils
avaient été prêts à abandonner la ville ; qu'ils n'avaient que
trois caques de poudre tant à la ville qu'à la citadelle, de
farine que ce que deux bœufs pourraient moudre en un jour ;
qu'ils n'avaient que deux fours ; qu'autant de feux qu'on
faisait à la citadelle, autant il signifiait qu'il y était arrivé
d'hommes de la part de Lesdiguières ».

Les assiégés, voyant l'ennemi maître du bastion qui

1580. commandait la ville, et ne pouvant plus espérer de la défendre, y mirent le feu sur dix ou douze points différents,
dans la nuit du 1er novembre, vers deux heures [1], et se
réfugièrent dans la citadelle au nombre de 1,500, ne laissant
que quelques femmes après eux. En cela ils enfreignirent
l'ordre de Lesdiguières, qui avait formellement défendu à
la garnison de la citadelle de recevoir autre chose de la ville
que des vivres et des munitions. Voyant la place évacuée,
l'armée royale y pénétra aussitôt, et, favorisée par la chute
d'une neige abondante, parvint à éteindre l'incendie. Elle
trouva encore quelques vivres.

La position des assiégés dans la citadelle était intenable,
car ils manquaient de munitions de guerre et de bouche.
Ils demandèrent donc au duc la permission de congédier en
toute liberté et sûreté les femmes qui s'étaient réfugiées
au milieu d'eux. Mais Mayenne répondit « que celles qui
étaient demeurées dans la ville avaient été traitées avec toute
douceur et respect; mais qu'ils gardassent les leurs, puisqu'ils avaient tant de moyens, comme ils faisaient toujours
entendre ».

L'armée royale, commençant sans plus tarder le siége de
la citadelle, intercepta, par une sorte de mur fait avec des
barriques pleines de terre, la tranchée qui y conduisait, afin
que les assiégés ne pussent sortir de ce côté. Le 2 elle se
logea dans le fossé même de la citadelle, tandis que les
assiégés faisaient sortir les 300 femmes [2] qui avaient cherché
un asile au milieu d'eux. Ces malheureuses, en proie à une
terreur mortelle, se tenaient immobiles dans le fossé, car
leurs coreligionnaires leur jetaient des pierres pour les obliger
à fuir, et les assiégeants les empêchaient d'avancer en tirant

---

(1) Le *Journal* anonyme dit 6 heures du matin.

(2) Eustache Piedmont dit 80 seulement.

sur elles des coups d'arquebuse. A la fin, le duc donna 1580. ordre de faire cesser ce jeu sanguinaire et de les conduire en sûreté au village de Ponsonnas.

Un déserteur de la garnison vint annoncer au duc, le matin de ce même jour, que les assiégés étaient encore au nombre de 1,200, et qu'ils n'avaient que peu de vivres et point d'eau. Dans l'après-midi, on les vit, en effet, pousser hors de la citadelle 150 ou 160 mauvais chevaux [1], qu'ils tuèrent ou blessèrent, parce qu'ils ne pouvaient les nourrir. Le 3, un autre déserteur, envoyé par le traître Hercule Nègre, conseilla aux assiégeants d'établir des canons sur la colline située « vis-à-vis de la citadelle, sur le moulin de Bonrepos », comme étant le lieu le plus propre pour battre la citadelle et le moyen d'attaque que la garnison craignait le plus. Le duc suivit cet avis et employa le 3 et le 4 à préparer un chemin et une plate-forme pour établir une batterie de 8 canons. Les assiégés, à partir de ce moment, perdirent tout espoir de résistance et demandèrent à capituler. Après divers pourparlers, qui prirent les journées du 4 au 6 novembre, ils obtinrent de sortir de la place, les soldats avec leur épée et leur poignard, les gentilshommes avec les mêmes armes et leurs chevaux; les uns et les autres avec la promesse « de ne plus porter les armes contre le roi »; mais ils durent livrer leurs enseignes, cornettes, tambours et munitions de guerre, et leurs canons, au nombre de trois. Les blessés sortirent les premiers, et après eux « tous les soldats, au nombre de huit cents, fort bons hommes et bien armés, entre lesquels avait trente chevaux, quelques femmes et enfants, avec leur bagage ». La troupe prit le chemin du pont de Cognet, avec une escorte d'honneur. Le duc demeura quelques jours à La Mure pour en faire réparer

---

(1) Eustache Piedmont dit 120.

1580. les brèches, et, y ayant laissé une garnison et des vivres,
reprit le 25 le chemin de Grenoble.

Ainsi se termina le siége de La Mure. Son issue ne fut
pas glorieuse comme celle du siége de Livron ; mais il n'en
fit pas moins beaucoup d'honneur aux soldats huguenots,
qui, pendant plus d'un mois, tinrent en échec une armée de
près de 9,000 hommes, commandée par un des meilleurs
capitaines du temps. Il est vraisemblable qu'avec un peu
plus d'opiniâtreté dans la défense la ville n'eût pas été prise ;
mais les assiégés ne voulurent point ajouter foi à Lesdiguières, qui « les assurait à toute heure, dit l'historien
Matthieu, que le duc de Mayenne se retirerait, que leur
patience le vaincrait sans combattre, son armée étant dépourvue de vivres et son artillerie de munitions, en pays
fâcheux et en la plus rigoureuse saison de l'année ». Le
temps, en effet, qui avait été sec pendant six semaines,
devint fort mauvais, et il tomba de la neige en abondance.
L'union des chefs réformés aurait également fait échouer
les efforts de Mayenne ; mais plusieurs d'entre eux ne se
cachaient point pour contrecarrer les desseins de Lesdiguières, dont ils ne voulaient pas reconnaître l'autorité. Il
avait réclamé leur appui pour secourir la ville, et s'ils
s'étaient rendus à son camp, c'était plutôt pour paralyser
son action que pour la favoriser. Videl raconte même qu'un
jour ils l'attendirent sur un coteau pour se défaire de lui, et
qu'averti de leurs desseins par Fabri, pasteur de Mens, il
poussa droit à eux sur son cheval avec ses gardes et leur
dit : « Ne vous semble-t-il pas, Messieurs, qu'un homme
de cœur, monté sur ce cheval, n'est pas mal en état de se
défendre ? » Puis, mettant pied à terre, il les salua comme
à l'ordinaire, et par cette résolution leur ôta toute envie de
mettre leur complot à exécution.

Comme au siége de Livron, les femmes jouèrent un grand
rôle dans la défense de La Mure. Elles « travaillaient jour

et nuit, dit Chorier, à réparer les fortifications avec les
hommes, et il y en eut une qui combattit toujours avec eux.
On la vit sur la brèche aux assauts, et entre les soldats aux
sorties. Elle fit mourir de sa main plusieurs des assiégeants,
et n'y eut point de soldat plus déterminé ni plus terrible
qu'elle. On l'appelait, dans l'armée du duc, la *Cotte rouge,*
à cause de la couleur de sa jupe, et on n'a pas eu le soin de
conserver le souvenir de son nom. Elle le méritait néanmoins ou par son courage ou par son bonheur, car elle
ne fut jamais blessée, quoiqu'elle se prodiguât dans les
occasions les plus dangereuses ».

Les assiégés (et c'est là encore un trait de ressemblance
entre Livron et La Mure) adressèrent aussi aux soldats
royaux des moqueries et des injures. « Vous n'avez pas
trouvé un Beauvoir, leur disaient-ils, ni les faibles places
que vous avez prises; vous n'avez pas trouvé des soldats
pusillanimes et bas de cœur, qui se sont rendus sans coup
frapper; mais vous avez trouvé, canailles de papaux, des
gens qui feront vos tombeaux à l'entour de ces murailles.
Le diable vous mène bien, quand de si loin vous venez
chercher votre mort. Si vous n'avez d'autre ville pour vous,
je crois que celle-ci ne vous fera pas les gencives, et que
vous serez bien mouillés si vous n'avez d'autres maisons
pour vous garder de la pluie. »

Pour ce qui est des pertes réciproques des deux armées,
Eustache Piedmont dit que les protestants eurent en tout
400 hommes mis hors de combat, et le duc de Mayenne
600 morts et autant de blessés. Le chroniqueur de Saint-
Antoine ne paraît pas compter les soldats de l'armée royale
qui périrent de maladie, et ils furent nombreux.

Quelques jours après la prise de La Mure, vers le 10 novembre, Henri de Bourbon, prince de Condé, qui était
hors de France depuis le mois de mai, et avait parcouru
sans succès les Pays-Bas, l'Angleterre et l'Allemagne pour

1580. solliciter des secours d'hommes, passa à Gap, venant de
Genève, avec une suite de 18 à 20 chevaux. S'il faut en
croire Chorier, qui place à tort cet événement au commencement de cette année (1580), les bagages du prince auraient
été pillés sur la frontière de Savoie; mais lui-même n'aurait
été ni reconnu ni arrêté. Il ajoute qu'il reçut à Gap les
devoirs de toute la noblesse huguenote du Dauphiné, et
qu'ayant réussi à réconcilier Lesdiguières avec les Désunis,
il le confirma dans sa charge de commandant général des
troupes réformées de la province, que lui avait déjà conférée
le roi de Navarre. De Gap, Condé vint à Die, puis gagna
le Languedoc, et y arriva quelques jours avant la signature
du traité de paix de Fleix, du 26 novembre 1580, connu
sous le nom de *Conférence de Fleix,* qui accordait aux protestants des conditions beaucoup plus favorables qu'ils ne
l'auraient espéré; car, à l'exception de la prise de Cahors,
ils n'avaient éprouvé que des échecs pendant cette 7e guerre
de religion. La conférence de Fleix confirma l'édit de Poitiers
(17 sept. 1577) et les articles de Nérac (fév. 1579) [1].

_____

(1) *Le siege et prinse de la ville et citadelle de La Mure,* en l'an 1580,
Valence, 1870, in-8°; — *Ample discours du siege et prinse de la ville et
citadelle de La Mure,* Lyon, 1580, in-12 (Valence, 1870, in-8°); — Eus-
TACHE PIEDMONT, *Mémorial;* — *Mémoires de Gaspard de Saulx, sieur de
Tavannes,* p. 181, 363; — D'AUBIGNÉ, t. II, p. 407; — MATTHIEU, t. I,
p. 456; — CHORIER, p. 697-704; — VIDEL, p. 71-85; — CHARRONNET,
p. 147-151 (inexact); — PÉRUSSIS, dans d'Aubais, t. I, p. 227.

INTERVALLE ENTRE LA SEPTIÈME ET LA HUITIÈME
GUERRE DE RELIGION.

(26 novembre 1580 — mars 1685.)

---

*Lesdiguières, mécontent des articles de
Fleix, continue la guerre. Conférences de
Die, Gap, Mens et Grenoble. Les Désunis
les acceptent. Troubles à Saint-Paul-
trois-Châteaux. Échec des négociations de
Maugiron.*

Lesdiguières ne se laissa pas abattre par la chute de La 1580.
Mure. Il était maître de tout le Champsaur et du Gapençais,
et levait même des contributions sur les bailliages de Briançon et d'Embrun. Il avait construit une citadelle redoutable
sur la montagne de Puymore, qui dominait Gap, et fortifia
Corps, qui était la clef du Champsaur du côté de Grenoble.
Il réussît encore à s'emparer des Crottes, village distant
d'Embrun d'une petite lieue, et menaça même Embrun, qui
fut secouru à temps par la garnison de Tallard. Il possédait
aussi Châteauvieux, près de Tallard, et tous les efforts que
firent les habitants de cette dernière ville pour reprendre la
place furent inutiles.

Sur ces entrefaites, la nouvelle du traité de paix conclu
à Fleix, le 26 novembre, parvint dans le Gapençais. Lesdiguières, qui aurait voulu posséder plus de places de sûreté
que n'en accordait le traité, fit peu de cas de celui-ci et
continua les hostilités. Ses gens s'emparèrent, en janvier

1581. 1581, de Sigoyer, Ventavon et autres places. En février ils prirent également Saint-Crépin, dans le haut Embrunais, et menaçaient la ville d'Embrun elle-même. Les membres du parlement de Grenoble, informés de ces faits, ordonnèrent au capitaine Humbert de Bourellon de Mures, du Briançonnais, de se porter, avec trois compagnies de gens de pied, contre les troupes de Lesdiguières, soit pour les combattre, soit pour ravitailler les places catholiques. Le capitaine huguenot le rencontra à Chorges et le chargea si rudement qu'il lui tua 300 arquebusiers et 30 argoulets. De Mures se réfugia à Embrun avec le reste de ses soldats, et, aidé de la garnison, put repousser l'attaque que son vainqueur dirigea immédiatement contre la ville. Lesdiguières dut se retirer à Gap, emmenant avec lui beaucoup de blessés. Pendant ce temps, Gouvernet échouait devant Mévouillon, où il reçut deux arquebusades, eut son cheval tué sous lui, perdit plusieurs de ses gens et ramena également beaucoup de blessés.

Au commencement du printemps, les protestants convoquèrent une grande assemblée à Die, où le roi de Navarre se fit représenter par Jacques de Ségur Pardaillan et Soffrey de Calignon, et le parlement par Fustier, son secrétaire, et Félix Basset, qui devint plus tard conseiller. Il s'agissait de s'entendre sur l'exécution du traité de Fleix. Les pourparlers n'ayant pas abouti, l'assemblée se transporta à Gap, où il fut décidé que Ségur et Calignon se rendraient auprès du parlement. « Ce qui faisait la principale difficulté, dit Videl [1], c'est que les protestants demandaient que la cour vérifiât les édits de paix des trois dernières années, conjointement avec cette nouvelle déclaration, à cause que tout cela

_____

(1) *La vie de Souffrey de Calignon*, dans les *Documents inédits*, p. 24 et suiv.

leur était fort favorable... Au contraire, le parlement et le 1581. lieutenant du roi voulaient qu'ils se contentassent qu'on vérifiât la dernière déclaration; qu'avant toutes choses les troupes des protestants fussent licenciées, à la réserve des garnisons de Nyons et de Serres, qui leur demeuraient comme places de sûreté; que la citadelle de Puymore, faite par Lesdiguières sur la ville de Gap, et les fortifications de sa maison propre [à Gap] fussent démolies; se plaignant du reste de ce qu'ils voulaient démanteler cette ville-là.

« Bien loin que les protestants tombassent d'accord de toutes ces choses, ils persistaient à vouloir que la vérification dès édits précédât le licenciement des troupes; que la citadelle de Puymore et les autres fortifications demeurassent en leur entier; avouant bien qu'on avait proposé le rasement des murailles de Gap, mais que cette résolution était demeurée sans effet et que l'on n'y pensait plus.

» Cependant, parce qu'à cause des fréquentes communications qu'il fallait que ces deux députés eussent avec l'assemblée, il se passait beaucoup de temps inutilement, à cause de la distance des lieux, il fut dit que l'assemblée s'approcherait jusqu'au bourg de Mens, comme elle fit, pour avoir plus tôt nouvelles de ses députés et pouvoir plus tôt leur faire réponse... Dès que l'assemblée fut à Mens, le parlement y envoya de nouveaux députés, qui y renouvelèrent les propositions faites à Calignon et à Ségur. L'assemblée répondit par écrit, ajoutant d'autres articles aux précédents, en exécution de ce dernier édit, et ne dissimulant point qu'elle voulait demander au roi la ville de Gap pour place de sûreté, au lieu de celle de Serres; que si, néanmoins, Sa Majesté ne trouvait pas bon de l'accorder, ils obéiraient à ce qui serait prescrit de sa part; même ils démoliraient les fortifications faites à Puymore et la maison même du sieur de Lesdiguières à Gap, si le roi, après leur avoir fait la grâce de les ouïr, le leur commandait absolu-

1581. ment; pour assurance de quoi ils offraient des otages, suppliant la cour de parlement, moyennant cela, de ne point différer la publication de l'édit, et, au reste, demandant des passeports pour ceux qu'ils désiraient envoyer à la cour...

» Ainsi, l'assemblée ayant envoyé de nouveau pour cela à la cour de parlement Calignon et Ségur, ses députés ordinaires, ils y furent ouïs, la chambre des comptes y assistant par ses députés, en présence du lieutenant du roi, des commissaires du pays, des gentilshommes et autres personnes catholiques de la ville de Gap, réfugiées à Grenoble. Calignon, qui portait la parole..., n'oublia rien afin d'obtenir l'effet de ses demandes; mais quoi qu'il sût faire, et Ségur avec lui..., le parlement leur répondit nettement, par la bouche [de Bellièvre] d'Hautefort, qu'il ne pouvait en façon quelconque vérifier l'édit que les protestants n'eussent fait auparavant ce qu'ils offraient de faire après, c'est-à-dire qu'ils n'eussent rendu les places, celles de Serres et de Nyons toujours exceptées, et démoli toutes leurs fortifications; même on leur refusa des passeports pour ceux qu'ils voulaient envoyer au roi. De sorte que Calignon et Ségur, éconduits en toutes choses, se retirèrent avec apparence d'une nouvelle et entière rupture, non-seulement dans cette province, mais encore par toute la France. »

Les Désunis, par haine de Lesdiguières, acceptèrent au contraire l'édit de pacification. Dans la ville de Die on les vit même s'unir aux catholiques, à l'instigation de Cugie, pour chasser de leurs murs le ministre Lacombe, qui n'était pas favorable à l'édit. Il n'y avait pas de ville « plus inconstante, dit Chorier, ni de plus facile à recevoir toutes sortes de mouvements, tantôt pour la paix, tantôt pour la guerre ». Cugie, qui s'était fait l'agent du duc de Mayenne dans le Valentinois et le Diois, accepta la mission de rétablir dans cette ville l'autorité royale. Il réunit tous ses habitants dans

une assemblée générale, où on résolut de demander pour
gouverneur L'Hère de Glandage le père, qui avait déjà
exercé cette fonction pour le parti catholique, et qu'on
convertirait en citadelle la maison de Chabestan, contiguë
aux murailles. Le duc, apprenant ces résolutions, nomma
Glandage gouverneur et chargea l'ingénieur Hercule Nègre
de fortifier la maison Chabestan. Glandage fit son entrée
dans la ville avec 5o soldats, et, au même moment, on
découvrit une conspiration, qui avait pour but de livrer Die
à Lesdiguières. La reddition de cette place importante fut
suivie de toutes les autres places du Diois et du Valentinois,
où dominaient les Désunis. Mais, comme dit Chorier, « ce
ne fut pas tant un repentir de ce qui s'était passé contre le
roi et l'État qu'une conspiration contre Lesdiguières ».

La conduite de Cugie fut dénoncée à Théodore de Bèze,
à Genève, par le ministre proscrit Lacombe et par Innocent
Gentillet, président du conseil de justice séant à Die. Cugie
en fut informé et reçut peut-être quelques reproches, car il
écrivit deux lettres au conseil de Genève pour se disculper
(24 mars et 19 mai). Dans la seconde, il traite de calomnies
les accusations dont il est l'objet et annonce qu'il « a tiré en
cause devant le conseil, que les églises de cette province
ont établi, » Lacombe et Gentillet. Il fit aussi écrire en sa
faveur au conseil Comps, du Poët et Saint-Auban (18 mai),
qui, bien qu'ils affirmassent le contraire dans leurs lettres,
s'étaient véritablement « séparés de l'obéissance du sieur
des Diguières [1] ».

Dans les villes où les catholiques étaient les plus forts, ils
faisaient exécuter les articles de Fleix à toute rigueur, et
ne permettaient pas aux protestants de célébrer leur culte.
Boyer de Sainte-Marthe [2] raconte qu'à Saint-Paul-trois-

---

(1) *Arch. du conseil de Genève*, N.° 2036.

(2) P. 238-240.

1581. Châteaux le bailli du roi et le bailli de l'évêque, « ayant été avertis que quelques habitants, parmi lesquels se trouvèrent les consuls, s'étaient assemblés dans une maison particulière de la ville pour y tenir consistoire et faire exercice de religion, à l'issue de la messe se transportèrent sur le lieu, suivis de plusieurs catholiques, et trouvèrent dans la rue une troupe d'hommes et de femmes qui venaient de cette assemblée. Ils demandent hardiment d'où vient un attroupement si scandaleux et si contraire aux volontés du roi. Bertrand Roux, de Saint-Restitut, diacre de la religion protestante, répondit qu'ils venaient de faire les prières selon la forme de leur église. Les baillis leur firent inhibition et défense, de la part du roi, de ne faire jamais plus dans la ville aucune assemblée en lieu public, sous quelque prétexte que ce fût, ni aucun exercice de la religion, si ce n'est de la catholique, apostolique et romaine, sous peine d'être taillés en pièces ; leur déclarant que la ville de Saint-Paul, comme capitale du pays tricastin et du diocèse, était entièrement catholique. Les hérétiques répondirent qu'ils s'opposaient à cette déclaration, sans prétendre toutefois contrevenir aux ordres de Sa Majesté... On ordonna au diacre Bertrand Roux de se retirer chez lui, au village de Restitut, pour y vivre selon les édits du roi. Guillaume du Pré, curé de ce village, protestant qu'il ne demeurerait pas dans sa paroisse si Roux s'y établissait, à moins qu'il ne revînt à la religion catholique, celui-ci promit de ce faire... Les hérétiques, continue Boyer de Sainte-Marthe, se rendirent encore maîtres de la ville, et chargèrent d'injures et de coups tous ceux qui ne se rangèrent pas de leur parti; se répandant ensuite de la ville dans la campagne, ils enlevèrent tout le bétail qu'ils trouvèrent, et sur la moindre résistance que les maîtres ou leurs gardiens leur faisaient, ils égorgeaient indifféremment et sans pitié les uns et les autres. Le roi, pleinement informé de ces actes d'hostilités..., craignant que la ville de Saint-

Paul ne fût toujours un asile assuré pour l'hérésie, parce 1581. qu'elle était ceinte d'une muraille très-belle et très-forte, bâtie de pierre de taille et flanquée de bonnes tours, régulièrement situées d'espace en espace, ordonna de les abattre... sur la fin de l'année 1581 ».

Maugiron ne laissait pas cependant que de continuer ses négociations avec Lesdiguières, qui lui avait fait présenter, le 1ᵉʳ juin, à Grenoble, un cahier de 28 articles, dont le principal portait que la citadelle de La Mure et celle de Puymore seraient cédées aux protestants. Maugiron et le parlement ne consentirent point à accepter cette condition, et dirent aux députés du capitaine huguenot qu'ils trouvaient étrange que leur maître prétendît obtenir pour lui seul un édit de pacification. Là-dessus ils lui envoyèrent Jean-Béatrix-Robert de Bouqueron et Michel Thomé, conseiller au parlement, pour tâcher d'obtenir de meilleures conditions; mais ils n'y réussirent point. « Lesdiguières, dit Matthieu, qui désirait autant la paix que les autres, faisait semblant d'aimer la guerre, et voulait être comme contraint par les peuples à faire la paix, afin que si elle apportait des incommodités aux particuliers, il eût toujours de quoi alléguer qu'on l'avait forcé à s'y résoudre, et qu'il eût plus d'autorité quand on reviendrait aux armes. »

Le duc de Mayenne revient en Dauphiné avec une armée. Lesdiguières fait sa soumission. Établissement de la chambre tripartie. Fêtes à Grenoble. Troubles à Gap.

Cependant le duc de Mayenne, revenu de la cour, où le roi l'avait mandé plusieurs mois après la prise de La Mure (fin avril 1581), pour délibérer sur les moyens de pacifier le

1581. Dauphiné, arriva à Vienne le 1er juillet avec une nouvelle armée. Le roi avait fait précéder sa venue d'une déclaration datée de Saint-Maur-des-Fossés, le 28 juin [1], qui fut affichée en Dauphiné, et où il rappelait que les députés protestants de la province avaient signé le traité de Bergerac [2] de 1577, et promis depuis par Calignon, leur envoyé, de l'observer ; mais que, malgré cela, ils avaient fomenté des troubles, donné la main aux troubles du marquisat de Saluces, montré peu de respect pour la reine-mère pendant son séjour à Grenoble, pris plusieurs places, levé des contributions de guerre, eu des intelligences avec l'étranger ; que, depuis, était intervenue la conférence de Fleix, entre le duc d'Anjou et le roi de Navarre, à laquelle Lesdiguières ne s'était pas davantage soumis, puisqu'il avait fait construire une citadelle au-dessus de Gap, sur la montagne de Puymore, et une seconde dans Gap même, en démolissant plusieurs maisons catholiques ; qu'il demandait à cette heure que Gap, qui est la clef des montagnes du Dauphiné, et Livron, celle du Rhône, lui fussent livrés, et qu'il continuait la construction des citadelles de ces deux places. Le roi ajoutait que, pour ces diverses raisons, il envoyait le duc de Mayenne avec une nouvelle armée pour contraindre les protestants à rendre les places qu'ils occupaient, et qu'il engageait du reste ses sujets réformés du Dauphiné à « n'ajouter foi à

---

(1) Nous ne savons pourquoi cette déclaration porte le millésime du 28 juin 1580 dans les notes que Rochas a jointes à la partie imprimée du *Mémorial* d'Eustache Piedmont, et dans le N.º 1 des *Pièces rares et curieuses relatives à l'histoire du Dauphiné* (p. 29), lorsque ladite déclaration mentionne en propres termes la conférence de Fleix, qui lui était postérieure, puisqu'elle commença en octobre 1580 et finit le 26 novembre de la même année. Rochas (p. 23 de ces mêmes *Pièces rares*) cite une édition de la déclaration de Paris 1581, et cette dernière date est la vraie.

(2) C'est-à-dire les articles secrets, au nombre de 48, qui furent ajoutés à l'édit de Poitiers.

ceux qui voudraient leur persuader qu'il voulait détruire et 1581.
ruiner ceux de ladite religion dudit pays, pour après faire
le semblable plus facilement à l'endroit des autres ».

Apprenant l'arrivée des troupes du duc de Mayenne à
Vienne, les gentilshommes les plus influents de la province,
savoir Lesdiguières, Morges, Cugie, Blacons, Bouvier et
autres, lui envoyèrent Soffrey de Calignon pour lui faire
part des conditions auxquelles ils consentiraient à déposer
les armes et à lui livrer les places qu'ils occupaient encore.
Le duc se borna à leur communiquer les conditions du roi,
en leur donnant quatre jours pour répondre. Plusieurs
desdits gentilshommes, à qui il tardait de faire la paix, se
rendirent en hâte auprès de lui et promirent de lui rendre
Livron et autres places; ce qu'ils firent. Le duc ordonna
aussitôt la démolition complète des fortifications de Livron,
y fit son entrée le 17 août et y rétablit la messe [1]. Il visita
ensuite les places du Diois et Valentinois qui avaient été
occupées par les protestants ou les catholiques pendant
les guerres précédentes, et donna l'ordre d'en démolir 32.
De ce nombre furent Saillans, Pontaix, la tour de Quint,
Le Puy-Saint-Martin, Eyzahut, Loriol, Grane, Châteaudouble, Saint-Restitut, Tulette, Saint-Paul-trois-Châteaux,
Vinsobres. Un ministre, navré du démantèlement de ces
places, en faisait des remontrances à Lesdiguières, qui répondit : « Je les reprendrai par les mêmes brèches qu'ils
font. »

Pour le moment, le rusé capitaine jugea prudent de faire
sa soumission comme les autres gentilshommes. Il se rendit
auprès du duc à Tullins, et ne le quitta plus jusqu'à Gap.
Accompagné de 1,000 arquebusiers et de 4 compagnies de
gendarmes, le duc prit le chemin de cette dernière ville pour

---

(1) Videl place à tort cet événement en 1580, avant le siège de La Mure.

1581. présider lui-même à la démolition de la redoutable forteresse de Puymore. En passant aux Diguières, en amont de Gap, il s'arrêta dans le château du capitaine huguenot et y fut splendidement reçu. Il fit ensuite son entrée dans la capitale du Gapençais, ayant à sa droite l'évêque Pierre Paparin de Chaumont, et à sa gauche Lesdiguières. Le prélat fut remis solennellement en possession de sa cathédrale et de son palais épiscopal en ruine[1]. Le duc profita de sa présence à Gap pour dresser divers règlements de pacification. Il ordonna à tous les étrangers et vagabonds de quitter la ville, abolit l'abbaye de Malgouvert, fit élire autant de consuls et conseillers catholiques qu'il y avait de protestants ; ce qui, à cause des catholiques qui se trouvaient déjà dans le conseil, donna la majorité aux officiers municipaux de ce culte. Il maintint toutefois les protestants en possession de leur temple, que réclamaient les catholiques, et, tout en leur accordant provisoirement l'exercice public de leur religion, renvoya au roi la question de savoir si, d'après les articles de Nérac et de Fleix, cet exercice était légitime. Le duc prit ensuite congé de Lesdiguières, en lui faisant promettre de passer une partie de l'hiver avec lui à Grenoble, et il poursuivit sa route jusqu'à Embrun, après avoir été harangué à Tallard par Pons de Gentil, gentilhomme catholique. Il était de retour à Grenoble le 21 octobre, et fit publier l'édit de paix, qui ne l'avait pas encore été. Toute la noblesse protestante et catholique ne tarda pas à le rejoindre. Il licencia son armée (18 nov.), et, à l'occasion d'un fils qui lui naquit (18 déc.), ce ne furent, dit Chorier, que « carrousels, joûtes, tournois, courses de bague, danses et festins ».

---

(1) Charronnet, p. 152, place à tort cet événement en septembre 1580, après la levée du siége de Tallard.

Mayenne fit beaucoup d'instances auprès du parlement 1581.
pour que les conseillers de la chambre tri-partie de Grenoble
fussent enfin investis de leurs charges. Ces conseillers
étaient : Innocent Gentillet, président, nommé par le roi le
20 janvier 1579, Soffrey de Calignon, nommé le 3 octobre
1577 et le 20 janvier 1579, Pierre Marcel, coseigneur de
Savasse, nommé le 2 octobre 1577, et Étienne de Burle,
nommé le 27 octobre.1581, en remplacement de Pierre de
Frize, mort avant sa réception. Le quatrième conseiller
ne nous est pas connu, et doit être Louis du Vache, sieur
d'Estables. Le parlement opposa de grands obstacles à la
réception de Gentillet, soit à cause des pamphlets qu'il avait
composés contre le catholicisme, soit parce qu'il avait été
un des instigateurs de l'insurrection de la Valloire. « Pour
couper court à toutes instances, dit Brun-Durand[1], il rendit
le 18 mai 1582 un arrêt, déclarant qu'après avoir examiné
Gentillet, « tant sur la loi que sur la pratique, la cour ne le
trouve point suffisant pour exercer la charge et état de président. » Une question politique se mêlant à ce refus, Henri
III, affamé de paix, lui donna, le 28 juillet suivant, de
nouvelles lettres intimant au parlement l'ordre de le recevoir; ce qui eut lieu le 13 novembre de la même année.
Quant à Calignon, qui avait été fort apprécié des membres
du parlement dans les diverses négociations dont il avait été
l'intermédiaire auprès d'eux, il fut reçu sans examen et
comme par acclamation le 20 novembre 1581. La chambre
tri-partie eut une existence éphémère, si jamais elle fonctionna. Au bout de quelques mois elle fut incorporée au
parlement, et ses membres devinrent de simples officiers de

---

(1) BRUN-DURAND, *Essai historique sur la chambre de l'édit de Grenoble*,
p. 64.

1581. ce corps, sans désignation spéciale. L'assemblée politique générale de Montauban de 1584 s'en plaignit amèrement au roi [1].

Pendant le séjour de Lesdiguières à Grenoble, on chercha deux fois à se défaire de lui, au rapport de Videl. Guillaume de Saint-Marcel, archevêque d'Embrun et fougueux Ligueur, en conçut le premier la pensée. Il disait « que ce serait rendre un grand service à Dieu et au roi de ruiner un si dangereux ennemi ». Mais le duc et le premier président du parlement de Bellièvre eurent vent de son dessein et, n'étant nullement disposés à violer la foi jurée, s'y opposèrent avec force. Un autre jour, deux gendarmes du duc proposèrent au secrétaire de Lesdiguières d'introduire de nuit des troupes protestantes dans la ville par une ouverture qu'ils pratiqueraient à leur maison, attenante au fossé. Le secrétaire ayant fait part de cette proposition à Calignon, le confident de Lesdiguières, celui-ci répondit « qu'en autre temps cela serait bon ; que l'on devait entretenir ces deux soldats pour s'en servir un jour ; mais quant à lui, si toutes les villes du Dauphiné étaient ouvertes, il n'y entrerait point au préjudice du traité ». Informé de ce complot, le duc de Mayenne s'en ouvrit aux présidents Bellièvre et Janin, « qui, jugeant, dit l'historien Matthieu, que c'était un artifice pour lui faire perdre sa réputation et le fruit que le peuple espérait de la paix, furent d'avis qu'il le dissimulât [2] ». Ses rapports avec Lesdiguières n'en furent donc pas changés. Dans une autre circonstance, un certain nombre de gens résolurent de pénétrer par ruse dans le logis de Lesdiguières pour l'as-

---

(1) ANQUEZ, *Hist. des assemblées polit. des réformés de France*, p. 128.

(2) Videl dit que le capitaine huguenot avait cru voir un piége tendu à sa loyauté dans la proposition des deux gendarmes et qu'il s'en plaignit au duc, qui les aurait fait châtier exemplairement si Lesdiguières, qui n'était pas vindicatif, n'avait lui-même demandé leur grâce.

sassiner. Prévenu à temps par le fils de son hôte, qui entendit quelques propos des conjurés, il s'entoura de tous ses
gens et ils n'osèrent exécuter leur dessein. Cette dernière
conspiration décida Lesdiguières à quitter Grenoble. Le
duc, qui lui portait beaucoup d'estime, chercha en vain à le
retenir, et lui donna en présent un de ses meilleurs chevaux
et une fort belle paire d'armes. Par reconnaissance Lesdiguières revint à Grenoble vers la fin de janvier, au moment
où le duc reprit le chemin de la cour, et il l'accompagna
jusqu'à Lyon.

A Gap la réconciliation des deux partis s'opérait bien difficilement. Dans la nuit du 2 au 3 février 1582, des catholiques armés s'assemblèrent en grand nombre et, courant
sus aux protestants, massacrèrent les uns et chassèrent les
autres. Claude de Lay Crussilieu, lieutenant du gouverneur,
les arrêta avant qu'ils eussent pu achever leur œuvre criminelle et jeta les meneurs en prison ; mais ce fut tout le châtiment qui leur fut infligé. Maugiron ne jugea pas nécessaire
de les poursuivre.

A part cette conjuration et une double tentative, suivie
d'insuccès, du frère de Gouvernet sur Mévouillon et du
capitaine Bailly sur Grenoble, le Dauphiné fut paisible pendant l'année 1582. L'humanité et la douceur avec lesquelles
le duc de Mayenne traita les protestants pendant son séjour
en Dauphiné, y contribuèrent beaucoup. Il ne leur promit
du reste rien qu'il ne leur accordât, et on l'avait surnommé
le *prince de la foi*. Voyez plus loin toutefois les réserves
de d'Aubigné.

Nouvelles intrigues des Désunis contre Lesdiguières. Expéditions des catholiques contre les protestants du Queyras et des vallées vaudoises du Dauphiné.

1582. Cependant les divers chefs du Dauphiné commencèrent à s'adresser de mutuels reproches sur la manière dont les affaires avaient été conduites pendant la dernière guerre. Les Désunis en voulaient principalement à Lesdiguières et lui imputaient la chute de La Mure, qui était au contraire le résultat de leur rivalité. S'étant donc réunis pour élire un nouveau chef, ils s'accordèrent tous à rejeter Lesdiguières, qu'ils accusaient « d'aspirer visiblement à la tyrannie, de faire le César et de vouloir perpétuer en sa personne la dictature [1] », et à qui ils reprochaient sa pauvreté et ses connaissances en droit (car il avait d'abord étudié la jurisprudence); mais comme chacun d'eux briguait pour lui-même le commandement, ils ne réussirent point à s'entendre. De guerre lasse, ils décidèrent de s'en rapporter au choix du roi de Navarre et lui dépêchèrent six députés, dont chacun avait son candidat particulier. Lesdiguières, l'ayant appris, se contenta de supplier très-humblement le roi par lettres « de croire qu'il était prêt d'obéir à quiconque Sa Majesté lui ordonnerait ». Le roi, bien que penchant pour Lesdiguières, se trouva fort embarrassé en présence de tant de candidats et chargea le vicomte de Turenne d'examiner leurs droits respectifs. Ce dernier éprouva les mêmes hésitations et finit par déclarer de la part du roi aux députés qu'il leur

―――――――

(1) VIDEL, *La vie de Souffrey de Calignon*, p. 16 (dans les *Documents inédits*).

cédait son droit de nomination. « Ils s'assemblèrent donc, 1582. à divers jours, dit d'Aubigné, où il n'en fut proposé pas un que tous les autres ne s'y opposassent avec telle animosité, qu'ils vinrent aux injures atroces et plusieurs fois sur le point de jouer du couteau; et lors on les piquait, leur reprochant leur longueur et peu de soins de leur pays. » Sur la fin, le nom de Lesdiguières ayant été prononcé, les députés s'y rallièrent, grâce à l'habileté de Calignon, son partisan, qui, ayant proposé isolément à chacun de ses collègues le candidat qui lui plaisait le moins, finit, d'élimination en élimination, par les contraindre à voter pour son propre candidat, bien qu'il parût toujours refuser pour lui cet honneur. « Voilà un plat de courtisan parmi les soldats, ajoute d'Aubigné, que je n'ai point craint de vous donner en passant pour les choses qui sont depuis arrivées par cette élection. »

Il ne paraît pas toutefois que les Désunis, malgré ce choix, marqué au coin de la plus stricte légalité, se soient rangés immédiatement sous l'autorité de Lesdiguières, si du moins le fait suivant, raconté sans date par Videl, s'est passé après celui qui précède. Le roi de Navarre venait d'envoyer à Lesdiguières par Biard, l'un de ses courtisans, les pouvoirs les plus amples. Vivement irrités de cette marque de confiance, les Désunis, assemblés chez Vachères, convinrent de donner 500 écus et un bon cheval à un gendarme de la compagnie de ce capitaine, à condition qu'il s'enrôlerait dans les gardes de Lesdiguières et profiterait d'une occasion favorable pour se défaire de lui. Averti du complot, Lesdiguières, qui était alors à Mens, reçoit très-bien le gendarme, le convie à une partie de chasse et, le conduisant à l'écart dans le bois solitaire de Blache-Paillet, non loin de Mens, lui dit : « Mon cavalier, voici un lieu tout propre quand on veut se défaire d'un homme. » A ces mots, le gendarme, pâle d'effroi et de honte, se jette aux pieds de Lesdiguières, qui lui pardonne avec douceur et le congédie

1583. dès le lendemain en lui disant : « Mon gentilhomme, faites mes recommandations à tous ceux qui vous ont envoyé, et dites-leur qu'ils ne sauraient se défaire de moi sans perdre le meilleur ami qu'ils aient. » Touchés de la grandeur d'âme de Lesdiguières, les Désunis le reconnurent dès ce moment pour leur chef, et dépêchèrent le jour même au roi de Navarre le ministre La Tour pour lui faire part de leur soumission.

Le capitaine huguenot, qui avait un grand attachement pour ce monarque, à qui il ressemblait du reste par plus d'un côté, se rendit auprès de lui en Guienne, nous ne savons à quelle époque précise, mais vraisemblablement au printemps de l'année 1582, pour lui expliquer les raisons qui l'avaient obligé de se contenter de Serres et de Nyons comme places d'otage ou de sûreté. Le roi avait en effet manifesté son étonnement de ce que les protestants dauphinois avaient cédé presque toutes les villes qu'ils occupaient. On a vu plus haut que l'arrivée de Mayenne dans le Dauphiné avec une nouvelle armée les y avait contraints.

D'après du Plessis-Mornay[1], voici quelle était la situation des protestants de la province à cette époque (1583). « En Dauphiné, dit-il, les affaires avaient fort empiré en la dernière guerre parce que les églises furent abandonnées de tout secours et furent contraintes d'essayer la foi du duc de Mayenne, dont leur arriva beaucoup de mal. Depuis les églises s'y sont heureusement ralliées par la vigilance des sieurs de Lesdiguières, de Gouvernet, de Blacons, de Morges, de Mirabel, de Saint-Auban, de Chabert et autres gentilshommes principaux. Il y a en cette province quatre cents gentilshommes de la religion qui ont monté à cheval toutes les guerres, et, les places fournies, en sortirent quatre

---

(1) MÉMOIRES, *Estat du roi de Navarre et de son parti en France.*

mille arquebusiers sous l'aveu du roi [de Navarre]. On y tient les villes de Nyons et Serres, haute et basse, et couvertement plusieurs autres; la principauté d'Orange y est voisine, qui les a toujours appuyés au besoin. » Nous ajouterons, à propos des relations du roi de Navarre avec les gentilshommes dauphinois, que l'année suivante (28 oct. 1584) Lesdiguières, accompagné de Blacons et de Gouvernet et d'une suite de 50 ou 60 chevaux, se rendit à Montpellier pour assister au baptême des deux fils de François de Coligny, comte de Châtillon. L'ainé avait quinze mois et eut pour parrain le roi de Navarre, qui se fit remplacer à la cérémonie par Lesdiguières [1].

L'année précédente (1583), les protestants du Queyras apprirent que les capitaines Mures et La Cazette, hardis Ligueurs de Briançon, s'apprêtaient à les attaquer avec des forces considérables. Ils appelèrent en hâte à leur aide leurs coreligionnaires vaudois du Piémont. « Les Vaudois de la vallée de Luzerne, dit Muston, arrivèrent les premiers pour les défendre. Ils s'emparèrent d'Abriès; l'ennemi était maître de Vieilleville, située à deux heures plus bas. Un traître, nommé le capitaine Vallon, quitta les troupes catholiques, vint à Abriès et dit aux protestants : Je suis un de vos frères; j'ai été fait prisonnier; on m'a fait jurer de ne pas reprendre les armes, mais j'ai obtenu la permission de sortir du camp et je viens vous prévenir que si vous ne vous retirez, vous serez tous taillés en pièces. — Espion! lui cria un Vaudois, si tu ne veux être taillé en pièces le premier, retire-toi d'abord! Le traître disparut et les armées ennemies s'avancèrent. La cavalerie suivit le bas de la vallée, et deux corps

(1) D'AUBIGNÉ, t. II, p. 407; — MATTHIEU, t. I, p. 704-710; — VIDEL, p. 86-94; — SOULIER, *Hist. des édits de pacific.*, p. 143, 144; — EUSTACHE PIEDMONT, *Mémorial*; — *Hist. gén du Languedoc*, t. IX, p. 179, 180; — CHARRONNET, p. 151-171.

1583, de troupes les flancs latéraux des montagnes. Les Vaudois furent intimidés à l'aspect de forces tellement supérieures aux leurs. — Eh quoi! avez-vous peur? s'écria le capitaine Pellenc du Villar. Que cent hommes me suivent et Dieu sera pour nous! Tous le suivirent. Le capitaine Frache, qui déjà avait délivré les Vaudois d'Exilles des armes de La Cazette, s'élança le premier contre les ennemis. Il fait plier leur centre; mais leurs deux ailes se rapprochent, la petite troupe va être enveloppée. Ils battent en retraite sur les hauteurs de Valpréveyre; là ils rencontrent leurs frères de la vallée de Saint-Martin, qui accouraient aussi; alors ils reprennent l'offensive avec impétuosité. Ils avaient l'avantage de la position; les avalanches de pierres qu'ils font rouler devant eux enfoncent les premiers rangs des catholiques. Ils s'élancent dans la trouée, frappent, dispersent, culbutent, balaient les agresseurs et les poursuivent jusqu'à Château-Queyras[1].»

Dans les vallées vaudoises du Dauphiné les protestants furent aussi l'objet d'attaques à main armée de la part des catholiques. Peu de temps après l'événement que nous venons de rapporter, « les ministres de Saint-Germain et du Roure en Pragela, dit encore Muston, furent assaillis près de La Pérouse par des soldats de cette garnison, qui laissèrent le dernier couvert de blessures. Le bruit de sa mort s'étant aussitôt répandu, on vit le peuple accourir en armes de toutes les montagnes pour venger son pasteur. Les principaux habitants de La Pérouse, quoique catholiques, avaient fait transporter le blessé dans la ville et lui avaient prodigué tous les soins que réclamait son état. Toutefois, dit Gilles, ils eurent grande frayeur quand ils entendirent de quelle furie le peuple se trouvait animé; aussi le gouverneur du château, étant descendu dans la ville, fit

---

(1) *L'Israël des Alpes*, t. 1, p. 80, 81.

prier le pasteur de Pinache, nommé Élie Schiop, homme I584. grave et de grand respect, d'aller à la rencontre de ce torrent de peuple, afin de le calmer, en lui représentant que le ministre Garnier n'était point mort, que l'on en prenait soin et que les coupables seraient châtiés. Le pasteur Schiop réussit dans sa mission conciliatrice ; le peuple, quoique apaisé, afflua dans la ville de Pérouse autour de la maison où reposait le blessé et l'emporta dans ses bras au lieu de sa résidence. Ce dernier parvint à guérir ; mais ses agresseurs ne furent jamais punis.

« Après les assassins, ce furent les Jésuites qui vinrent mettre le trouble dans la vallée. Ils y parurent en I584. Quoique leurs agressions ne fissent pas couler le sang, elles n'en furent pas moins un indice précurseur de nouvelles calamités. La Ligue, qui venait de se former en France pour détruire les réformés, donna en Piémont plus d'audace aux ennemis des Vaudois. On ne parlait rien moins que d'une coalition entre Henri III, Philippe II et le duc de Savoie pour anéantir l'église des vallées. A ces bruits d'extermination, à ces menaces altières l'Israël des Alpes répondit par un jeûne public, consacré à l'humilité et à la prière[1]. »

Dieu détourna l'orage de dessus leur tête. Cependant le parlement de Grenoble prescrivit par une ordonnance de I583 de rétablir le culte catholique dans la plébanie d'Oulx, et Louis de Birague, par mandement du 7 octobre de la même année, chargea le grand vicaire d'Oulx de procéder à ce rétablissement. Mais toutes les visites et les démarches de ce dernier n'aboutirent à aucun résultat.

---

(1) *L'Israël des Alpes*, t. III, p. 37I, 372.

HUITIÈME GUERRE DE RELIGION.

(mars 1585 — 13 septembre 1589).

Audace sans borne de la Ligue. Sa toute-puissance en Dauphiné. Lesdiguières entre en campagne. Prise de Chorges et de Montélimar.

1585. La mort du duc d'Anjou, frère d'Henri III, survenue le 10 février 1584, faisait du roi de Navarre l'héritier présomptif de la couronne. Les Guises et les Ligueurs en furent remplis de dépit. Désireux de s'opposer de tout leur pouvoir à l'avénement probable d'un prince hérétique sur le trône de France, ils ne négligèrent rien pour augmenter le nombre de leurs partisans. Ils signèrent d'abord un traité avec Philippe II, roi d'Espagne, par lequel le vieux cardinal de Bourbon était déclaré successeur d'Henri III, dans le cas où celui-ci viendrait à mourir sans enfant. Le cardinal lui-même publia un manifeste, revêtu de la signature de presque tous les princes catholiques de l'Europe, le pape à leur tête, dans lequel il prenait le titre de premier prince du sang et proclamait Henri de Lorraine, duc de Guise, lieutenant général de la Ligue. Paris tout entier se déclara pour celle-ci.

Le roi de Navarre n'attendit pas le dernier moment pour se prémunir contre le danger qui le menaçait. Il convoqua à Montauban tous les chefs de son parti. Lesdiguières, qui possédait toute sa confiance, se rendit à son invitation. Tous furent d'avis qu'il fallait prendre les armes; mais le choix du moment de l'entrée en campagne fut laissé au roi.

Tandis que Lesdiguières était en Guienne, les Ligueurs de 1585. Provence firent une incursion jusqu'à Veynes avec 1,600 arquebusiers à pied et 50 chevaux. Arrêtés devant cette place, ils se retirèrent dans leur pays, après avoir occupé un certain temps Sigoyer, près Tallard, et quelques autres villages. D'autre part, Balthazard Flotte, baron de La Roche, qui soutenait le parti protestant, tenta de surprendre Gap, dont le Ligueur Doriat s'était saisi; mais il fut découvert et perdit 60 hommes.

La Ligue était dominante à cette époque à Grenoble, Valence, Embrun, Briançon, Die, Montélimar, et d'une manière générale elle avait fait de grands progrès en Dauphiné depuis le double séjour du duc de Mayenne, frère cadet du duc de Guise. A Die, le gouverneur L'Hère de Glandage le père, qui craignait un mouvement des protestants de la ville, en avait banni 400 et s'était saisi des capitaines Vachères, Chabanas et autres; mais sur l'ordre de Maugiron il dut les relâcher.

Se sentant menacés, plusieurs protestants dauphinois, sans attendre l'ordre du roi de Navarre, commencèrent à se soulever. Ainsi ceux du Diois prirent Pontaix (à Pâques), et ceux de la Valloire, commandés par Claude Odde de Triors et Gabriel de Forets de La Jonchères, passèrent l'Isère à Eymeu et rejoignirent leurs coreligionnaires du Royans (13 mars). Maugiron et Lesdiguières lui-même, qui n'était pas encore entré en campagne, leur écrivirent de se débander; mais ils répondirent qu'ils avaient pris les armes non pour troubler la paix publique, mais pour sauver leur vie menacée par les Ligueurs; et dès le mois suivant ils se mirent à faire des incursions sur la rive droite de l'Isère (juin et juillet). Maugiron leur ordonna une nouvelle fois de se retirer dans leurs maisons, et ils lui firent à peu près la même réponse.

Lesdiguières cependant, qui venait de recevoir la seconde

1585. moitié de l'écu d'or que lui avait donné le roi de Navarre, entra en campagne. Parti le 23 juin de Saint-Bonnet en Champsaur, avec 200 hommes de pied et 100 à 200 chevaux, il tenta d'abord, mais sans succès, de s'emparer d'Embrun. S'étant rabattu sur Chorges, il prit la ville par escalade la première semaine de juillet. Les habitants, qui se raillaient de la faiblesse numérique de sa troupe, s'abandonnaient au plaisir. « Nous sommes venus danser avec vous », leur dit plaisamment Lesdiguières en entrant dans leurs murs : danse sanglante qui coûta la vie à 80 Ligueurs environ. Despraux, qui commandait la garnison, avait pillé le château de Lesdiguières en son absence et s'était même permis de frapper sa femme. Il se trouvait au nombre des prisonniers et s'attendait à un châtiment sévère. Mais le capitaine huguenot le traita avec magnanimité et se l'attacha en lui pardonnant. Quelques-uns de ses soldats se répandirent dans les environs et s'emparèrent du village des Crottes, à une demi-lieue d'Embrun. Lesdiguières lui-même, après avoir réparé les fortifications de Chorges, se rendit à l'assemblée politique de Rosans.

Henri III, effrayé de la puissance et de l'audace de la Ligue, s'était cru obligé, pour conserver sa couronne, de signer avec elle le traité de Nemours (7 juillet), qui interdisait l'exercice de la religion réformée dans le royaume sous peine de mort; supprimait les chambres tri-partie et mi-partie; ordonnait aux ministres de sortir de France dans le délai d'un mois et aux réformés dans celui de six, à moins qu'ils n'embrassassent le catholicisme; redemandait à ceux-ci leurs places de sûreté, et enjoignait aux gouverneurs des provinces de leur faire la guerre. Maugiron publia ce traité le 20 juillet, et presqu'un mois après (13 août) l'édit du 18 juillet, conforme au traité de Nemours. Il se concerta ensuite avec Messieurs du pays pour trouver l'argent qui lui était nécessaire pour soutenir la guerre avec les protestants de la province.

Dès le 20 du même mois, les 400 réformés qui avaient 1585. été chassés de Die par L'Hère de Glandage, profitant de ce que Maugiron avait rappelé la garnison catholique de la ville, y pénétrèrent en armes, et dès le lendemain cernèrent la citadelle, défendue par Antoine de Fay de Solignac de Veaunes, de Romans. Gouvernet et Le Poët leur prêtèrent bientôt main-forte, et Veaunes, qui craignait de ne pouvoir résister, se rendit par composition au bout de trois jours. La citadelle, qui était très-forte et aurait pu tenir trois ans, fut rasée de fond en comble par les Diois, qui l'avaient vu construire avec un grand déplaisir. Maugiron avait bien envoyé des troupes au secours de Veaunes, mais elles arrivèrent trop tard, et, pour se dédommager, elles se saisirent de Loriol, qu'elles ne tardèrent pas à abandonner à l'approche de Lesdiguières.

Le hardi capitaine venait de former le dessein de s'emparer de Montélimar. Il réunit 700 hommes à Bourdeaux, et arrêta son plan d'attaque dans le château de Saint-André avec Comps, Saint-Auban et Le Poët. Ayant distribué les rôles à ses capitaines, il se met en route, et le dimanche 25 août, fête de Saint-Louis, entre 2 et 3 heures du matin, il fait appliquer à la porte Saint-Martin trois pétards, qui l'enfoncent. Lesdiguières, Saint-Auban et le cadet de Charence pénètrent aussitôt dans la ville avec huit hommes résolus et s'établissent sur la place principale. Les autres chefs se rendent avec leurs hommes aux lieux convenus, et la ville est prise avant même d'avoir été attaquée. Quelques catholiques cherchèrent un refuge dans la tour de l'Abreuvoir, mais leur résistance fut de peu de durée. Le château, où la garnison catholique, forte de 800 hommes et commandée par Jean de Pracontal d'Anconne, s'était précipitamment retirée à la première alerte, fut aussitôt investi. Maugiron, averti du danger qui le menaçait, accourut de Saint-Marcellin le 28 août, avec le colonel corse Alphonse d'Ornano, auquel se

1585. joignit Suze et toute la noblesse catholique des environs, comptant en tout 2,500 hommes de pied[1], 500 chevaux[2] et 4 canons de campagne. Lesdiguières, de son côté, reçut du Vivarais un renfort de 1,500 hommes, et comme, dès l'investissement du château par ses troupes, il avait eu soin d'entourer celui-ci d'un fossé profond et d'une forte barricade, Maugiron, qui n'avait que des fauconneaux, ne put forcer le retranchement, et, après 8 jours de tentatives infructueuses, se retira avec son armée pour aller chercher de plus grosses pièces d'artillerie. La garnison à bout de vivres se rendit peu de jours après (11 sept.[3]). « Les pertes que l'on fit de part et d'autre pendant le siége, dit Candy[4], furent peu considérables. Les religionnaires eurent cependant à regretter Mary de Vesc, seigneur de Comps, tué d'un coup d'arquebuse parti du château. » L'exercice de la religion catholique fut interdit à Montélimar, en vertu des ordonnances de Lesdiguières, les principaux habitants catholiques rançonnés, le temple agrandi à leurs dépens et les ministres, ainsi que les écoles protestantes, entretenus au moyen des revenus ecclésiastiques. Les soldats pillèrent les maisons catholiques et jetèrent dans la rue tous les titres déposés à l'hôtel de ville. « Une grande partie, dit Candy, fut trouvée dans l'auberge de la Licorne et dans la maison de Jean Faure, tailleur. Ils furent rendus aux consuls. Les soldats avaient emporté à Die les plus importants, entre autres le *livre des libertés*. Quelque temps après, Guillaume de Saint-Ferréol, ministre, Jacques de Ségur et Guillaume Fournier, consuls, s'y étant transportés, les rachetèrent moyennant dix écus d'or. »

---

(1) De Thou dit 2,000 hommes.

(2) Eustache Piedmont dit 800 chevaux.

(3) Selon d'autres le 9.

(4) *Hist. des guerres de religion à Montélimar* (Mns.).

Prise d'Embrun.

Lesdiguières, ayant laissé Le Poët comme gouverneur de 1585. Montélimar, reprit le chemin du Gapençais en passant par le Diois. Il chassa à cette occasion les soldats ligueurs qui occupaient Aix, Montlaur et Châtillon, et inquiétaient par leurs incursions la ville de Die. Apprenant dans le Gapençais que 500 arquebusiers de la Ligue et 3 compagnies de lances italiennes devaient quitter Embrun pour aller tenir garnison à Gap, il résolut de les attaquer. Suivi de 400 hommes de pied et de 100 à 120 chevaux, il va les attendre à la montée de la Conche, entre Savines et Chorges, et tombe sur eux à l'improviste. Il taille en pièces les fantassins, et les cavaliers, poursuivis jusqu'à la tour Saint-Julien, élevée sur le bord de la Durance, se noient pour la plupart en voulant traverser la rivière à gué. Lesdiguières n'eut que six blessés et deux morts.

Par contre, une troupe protestante qui opérait dans le voisinage de Grenoble, fut battue à Vif par Jean Tollier, dit le capitaine Curebource, que le parlement de Grenoble avait envoyé contre elle avec 100 arquebusiers à pied et une vingtaine de chevaux. Chargée avec furie, elle eut 40 morts et perdit 25 chevaux et tous ses bagages (fin sept.).

Quelque temps après, Lesdiguières accomplit un beau fait d'armes en s'emparant d'Embrun, qu'il convoitait depuis longtemps. Cette ville, fortement assise sur un rocher à pic du côté de la Durance et défendue par une bonne citadelle du côté de la plaine, était considérée comme la métropole du haut Dauphiné. Son archevêque, Guillaume de Saint-Marcel, prélat guerroyeur et Ligueur passionné, nourrissait une haine implacable contre Lesdiguières, et avait même voulu le faire assassiner à Grenoble, comme on l'a vu plus haut. Ces motifs incitaient vivement Lesdiguières à

1585. en faire le siége. « A ce dessein, dit le *Véritable inventaire de l'histoire de France*[1], il fait venir à Serres Jean-Baptiste Gentil, de Florac en Gévaudan, issu des Gentils, famille noble à Gênes... homme prompt en conceptions militaires, hardi en entreprises, heureux en exécution, et lui demanda s'il pourrait dépuceler la pucelle du Dauphiné. Cette pucelle était la ville et archevêché d'Embrun, car durant les guerres civiles toutes les villes du Dauphiné avaient été tenues par les protestants, hormis celle-ci, bâtie sur la croupe d'une montagne et fortifiée d'une citadelle par le duc de Mayenne. Gentil va la reconnaître de nuit et rapporte qu'il y a moyen de la prendre. Ils partent avec 300 chevaux et 700 arque-busiers durant les longues nuits d'hiver, et, arrivant 4 heu-res après minuit, trouvent la ville en armes et les habitants en dévotion de leur faire une belle bienvenue. Car un manant s'était, à la dérobée, coulé parmi les gens de guerre à la sortie de Chorges, où ils avaient repu le soir, et était couru donner cet avis à [Chatte] - Gessans, gouverneur de la place. Ni pour cela Gentil ne laissa de s'avancer avec les capitaines Corbière, Rivière [de Sainte-Marie], [Le] Mas, Balthazard Autard de Bragard et quelques autres. Lesdi-guières les suit avec Saint Jean, son cousin, cinquante hom-mes armés et cinquante arquebusiers : Morges commandant le reste et [Gaspard de Bonne de] Prabaud l'arquebuserie. La sentinelle vit le cliquetis des armes et à son *Qui va là?* — « C'est, dit Gentil, M. de Lesdiguières qui te viênt pé-tarder. » Les pétards font leur effet. Ils se jettent dans la basse-cour de la citadelle pêle-mêle avec les assaillis, les contraignent de quitter le bas et se sauver au terrain ou pa-rapet vers leur canon. On les en chasse; on tue les uns, les autres se précipitent des murailles en la ville à corps perdu.

---

(1) Cette histoire place à tort la prise d'Embrun en 1587.

Ceux du donjon se défendent avec courage. Gentil les menace 1585. de les faire sauter en l'air avec un pétard qu'il va placer à la porte du magasin de leurs poudres. Ils s'en effrayent et se rendent à vie sauve. » Voyant la citadelle prise, les assiégés de la ville construisent une barricade pour en défendre l'entrée, mais Lesdiguières l'a bientôt emportée. Le capitaine Matthieu de Rame, des Crottes, et le juge Gessans, qui commandent la place, se réfugient dans la tour Brune et mettent le feu à la cathédrale pour que les ennemis ne puissent s'en servir comme d'une citadelle. Mais Lesdiguières ordonne d'éteindre l'incendie, et les deux capitaines catholiques se rendent par composition. Ce fait d'armes hardi, qui eut lieu le 19 novembre, fut conduit avec tant de célérité que 10 ou 12 assiégés seulement périrent. Dès le commencement de l'attaque l'archevêque était parvenu à se sauver.

Les soldats protestants pillèrent la cathédrale et y trouvèrent un riche trésor, notamment une statue de la Vierge en argent massif estimée 10,000 écus, qui fut adjugée à Gentil; une statue de saint Marcellin en argent creux de la valeur de 4 à 500 écus[1]; une chape d'or, donnée par Édouard II à l'archevêque Raymond Robaud et représentant tous les rois d'Angleterre; un livre des Évangiles écrit sur satin, orné de miniatures et couvert de lames d'argent. Pour ce qui est de la ville elle-même, elle fut préservée du pillage moyennant 6,980 écus, dont 200 pour les deux secrétaires de Lesdiguières. Elle dut payer en sus 1,200 écus pour douze personnages importants que Lesdiguières avait fait arrêter et qui étaient parvenus à s'échapper. Les prêtres furent aussi soumis à une rançon particulière avant

---

(1) Bouche (*Hist. de Prov.*, l. x, sect. IV) donne d'autres estimations. D'après lui la statue de la Vierge valait 600 écus et celle de saint Marcellin 6,000.

1585. de pouvoir quitter la ville, et l'un d'eux, qui voulut fort témérairement célébrer la messe dans la cathédrale au moment où elle fut envahie, fut mis à mort. Un médecin aurait été également massacré sans l'intervention de Lesdiguières. La cathédrale devint un temple. La plupart des autres églises et quelques maisons furent pillées, malgré les ordres de Lesdiguières, qui, redoutant de nouveaux excès, prit la ville sous sa protection personnelle (5 déc.), et défendit le pillage sous peine de mort. Voulant d'un autre côté la mettre à l'abri des incursions des garnisons catholiques du voisinage, il ordonna à ses gens de s'emparer de Château-vieux et de Saint-Clément. Il remonta lui-même le cours de la Durance pour assiéger Guillestre. A son approche les habitants, de crainte d'être surpris, font de nuit de grands feux de paille dans les fossés des remparts. Mais l'ingénieur Gentil applique aux trois portes de la ville des pétards, qui les font voler en éclats. Les assiégés en défendent l'entrée avec une grande énergie et tuent bon nombre d'assiégeants. Mais ceux-ci, rivalisant d'ardeur et de courage, finissent par demeurer maîtres du terrain. Les soldats de Lesdiguières se saisirent également de Réotier, de Château-Queyras et de Molines[1]. Arrêtés au grand Villard[2], où ils eurent à sou-

---

(1) Selon le Jésuite Fornier (Hist. gén. des Alp. Marit., Mns., p. 716 et 717), les soldats de Lesdiguières auraient commis des actes de barbarie dans ces localités; mais Chaffrey Roulph, né à Fontgillarde, hameau de Molines, qui a recueilli dans son Livre de mémoires tout ce qui intéresse la vallée de Molines et les lieux circonvoisins depuis 1469, ne les mentionne en aucune façon. Il y a plus, Roulph écrit que le curé de Molines qui, d'après le Père Albert (Hist. géogr., etc., du diocèse d'Embrun, p. 71), serait le curé du Queyras de Fornier, que les soldats protestants auraient enterré vivant jusqu'au cou, et dont la tête leur aurait servi de but pour jouer aux boules et aux palets, — Roulph, dis-je, écrit que ledit curé mourut le 8 janvier 1591, après un ministère de 32 années. Il n'a donc pu être martyrisé par les protestants en 1586 Nous devons ajouter aussi que le manuscrit original de Roulph a été interpolé dans les copies qui en ont été

tenir un combat acharné, ils furent obligés de battre en 1586.
retraite. Lesdiguières revint à Embrun, où il passa le reste
de l'hiver. Cette ville demeura en son pouvoir jusqu'en
1599.

A peu près vers le même temps, les protestants du Diois
s'emparèrent du château de Glandage, d'Aix et d'autres
petites places des environs, « pendant que les troupes catholiques, dit Eustache Piedmont, se reposaient et s'adonnaient
à manger le peuple[1] ».

La Valette entre en Dauphiné avec une armée et prend quelques petites places. Affreuse peste, qui fait périr les deux tiers des habitants des villes.

Alarmé des progrès de Lesdiguières dans le Dauphiné, le
roi résolut d'y envoyer une armée sous les ordres de Louis
de Nogaret, duc de La Valette. Cet habile général, qui avait
pour mission de combattre sous main la Ligue, tout en
faisant la guerre aux protestants, arriva le 23 décembre à
Grenoble. Le 7 janvier 1586 il était à Valence, en compa-

---

faites ces dernières années, et qu'on a ajouté à celles-ci à l'année 1586 le
récit de Fornier (MUSTON, *Un nouveau document pour l'hist. des Vaud.*,
dans la *Nouv. revue de théol.* de Strasbourg, année 1858, vol. II, p. 166
et suiv.).

(2) Le Villard-Saint-Pancrace, sans doute.

(1) EUSTACHE PIEDMONT, *Mémorial;* — *Le véritable inventaire*, t. I, p. 85;
— DE THOU, t. IX, p. 403-405; — MATTHIEU, t. I, p. 521; — CHORIER, p.
710-715; — VIDEL, p. 95-111; — MARCELLIN FORNIER, p. 707-717 (Mns. de
Lyon); — ALBERT, t. I, p. 68-72; t. II, p. 312; — SAURET, p. 318-327.

1586. gnie de Maugiron, et se mit en campagne, bien qu'il y eût
un pied de neige dans tout le Dauphiné. Son armée comptait
3,000 fantassins français [1], 1,000 Suisses, commandés par
le colonel Gallaty, de Glaris, qui avait assisté à la défaite des
Suisses au pont d'Oreille en 1575, et 500 chevaux. Le
26 janvier il s'empara de Mirabel et de Vachères en Diois,
où il trouva une grande quantité de grains. Il retourna
ensuite à Grenoble pour assister aux États du pays, qui
décidèrent de faire respecter par les armes l'inique édit du
18 juillet.

La Valette était de retour à Valence le 5 février, et,
voyant que le temps était beau, il assiégea Eurre avec ses
Suisses et 8 canons. La place se défendit avec vigueur pendant 5 jours (15-20 févr.) [2]; mais l'armée eut tellement à
souffrir du temps, qui était devenu tout à coup fort rude,
que plusieurs sentinelles furent trouvées mortes de froid.
Lesdiguières tenta bien de secourir la place, mais la bonne
contenance de l'armée l'en empêcha.

L'armée royale prit ensuite Allex et s'achemina vers Saillans, que les protestants abandonnèrent à son approche. Ils
tentèrent néanmoins une escarmouche en avant de la place,
mais ils laissèrent sur le terrain 40 des leurs. Revenant sur
ses pas, l'armée s'empara de Saou et l'incendia, parce que
ce village était devenu un repaire de coureurs. Sept d'entre
eux furent pendus sur le front de l'armée; les autres se retirèrent dans le château, situé sur un roc presque inaccessible.
L'armée s'établit ensuite à Livron et à Loriol, où elle séjourna jusqu'au 15 mars, sous prétexte que la neige incom-
modait ses opérations. « Voilà, dit Eustache Piedmont, les
effets de cette belle armée, qui était suffisante pour courir

---

(1) Les *Mémoires de La Valette* par Mauroy disent 2,000.

(2) D'autres disent pendant trois semaines : c'est peu vraisemblable.

toutes les montagnes et n'a rien fait que manger le pays ; de 1586. quoi aucuns faisaient courir le bruit que le roi n'avait point intention de faire la guerre à bon escient aux huguenots, à cause de l'élévation dernière des princes [lorrains] ».

Lesdiguières, craignant néanmoins que La Valette n'assiégeât Montélimar, s'y transporta pour le mettre en état de défense, et reprit ensuite le chemin du Gapençais par le bas Dauphiné. Le duc essaya d'arrêter sa marche avec 3 compagnies de gendarmes et un régiment à pied de 1,200 hommes, mais il n'y réussit point. En passant dans les Baronnies, Lesdiguières prit Sainte-Jalle, après l'avoir battue avec 3 canons et tiré 300 coups. Une partie de l'armée royale s'avança pour la secourir, mais elle arriva trop tard. Au bruit de ce succès, Mirabel apporta quatre jours après ses clefs à Lesdiguières. La Valette se rendit ensuite à Grenoble et s'apprêtait à jeter des troupes dans le Trièves ; mais Lesdiguières le prévint, et ses soldats rencontrèrent ceux du duc au Monestier-de-Clermont. Après un vif engagement, où les protestants perdirent 80 hommes, ces derniers durent céder au nombre et se replièrent sur le pont de Brion, qui était la clef du Trièves. Le jeune de Gordes, fils de l'ancien lieutenant général du roi en Dauphiné, et d'Auriac, qui commandait le détachement catholique, perdirent la vie dans le combat ; par contre Gouvernet fut fait prisonnier. La Valette, après ce succès, tenta de forcer le pont de Brion, sans pouvoir y parvenir, et revint à Grenoble. Le vieux baron des Adrets l'avait accompagné dans cette expédition, en disant qu'il avait fait les huguenots, mais qu'il voulait les défaire. Vaine bravade d'un vieillard impuissant ! A leur retour du Trièves, les troupes royales attaquèrent le Pont-en-Royans, occupé par les huguenots, et les forcèrent à se retirer, après leur avoir tué plusieurs hommes et pris quelques chevaux.

Pendant l'été et l'automne, La Valette parcourut le Dau-

1586. phiné, où la famine et la peste sévissaient avec une telle violence que les deux tiers et plus des habitants de Grenoble, Vienne, Romans, Saint-Marcellin, Valence, Die, etc., périrent. A Die seulement, près de 5,000 hommes succombèrent, d'après les *Mémoires de la maison des Gay*, qui font un tableau horrible des ravages causés par la peste dans cette ville[1]. Le duc entra « dans les villes infectées de la contagion, dit son secrétaire Mauroy ; il consolait les magistrats, il leur distribuait des remèdes et il soulageait la misère du peuple par d'abondantes aumônes ». Ce tableau ne concorde guère avec le *Mémorial* d'Eustache Piedmont, qui affirme au contraire que le duc s'enfuit de Grenoble quand la peste s'y déclara.

Siége mémorable de Chorges.

A la fin de l'année, La Valette songea à reprendre les hostilités contre Lesdiguières, et se concerta avec le duc d'Épernon, son frère, gouverneur de Provence, pour faire le siége de Chorges, forte place située dans une localité marécageuse et défendue par sept grands bastions, construits avec beaucoup d'art par les ordres de Lesdiguières, mais demeurés inachevés. Le capitaine huguenot, dont les troupes bloquaient Gap et Tallard, pénétra son dessein et se rendit à Chorges pour y organiser la défense. Il y plaça une garnison composée de 500 de ses meilleurs soldats[2], aux ordres de Poligny, son lieutenant, et de ses deux neveux, Saint-Jean et Abel de Béranger de Morges. Apprenant que Lesdiguières était dans Chorges, La Valette tenta de l'y renfermer au moyen de sa cavalerie, qui lui servait d'avant-

---

(1) Voy. le fragment publié par Long, p. 311.

(2) Mauroy dit 800 ; Chorier, 1,000. Nous suivons Videl.

garde. Mais le rusé capitaine sortit de nuit de la place, et, 1586. trompant la vigilance des soldats qui gardaient les passages, se rendit à Embrun sans autre empêchement.

Pendant que la cavalerie de La Valette investissait Chorges (1ᵉʳ nov.), le duc se saisit lui-même de La Bréole et de Seynes, places provençales occupées par les protestants et qui auraient pu inquiéter ses derrières. Ayant ensuite fait sa jonction avec son frère, il se présenta le 17 novembre[1] devant Chorges, qu'il trouva plus forte qu'il n'avait cru. L'armée des deux ducs, dont le quartier général fut établi à Montgardin, village d'un accès difficile, comptait 7 régiments français, 3 régiments suisses, commandés par les colonels Gallaty, Reding et Leid, 5 compagnies d'argoulets, 20 de gendarmes[2], 18 de chevau-légers, en tout 18,000 hommes[3] et 14 canons.

Le siége de Chorges fut remarquable, et peut soutenir le parallèle avec ceux de Livron et de La Mure. Nous n'en avons malheureusement retrouvé aucune relation complète. La Valette établit d'abord une batterie de canons « en un lieu si inaccessible, dit Brantôme[4], que c'est tout ce que pourraient faire les chèvres que d'y aller », et son premier fait d'armes fut l'attaque d'un moulin situé sur la contrescarpe et défendu par des soldats de la garnison. Trois cents de ses arquebusiers l'emportent et s'y logent; mais les assiégés, au nombre de 200 environ, font une sortie furieuse, se ruent sur les arquebusiers et les chassent du moulin. Sur l'heure, La Valette ordonne à quelques gentilshommes qui venaient au combat de reprendre la position. La Mar-

---

(1) Chorier dit le 1ᵉʳ décembre. Nous suivons Charronnet.

(2) Videl dit 5. Nous suivons Chorier.

(3) Mézeray dit seulement « plus de 10,000 hommes ».

(4) *Vie des grands capitaines*, IIᵉ part.

1586. cousse, qui les commande, se jette sur les défenseurs du moulin et leur cause une telle panique que ceux-ci se précipitent dans le fossé, dans la crainte que la retraite ne leur soit coupée par leurs adversaires, qui de la sorte restent maîtres du moulin (19 nov.).

Deux jours après (21 nov.), Lesdiguières réussit à faire entrer dans la place 120 arquebusiers et 40 autres soldats, conduits par le cadet de Charence, qui réussit à tromper la surveillance de ses ennemis postés pour lui barrer le passage. « La nuit de ce même jour, dit Videl, Saint-Jean fit une sortie, dont la hardiesse fut publiquement louée des ennemis. Il donna dans les tranchées à cheval, lui huitième, tua quelques soldats et puis se retira, sans autre perte que de la manche de sa mandille, arrachée d'un coup de pique. »

Le 23 novembre, La Valette canonna la place avec ses 14 pièces d'artillerie et tira sur elle pendant plusieurs jours, mais sans lui causer beaucoup de dommage ni effrayer ses défenseurs, qui reçurent 2,000 boulets. Il ouvrit ensuite une tranchée dans la direction des bastions Sarrazin et Saint-Jean, qui protégeaient un des angles de la ville, et pratiqua deux mines pour les faire sauter; mais l'une démolit seulement le flanc du bastion Sarrazin, et l'autre n'écorna que la pointe du bastion Saint-Jean.

Cependant le plomb commençait à manquer dans la place. Lesdiguières, qui en fut informé, feignit de vouloir traiter avec La Valette et d'Épernon, et leur envoya son secrétaire et un trompette, dont les habits, les valises et les selles étaient garnis de lames de plomb. Un certain nombre d'articles ayant été arrêtés entre eux, les envoyés du capitaine huguenot obtinrent la permission d'entrer dans la place sous ombre de faire part aux assiégés du résultat de leurs négociations, et y déposèrent leur charge de plomb. A leur retour, le secrétaire souleva des difficultés imprévues et fut renvoyé à Lesdiguières, qui, satisfait de son stratagème, ne donna pas suite aux négociations.

Autrement, les deux frères avançaient lentement dans le 1586. siége[1], et leurs hommes souffraient beaucoup des fièvres pestilentielles et de la saison, qui était très-mauvaise. « Le froid fut très-rigoureux, dit Mauroy, au commencement de décembre. Il tomba une quantité prodigieuse de neige. Les assiégeants étaient sans abri campés en rase campagne. Les sentinelles ne pouvaient demeurer une heure en faction sans mourir de froid. » « On trouvait les sentinelles tout raides morts, ajoute Mézeray, quelques-uns plantés debout, que le verglas avait attachés par les pieds à terre, comme s'ils eussent pris racine; d'autres fixés sur leurs chevaux comme des statues. La violence du froid engourdissait les plus vigoureux et leur gelait la voix jusque dans les entrailles. On vit des soldats qu'elle avait rendus si insensibles, qu'ils s'étaient à demi-rôtis dans le feu avant que de s'être pu échauffer. Ils mouraient par centaines; les vivants ne pouvaient suffire à enterrer les morts et les jetaient par monceaux dans de grandes fosses. Aussi cette armée, qui était de plus de 10,000 hommes, se trouva réduite à partir de là à 3 ou 4,000. » Les Suisses furent surtout éprouvés. Quant aux assiégés, depuis la prise du moulin de la contrescarpe, ils étaient réduits à broyer leur blé entre deux pierres pour en faire de la farine; mais ils se défendaient vaillamment. Lesdiguières, du reste, qui était à l'abri derrière les remparts d'Embrun, ne laissait pas que d'inquiéter beaucoup les derrières de l'ennemi. Néanmoins, comme la place commençait à manquer de vivres et de munitions, Lesdiguières accueillit avec joie[2] les ouvertures qui lui furent faites par

---

(1) C'est donc à tort que Girard, dans son *Hist. de la vie du duc d'É-pernon*, dit que ce capitaine se rendit maître de « Chorges et de plusieurs autres places considérables, tant en Provence qu'en Dauphiné, avec une promptitude incroyable ».

(2) Matthieu dit cependant que « si les assiégés eussent eu plus de confiance, le froid était si extrême qu'il eût contraint La Valette de décamper».

1586. des gentilshommes des deux camps, qui étaient liés d'amitié et s'étaient vus pendant une courte suspension d'armes. Un projet de capitulation fut dressé et proposé à La Valette et à d'Épernon, qui l'acceptèrent (4 déc.). Il eut son effet dès le lendemain, et portait que « les assiégés sortiraient avec leurs armes, hardes, munitions et artillerie, la mèche non allumée, l'enseigne ployée et le tambour sur le dos; que la place serait démantelée, que les habitants auraient liberté de conscience, que l'on ne ferait point la guerre sur leur terroir et qu'ils seraient exempts de tous actes d'hostilité ».

La prise de Chorges ne procura pas de grands avantages à La Valette, car il perdit une grande partie de son armée, et il lui fut impossible, soit pour ce motif, soit à cause de la rigueur de l'hiver, de songer à déloger Lesdiguières d'Embrun. « C'était un jeu joué exprès, » dit Eustache Piedmont, qui pense avec juste raison que le roi ne voulait pas écraser entièrement le parti réformé, afin de pouvoir contenir la Ligue par son moyen. D'Épernon retourna en Provence avec ses troupes, et La Vallette se rendit à Valence, après avoir laissé son artillerie à Gap. Les soldats du premier n'osèrent pas attaquer Ventavon, qui était sur leur chemin et que défendait Gouvernet. Ils perdirent même 20 chevaux et un butin considérable dans une escarmouche hardie, que leur dressèrent 20 gentilshommes envoyés par ce capitaine.

Au commencement de l'année suivante (4 janv.), le Royannais fut témoin de quelques faits d'armes. La Baume, à la tête de 300 arquebusiers catholiques de Valence et des environs, surprit le Pont-en-Royans, où était la compagnie de Cugie. Celle-ci perdit tous ses chevaux et ses bagages, et la ville fut incendiée. Les protestants néanmoins ne tardèrent pas à reprendre cette place, que les catholiques gardaient très-mal, et ils se mirent à faire des incursions dans le voisinage.

De retour à Valence (20 janv.), La Valette convoqua les

États du pays à Romans et leur demanda des subsides pour 1587. refaire son armée ; mais ils ne lui accordèrent que l'argent nécessaire pour entretenir 2,000 fantassins et 500 chevaux, et envoyèrent en même temps une députation au roi pour lui représenter que « cette armée n'avait rien fait qui vaille que de ruiner le pays », comme dit Eustache Piedmont. Les États, trop naïfs, ne comprirent point que jamais nouvelle ne pouvait causer plus de plaisir au roi[1].

Naissance du parti royaliste en Dauphiné. Exploits divers de Lesdiguières. Il conclut une trêve particulière avec le parlement.

L'hiver ne permit pas à Lesdiguières de rien entreprendre de sérieux, mais il ne resta pas oisif, et, dans la nuit du 3 au 4 février, il conclut secrètement à Veynes un traité avec le baron de La Roche, gouverneur de Romans, par lequel il s'engageait à lui prêter 300 hommes pour se rendre indépendant dans son poste vis-à-vis de la Ligue, qui ne le trouvait pas assez zélé, pendant que le baron promettait de son côté à Lesdiguières de le favoriser sous main dans le Valentinois. Tels furent les premiers symptômes de la formation du parti royaliste en Dauphiné, qui, réunissant dans son sein les catholiques libéraux et les protestants, amena dans la province l'affaiblissement graduel de la Ligue sous Henri III et son extinction sous Henri IV. Lesdiguières s'aboucha aussi à Embrun avec le comte de Châtillon, fils de Coligny (27 févr.), au sujet des troupes que ce dernier

(1) Matthieu, t. 1, p. 521, 524; — Videl, p. 116-130; — Mauroy, p. 204-213; — Additions au Mémoire de Secousse, p. 74; — De Thou, t. IX, p. 615-618; — Eustache Piedmont, Mémorial; — Albert, t. 1, p. 77; — Charronnet, p. 185-187; — Chorier, p. 715-719.

1587. faisait lever dans les cantons suisses protestants et qui devaient passer par le Dauphiné.

Autrement, les habitants du Briançonnais supportaient impatiemment les contributions de guerre que le capitaine huguenot avait imposées sur eux, et ils profitèrent de la chute de Chorges pour refuser de les payer plus longtemps. Dans le but de les faire rentrer dans le devoir, Lesdiguières se dirigea vers eux à la fin de l'hiver (7 mars); mais de cette pénible expédition « on ne tira, dit le *Journal des expéditions de Lesdiguières,* justement que les deniers de la fortification d'Embrun, et la moindre partie des arrérages des contributions ». Il y a plus, le propre neveu de Lesdiguières, Saint-Jean, et le capitaine Clavori perdirent la vie à l'attaque d'une barricade élevée à la descente du mont Genèvre par les habitants d'Oulx (10 mars).

Lesdiguières revint à Embrun et entreprit quelques jours après une expédition plus glorieuse. Parti secrètement et de nuit de son château des Diguières en Champsaur, avec 300 hommes (31 mars), il s'empara au point du jour du château de Champs, qui était aux environs de Grenoble et protégeait la ville du côté du Trièves. Remplis d'alarme, les habitants de Grenoble envoyèrent aussitôt deux députés à Lesdiguières (3 avril), qui consentit à conclure une trève avec eux pour toute la rive droite du Drac, depuis Grenoble jusqu'à Champs. Mais la convention, n'ayant pas reçu l'approbation de La Valette et du parlement, demeura sans effet.

Lesdiguières pourvut à la défense du château de Champs en y laissant Le Pin, avec 60 hommes, et fit ensuite diverses courses à Gap, où il eut une rencontre avec les troupes de la Ligue, à Nyons et ailleurs, et revint sur Mens pour reprendre le fort du pont de Cognet et ruiner le château du Monestier près La Mure, où le seigneur de ce nom, Balthazard de Combourcier, avait mis des gens de guerre contre la foi des traités. Le pont de Cognet, jeté sur le Drac, 1587. mettait en communication les deux places de Mens et de La Mure, et Lesdiguières, pour s'en assurer le libre passage, y avait fait construire un fort, que les troupes de La Valette prirent pendant le siége de Chorges. Désireux de ressaisir cette position importante, il s'avance avec résolution, force la barricade dressée à l'entrée du pont, fait appliquer un pétard à la porte du fort, bien qu'elle fût à six toises du sol, et effraye à un tel point les assiégés qu'ils se rendent sur l'heure (31 mai). Lesdiguières ordonna aussitôt la démolition du fort, pour n'être pas obligé de le reprendre. Quant au château de Monestier, bâti aux dépens des gens du pays pour contenir les protestants, il fit creuser une tranchée à ses pieds et plaça une saucisse, qui « l'enlève avec plus de débris, dit Videl, que cent coups de canon n'en eussent fait (8 juin) ».

Effrayés des progrès de Lesdiguières, Messieurs de Grenoble reprirent leurs pourparlers avec lui, le jour même de l'attaque du château du Monestier. Ils venaient cette fois de la part de Maugiron et du parlement, et voulaient conclure une trève générale avec le capitaine huguenot, mais ils ne purent s'entendre avec lui que sur une trève particulière (12 juin). Il fut convenu entre eux que les châteaux de Monestier et de Champs seraient entièrement rasés, moyennant 6,000 écus d'or comptés à Lesdiguières, « et que l'un ni l'autre parti ne s'en pourrait servir ni fortifier par ci après ». Quelques jours après (21 juin), le roi écrivit à La Valette qu'il s'opposait à toute suspension d'armes. « Ce serait bien le plus grand déservice, lui disait-il, que me pourraient faire mes sujets de Dauphiné, que d'accorder maintenant une trève avec les huguenots, voyant qu'ils sont après à faire entrer en mon royaume un très-grand nombre d'étrangers. »

Pour s'opposer aux courses presque annuelles que le capitaine huguenot faisait ou ordonnait dans le Briançonnais

1587. pour lever ses contributions de guerre, les Ligueurs avaient construit une muraille crénelée et flanquée de tours au travers d'un défilé situé non loin du pertuis Rostang, un peu au-dessus du hameau de l'Abessée, dépendant de la commune de Largentière. Le chemin passe aujourd'hui sur le flanc de la montagne, mais au XVIe siècle il fallait nécessairement franchir le défilé pour se rendre à Briançon. Lesdiguières donna ordre de l'emporter d'assaut à Prabaud de Bonne, gouverneur d'Embrun, qui s'y rend de nuit avec 50 hommes déterminés, dresse sans désemparer 15 échelles contre la muraille et met en fuite ses défenseurs, que son audace glace d'effroi (juin). Dès le lendemain, il fait démolir la muraille et les châteaux de La Bâtie et de Queyrières, auxquels elle s'appuyait.

Pendant ce temps Lesdiguières, dans le but de réduire quelques places, s'était porté dans les Baronnies avec les trois canons qu'il avait fait fondre à Serres et conduire à Nyons dès le 12 avril, et dont la vue seule avait amené la reddition de Venterol (18 avril). Secondé puissamment par Gouvernet, il s'empara, du 16 au 21 juin, de Mérindol, Bénivay, Pierrelongue, Eygaliers et Jonquières; et ayant ramené à Nyons ses canons, qui avaient perdu de leur justesse, il alla en chercher deux autres à Montélimar avec une escorte de 200 hommes. Chemin faisant, il tailla en pièces, à La Bâtie-Rolland, les capitaines Onuphre d'Espagne de Ramefort et Claude de Lattier de Charpey, qui étaient à la tête de 400 chevaux, et s'empara du Poët-Laval (29 juin). Il était à Aoste le 18 juillet, et fortifia cette place pour s'en faire une base d'opérations contre Crest.

Défaite des Suisses, près de Vizille, par La Valette

La Valette, qui avait été nommé lieutenant général du 1587. roi pour la Provence et le Dauphiné réunis, et que son inaction calculée faisait accuser d'être d'intelligence avec les protestants, se mit enfin en campagne. Il s'empara de Pierrèlongue, après l'avoir battue de 120 coups de canon (12 juillet), et de là envoya ses troupes dans le Languedoc, pour secourir Remoulin, investi par le comte de Châtillon depuis deux mois. Obligé de lever le siége de cette place, le fils de Coligny passa en Dauphiné. A la tête de 1,600 arquebusiers et de quelques gendarmes, il franchit le Rhône en face de Derbières (1er août), où Lesdiguières l'attendait depuis la veille. « Son projet, dit Mauroy, biographe de La Valette, était de se jeter par la Savoie en Bourgogne, afin de joindre la grande armée des reîtres et des Suisses qui, sous la conduite du baron d'Aune, pénétraient en France pour soutenir son parti. Son intention était aussi de favoriser le passage du Dauphiné en Languedoc à douze enseignes suisses, que le roi de Navarre faisait venir pour remplacer les garnisons françaises des villes huguenotes, qu'il projetait d'envoyer à sa grande armée.

« M. de La Valette, ayant appris la marche de M. de Châtillon, se rendit sur-le-champ à Romans. Il invita les communautés de la province, les gentilshommes et M. de Mandelot, gouverneur de Lyon, à rassembler des troupes; il rappela aussi celles qu'il avait envoyées en Languedoc. Lorsqu'elles furent toutes réunies, il forma un corps de 2,500 fantassins et 150 cavaliers [1].

---

(1) De Thou dit 1,200 fantassins et 600 cavaliers.

1587. » La petite armée de M. de Châtillon et de Lesdiguières était de 3,000 hommes d'infanterie et de 600 de cavalerie. Elle côtoya l'Isère, pour aller recevoir les Suisses protestants, qui étaient au nombre de 4,000 [1], auxquels s'étaient joints un corps de 500 soldats français et une cornette de cavalerie [2]. M. de La Valette côtoya les ennemis de l'autre côté de la même rivière [3], campant à égale distance, ne les perdant jamais de vùe, très-déterminé de les attaquer s'ils entreprenaient de la passer à Tullins. Les ennemis continuèrent leur route vers Sassenage... M. de La Valette... se porta sur la rivière du Drac pour en reconnaître les gués, croyant que les ennemis avaient intention de la passer. C'était, en effet, le sentiment de M. de Châtillon; mais M. de Lesdiguières fut d'un avis différent. M. de La Valette envoya M. des Crottes à la tête d'un corps de cavalerie pour apprendre des nouvelles de l'ennemi. Il l'informa que M. de Châtillon et M. de Lesdiguières, après trois jours de séjour à Sassenage, avaient remonté... trois lieues au delà, et qu'ils étaient campés à Vif... M. de La Valette se porta sur-le-champ, à la tête de ses troupes, de l'autre côté de la Romanche [4], pour observer les ennemis.

» Ce général apprit que les Suisses avaient passé l'Isère

---

(1) D'Aubigné dit 2,500; Davila, 3,000. Ces chiffres sont plus vraisemblables.

(2) Saint-Auban, dans ses *Mémoires*, dit que l'armée des Suisses comptait « 2,000 piques sèches, 500 corselets, 300 arquebusiers et 200 mousquetaires, outre deux compagnies de Français, ramassés sur la frontière de Suisse, chacune de 200 hommes, la plupart arquebusiers et mousquetaires ». — De Thou dit 8 compagnies de 300 hommes et 2 compagnies d'infanterie française de 200 hommes. — Ce sont les chiffres de Saint-Auban qui doivent être les plus exacts.

(3) Rive droite.

(4) Rive gauche.

au-dessus de Montmeillan [1] et étaient entrés en Dauphiné; 1587. qu'ils dirigeaient leur marche vers Vizille; qu'on construisait un pont sur la Romanche pour faire leur jonction avec MM. de Châtillon et de Lesdiguières. M. de La Valette se porta avec toutes ses forces sur cette rivière. Il fut informé que les Suisses avaient pris le chemin d'Uriage tendant à Vizille, et qu'ils n'étaient pas loin de lui. Il fit sur-le-champ partir M. Alphonse d'Ornano, colonel général des Corses, avec un détachement composé de sa compagnie, de celle de M. des Crottes, faisant en tout 160 hommes de cavalerie et 500 fantassins [2], commandés par M. d'Esgaravaques. M. de La Valette, avec le reste de ses troupes, se mit en bataille sur les bords de la Romanche, pour contenir l'armée de Châtillon et l'empêcher de passer cette rivière...

» Lorsque les Suisses furent parvenus assez près du lieu où ils pouvaient passer la Romanche, marchant au long du penchant d'une colline tournée du côté de cette rivière [3], M. d'Ornano prit le parti de les charger avec sa petite troupe [4]. Le combat commença le 19 août [5]... à 10 heures.

---

(1) Eustache Piedmont dit « au-dessus de Goncelin par Malanard ».

(2) La relation contemporaine (*Copie d'une lettre...*) dit 400 Corses; d'Aubigné, 600 salades et 40 maîtres; Saint-Auban (*Mémoires*), 400 arquebusiers; Eustache Piedmont, 4 ou 500 chevaux et 400 arquebusiers.

(3) La relation contemporaine (*Copie d'une lettre...*) dit que c'était « en un vallon et bois de haute futaie, » à deux lieues de Grenoble. Elle ajoute que « le seigneur de Saint-Julien, avec sa compagnie de gendarmes et environ 300 soldats français tirés des garnisons du marquisat de Saluces » avaient déjà attaqué les Suisses, mais qu'ils avaient été « tellement repoussés, qu'ils furent contraints de se retirer en un village », ce qui fut rapporté à La Valette et décida d'Ornano à tenter la fortune. — Saint-Auban (*Mémoires*) dit que la bataille eut lieu en un « lieu très-favorable à l'infanterie » : à des arquebusiers certainement, mais non à des piquiers. — Chorier place le théâtre précis du combat à Jarrie, près Vizille.

(4) D'Aubigné dit que les Suisses, en voyant d'Ornano, voulurent gagner un bois, mais qu'ils ne le purent.

(5) May de Romainmotiers dit le 16.

1587. M. d'Ornano attaqua en même temps les Suisses en tête, à la queue et aux flancs. Ces braves gens, se tenant serrés, restent inébranlables sans reculer. Il paraissait impossible de les rompre, car ils combattaient ainsi pressés, et ils demeurent inébranlables jusqu'à 5 heures après midi. On en fit un carnage affreux. Ils se laissaient égorger sans quitter leurs rangs. Mais M. d'Ornano, avec une audace et une valeur incroyables, ayant pénétré jusqu'à leurs. drapeaux, alors les Suisses devinrent furieux; ils s'élancèrent sur nos troupes et elles furent ébranlées. Au cri qu'elles firent, M. de La Valette accourut avec un corps de cavalerie toute fraîche [1]. Il ne leur laissa pas le temps de respirer; il rétablit le combat et retourna après au bord de la rivière. Les Suisses combattirent pendant environ une heure. Se voyant enfin sans ressources, épuisés et enfoncés de tous côtés, ils demandèrent quartier et posèrent les armes. Ils laissèrent sur le champ de bataille 1,200 morts en une même place et 500 un peu plus loin [2]. Tout le reste fut fait prisonnier [3], avec le baron d'Aubonne, commandant la cavalerie [4]. On ne put trouver le corps du jeune Cugie, leur colonel [5]... M. de La Valette eut, de son côté, 50 cavaliers ou soldats tués et 100 de blessés. MM. de Châtillon et Lesdiguières, témoins de ce combat [6], firent plusieurs tentatives pour passer à gué la

---

(1) Quatre compagnies.

(2) Eustache Piedmont dit 2,000; d'Aubigné, 800 seulement.

(3) Les *Additions à Secousse* disent que 100 seulement firent leur jonction avec Châtillon; Eustache Piedmont, 500, et c'est beaucoup plus vraisemblable.

(4) May de Romainmotiers dit que ce commandant était Guillaume Stuart de Vozins.

(5) Les *Additions à Secousse* disent à tort qu'il s'agit ici de Cugie le père, l'ancien chef des Désunis.

(6) A Champs.

rivière et aller au secours des Suisses; mais M. de La _{1587.}
Valette les repoussa toujours. M. de Morges, beau-frère de
M. de Lesdiguières, y fut tué. » C'est la veille (18 août), en
défendant le pont que Châtillon et Lesdiguières avaient
construit sur la Romanche, près de Champs, pour faire
leur jonction avec les Suisses, que ce vaillant capitaine
perdit la vie.

Les douze drapeaux des Suisses et la cornette d'Aubonne
restèrent à La Valette, qui les envoya au roi. L'un de ces
drapeaux cependant fut déchiré par les soldats, qui s'en
firent des jarretières. L'historien Stettler complète le récit de
Mauroy, et explique à sa façon la défaite des Suisses. « Dans
le courant de cet été (1587), dit-il, par les intrigues des seigneurs de Châtillon et Lesdiguières, aidés de François de
Lettes, baron d'Aubonne (banni des terres de Berne pour
avoir tué le greffier de Morges), il fut levé quelques compagnies d'infanterie de Montbéliard, Neuchâtel et du pays
de Vaud, qui furent conduites dans le Dauphiné, sous les
capitaines Guillaume Villiermin, seigneur de Monnaz, Priam
Villiermin, son frère, baron de Montricher, les sieurs de
Cugie et Virol, François de Martines et Jean Simonin de
Montbéliard. Ces chefs étaient presque tous, mais spécialement les Villiermin, sans expérience des choses de la guerre.
Leurs troupes (4,000 hommes), conduites sans aucune prudence au secours des évangéliques (alors victorieux et en
possession de Montélimar), furent frappées à deux lieues de
Grenoble par le seigneur de La Valette et Alphonse Corse;
plusieurs enseignes leur furent ravies et envoyées au roi, et
un grand nombre de ces guerriers furent envoyés à Valence
travailler aux fortifications... Parmi les capitaines prisonniers, Priam Villiermin tomba aussi aux mains des royalistes. La ville de Berne intercéda pour ces captifs, qui furent
rendus moyennant une forte rançon payée par leurs familles;
leur désobéissance et leur inexpérience leur coûta cher. »

1587. May de Romainmotiers ajoute que les Suisses furent attaqués à l'improviste, et que comme la plupart des officiers et
des soldats s'étaient répandus dans les villages voisins pour
se mettre à l'abri de la chaleur, qui était excessive, ils furent
facilement taillés en pièces. D'Aubigné dit, de son côté, que
« La Valette, qui avait le secret du roi, ne contribua à cette
défaite que le moins qu'il put et n'y alla qu'à regret ; mais
qu'Alphonse, qui ne s'entendait point aux dissimulations
de la cour, s'y porta d'autant plus hardiment qu'il croyait
de rendre par là un grand service à son prince [1] ». Quoi
qu'il en soit, Henri III, qui, par haine de la domination des
Guises, soutenait secrètement le parti réformé, manifesta
une joie d'autant plus vive de la défaite des Suisses, qu'elle
était moins sincère.

Châtillon, rejoint par quelques centaines de fuyards et
accompagné par Lesdiguières, continua sa route vers la
Savoie, par des chemins impraticables... La dernière étape
fut Vaujany en Oisans, d'où il gagna la Maurienne.
D'après Eustache Piedmont, Châtillon « demanda à la cour
de parlement de le laisser passer par la combe du Grésivaudan, car il désirait se retirer à Genève ou en Allemagne.
Il alla passer au-dessus de Goncelin et s'en alla ». Comme
Châtillon se proposait de rentrer en France avec des troupes,
il est peu vraisemblable que le parlement lui ait accordé
cette faveur [2].

---

(1) C'est donc à tort que Girard, dans son *Histoire de la vie du duc
d'Épernon*, dit que personne ne peut contester à La Valette « l'honneur
entier de cette défaite ».

(1) *Copie d'une lettre contenant le discours au vray de la deffaicte de
douze enseignes suisses bernois...* 1587, in-8° ; — EUSTACHE PIEDMONT, *Mémorial* ; — SAINT-AUBAN, *Mémoire de ce qui s'est passé en Dauphiné*, dans
les *Mémoires de la Ligue*, t. II, p. 200 et suiv.; — *Additions au Mémoire de Secousse*, p. 76; — MAUROY, p. 217-222; — D'AUBIGNÉ, t. III, p. 33;

Prise et reprise célèbres de Montélimar.

Avant la défaite des Suisses et lorsque Lesdiguières était 1587. encore à Vif, ce capitaine fut informé de la prise de Monté- limar par les catholiques. Depuis longtemps ceux-ci en avaient formé le projet. « L'occasion leur parut favorable, dit Candy [1], par l'absence de Lesdiguières, de du Poët et de plusieurs autres chefs, qui, avec leurs troupes, étaient allés au-devant de Châtillon. D'ailleurs, la garnison qui était en ville n'était composée que d'environ 400 hommes des com- pagnies de du Poët et du Villé. Le château n'était gardé que par 50 hommes de la compagnie de Rascas. Le plan de cette entreprise fut l'ouvrage du bourreau. Il le communiqua d'abord à d'Anconne, qui ne parut pas en faire grand cas. Il en parla ensuite à Bollaty, homme courageux, qui l'ap- prouva et le fit adopter à Saint-Ferréol.

» Dès ce moment Saint-Ferréol agit pour s'assurer des forces suffisantes pour l'attaque. Il appelle surtout les chefs de la noblesse des environs qu'il connaît plus dévoués aux Guises qu'au roi : Sénillac [2], L'Estrange, Luzière, Saint- Martin, de Ponas, de La Vernade, de Sault. Plusieurs autres officiers distingués se joignent aux chefs et leur amè- nent secrètement de nombreuses troupes. Le tout ainsi dis- posé, ils conviennent d'exécuter leur projet sans retard. Il existait non loin et au nord de la ville une antique masure, reste d'un hôpital qui avait servi aux lépreux. C'est là où se

---

— DAVILA, t. I, p. 575; — Histoire contenant les plus mémorables faits advenus en l'an 1587, p. 5; — VIDEL, p. 130-139; — CHORIER, p. 719- 721; — Le Livre du roi, dans le Bullet. de l'Acad. delph., Ire série, t. II, p. 318-321; — ALBERT, t. I, p. 244; — CHARRONNET, p. 187-190.

(1) Hist. des guerres de religion à Montélimar (Mns.).

(2) Videl le dit gouverneur du Vivarais.

1587. réunirent les confédérés. Il fut convenu que l'attaque de la place aurait lieu le lendemain 16 août, jour de dimanche, à 2 heures du matin.

» Peu de temps avant l'heure convenue, la troupe, au nombre d'environ 700 hommes, se mit en marche. Dès qu'elle fut arrivée près des remparts de la porte Saint-Martin, la lune s'éclipsa de telle manière qu'on ne pouvait rien distinguer à la plus petite distance. Un instant après l'horloge sonna deux heures. Au dernier coup, et d'après le signal donné, le bourreau, à la tête de 11 braves qu'il avait à ses ordres dans la ville, se précipite d'abord sur le corps de garde, égorge le caporal et ses soldats. Ce poste se trouvant en son pouvoir, il divise sa troupe en deux pelotons : une partie s'empare des tours voisines et l'autre des avenues. En même temps un maréchal, tout à la fois serrurier, muni de pinces et de marteaux, fait sauter les gonds et ferrures des trois portes du portail Saint-Martin. A l'instant la troupe se précipite en foule dans la ville et y jette l'alarme.

» Du Poët avait laissé le commandement de la place à Marsanne Saint-Genyes. Au premier bruit, cet officier fait sonner le tocsin, et, à l'aide de [Jean d'Arlandes de] Concoules et de Laye, il rassemble ses soldats, qui parviennent à faire fermer la porte à demi, et repousse les Ligueurs. Mais ceux-ci, recevant de tous côtés des renforts, mirent en fuite leurs ennemis, qui cherchent à gagner la porte Saint-Gaucher. Dans ce moment, Chaussy venait de la faire sauter d'un coup de pétard ; il s'introduisait dans la ville à la tête de 400 catholiques. Cette troupe s'avance dans les rues, poursuit vivement les assiégés, qui, forcés de battre en retraite, se retirent au château, emportant avec eux les vivres et les munitions qu'ils avaient pu sauver. La dame du Poët, femme du gouverneur, se joignit à eux. Plusieurs habitants les avaient suivis ; mais on refusa de les recevoir, et ils furent forcés de se retirer dans la tour de Narbonne, au nombre d'environ 400. Dès lors les Ligueurs, autorisés par leurs 1587. chefs, s'emparèrent des maisons des religionnaires, et, après s'être livrés au pillage, y commirent les plus violents excès.

» Les religionnaires perdirent entre autres, dans cette affaire, le capitaine Ligier, sergent-major, officier d'un rare mérite. Concoules et de Laye furent faits prisonniers après la plus vigoureuse résistance. Le ministre Saint-Ferréol subit le même sort; mais son frère, qui se trouvait parmi les Ligueurs, eut pour lui les plus grands égards.

D'Anconne et Saint-Ferréol voulaient se maintenir dans la place. Ils envoient des messagers de tous côtés pour réclamer de nouveaux secours. Le comte de Suze et son fils, le baron de La Garde, Vesc du Theil, Vesc de Saint-Montaut, Pracontal, Venterol, Ramefort, le baron d'Hauterive et plusieurs autres des principaux seigneurs du voisinage [1] viennent aussitôt les renforcer, suivis de plus de 2,000 étrangers [2], la plupart attirés par l'espoir du pillage, auquel s'étaient déjà livrés les vainqueurs en entrant dans la ville. De Suze, guerrier expérimenté et redoutable, était sans contredit le seigneur le plus distingué de la noblesse du pays. On lui défère le commandement des troupes; mais Sénillac, d'une naissance non moins illustre et d'un courage à toute épreuve, et qui avait contribué des premiers au succès de l'expédition, lui dispute cet honneur. De là la confusion et le désordre parmi eux. Dès lors, le service est négligé; les canons, que des personnes prudentes voulaient changer de position, sont laissés à leur place; pendant deux jours les différents partis ne reçoivent aucun mot d'ordre, ne sachant de qui le prendre.

---

(1) En tout 250 gentilshommes.

(2) Saint-Auban *(Mémoires)* dit « plus de 3,000 »; d'autres 4,000, en comptant, sans doute, le régiment de Ramefort, qui arriva au dernier moment.

1587. » La dame du Poët ne tarda pas de donner avis de la reprise de Montélimar à son mari et aux seigneurs voisins de son parti et de réclamer de prompts secours. [Balthazard] d'Alard, à la tête de 150 hommes, fut le premier qui entra dans le château, malgré la résistance des catholiques. Dupont, de Cheylus, Teyssières, Chambaud, Soubreroche, La Baume et Vachères vinrent bientôt après, avec un nombre considérable de troupes, tant d'infanterie que de cavalerie [1]. Cette nouvelle fut bientôt connue à Vif, où était Lesdiguières. Il envoie en toute diligence du Poët, Blacons et [Bernard de Bologne] de Sales, avec 400 soldats [2], au secours des assiégés. Les Ligueurs, informés de leur arrivée, tentèrent de s'opposer à leur entrée dans le château ; mais ils y pénétrèrent de nuit de vive force, par la poterne au levant, épuisés de fatigue.

» Le mercredi 19 fut le jour convenu pour attaquer les catholiques. Du Poët, nommé chef de cette expédition, dispose ainsi sa troupe : Saint-Georges commandait l'avant-garde, composée de voltigeurs et de plusieurs soldats d'élite bien armés ; venait ensuite Vachères, à la tête d'un détachement de braves et de 200 arquebusiers ; le surplus des troupes, qui formait environ 800 arquebusiers, était commandé par du Poët et Blacons. Les habitants qui s'étaient réfugiés dans la tour de Narbonne se joignirent à eux. Pour toute réserve, on laissa au château environ 100 hommes de cavalerie.

» Ces dispositions faites [3], du Poët fait hausser le pont-

---

(1) Elles venaient surtout du Vivarais et comptaient 800 arquebusiers.

(2) *La prinse et reprinse de Montélimar* dit 800 hommes et 50 chevau-légers ; Eustache Piedmont, 1,000 ou 1,200 hommes ; Videl, 2 compagnies d'arquebusiers à cheval.

(3) Une prière fervente fut prononcée par le pasteur de l'église au moment du départ.

levis. Il fait serment de ne prendre aucun repas avant 1587. d'avoir repris sa maison, et, s'adressant à ses soldats, leur dit : « Il faut aller dîner en ville. » De suite il donne l'ordre du départ. De Suze, trop confiant en la supériorité de ses forces, était assis en ce moment sur un banc de boutique, ne soupçonnant pas le danger qui le menaçait. Informé par d'Anconne et du Theil de l'attaque faite par l'ennemi, il leur répond : « C'est la garnison qui vient se rendre à moi. » Cependant, reconnaissant son erreur, il monte à cheval et se rallie à ses soldats.

» Le combat commença vers les sept heures du matin. Il s'engagea de part et d'autre avec un acharnement incroyable et devint très-sanglant, parce que les Ligueurs avaient établi sur les principales avenues de forts retranchements, si élevés qu'ils atteignaient les toits des maisons voisines. Plusieurs même étaient adossés à une ruelle sans issue, dite La Gualore [1], de manière qu'ils ne pouvaient être attaqués en face. Les religionnaires, ne pouvant les renverser, avisèrent de percer les maisons voisines. Ce stratagème leur réussit. De sorte que les Ligueurs, qui auparavant étaient les assiégeants, furent eux-mêmes assiégés et investis de front et de côté. Ils cédèrent d'abord et prirent ensuite la fuite. La déroute fut générale. Sénillac et plusieurs autres chefs ligueurs s'étant ralliés dans une petite place voisine, en face du château, là il se livra un nouveau combat, où ils se défendirent vaillamment; mais les soldats les abandonnèrent. Le premier moment de la victoire fut affreux. Les religionnaires firent un si grand carnage de leurs ennemis, qu'étant survenue une pluie très-abondante, l'eau qui cou-

---

(1) Elle fut démolie après les guerres civiles pour agrandir, du côté du midi, l'enceinte du château (CANDY).

1587, lait dans les rues était teinte de sang [1]. Une rue, fermée seulement par une barricade treillissée, conduisait de cette place à la porte du Fust. C'est derrière ce faible rempart que se retranchèrent plusieurs gentilshommes pour se soustraire à la fureur des vainqueurs. Ils aperçoivent Blacons, qui combattait au premier rang; ils l'appellent à eux et, ayant ouvert la barricade, ils la referment de suite sur lui. Celui-ci, se voyant entouré de tant d'ennemis, eut quelque crainte; mais dès qu'il s'aperçut que cette noblesse, attachée aux crins, à la queue et aux étriers de son cheval, lui demandait la vie, il l'encouragea et la fit retirer dans une maison voisine, où il fit placer des sentinelles pour les défendre de toute agression.

» En attendant, il se fit un tel concours de fuyards à la porte Saint-Gaucher, qui se trouva fermée, qu'il en périt environ 2,000 [2], impitoyablement massacrés de tous côtés. C'était plutôt une boucherie qu'un combat. On ne cherchait plus à défendre ses jours. On ne voyait d'autre salut que dans la fuite. Dans ce désordre, plusieurs se précipitèrent du haut des remparts dans la campagne; d'autres, qui étaient restés dans la ville, furent pour la plupart égorgés par les goujats qui étaient restés dans les fossés à garder les chevaux de leurs maîtres. Sur ces entrefaites, quelques-uns furent sauvés par la présence de Ramefort, qui dans ce moment pénétra dans la ville à la tête de son régiment.

---

(1) Expilly (*Dict. histor. des Gaules*) dit qu'un « puits, qui a retenu le nom de *saigneux*, fut rempli de sang jusqu'à son embouchure ». Les notaires contemporains Gayet, James et Bérole, qui font mention du siége de Montélimar dans leurs minutes, ne parlent point de ce fait, contredit du reste par un parcellaire de 1569, qui donne déjà à cette époque à une rue de Montélimar le nom de *Pui saigneux* (CANDY).

(2) Eustache Piedmont dit 1,000; — le *Discours historial des événements arrivés en Languedoc*, dans d'Aubais, 2,500; — Videl, 1,500.

Plusieurs autres furent rançonnés par des étrangers, qui 1587. leur firent largement payer leur protection. Gayet, dans son *Journal,* donne aussi quelques détails de cette affaire, et il ajoute : « Et dura cette tuerie dans cette pauvre ville l'espace de huit jours. »

» Les Ligueurs perdirent plusieurs hommes de marque : Luzières, du Theil fils [Bernardin], du Puy-Saint-Martin le jeune, dit Portes. Le comte de Suze, qui avait demandé quartier, fut abattu de son cheval et grièvement blessé; il mourut quelques instants après [1]. Rostaing, son fils aîné, le baron de Lagarde, L'Estrange, Sénillac, Saint-Quentin, du Theil père, Pracontal le jeune [Antoine], [Philibert d'Eurre de] Venterol, Saint-Didier, Saint-Drusot et Bollaty, l'un des chefs de cette entreprise, furent faits prisonniers, et la plupart conduits à Orange [2]. Du côté des religionnaires la perte fut moins considérable. On ne compta parmi les morts, en fait de personnes marquantes, que Teissières, Roqueline, Liereton, Citasse, Raimond de La Place, Milolpe, Fornier et Christophe de Guerre; et de blessés, que Cheylus, d'Alard, Mirabel et le capitaine Basque [3]. Trois jours après, Ramefort, qui s'était jeté dans une tour, ne pouvant se défendre longtemps et se voyant sans vivres

---

(1) On n'est point d'accord sur la mort du comte. Un manuscrit de Banne, chanoine à Viviers, rapporte qu'il fut tué d'un coup d'arquebuse à la tête par un catholique, qui avait à se plaindre de lui; que son corps fut d'abord porté à Viviers et déposé dans les masures de l'église, ensuite embaumé et porté à Suze; d'autres, par le capitaine Beaulaigne, près la porte Saint-Gaucher; d'autres, enfin, désignent des protestants d'Orange, qui n'avaient jamais pu lui pardonner d'avoir aidé les catholiques à s'emparer de leur ville et de les avoir retirés dans son château de Suze (CANDY).

(2) Rostaing de Suze se racheta quelques mois après, moyennant 10,000 écus.

(3) Videl dit 20 tués et 120 blessés en tout.

1587. et sans espérance de secours, capitula et fut fait prisonnier avec tous ses soldats...

» Après la prise de Montélimar, du Poët interdit entièrement l'exercice du culte catholique, par ordonnance du 1er octobre. Il mit une forte garnison dans la place et dans le château. Dès que le calme fut établi dans la ville, de concert avec Vachères et Blacons, il mit en liberté plus de 2,000 prisonniers qu'on avait trouvés cachés dans différentes maisons [1]. »

Le service signalé que du Poët rendit à son parti par la reprise de Montélimar, lui valut une lettre de félicitation du roi de Navarre, qu'on trouvera aux *Pièces justificatives, N.° VII.*

Faits d'armes divers. Conférence d'Eybens avortée.

Après avoir escorté Châtillon jusqu'aux frontières de Savoie, Lesdiguières, qui se trouvait sur la route du Briançonnais, se dirigea vers le Monestier de Briançon, dont il fortifia l'église (25 août). De là, accompagné de Gouvernet, il alla assiéger Guillestre, défendu par une garnison de La Valette. La ville fut prise le 4 septembre, après avoir essuyé 200 coups de canon [2]. Le château, où s'était réfugiée la garnison, se rendit le lendemain. Il investit

---

(1) Saint-Auban, *Mémoires de ce qui s'est passé en Dauphiné* et *Prises et reprises de Montélimar*, dans les *Mémoires de la Ligue*, t. ii, p. 206 et suiv.; — D'Aubigné, t. iii, p. 33; — De Thou, t. x, p. 66-73; — Mauroy, p. 222; — Videl, p. 139-143; — Chorier, p. 720; — Eustache Piedmont, *Mémorial*.

(2) D'Aubigné dit 900 coups; Videl, 50. — Albert place à tort cet événement en 1585.

ensuite Château-Queyras (5 sept.), également occupé par 1587.
les soldats de La Valette. Les chemins qui y conduisaient
étaient si mauvais qu'il fut obligé de faire porter à bras son
artillerie, qui mit neuf jours à faire quatre lieues de chemin,
bien que 600 soldats et 1,500 pionniers s'aidassent à la
transporter. Jamais pareille chose ne s'était vue. Aussi la
garnison, effrayée de tant d'audace, se rendit-elle sur l'heure
(10 oct.). Le siége avait duré plus d'un mois.

Pendant ce temps, Philibert de Claveyson, gouverneur
catholique de Gap, à la tête de 200 hommes de pied et de
30 chevaux, fit sauter l'église du Monestier de Briançon,
fortifiée récemment par Lesdiguières, en mettant le feu à
son magasin de poudre (11 sept.). Briquemaut, l'un des
capitaines de Lesdiguières, le dédommagea de cette perte
en s'emparant de l'église de Saint-Pierre, située dans la
vallée de Château-Dauphin et fortifiée par les Ligueurs.
Cinq cents d'entre eux furent tués et le capitaine fait prisonnier (12 oct.).

Quelques semaines auparavant, le fils aîné [1] du comte de
Grignan, qui avait déserté le parti catholique, s'était saisi
des places de Clansayes et de Montségur, qui appartenaient
à son père. Le même jour, Blacons força et pilla Suze-la-
Rousse, mais ne put emporter son château, qui était très-
fort.

Ramefort, fait prisonnier à Montélimar, comme on l'a
vu plus haut, était parvenu à s'échapper. Apprenant que
Poligny, lieutenant de la compagnie de gendarmes de Lesdiguières, s'était retiré chez lui, à Saint-Étienne-d'Avançon,
pour se faire panser d'une blessure, résolut de l'enlever à
la tête de 60 salades et de 150 arquebusiers. Mais il avait
compté sans Lesdiguières, qui était logé à un quart de lieue

---

(1) Antoine de Castellane-Adhémar.

1587. avec ses gens, et qui, réveillé pendant la nuit par un trompette de Poligny, qui venait de sonner la charge, fondit sur les gens de Ramefort et en tua 30 (20 oct.).

Fatigués de cette lutte stérile, des gentilshommes des deux partis, qui négociaient depuis le mois d'avril, se rendirent à Eybens, le 25 octobre, pour traiter d'une trêve. D'après Saint-Auban, les propositions des députés protestants furent « que par États provinciaux protestation soit faite de l'obéissance qu'on doit au roi et aux enfants mâles qu'il plaira à Dieu de lui donner. A défaut desquels le roi de Navarre sera reconnu chef des princes du sang et premier successeur de cette couronne, et après lui les autres princes, selon la prérogative de leur degré, avec détestation expresse des manifestes et autres libelles de la Ligue, par lesquels on aurait voulu prépostérer cette succession.

» Le second chef a été que la religion réformée soit reçue par toute la province indifféremment, et, moyennant cela, promis de n'empêcher la romaine, et que les ecclésiastiques ne rentrent en leurs biens. Nous avons aussi promis de reconnaître la cour de parlement, obéir au sieur de Maugiron, et que, quelque mutation d'état qui puisse survenir, le roi de Navarre emploiera son autorité future et présente pour l'observation de ce traité, notamment en ce qui concerne la dignité de la cour et de lieutenant du roi, ensemble les biens ecclésiastiques.

» Le troisième point de la proposition a été qu'en attendant une paix plus ample chacun gardera tout ce qu'il tient, retranchant néanmoins les garnisons le plus que faire se pourra. »

Ces propositions si équitables, qui sauvegardaient tous les intérêts, furent repoussées par les députés catholiques. Saint-Auban le déplore et ajoute : « Il ne se pourrait, au reste, aisément dire combien tous les ordres de cette province, sans distinction, ont de dévotion et de volonté à la majesté du roi de Navarre ; assurés qu'il est fidèle au roi, 1587. aime le bien et la fleur [1] du royaume, comme vrai prince du sang de France, prince véritable et gardant sa parole, sans l'avoir jamais altérée à l'endroit de qui que ce soit, et duquel la singulière valeur, douceur et humanité (quand il n'y aurait autre chose), doit assez émouvoir les peuples à l'honorer et reconnaître, selon le rang et le degré qu'il tient en ce royaume. C'est le langage ordinaire des gens, tant d'une que d'autre religion. »

Henri III, qui venait de remporter à Auneau une victoire sur les princes allemands entrés en France pour secourir les protestants, s'opposait lui-même à la conclusion d'un traité avec les réformés dauphinois. « Je ne veux en sorte quelconque, écrivait-il à Maugiron, le 15 décembre 1587, que l'on prête l'oreille au traité que recherche Lesdiguières artificieusement. J'ai moyen encore de protéger et défendre mes sujets d'injure sans lui et ses inventions. Je n'y veux rien épargner et veux même avoir soin plus que jamais de mon pays de Dauphiné, parce que c'est la partie du corps de mon royaume qui est le plus malade et qui a par occasion plus grand besoin de secours. Ne souffrez donc que l'on en passe plus avant, mais tenez pour ennemis et faites procéder rigoureusement contre ceux qui prennent des sauvegardes des ennemis et composent avec eux. » Villeroi écrivait de son côté à Maugiron, le 16 décembre : « Les affaires du roi ne sont, Dieu merci, réduites en tel état que ses sujets doivent désespérer de son assistance et pour prêter l'oreille aux artifices de Lesdiguières, car Sa Majesté ne peut trouver bon que l'on en ait usé en Dauphiné de la façon que l'on nous mande par les dernières dépêches et que l'on en est en terme de faire. »

---

(1) C'est-à-dire la prospérité.

1587. Les affaires en demeurèrent ainsi au même point dans la province, et la guerre continua.

Mort du baron des Adrets. Son portrait.

Cette année 1587, le cruel baron des Adrets mourut dans son château de La Frette, à l'âge de 74 ans. Comme plusieurs auteurs[1], nous pensons que si le trop célèbre capitaine doit être jugé avec la dernière sévérité au point de vue de la morale éternelle, on ne saurait sans injustice le séparer de ses contemporains, et lui appliquer une règle à laquelle on ne voudrait pas soumettre ces derniers. Des Adrets a été ce que furent le duc d'Albe, Tavanes, Montluc, et dans nos contrées Lagarde, le boucher des Vaudois de Provence, et La Baume de Suze, l'un des massacreurs d'Orange. Si même on le compare à Montluc, le plus inhumain de tous, on le trouve, quoi qu'en dise Brantôme[2], inférieur à lui en cruauté. Montluc ne marchait jamais qu'accompagné de deux bourreaux; il s'appelait lui-même fastueusement « le boucher royaliste », et se faisait un titre de gloire de ses pendaisons. « On pouvait connaître, dit-il, par là où j'étais passé, car par les arbres, sur les chemins, on en trouvait les enseignes; un pendu étonnait plus que cent tués. » On ne voit rien de pareil chez des Adrets. Bien loin de se glorifier de ses meurtres, il s'efforce de les représenter comme de dures nécessités, des représailles légitimes. « Nul ne fait cruauté en la rendant, dit-il; les premières s'appellent cruautés, les secondes justices. » Ajoutons, et ceci est tout à l'avantage

---

(1) Voy. entre autres Gust. VALLIER, *Réflex. sur quelques excès commis pendant les guerres de religion*, dans le *Bullet. de l'Acad. delph.*, 3e série, t. I, p. 178-195.

(2) *Vie des grands capitaines*, 1re partie.

du parti protestant, que Condé et Coligny réprouvèrent 1587.
fortement la conduite de des Adrets et qu'ils lui refusèrent
le commandement de Lyon à cause de ses atrocités ; tandis
que les barbaries de Montluc ne furent jamais désavouées
par le roi, non plus que par le parti catholique, et qu'on vit
même le pape Pie IV les appeler une « œuvre d'un homme
vraiment chrétien et apostolique[1] ».

L'épitaphe du baron des Adrets le dépeint fidèlement en
disant qu'il était « prompt, hardi, courageux, inaccessible
à la crainte, emporté, d'un esprit farouche, de mœurs antiques et passionné pour les armes[2] ». Elle ajoute « qu'il
comblait le plus souvent ses soldats de présents, après avoir
vaincu ses ennemis, et qu'il n'amassa aucune fortune[3]. ».
Voici d'un autre côté le portrait que l'historien de Thou,
qui avait vu des Adrets à Grenoble, nous a laissé de sa
personne[4] : « Il était déjà tout blanc, mais vert et vigoureux.
Il avait les yeux farouches, le nez aquilin, le visage maigre
et parsemé de rougeurs ; on aurait dit de la boue tachée de
sang répandue sur sa bouche, comme on l'avait remarqué
chez P. Cornélius Sylla. Du reste il avait l'air d'un véritable
homme de guerre. » Brantôme affirme qu'il avait ouï dire à
la reine que le célèbre capitaine eût été nommé maréchal de
France s'il « eût fait pour le roi comme pour les huguenots».

---

(1) *Lettre du pape Pie quatriesme au sieur de Montluc*, dans les *Mémoires
de Condé*, t. vi, p. 287-289.

(2) Velox, audax, strenuus, impavidus, iracundus, animi atrocis, more
priscorum vivens, disciplinæ militaris amator.

(3) Milites, hostibus debellatis, plerumque donis cumulabat, idcircò
opes non comparavit.

(4) *Mémoires* de de Thou, dans la collection Petitot, série 1, t. xxxvii,
p. 228.

Échec de nouvelles négociations de paix. Reconstruction de la citadelle de Puymore. Promenade militaire de La Valette à Gap.

1588. Lesdiguières, qui entretenait depuis quelque temps des intelligences dans Grenoble, s'en approcha dans la nuit du 11 janvier avec des échelles. Mais ayant été retenu longtemps au passage du ruisseau de la Planche-Marelle, grossi par les pluies, il ne put donner l'escalade qu'à 5 heures du matin et fut obligé de se retirer. Il se rabattit sur le fort de Gières, qu'il emporta en plein midi sur les 50 arquebusiers ligueurs qui le gardaient et l'incendia. Dans cette expédition il fit pour plus de 100,000 écus de butin.

Le 29 janvier il assistait à l'assemblée politique de Die avec tous les gentilshommes de son parti pour délibérer sur les moyens de continuer la guerre. Lacroix et Gaspard Bussod, députés des États de la province, se rendirent auprès d'eux pour traiter d'une trève; mais on ne put s'entendre. Des négociations entreprises par les mêmes députés, le 6 février à Saint-Maurice et le 14 à Serres, n'aboutirent pas davantage, et les hostilités recommencèrent au printemps.

Cugie et Soubreroche se laissèrent battre dans le Royans. Le premier perdit 40 chevaux et le second eut 32 soldats tués. Quant à Lesdiguières, il marcha le 9 mars sur Tallard, qu'on avait promis de lui livrer par intelligence le jour suivant; mais, ayant découvert en route une embuscade, que ceux-là mêmes qui devaient le servir lui dressaient, il revint sur ses pas et se dirigea sur Grenoble. Il ne fut pas plus heureux devant Vizille. Continuant néanmoins sa route pour lever ses contributions annuelles de guerre dans les villages des environs de Grenoble, il tailla en pièces 50 à 60 arquebusiers du fort de Gières, que les Ligueurs avaient relevé. A la tête de 120 chevaux et de 200 arquebusiers, il 1588, envahit même et pilla le faubourg Tres-Cloîtres (20 mars), pendant que la garnison, qui craignait quelque intelligence du côté du Royans, n'osait bouger. Le même jour Morges, un de ses lieutenants, faisait une course jusqu'à Goncelin, d'où il ramenait 50 prisonniers.

Lesdiguières retourna ensuite à Serres, d'où, ayant réuni ses meilleurs capitaines : Gouvernet, Champoléon, Morges, Montbrun, Beaumont, Briquemaut et Grignan, 1,500 hommes de pied, 3 à 400 chevaux et autant de pionniers, il partit (3 avril) pour relever la citadelle de Puymore, démolie en 1581, à la suite du traité de Fleix. Dans la nuit du 5 avril et les jours suivants, les Gapençais, commandés par La Marcousse, firent une sortie pour s'opposer à ses travaux, mais ce fut en pure perte. En 13 jours le fort fut mis en état de défense et ses murailles élevées jusqu'à 15 pieds de hauteur. Il était flanqué de 5 bastions et avait 720 pieds de largeur. On y creusa un puits et une citerne, et de vastes magasins furent construits, où l'on mit des provisions pour trois mois. La conduite des travaux était confiée aux ingénieurs Beauregard et Arabin. Pour ne pas être inquiété, Lesdiguières avait envoyé dès le 8e jour une partie de ses soldats dans le Royans pour occuper Maugiron. Ils s'emparèrent de Saint-Nazaire et le fortifièrent. Dans la dernière semaine d'avril le lieutenant général assembla 800 arquebusiers et quelques chevaux pour débloquer Saint-Jean-en-Royans, assiégé par les soldats de Lesdiguières. Mais ceux-ci s'étaient déjà retirés, en laissant 25 soldats dans la tour de Saint-Nazaire pour défendre le passage. Trois cents arquebusiers et quelques chevaux envoyés par Maugiron ne purent réduire la tour, et Gouvernet ne tardant pas à reparaître avec deux petits canons pour mettre de nouveau le siége devant Saint-Jean, le capitaine Gémond, qui y commandait, prit la fuite, en y mettant le feu (25-28 avril).

1588. Gabriel de La Poipe de Saint-Jullin, gouverneur de Gap, qui était absent de la ville au moment de la construction de la citadelle de Puymore, apprenant ce qui se passait, accourut avec sa compagnie de cheval (15 avril). Mais Lesdiguières, informé de sa venue, marcha à sa rencontre, le battit à Curban et, après l'avoir poursuivi jusqu'à Claret, dont il ne put forcer toutefois le château, il revint à Puymore. Dans cette affaire il perdit plusieurs soldats, mais il enleva 50 chevaux à l'ennemi.

Les États du Dauphiné, alarmés de ses progrès et des menées du duc de Savoie, qui paraissait vouloir exploiter à son profit les divisions de la province, chargèrent l'archevêque de Vienne, Pierre V de Villars, de « représenter au roi, dit Charvet, la triste et déplorable situation du Dauphiné, déchiré au dedans et menacé au dehors, et de prier Sa Majesté d'envoyer le duc de Mayenne, dont la présence et la bonne conduite avaient en 1580 dissipé les factieux et rétabli la tranquillité publique... Le roi, ennemi des Guises alors, ne pouvait envoyer le duc de Mayenne, le frère du duc de Guise. Il ne put que donner ordre aux colonels Mandelot, Antoine de La Tour, baron de Saint-Vidal, et Alphonse d'Ornano de conduire leurs troupes en Dauphiné. Ce secours ne fut d'aucune utilité par la mésintelligence des chefs ».

Cependant Saint-Jullin avait appelé à son aide La Valette, qui partit de Sisteron le 18 avril, à la tête de 5 à 600 fantassins et de 350 chevaux. Informé de sa venue, Lesdiguières se rendit à Ventavon le même jour pour le surveiller, et le lendemain il s'enfermait dans Puymore, en même temps que son ennemi entrait à Gap. Ce dernier, ayant passé la journée du 20 à reconnaître la forteresse et la jugeant d'une attaque difficile, se retira dès le 21. Lesdiguières le suivit de nouveau jusqu'à Ventavon, mais sans l'attaquer. Cette conduite étrange des deux capitaines donna à penser qu'ils étaient de connivence. Videl le nie et Charronnet l'affirme. 1588. La vérité est que, sans s'être concertés, ils désiraient ne se faire aucun mal, attendu que La Valette était ennemi de la Ligue et royaliste, et qu'Henri III tenait à ménager les protestants, pour s'en faire une arme au besoin contre les Guises. Le roi écrivit, il est vrai, aux consuls de Tallard, le 28 mai, au sujet de la forteresse de Puymore, qu'il avait ordonné « aux sieurs de La Valette, de Mandelot, de Tournon, de Saint-Vidal et au colonel Alphonse d'y envoyer chacun un bon nombre de forces pour essayer d'en dénicher ceux qui y ont construit ladite citadelle » ; mais La Valette, qui avait le secret du roi, se borna, on vient de le voir, à faire une simple promenade militaire à Gap.

Pendant ce temps (25 avril), le capitaine Veynes-Séchilienne, à la tête de 30 salades et de 25 arquebusiers de Morges, défit sur les bords de la rivière de Greze, près de Vif, la compagnie de gendarmes de Maugiron, conduite par Disimieu et accompagnée de quelques fantassins. Il fit prisonnier 50 maîtres, tailla en pièces l'infanterie et tua trois de ses capitaines. Disimieu reçut lui-même sept à huit coups d'épée. Maugiron l'avait envoyé fourrager dans le Trièves pour faire diversion aux entreprises de Lesdiguières, qui ne s'en était nullement ému et avait achevé sa forteresse. Quelques jours après le capitaine huguenot prenait Jarjayes (17 à 23 mai), après l'avoir battu de 150 coups de canon.

A la fin de mai, du Poët, Morges et Vachères, ses lieutenants, se saisirent d'Étoile en Valentinois et essayèrent de faire sauter son château au moyen d'une mine ; mais ils ne réussirent qu'à perdre beaucoup de monde. Lesdiguières accourut pour joindre ses efforts aux leurs, mais n'obtenant pas plus de succès, il leva le siége le 5 juin, en emportant toutefois la consolation d'avoir battu une troupe de 400 hommes envoyée par les catholiques de Valence au secours du château d'Étoile.

*Lesdiguières conclut une trêve avec Gap,
mais ne peut s'entendre avec les États du
pays pour une trêve générale. Son alliance
avec La Valette et les royalistes à la suite
de l'édit d'union. Députation dauphinoise
auprès du roi de Navarre.*

1588.   Nous avons laissé l'histoire générale de France à l'inique
traité de Nemours (7 juil. 1585), imposé à Henri III par
la Ligue. Le roi de Navarre, après la publication du traité,
entra en campagne, mais la présomption de Condé lui fit
perdre la Saintonge et le Poitou. Nonobstant ce revers,
Henri III, qui voulait tenir en échec la Ligue au moyen du
roi de Navarre, chargea sa mère d'avoir une conférence
avec lui au château de Saint-Bris (14 déc. 1586); mais elle
se passa en reproches mutuels et fut sans résultat. On reprit
les armes. Le roi de Navarre gagna la bataille de Coutras,
mais l'armée allemande et suisse qui venait à son secours fut
battue par le duc de Guise à Vimori et Auneau. Cette victoire du Lorrain accrut de beaucoup le pouvoir de la Ligue
et amena la journée des Barricades (12 mai 1588), qui obligea Henri III à quitter Paris. Le roi en conçut un vif ressentiment et jura la perte du duc de Guise; mais, selon le mot
de Lacretelle, l'assassinat était impossible sans de nouveaux
embrassements. Il feignit donc de se réconcilier avec son
ennemi et fit enregistrer au parlement de Rouen (juil. 1588)
un édit d'union, qui proscrivait derechef la religion réformée et approuvait tout ce qu'avait fait la Ligue.

Lesdiguières, qui entrevoyait depuis quelque temps de
grands changements dans l'État, envoya Soffrey de Calignon au roi de Navarre pour prendre ses instructions. Lui-

même revint à Puymore (5 juil.) et continua le double blo- 1588.
cus de Gap et de Tallard, qui ne présenta d'autre incident
que l'attaque faite par les Gapençais du corps de garde établi
par le capitaine huguenot au moulin de Burle, et dans lequel
les assaillants eurent 7 tués et 15 blessés (7 juil.). Le 15,
Lesdiguières accorda aux Gapencais une trêve de six mois
moyennant une somme de 10,000 écus. Un dépôt de 20,000
écus remis entre mains tierces devait garantir l'exécution du
traité.

Les États du pays désiraient de leur côté conclure une
trève générale d'au moins six mois avec le capitaine huguenot, mais les divers pourparlers que les deux partis eurent
à Grenoble et à Puymore (14-20 juil.) n'aboutirent point.

L'édit d'union fut apporté dans la province vers la fin de
juillet, et produisit un effet contraire à celui qu'on en attendait. Plusieurs gentilshommes catholiques, outrés de l'ab-
dication de l'autorité royale devant la Ligue, se déclarèrent
nettement contre elle, entre autres le baron de La Roche,
gouverneur de Romans, qui fit entrer 6 compagnies du régiment de Champagne dans la ville, en chassa les soldats
ligueurs et construisit une citadelle avec les matériaux de cent
maisons qu'il fit abattre (20 juil.). La nomination du duc de
Mayenne au commandement de l'armée destinée à opérer
en Dauphiné contre les protestants acheva de resserrer
l'union de ceux-ci avec les catholiques modérés et royalistes
de la province. La Valette en particulier, qui haïssait la
Ligue et avait des raisons personnelles pour la craindre,
voyant ses services méconnus par la nomination de Mayenne,
conclut avec Lesdiguières une ligue offensive et défensive,
dans laquelle il fit entrer son frère, le duc d'Épernon, gouverneur de Provence. Le traité, arrêté à Montmaur le 13
août et signé le lendemain à Chastel-Arnaud, était d'autant
plus urgent que le Dauphiné se voyait menacé par le duc de
Savoie, qui, sous le couvert d'une attaque contre Genève,

1588. s'apprêtait à envahir la province. Le préambule du traité est remarquable par son sens politique.

« Chacun connaît, dit-il, les sinistres intentions du sieur duc de Guise et de ceux de sa maison, qui depuis longtemps ont conspiré la subversion de ce royaume et la perte des princes du sang et de tous leurs parents, alliés et serviteurs : ce qui est notoire à tout le monde, vu les ligues, menées et intelligences qu'ils ont avec les Espagnols et autres princes et autres potentats étrangers, anciens ennemis du bien et repos des Français. Ce qui étant bien avéré et reconnu par nous sieurs de La Valette et de Lesdiguières, et vu les particuliers et sinistres desseins que ledit sieur de Guise, son frère et ceux de sa maison ont contre nous et contre M. le duc d'Épernon, son frère.... »

Lesdiguières méditait depuis longtemps la prise de Grenoble, tout dévoué à la Ligue. Il le tenait en respect par le château de Gières et voulut le presser plus encore par la construction d'un fort au pont de Claix. L'ingénieur provençal Jean en traça le plan le 19 août, sous les yeux mêmes du capitaine huguenot, et dès le lendemain 700 pionniers mirent la main à l'œuvre. Le 22 les compagnies de Grignan, Gouvernet, Saint-Sauveur, Briquemaut et d'autres vinrent l'occuper, et, poussant une pointe du côté de Grenoble, engagèrent une légère escarmouche avec la garnison. L'armement du fort, qui reçut le nom de Bosancieu, fut complété par l'arrivée de 4 canons du capitaine Morges.

Les villes de Valence et de Romans, ennemies de la Ligue et commandées l'une par le baron de La Roche, l'autre par Poissieu du Passage, s'allièrent également avec Lesdiguières (9 sept.). Les murailles de Livron furent relevées par Corbières, sur l'ordre exprès du roi de Navarre, et Lesdiguières fortifia (15 sept.) la partie du Bourg-d'Oisans où était situé le vieux château. Il y laissa Beaumont, avec sa compagnie de cheval et celle de pied du capitaine Baudon, et en partit 1588. bientôt après pour assiéger Château-Dauphin, dont le duc de Savoie s'était emparé en même temps que du marquisat de Saluces, sous ombre d'empêcher que les huguenots ne s'approchassent trop de ses états. Château-Dauphin, investi le 24, fut pris le 26.

Dès que les protestants dauphinois eurent appris la nomination du duc de Mayenne au commandement de l'armée destinée à opérer contre eux, ils députèrent au roi de Navarre les docteurs en droit Étienne de Burle et Barthélemy Marquet (deux conseillers de la chambre tri-partie), auxquels Lesdiguières adjoignit Biard, son secrétaire, pour lui demander aide et protection. Lesdiguières le pria même d'engager le prince de Condé à prendre le commandement des troupes du Dauphiné. Convaincu du danger qui menaçait ses alliés, le roi de Navarre adressa Burle et Marquet à Catherine et à Henri III, pour leur faire comprendre « que ceux de la religion de Dauphiné s'étaient mis dans tous les termes raisonnables et avaient fait toutes choses possibles pour faciliter l'exécution des édits, laquelle avait été perpétuellement empêchée par Maugiron, lieutenant du roi, et par la cour de parlement, qui adhéraient publiquement au duc de Mayenne, chef de l'union visiblement formée pour détruire l'État, plutôt que pour abattre les protestants, qui n'avaient rien de plus naturel et de plus profondément empreint dans le cœur que la défense et l'appui de ce même État et l'obéissance due à leur souverain ; ayant assez témoigné par leurs constantes offres et protestations qu'ils voulaient se soumettre à tous les ordres de Sa Majesté, pourvu qu'il lui plût les faire jouir des grâces qu'elle leur avait accordées. » La reine-mère et Henri III ne se laissèrent pas persuader, et les deux députés protestants revinrent sans avoir rien obtenu.

Le roi de Navarre, voyant qu'il devait plus que jamais

1588. songer à ses propres affaires et soutenir le poids de la guerre dans tout le royaume, convoqua l'assemblée politique générale de La Rochelle. Les protestants dauphinois y députèrent Calignon et du Mas, qui, après avoir représenté la situation périlleuse de leur province, demandèrent à être secourus par leurs frères du Languedoc : ce qui leur fut accordé. Le roi de Navarre leur donna un officier de sa propre maison, Guy du Faur de Pibrac, pour les accompagner auprès de Montmorency, qui gouvernait dans le Languedoc et qui leur promit le secours d'hommes et d'argent qu'ils réclamaient : secours dont ils n'eurent pas besoin, comme on le verra plus loin [1].

Le duc de Mayenne, destiné au Dauphiné, s'arrête à Lyon et se borne à l'envoi de ses soldats dans la province. Faits d'armes divers. Résistance héroïque de d'Anconne.

Le duc de Mayenne était arrivé à Lyon avec 10,000 hommes de pied et 1,000 à 1,200 chevaux; mais, « soit que le souvenir du siége de La Mure, dit Videl, qui avait failli à lui coûter sa réputation, eût ralenti sa première ardeur, soit que quelque autre considération l'empêchât de tirer de longue, il ne bougea de Lyon ». Il se contenta d'envoyer quelques troupes à Timoléon de Maugiron, qui faisait l'intérim de la lieutenance générale du Dauphiné à la place de son père, décédé, savoir 3 régiments de gens de pied, 3 compagnies de gendarmes et 2 d'Albanais, en tout 7,000

(1) VIDEL, *La vie de Souffrey de Calignon*, dans les *Documents inédits*, p. 26, 27.

hommes. Maugiron prit Saint-Egrève par composition et 1588. alla assiéger le Bourg-d'Oisans (9 oct.), que Lesdiguières se hâta de secourir. « Dans cette vue, dit de Thou, il détacha les sieurs de Vachères et du Villar, avec ordre de harceler les ennemis. Ils attaquèrent donc le camp des assiégeants le 23 octobre, et de Mérieu fut tué en cette occasion. Deux jours après il y eut entre eux une action plus considérable. On se battit vigoureusement à l'attaque d'un moulin, et il y eut beaucoup de sang répandu de part et d'autre; mais la perte fut plus grande du côté des protestants. Pendant ce temps-là, les assiégés marquaient du haut du château l'extrémité à laquelle ils étaient réduits. Aussi demandèrent-ils à parlementer; mais ce fut sans succès, à cause des propositions exorbitantes que faisaient les assiégeants. On eut donc une fois recours à la force, et Jacques de Miolans, sieur de Chenevières, attaqua le camp, le 1er novembre, à la tête de 250 chevaux et de 1,500 arquebusiers. Cette action fut encore plus chaude que les précédentes, et les protestants s'y dédommagèrent de la perte qu'ils avaient faite quelques jours auparavant. Lesdiguières chargea lui-même les ennemis, qui perdirent en cette occasion plus de 80 hommes, entre autres Le Bosquet, un de leurs principaux officiers, et 4 capitaines. Ce succès n'empêcha pas que Beaumont n'acceptât quelques jours après les conditions honorables que les assiégeants lui offraient et qu'il ne se rendît. »

Lesdiguières se consola de cette perte en s'emparant d'Anconne sur le Rhône dans les circonstances suivantes : « Après la reprise de Montélimar, dit Candy[1], d'Anconne, l'un des plus zélés partisans de la Ligue, ne se tint point pour battu. Il se retira avec sa famille et plusieurs de ses soldats, qui lui étaient dévoués, dans son château d'Anconne,

---

(1) *Hist. des guerres de relig. à Montélimar* (Mns.).

1588. qu'il fit fortifier. Le voisinage de ce poste important, sa position avantageuse sur le bord du Rhône et peut-être encore la réputation de ce vaillant capitaine fatiguaient Lesdiguières. Aussi chercha-t-il à le déloger. Il part de Montélimar en décembre (le 28), avec de nombreuses troupes, une couleuvrine, deux pièces bâtardes et deux fauconneaux, attaque son ennemi dans ses retranchements et le fait sommer ensuite de se rendre ; mais d'Anconne, quoique inférieur en forces, ne répond à la sommation que par des décharges redoublées de sa mousqueterie et ranime ainsi par sa constance et sa fermeté le courage de ses soldats. Lesdiguières, étonné de cette résistance, le presse vivement de tous côtés et après 120 coups de son artillerie, quoique la brèche fût très-étroite, il fait monter sa troupe à l'assaut. Il se livre un combat général de trois heures[1] des plus opiniâtres. D'Anconne, ne pouvant résister au nombre, se précipite au milieu de la mêlée et perd la vie sur la brèche avec le reste de ses soldats. Les protestants, s'étant emparés du château, le mirent au pillage. Ils eurent dans cette affaire 120 hommes tués ou dangereusement blessés. Le corps du brave d'Anconne fut enterré dans le château par ordre de Lesdiguières, l'exercice du culte catholique étant alors interdit à Montélimar et dans les environs. Quelques instants avant le siége, la dame d'Anconne prit la fuite et se retira à la hâte à Viviers avec sa nombreuse famille, n'ayant tous d'autres vêtements que ceux qu'ils portaient, devenus même insuffisants par le froid excessif qui régnait dans ce moment[2]. »

Hortal, un des officiers de Lesdiguières, prit également le fort de Saou sur les Ligueurs. Le 2 janvier le capitaine

---

(1) Chorier dit 8 heures.

(2) Nous ne savons sur quelles données se fonde Eustache Piedmont pour avancer que Lesdiguières ne put se saisir d'Anconne.

huguenot était dans le Royans. Franchissant l'Isère avec 400 arquebusiers et 50 chevaux, il fit appliquer par deux fois le pétard aux portes de Saint-Marcellin; mais la garnison put en paralyser l'effet, et il se retira. Croyant pouvoir se dédommager en prenant Armieu, il l'attaqua, mais sans succès. Une autre troupe protestante fit le siège de . Marsanne sans résultat (1ᵉʳ janvier), mais elle obtint la reddition de Donzère¹.

Assassinat du duc de Guise. D'Ornano, nommé lieutenant général du roi en Dauphiné, conclut une trêve avec Lesdiguières et avec les troupes papales. Les Ligueurs tentent de l'assassiner. Pamphlet de l'un d'eux contre le roi.

De tragiques événements étaient arrivés à la cour. Le duc de Guise, dont l'ambition et l'audace ne connaissaient plus de bornes, et son frère le cardinal avaient été assassinés à Blois, les 23 et 24 décembre 1588, sur l'ordre même du roi, et le duc de Mayenne, leur frère, s'était enfui de Lyon en apprenant qu'il allait être également frappé. La face des choses changea aussitôt en Dauphiné. Le colonel corse Alphonse d'Ornano remplaça le duc de Mayenne comme lieutenant général du roi dans cette province, et dès son arrivée à Grenoble (19 févr.) il entama des négociations avec

(1) Eustache Piedmont, *Mémorial;* — *Le livre du roi,* dans le *Bulletin de l'Acad. delph.,* 1ʳᵉ sér., t. ii, p. 318-326; — Saint-Auban, *Mémoires,* dans les *Mémoires de la Ligue,* t. ii, p. 200 et suiv.; — D'Aubigné, t. iii, p. 33; — De Thou, t. x, p. 73-75, 335-343; — Videl, p. 144-177; — Chorier, p. 720-728; — Charvet, p. 579; — Charronnet, p. 190-203.

1589. Lesdiguières, qui furent reprises le 9 mars et aboutirent à une trêve de 21 mois, du 1er avril 1589 au 1er février 1591. Elle fut signée le 28 mars dans une maison du faubourg Saint-Jacques, qui porta depuis le nom de *Maison de la trève*. Le conseil de justice des églises réformées séant à Die l'approuva le 17 avril, et Henri III, dès qu'il en eut connaissance, écrivit une lettre particulière à Lesdiguières pour l'assurer « qu'il lui savait très-bon gré de son union avec Alphonse, lui recommandant de ne rien oublier pour réprimer ensemble dans sa province de Dauphiné les desseins des ennemis de l'État[1] ». Henri IV confirma lui-même la trêve l'année suivante par lettres patentes, enregistrées sans difficulté par le parlement de Grenoble. Cette trêve s'appela traité de Bozamy. « Lesdiguières, dit Chorier, accorda que le fort de Bozancieu serait rasé, et pour l'y faire consentir il lui fut promis 8,000 écus... Il fut aussi convenu que les forts de Flandaines et d'Alivet, la tour de Saint-Nazaire, le château et les murailles de Savasse seraient démolis; mais Lesdiguières obtint que les fortifications de Livron seraient continuées, et les catholiques du roc de Saou qu'il ne serait point touché aux leurs, moyennant, ce qu'ils promirent, de ne jamais faire la guerre au roi de Navarre. » On stipula encore que la liberté de conscience et de culte serait établie dans les lieux occupés par les catholiques, et réciproquement le libre exercice de la religion catholique dans les lieux au pouvoir des protestants.

Les Ligueurs de Grenoble, qui avaient à leur tête Charles d'Albigny, fils de l'ancien lieutenant général de Gordes, furent très-mécontents de cette trêve. D'Ornano, assailli dans son logement par des officiers de la Ligue, suivis d'une

---

(1) VIDEL, *La vie de Souffrey de Calignon*, dans les *Documents inédits*, p. 65.

grande masse de peuple, fut contraint de fuir à Saint-Mar- 1589.
cellin pour se dérober à leurs coups (4 mai). Cependant le
parti royaliste et indirectement le parti huguenot gagnèrent beaucoup de terrain à Grenoble et dans tout le Dauphiné par l'alliance étroite d'Henri III et du roi de Navarre, conclue au château de Plessis-lès-Tours (30 avril);
de telle sorte que les ministres et anciens des églises réformées du Dauphiné purent tenir paisiblement à Die le 9 juin
leur synode provincial, qui vraisemblablement ne s'était pas
réuni depuis plusieurs années.

Les Ligueurs et les chefs des troupes papales du Comtat,
incommodés par les courses des protestants dauphinois et
redoutant la garnison d'Orange, qui venait d'être renforcée
par Lesdiguières, recherchaient eux-mêmes. l'alliance du
parti royaliste et huguenot du Dauphiné. Les ouvertures
qu'ils firent à Lesdiguières et à d'Ornano furent bien ac-
cueillies, et les deux partis, le dernier de mai 1589, convinrent d'un traité, rédigé par Calignon, qui portait que
toutes courses, prises de villes, captures de personnes, ravages de bétail et tous autres actes d'hostilités cesseraient
de part et d'autre; et que le commerce serait libre et ouvert
entre le Dauphiné et les états du pape. D'Ornano et Lesdiguières d'un côté et Aubignan et Le Breton de l'autre furent spécialement commis pour veiller à l'exécution du traité,
que le vice-légat du pape, Dominique Petrucci, évêque de
Bésignan, promit pour sa part de faire exactement observer[1].

Les Ligueurs du Dauphiné, mécontents, comme nous
l'avons dit, de l'alliance des deux Henris et de celle de d'Ornano avec Lesdiguières, se laissèrent aller aux plaintes les
plus amères, voire même à de grossières injures à l'adresse

---

(1) VIDEL, *La vie de Souffrey de Calignon*, dans les *Documents inédits*,
p. 54, 55.

1589. d'Henri III. L'un d'eux fit imprimer une *Remontrance* à Henri de Valois, où on lit ces paroles : « Je laisse à penser à tous les gens de bien quel sujet vous aviez d'envoyer Alphonse Corse à Lyon pour assassiner le duc de Mayenne, qui était prêt à mettre ordre aux affaires du Dauphiné... Alphonse Corse par votre commandement a fait trève avec les hérétiques, à la charge de 36,000 écus par mois, dont la moitié sera baillée au sieur de Lesdiguières, et l'autre moitié demeurera entre les mains dudit Alphonse, pour le payement de laquelle somme les gens de vos comptes de Dauphiné ont imposé huit écus par feu tous les mois sur tout le pays, à la charge que toute la gendarmerie, tant d'un côté que d'autre, se retirerait... Alphonse Corse voulut se saisir de la ville de Grenoble et jeter dehors d'Albigny, parce qu'il était catholique. On accusa celui-ci à tort de vouloir entreprendre quelque chose sur la ville. Il aurait pu se saisir du Corse s'il l'avait voulu. La trève ne fut pas observée en ce qui regarde les gendarmes, dont le Dauphiné demeura plein. Il se forma des cabinalistes qui amassèrent des troupes tant huguenotes qu'autres pour courir sur les terres des seigneurs catholiques.

» Il ne faut pas laisser passer sous silence le favorable accueil qu'avez montré aux hérétiques de ce pays et que ce ne les pouvant favoriser en personne, vous y avez envoyé des principaux de votre détestable conseil; et ceux de ce pays qui vous étaient connus comme huguenots ou de longue main soupçonnés de l'être, ont été par vous pourvus d'offices ou récompensés aux dépens du pauvre peuple... Quelques citoyens catholiques de Romans, pour avoir voulu remettre la ville entre les mains de Monsieur de Mayenne par votre commandement, ont été pendus non pour autre crime que pour être très-catholiques et pour avoir voulu délivrer leur patrie d'entre les mains des hérétiques... Nierez-vous que vous n'ayez favorisé le sieur de Lesdiguières, Gou-

vernet et Cugie, ennemis conjurés de la religion catholique? 1589.
ce qui a tant avancé leurs affaires qu'ils se trouvent aujour-
d'hui les plus forts, joint l'aide qu'ils reçoivent de Romans
et de Valence, qui ont fait banqueroute de la religion pour,
avec les hérétiques, faire des courses pour ruiner par impositions les pauvres catholiques leurs voisins... Veuillez avoir
égard aux pilleries et concussions que nous a faites La Valette, l'un de vos mignons, qui nous a en 18 mois dérobé
800,000 écus, somme assez suffisante pour nous décharger
et pour nous en secourir en ce temps si misérable.

» Vous suppliant aussi de nous assister de votre faveur
envers les huguenots de ce pays pour ne nous point tyran-
niser, autrement, et faute de ce faire, vous nous contrain-
drez à faire notre salut et à nous ranger avec nos voisins et
avec ces généreux princes et villes unies pour la conservation
de la religion catholique et de l'État de France[1]. »

Assassinat d'Henri III. Lesdiguières fait reconnaître Henri IV par Gap et Tallard. D'Ornano s'allie avec lui pour détruire la Ligue. Libre exercice des deux cultes. Fin des guerres de religion en Dauphiné au XVIe siècle.

Henri III, qui fut assassiné sept mois après le duc de
Guise, par le moine jacobin Jacques Clément (1er août),
ayant institué en mourant le roi de Navarre héritier de la

---

(1) *Remonstrance d'un gentilhomme de Dauphiné à Henri de Valois pour
le soulagement du pauvre peuple dudit pais avec permission*, signé I. D. R.,
1589, 23 p. in-8°.

1589. couronne, l'audace des Ligueurs ne connut plus de bornes. Le duc de Mayenne, le seul survivant des trois frères de Guise, se déclara « lieutenant général du royaume et du conseil général de l'union, pour réunir tous les Français à la défense de la religion catholique » (5 août); et le vieux cardinal de Bourbon fut proclamé roi de France à Paris, sous le nom de Charles X (7 août).

Alphonse d'Ornano, qui voyait bien, comme dit Videl, que la querelle de religion se changeait en querelle d'État, et qu'elle ne servait plus que de prétexte aux Ligueurs, « se décida, dès qu'il eut appris la mort d'Henri III, à faire une alliance étroite avec Lesdiguières. Il lui dépêcha un courrier pour le prévenir de l'assassinat du roi, et le pria de lui envoyer Calignon, » avec créance et mémoires de ses intentions sur l'occurrence présente. Lesdiguières accéda à son désir et l'assura « qu'il était prêt à se joindre à lui avec tous ses amis et toutes les forces des protestants, pour faire tout ce qu'il leur serait possible afin de conserver la couronne au roi de Navarre, à qui elle appartenait de droit, et ruiner la Ligue, qui avait un dessein tout contraire [1] ». D'Ornano, très-satisfait de cette réponse, ne songea plus qu'à conclure un traité avec Lesdiguières, qui, rivalisant de zèle avec le lieutenant général pour le service du roi, demanda sur l'heure aux habitants de Gap et de Tallard de reconnaître Henri IV pour leur roi légitime, ce qu'ils firent sans hésitation, Gap le 24 août et Tallard le lendemain. Le traité conclu avec le capitaine huguenot fut le même pour les deux villes. En voici la substance :

L'exercice de la religion catholique, apostolique et romaine se fera sans obstacle de la part des réformés, et les

---

(1) VIDEL, *La vie de Souffrey de Calignon*, dans les *Documents inédits*, p. 67.

jours de procession et de fête les boutiques seront fermées 1589. et le travail public sera interdit; — l'évêque, les chanoines et autres ecclésiastiques seront réintégrés dans leurs biens; — la justice royale ordinaire de Gap et celle des seigneurs bannerets du ressort seront remises en leur premier état, et leur exercice laissé aux juges naturels; — les catholiques seront traités de la même manière que les réformés, et ils conserveront leurs armes comme les autres, puisqu'ils sont comme eux au service du roi; — les catholiques de Gap et de sa banlieue ne prendront les armes que pour la défense de la ville; — les contributions seront payées au seigneur des Diguières.

De Gap, Lesdiguières se rendit auprès de d'Ornano, qui lui avait assigné pour rendez-vous le château de La Grange, sur les bords de l'Isère, près de Saint-Marcellin. Le parlement, qui, pour se soustraire à la tyrannie de la Ligue, toute puissante à Grenoble, s'était transporté à Romans, députa à la conférence deux de ses membres, Bellièvre, son premier président, et le conseiller d'Estables. Le résultat de la conférence fut la conclusion d'une ligue offensive et défensive entre les deux capitaines, qui fût signée le 13 septembre et portait :

« Le seigneur Alphonse d'Ornano, lieutenant général au gouvernement de Dauphiné, désirant, selon le devoir de sa charge, pourvoir, autant qu'il peut être en lui, à la sûreté de cette province, à lui commise par le défunt roi Henri III, son bon maître, d'heureuse mémoire, a cejourd'hui résolu et conclu une union et ligue avec le seigneur des Diguières, en vertu de laquelle ils promettent et jurent de s'entresecourir l'un l'autre de toutes les forces et moyens qui sont et seront en leur pouvoir, gardant entre eux une étroite et fraternelle intelligence pour s'opposer ensemble, directement ou indirectement, aux ennemis publics et conserver cette province à son naturel seigneur, Henri IV du nom, nommé

1589. par le défunt roi son successeur légitime et héritier de la couronne de France. En foi de quoi ils ont signé le présent acte de leur propre main, et icelui fait sceller de leurs sceaux. »

Vivement contrariés de cette alliance étroite de d'Ornano et de Lesdiguières, qui ruinait tous leurs desseins, les partisans de la Ligue « avaient mis dans l'esprit du premier, par quelques personnes interposées, que l'autre n'agissait pas avec lui aussi franchement qu'il le devait, et qu'il avait contrevenu aux conditions de leur traité, ayant pris sans sa participation la ville de Gap et voulant la retenir pour soi, comme il est aisé de le voir, disaient-ils, par la conservation de la citadelle de Puymore; ce qu'ils faisaient passer pour une action de mauvaise foi, prétendant, mais sans raison quelconque, que dès le jour que Lesdiguières avait promis d'embrasser avec Alphonse l'intérêt général de la couronne, il devait avoir renoncé à ses intérêts particuliers et s'être défait de tout ce qui pouvait donner de l'ombrage aux catholiques.

» Ces imputations, quoique fort légères, ayant fait un peu d'impression dans l'esprit d'Alphonse, aucunement soupçonneux, il vivait, sinon en défiance avec Lesdiguières, au moins en quelque sorte de réserve; de quoi celui-ci s'étant bien aperçu et en ayant dit sa pensée à Calignon, il remit à sa prudence d'agir là-dessus pour sa justification comme il le trouverait à propos. Calignon, étant allé trouver Alphonse,... sut si bien le guérir des soupçons qu'on lui avait donnés contre Lesdiguières, dont il lui justifia toutes les actions, que ce fut désormais fort en vain que leurs ennemis communs travaillèrent à les diviser [1]. »

---

(1) Videl, *La vie de Souffrey de Calignon*, dans les *Documents inédits*, p. 67, 68.

A partir de cette époque les guerres de religion propre- 1589.
ment dites cessent en Dauphiné. Les protestants de la province, unis aux royalistes, ne font plus la guerre qu'aux
Ligueurs, c'est-à-dire aux ennemis de l'État. La liberté de
conscience et de culte leur est acquise, mais c'est au prix de
27 années de luttes et de huit guerres sanglantes, qui ont
semé partout la désolation et la mort !

Lesdiguières et d'Ornano, désormais unis, se mirent en
devoir de réduire les unes après les autres les villes qui
tenaient le parti de la Ligue. Moirans se rendit le 11 octobre
1589; Crest, le 20; Briançon, le 6 août 1590; Grenoble,
le 22 décembre; Vienne, le 22 avril 1595. Partout fut stipulé
le libre exercice des deux religions [1].

---

(1) *Traité de la trève en Dauphiné*, dans les *Mémoires de la Ligue*, t. II,
p. 287-296; — *Articles accordez sur le faict de la reddition de la ville de
Grenoble*, etc., Tours, 1591, in-8°; — *Mémoires de Duplessis-Mornay*, t. IV,
ch. CXXIX; — VIDEL, p. 178-181; — CHORIER, p. 728-730, 735, 736; —
CHARVET, p. 585; — D'AUBIGNÉ, t. III, p. 181.

PRÉLIMINAIRES DE L'ÉDIT DE NANTES

(1590 — 12 *avril* 1598)

Henri IV, ménage les Ligueurs et oublie ses anciens coreligionnaires, qui, persécutés par les cours de justice et la populace, s'organisent politiquement.

1590-1598. Il n'entre pas dans notre cadre de raconter les opérations militaires et le simulacre de conversion qui ouvrirent à Henri IV les portes de Paris, le 22 mars 1594. Nous dirons seulement que le nouveau roi se crut obligé à tant de ménagements vis-à-vis des Ligueurs et généralement des catholiques, que les protestants, malgré les services inappréciables qu'ils lui avaient rendus et qui le firent ce qu'il était, n'obtinrent qu'en juillet 1591, c'est-à-dire deux ans après la mort d'Henri III, la révocation du traité de Nemours (7 juillet 1585) et de l'édit d'union (juillet 1588), c'est-à-dire le rétablissement du régime de l'édit de Poitiers (1577). Encore le nouveau roi se mit-il peu en peine de faire exécuter son édit de révocation par les parlements, qui continuaient à exclure les réformés des charges publiques, et à leur refuser la protection à laquelle ils avaient droit.

Justement alarmés, ces derniers tinrent des assemblées politiques générales en divers lieux pour se concerter, notamment à Mantes (1593), où ils jurèrent un serment d'union, par lequel ils s'engageaient à ne permettre qu'aucun lieu de culte leur fût ôté, et à ne rendre aucune des places fortes qu'ils occupaient, avant d'avoir obtenu un édit de paix qui satisfît les églises réformées et reconnût leurs droits. Ces 1590-1598. décisions furent ratifiées par les assemblées politiques provinciales.

Lorsqu'Henri IV eut fait son abjuration (25 juillet 1593), ou, comme il le dit lui-même, *le saut périlleux,* les craintes des protestants redoublèrent, surtout lorsqu'ils apprirent qu'à son sacre (27 fév. 1594) il avait juré d'extirper l'hérésie de ses États [1]. Ils éprouvèrent le besoin, malgré les déclarations rassurantes du roi [2], de s'unir plus étroitement, et, dans l'assemblée politique générale de Sainte-Foi (mai 1594), ils divisèrent la France en dix provinces, dont chacune devait nommer un député à un conseil général directeur, renouvelable par moitié tous les six mois. Des conseils provinciaux furent établis en sous-ordre, qui eurent la charge d'administrer la caisse particulière de la province, de veiller sur les places de sûreté et de recueillir les plaintes des églises du ressort provincial. C'était la création d'un État dans l'État, comme l'avait été la Ligue; à cela près que cette dernière fut agressive, révolutionnaire et tendait au renversement de la maison royale; tandis que la ligue protestante était exclusivement protectrice et défensive. C'est pourquoi, sans l'approuver en aucune façon, on ne s'étonne point qu'elle se soit formée, en présence de la lenteur apportée par Henri IV à la publication de son édit de paix, des vexations de toutes sortes et même des massacres auxquels les protestants ne cessaient point d'être en butte comme aux mauvais jours des rois précédents. C'est ainsi qu'à La Chastaigneraie, sur les confins du Poitou et de la Bretagne,

---

(1) De terra mea et juridictione mihi subdita universos hœreticos ab ecclesia denotatos, pro viribus, bona fide, exterminare studebo. Hæc omnia supradicto firmo juramento.

(2) Voy. aux *Pièces justificatives,* N.º VIII, la lettre qu'il adressa à du Poët, gouverneur de Montélimar.

1590-1598. des Ligueurs, se jetant tout à coup sur des protestants en prière, en égorgèrent 200 de tout âge et de tout sexe. Ce fut comme un nouveau massacre de Vassy (1595).

En présence de ces faits et d'un grand nombre d'autres, les protestants rédigèrent un long cahier de plaintes, qu'ils présentèrent au roi en 1597 [1]. Dans le Dauphiné, dont la chambre tri-partie n'avait été rétablie que l'année précédente, sur les réclamations de l'assemblée politique de Loudun, les protestants étaient généralement respectés, à cause de l'autorité de Lesdiguières; cependant le cahier des plaintes cité plus haut articule les griefs suivants relatifs à notre province.

« A Romans, il n'y a guère plus d'un an, on chassa deux maîtres d'école sans forme de justice. .

» La ville de Montélimar s'est aussi ressentie de la libéralité du roi, obtenant privilége d'ériger une université ès-arts seulement. La cour de Grenoble répond simplement et en trois mots : « N'y a lieu ». Sur cela, on obtient une seconde jussion, laquelle on présente. Après plusieurs requêtes, qu'il fallut présenter l'une sur l'autre, on la rend à toute peine, avec une telle injustice qu'on n'a pas tant seulement daigné y répondre.

» Le seigneur de Taulignan en Dauphiné n'a jamais voulu consentir que le ministre y demeurât, quoique sans faire aucun exercice, qui n'est permis qu'à Salles, aux frontières de la Provence; de sorte qu'il a fallu que cette église ait été destituée de son pasteur, pour ne pouvoir ailleurs le loger sûrement. »

---

(1) *Plaintes des églises réformées sur les violences et injustices qui leur sont faites*, etc., dans les *Mémoires de la Ligue*, t. VI, p. 428-486.

Craignant d'être abandonné des protestants, Henri IV, signe enfin l'édit de Nantes. Sa teneur. Places de sûreté du Dauphiné.

Henri IV semblait insensible aux plaintes de ses sujets réformés, et ne se serait point décidé de sitôt à leur octroyer un édit réparateur, tant il craignait d'irriter la cour de Rome et le clergé, si les gentilshommes de l'assemblée politique de Châtellerault, qui n'entendait point se laisser leurrer de vaines promesses comme les assemblées précédentes, n'avaient posé leurs conditions avant de promettre de suivre Henri IV au siége d'Amiens. Craignant d'être abandonné de ses anciens amis, le roi, après de longs pourparlers, finit par signer l'édit de Nantes (12 avril 1598), à la publication duquel les parlements résistèrent pendant une année.

« Cet édit, disent les frères Haag [1], que l'on a décoré du titre pompeux de charte des églises protestantes, n'était au fond que la reproduction des édits de Poitiers, de Nérac et de Fleix, dont il rappelle fréquemment les dispositions. L'exercice du culte réformé n'était autorisé qu'en certains lieux déterminés; et dans ces lieux mêmes les protestants devaient se soumettre à la police de l'église romaine, chômer les jours de fête, payer les dîmes au clergé catholique, remplir tous les devoirs extérieurs des paroissiens. Ils étaient, d'ailleurs, déclarés admissibles à tous les emplois; leurs malades devaient être reçus dans les hospices, leurs enfants dans les colléges; et, pour leur assurer une justice impartiale devant les tribunaux, l'édit établit dans plusieurs

(1) *La France protestante*, t. I, p. LXVIII.

590-1598. parlements une chambre mi-partie, composée d'un nombre
égal de juges catholiques et protestants. Des articles, particuliers, qui ne furent jamais enregistrés, malgré une promesse formelle, accordèrent aux ministres quelques-uns
des priviléges dont les curés jouissaient depuis des siècles,
autorisèrent les legs et donations pour l'entretien des pasteurs et des écoles, et permirent aux protestants de lever
sur eux-mêmes une somme annuelle pour les frais du culte
et des synodes. Enfin, des brevets secrets, qui ne furent
relatés ni dans l'édit, ni dans les articles particuliers, promirent aux protestants une somme annuelle de 45,000 écus
pour le traitement de leurs ministres, et leur laissèrent la
garde pendant huit ans de toutes les places dont ils étaient
alors les maitres. »

Le brevet stipulant la cession de ces villes de sûreté [1], que
Henri IV n'accorda qu'avec la plus grande peine aux protestants, portait que toutes « les places, villes et châteaux »
qu'ils occupaient à la fin d'août 1597, et dans lesquels se
trouvaient des garnisons, demeureraient « en leur garde,
sous l'autorité et obéissance de Sadite Majesté, par l'espace
de huit ans, à compter du jour de la publication dudit
édit ».

Pour dresser l'état particulier des places du Dauphiné,
Henri IV, d'après le texte de l'édit, devait prendre l'avis de
Lesdiguières. Le capitaine huguenot fournit son mémoire,
et l'état fut arrêté à Rennes, du 12 au 18 mai 1598. Il comprenait 12 places, dont les noms suivent :

Grenoble, avec une garnison de 101 hommes.
Fort-Barraux   —   201   —
Die   —   21   —

---

(1) Elles portaient encore les noms de places de garde, de mariage et
d'otage.

Nyons	—	20	—	1590-1598.
Montélimar	—	51	—	
Livron	—	9	—	
Embrun	—	51	—	
Gap	—	21	—	
Serres	—	10		
Puymore	—	60	—	
Exilles	—	100	—	
Tallard	—		—	

L'entretien de ces diverses garnisons coûtait 3,008 écus par mois.

Un autre état, rapporté dans le procès-verbal de l'assemblée politique de Sainte-Foi de 1601, donne les noms de *Briançon* et de *Château-Queyras,* au lieu de ceux de Gap et de Serres. Le cahier des plaintes de l'assemblée politique de Grenoble, présenté au roi le 15 février 1612, demanda, outre les places de la liste ci-dessus, la cession de *Montbrun, Condorcet* et *Mollans.* Le roi répondit à la marge : « Ne peut rien être ajouté à l'état des places de sûreté, dans lequel telles places ne sont comprises. »

Quant à la chambre tri-partie instituée à Grenoble en vertu de l'édit de Poitiers (1577), elle fut convertie en chambre mi-partie par l'édit de Nantes. Nous avons dit plus haut que cette chambre tri-partie n'exista jamais que sur le papier et que ses officiers furent incorporés au parlement. Nous devons néanmoins faire connaître les mutations qui s'opérèrent parmi eux.

Calignon résigna gratuitement sa charge de conseiller en juillet 1582, en faveur de son ami le docteur en droit Barthélemy Marquet, et Gentillet étant mort en 1590, le roi, le 3 mars de la même année, nomma Calignon à sa place président de la chambre de l'édit. Dès le 26 décembre, avec l'autorisation du roi, il cédait sa charge à du Vache, déjà

1590-1598. conseiller; mais cet échange n'eut pas de suites, car le 24 février 1591 le roi confirmait Calignon dans son poste de président.

Du Vache, nommé le 28 février 1590, fut reçu par le parlement le 6 juillet 1593, et Marcel le 10 décembre 1581. Ce dernier résigna sa charge en 1596 en faveur de Jean de Barry, nommé par le roi le 10 septembre de la même année et reçu par le parlement le 17 juillet de l'année suivante.

Frize, qui était mort avant la prise de possession de son poste, fut remplacé par Étienne de Burle, le 27 octobre 1581. Le parlement le reçut le 16 mai 1582. Il mourut en 1597 et n'eut pas de successeur immédiat [1].

---

(1) VIDEL, *La vie de Souffrey de Calignon*, dans les *Documents inédits*, p. 29, 318-322; — BRUN-DURAND, *Essai hist. sur la chambre de l'édit de Grenoble*, passim.

HISTOIRE INTÉRIEURE DES ÉGLISES DU DAUPHINÉ PENDANT LES SEPT DERNIÈRES GUERRES DE RELIGION ET JUSQU'A L'ÉDIT DE NANTES.

(septembre 1567 — 13 avril 1598).

Églises et pasteurs. Synodes provinciaux. Rapports du Dauphiné avec les synodes généraux.

Pour que l'histoire de la période qui nous occupe fût 1567-1598. complète, il faudrait que nous pussions décrire la vie intérieure des églises du Dauphiné pendant le temps des guerres de religion. Malheureusement, les documents nous manquent d'une manière presque absolue. Nous serons donc très-bref.

En ce qui concerne les églises et les pasteurs de la province, nous n'avons rencontré, de septembre 1567 au 13 avril 1598, date de la publication de l'édit de Nantes, que les noms suivants [1] :

COLLOQUE DU VIENNOIS.

Chabeuil : Pierre Adrien 1572.
Beauvoir : Jean Blanchard 1596.

---

(1) *Procurat. donnée aux déput. des églises du Dauphiné à Mantes*, 1593 (Bibl. de Genève, mns. franç., N.° 197ᵃᵃ, portef. 3); — *Assemblée convoq. à Aspres par M. d'Allières, scindic des égl. de cette prov.*, 1596 (id., portef. 4); — Etc.

1567-1598. *Saint-Antoine :* Pierre de La Haye 1576, Eynard Raphanel 1576.

Romans : Ennemond Lacombe 1576.

COLLOQUE DU GRÉSIVAUDAN.

Grenoble : Alexandre 1568, André Caille 1596.

Maison de Lesdiguières (à Vizille) : Benjamin Cresson 1593-1600.

Le Bourg-d'Oisans : Henri d'Espagne 1593.

Saint-Jean-d'Hérans : André Fabry 1579, Jean Guerrier 1593.

Mens : Jean-Antoine Cante 1593.

Le Monestier-de-Clermont : Jacques Barbier 1593.

Saint-Sébastien : Claude Perron 1593.

La Mure : André Fabry 1593.

COLLOQUE DU VALENTINOIS.

Montélimar : Trophimy de l'Aube 1568, François Guérin 1568, Damien Baussan 1568, Eynard Raphanel 1576, Honoré de Colomba 1576, noble Charles de Mallet 1582, Toussaint Pichot 1584, noble Guillaume de Saint-Ferréol du Mas 1586-1592, Pierre de Vinay 1586-1589, André Caille 1593, Daniel Chamier 1593-1596, Christophe de La Rüe 1598.

Valence : Michel de Mercure, dit Salave, 1596, André Poncet 1572.

Crest : Adrien Chamier 1593.

Dieulefit : Alexandre de Montmartin 1563-1570, Eynard Raphanel 1578, Jacques de La Planche 1594.

Livron : Richard 1570, Pierre de Vinay 1593-1600.

Vesc : Jacques de La Planche 1591-1593.

Puy-Saint-Martin : Moru 1578.

Châteauneuf-de-Mazenc : Lafièle 1568, noble Guillaume 1567-1598. Saint-Ferréol du Mas 1593.

Châteauneuf-du-Rhône : Jean Pontanier 1569, Mercier 1587.

Sauzet : Julien Picot 1571, Toussaint Pichot 1573.

COLLOQUE DES BARONNIES.

Orange : Sébastien de Julien 1571-1601, Jean de Serre 1583-1596, noble Guillaume de Saint-Ferréol 1594-1596.

Saint-Paul-trois-Châteaux : Cosset 1569.

Salles : Georges Mogius 1593.

Courthezon : Esprit Baussenc 1595.

COLLOQUE DU DIOIS.

Die : Jean de Lusi 1568, M.ᵗʳᵉ Chabrand 1575, Ennemond Lacombe 1578-1581, Denis 1580, Laurent Vital 1582, Louis Barbier 1587, Guillaume Vallier 1593-1609.

Pontaix : Davit 1590.

COLLOQUE DU GAPENÇAIS.

Gap : Pierre L'Hostellier 1567, Michel de Mercure 1577, Étienne Noll 1578-1579, Jean Nicolet 1579, Ennemond Falques et Jacques Abrard 1579-1580, Jean-Paul Perrin 1596-1599.

Serres : Jean-Antoine Cante 1596-1602.

Orpierre : François de Jarry 1596.

Veynes (avec La Bréole et Barcelonnette en Provence) : Michel de Mercure, dit Salave, 1593, Jacques Barbier 1596.

COLLOQUE DE L'EMBRUNAIS.

Château-Queyras, Arvieux et Molines : Meyer 1593, Bernardin Guérin 1596.

Roure : Garnier 1583.

Cette liste est loin d'être complète, car un recensement
général de toutes les églises réformées de France, ordonné
par Louis XIV, à la veille de la révocation de l'édit de Nantes,
assigna 70 églises au Dauphiné, c'est-à-dire 70 églises principales, ayant des pasteurs en résidence et étant les chefs-
lieux d'un nombre considérable d'annexes.

Les synodes provinciaux, qui, d'après la discipline ecclésiastique, devaient s'assembler tous les ans, furent fréquemment empêchés de se réunir par suite de l'état presque
permanent de guerre où se trouvait le Dauphiné. Nous
n'avons rencontré les traces que de quelques-uns d'eux ;
encore les décisions qu'ils prirent ne nous sont-elles pas
connues.

Pour ce qui est des rapports des églises du Dauphiné
avec les synodes nationaux, il est difficile de dire à quelle
époque ils ont commencé, car le recueil d'Aymon [1] ne donne
que tard les noms des députés des provinces. I! parait cependant que le Dauphiné ne se montra pas empressé de se
faire représenter, car le synode de Montauban de 1594 le
censura pour sa négligence à cet égard. Durant la période
des guerres de religion et jusqu'à l'édit de Nantes il se tint
en France treize synodes nationaux, et nous trouvons seulement aux actes du synode de Saumur de 1596 des noms de
députés dauphinois, savoir : Daniel Chamier, pasteur à
Montélimar ; Jean de Serre, pasteur à Orange, et Pierre
Vulson, ancien de Grenoble. Cet isolement dut beaucoup

---

(1) *Tous les syn. nation. des égl. réform. de France,* etc., La Haye, 1710,
2 vol. in-4°.

nuire au développement spirituel des églises dauphinoises, 1567-1598 car les députés qui se rendaient aux synodes nationaux s'exhortaient et se fortifiaient les uns les autres, et remportaient dans leurs provinces des lumières et des dispositions infiniment propres à éclairer et stimuler le zèle des églises.

Les affaires concernant le Dauphiné traitées dans les synodes nationaux pendant la période qui nous occupe, furent du reste peu nombreuses. Elles se réduisent à trois. La première est relative à une demande de pasteur faite par l'église de Die. « Parce que l'église de Die en Dauphiné, lit-on dans les actes du synode de Lyon de 1563, a demandé qu'on lui envoyât Monsieur Figon, en cas qu'il fût en liberté ; à quoi nos frères les sieurs Tempeste et Moranges ont consenti ; l'assemblée remet cette affaire au consistoire de Lyon, qui en agira comme il le jugera à propos. » La seconde affaire concerne le mariage des prêtres. « Sur le fait proposé par les frères du Dauphiné, disent les actes du synode de Vitré de 1567, touchant quelques prêtres et moines qui, ayant fait profession de notre religion, après s'être mariés avec toutes les formalités de notre discipline, se sont ensuite révoltés contre nous en rentrant dans leurs monastères et y chantant la messe publiquement ; on demande si leur mariage doit être tenu pour légitime et avoir encore sa vigueur ? La compagnie remet à en décider à la prochaine conférence du synode général, afin que chacun se trouve prêt sur cette matière. Cependant elle conseille à leurs femmes de s'absenter de leur compagnie, attendu que dans l'état où les choses sont aujourd'hui en ce royaume, elles ne pourraient pas habiter avec eux avec tout l'honneur du mariage, ni comme une femme doit être avec son mari. » La troisième affaire a trait au rétablissement d'un pasteur. « Sur la proposition faite par les pasteurs du Dauphiné, disent les actes du synode de Saumur de 1576, requérant que le synode provincial tenu à Die soit confirmé en ce qu'il

156--1598. a établi dans le saint ministère Monsieur Mercure, dit Salave,
après avoir reconnu sa repentance et le fruit qu'il peut faire,
comme on le voit maintenant dans l'église de Valence ; la
compagnie a ratifié ledit jugement, à condition qu'il ne sera
point tiré à conséquence. »

Vie religieuse. Écoles. Colléges. Entretien des pasteurs et des écoliers en théologie.

Les guerres de religion durent porter un rude coup à la
vie religieuse des églises du Dauphiné. Les préoccupations
militaires, le contact de soldats souvent grossiers et indisci-
plinés, l'ambition des chefs, plus soucieux de l'avancement
de leur fortune que des progrès du royaume de Dieu, et
surtout les conséquences désastreuses de ce principe, condamné par Calvin et les autres réformateurs, qu'on peut
défendre ses convictions religieuses par les armes, ne purent
que réagir d'une manière fâcheuse sur la piété des églises,
qui se laissèrent absorber par le bruit des événements militaires, attendirent trop de la victoire la reconnaissance de
leurs droits, et négligèrent la confiance en Dieu, la prière
et l'amour, vertus difficiles à pratiquer au sein d'un état
permanent de guerre. Les travaux sans cesse interrompus
des pasteurs contribuèrent aussi beaucoup à l'affaiblissement
spirituel des églises. Obligés à chaque instant de quitter le
lieu de leur résidence, sous peine de perdre la liberté ou la
vie, ils laissaient leurs troupeaux sans direction, et ceux-ci,
comme des brebis sans berger, tombaient facilement dans
l'égarement.

Les protestants dauphinois se préoccupèrent particulièrement de la question de l'enseignement. Chaque église avait
son régent ou maître d'école, et dans les églises importantes
il y avait en sus un maître de latin. Die et Montélimar pos-

sédaient de petits colléges, où l'on enseignait les rudiments 1567-1598.
des langues grecque et latine. Dès 1593, les protestants du
Dauphiné obtinrent des lettres patentes d'Henri IV auto-
risant l'établissement d'une « université aux arts » dans la
seconde de ces villes ; mais elle ne put être érigée, à cause
de l'opposition du parlement de Grenoble. Les jeunes gens
des familles aisées qui voulaient compléter leur instruction pour entrer dans des carrières libérales, allaient à
l'université de Valence, qui jouissait d'une réputation de
science méritée, ou bien aux académies de Nîmes et de
Genève. Ceux qui se destinaient au saint ministère étu-
diaient la théologie dans l'une ou l'autre de ces académies.
Nous donnons aux *Pièces justificatives, N.° IX,* la liste des
jeunes gens dauphinois dont nous avons retrouvé les noms
dans le livre du recteur de l'académie de Genève pendant
la période qui nous occupe.

L'entretien des pasteurs resta pendant longtemps à la
charge exclusive des églises; bien que les protestants, en
vertu des édits, dussent continuer à payer la dime au clergé
catholique. Il est juste, toutefois, d'ajouter que partout où
ils étaient les plus forts cette dîme ne fut pas payée. Dans
plusieurs localités ils se servirent des revenus des biens
ecclésiastiques pour l'entretien des pasteurs; mais, le plus
souvent, ces biens retournèrent au trésor royal, où, ce qui
fut le cas du Dauphiné, ils devinrent la proie des gentilshommes catholiques et huguenots, qui, pour la plupart, ne
s'étaient engagés dans la lutte que dans le but d'avancer
leur fortune. Lesdiguières se distingua entre tous par sa
cupidité et laissa à sa mort une fortune exorbitante. Dans
d'autres localités les pasteurs étaient entretenus aux frais
du budget communal.

Les assemblées politiques furent quelquefois tentées d'ordonner purement et simplement la confiscation des biens
ecclésiastiques détenus par les réformés pour subvenir à

l'entretien des ministres; mais elles se laissèrent toujours arrêter par la considération que cette subvention « ne pouvait être fondée sur tels biens, qui semblaient entièrement maudits de Dieu ». Henri III cependant, dans la crainte que le besoin ne les poussât à cette extrémité, promit, dans son accord de Plessis-lès-Tours avec le roi de Navarre (30 avril 1589), de fournir lui-même une partie des gages des pasteurs de la Guienne, du Languedoc et du Dauphiné. A son avénement au trône, Henri IV prit le même engagement, et nous donnons aux *Pièces justificatives, N.º X,* la commission par laquelle il chargea, en 1593, Marc Vulson de payer les gages, pensions et entretien des pasteurs et des étudiants en théologie de la province du Dauphiné. Malheureusement, le mauvais vouloir des trésoriers généraux paralysa l'effet des bonnes intentions d'Henri IV, et les églises ne touchèrent aucun denier de l'État avant l'édit de Nantes, qui leur assura, comme on l'a dit plus haut, 45,000 écus pour l'entretien de leurs ministres.

Ceux-ci recevaient alors en Dauphiné des gages annuels qui variaient entre 3 et 400 livres. S'ils mouraient dans l'exercice de leurs fonctions, leurs femmes ou enfants touchaient les gages de l'année courante, et si ces derniers étaient dépourvus de ressources, les synodes provinciaux, sur la recommandation des colloques du ressort, leur allouaient des secours annuels. Les quatre écoliers en théologie dauphinois entretenus à cette époque par les églises de la province recevaient en bloc un subside annuel de 200 écus, et les élèves d'humanités qui se destinaient au saint ministère touchaient 50 écus.

PIÈCES JUSTIFICATIVES.

N.º I. (Page 40, note 4.)

Liste de gentilshommes réformés en 1561 et 1562 [1].

« On trouve dans les notes de Bérole, notaire à Montélimar, une procuration du 8 janvier 1562 qui rapporte la liste des nobles de Montélimar et des environs qui, à cette époque, abjurèrent la religion de leurs pères pour suivre les nouvelles doctrines de Calvin.

Nobles Charles d'Urre, seigneur de la Baume-Cornillanne;
Jean de Vesc, dit Nocaze, coseigneur d'Espeluche;
Matthieu de Forest, seigneur de Blacons;
Guillaüme de Moreton, seigneur de Sauzet, et
Pierre de Marcel, coseigneur de Savasse; tant pour eux que pour :
Nobles Sébastien de Vesc, seigneur de Comps;
Louis de Vesc, coseigneur d'Espeluche;
Jean de Vesc, de Montjoux;
Charles Isnard, seigneur d'Odeffred;
Georges de Saint-Ferréol, coseigneur du Pont-de-Barret;
Claude de Mirabel, seigneur du lieu;
Pierre Sauvain, seigneur du Cheylard;
Antoine Sauvain, seigneur de Piégros;

---

(1) CANDY, *Hist. des guer. de relig. à Montélimar* (Mns.).

Benoît de Priam, seigneur de Condillac ;

Jean Darben, seigneur d'Espenel ;

Antoine de Pracomtal, seigneur d'Anconne ;

Reymond de Blaïn, seigneur du Poët-Célard ;

Jean Giraud, seigneur de Divajeu, et

Pierre Garfeille, coseigneur de Portes, donnent pouvoir à :

Noble Jean de Moreton, seigneur des Granges, de comparaître à l'assemblée ou congrégation générale des États du pays de Dauphiné, et d'y déclarer que les constituans et leurs adhérans ont voulu et veulent d'hors en avant vivre, Dieu aidant, selon la pure doctrine réformée de l'Évangile, et non à l'usage ou façon romaine, et, à cet effet, faire toutes remontrances, réquisitions et protestations nécessaires, etc. »

« Dans une précédente procuration pour le même objet, passée devant le même notaire, le 24 octobre 1561, on y trouve entre autres :

Nobles Jean d'Arlandes, seigneur de Concoles ;

Jean de Vesc, de Montboucher ;

Claude Montferrier, de Sauzet ;

Josserand de Marcel, de Sauzet ;

Jean d'Achier, de Châteauneuf-du-Rhône ;

Georges et Jacques de Saint-Ferréol, de Roynac ;

Charles de Coursage, de Marsanne ;

Charles d'Esparon, de Taulignan ;

Pierre de Marsanne, seigneur de Saint-Genis, et

Hector Pertuis, avocat à Montélimar. »

N.º II. (Page 86, note 2).

Procuration des soy disans de la religion reformee [1]
(9 décembre 1561*).*

Mre Bernard, procureur, ceans en vertu de sa procuration cy apres escripte, s'est presente pour les y nommez et leurs familles et adherans, opposans a certaines criées et proclamations faicte de par le Roy notre Seigneur en la cour de ceans, et demandeurs en requeste contre Monsieur le procureur général du Roy deffendeur. Faict a Grenoble en parlement le neufieme decembre mil cinq cens soixante ung au matin. Signe Bernard procureur.

Procuration des soy disans de la
Religion reformee.

Au greffe criminel de la cour de parlement de Daulphine ont este cejourd'hui matin en ung mesme instant et de suyte les ungs les autres personnellement constitues et establis en leurs propres personnes :

Charles de Villette, escuyer.
Bernardin Curial, marchand.
Anthoine Dappina, escuyer, sieur de Saint-Maurix.
Jacques de Bompar, escuyer.
Jehan Ennemond Carles, escuyer.
François de Burges, escuyer.
Mre Allain Fere.
Alexandre Pinard, licencie es-loyes.
Claude Gallert, coseigneur d'Estables..
Jehan et Nicolas Odenotz frères, bourgeoys de Grenoble.
Claude Catignolle, marchand.
Pierre Roux, praticien, dudit Grenoble.
Claude Bonard, notaire, dudit Grenoble.

---

(1) Arch. dép. de la Drôme, D, 71.

Michel de La Roche, escuyer.

Mre Pierre Bois, notaire.

Noël Salnyon, praticien, dudit Grenoble.

Jehan Arnaud, aussi praticien, dudit Grenoble.

Anthoine Morar, notaire de Seyssins.

Claude Guignaire, chaussatier, de Grenoble.

Jehan Payerne, cordanyer.

Claude Giraud, aussi cordanyer.

Anthoine Piat, barbier.

Jehan Laure, cordanyer.

Jehan Basset, hoste.

. Pierre Brun Claudet.

Benoist Jaquet.

Jehan Enyn?, marchant, de Domeyne.

Guilhon Garnier, marchant, de Grenoble.

François Bonet, praticien, dudit Grenoble.

Pierre Marchays, marchant, dudit Grenoble.

Claude Bontoux, escuyer, de Seyssin lez Grenoble.

Jehan Amyguet.

Jay, laboureur, dudit Seyssin.

Jehan Laroche, marchant libraire, dudit Grenoble.

Mre Guillaume Blachon, pedagogue, dudit Grenoble.

Charles de Cernay, clerc, dudit Grenoble.

Jehan de Mailhes, escuyer, tant pour luy que pour et au nom de deux cens hommes de l'église de L'Arben, pour lesquels se font forts.

Jaques Curial, marchant, dudit Grenoble.

Pierre Tachon, gantier, dudit Grenoble.

Gaspard Peschier et Melchion Garcin, escoliers habitans dudit Grenoble, tant en leurs noms que de vingt autres escoliers · que de ceste dite ville de Grenoble, pour lesquels se sont faits forts et puis faire ratiffier si besoing est.

Jehan le Roy, menuisier, de Grenoble.

Jehan Mazet, esperonier, du susdit Grenoble.

Jacques Mostier, foubisseur, dudit Grenoble.

Jehan Ravynet, cotellier, dudit Grenoble.

François de Vienne, foubisseur, dudit Grenoble.

Geliber Vedrine, potier, dudit Grenoble.

Anthoine Reymond, escolier, dudit Grenoble.

Pierre Merlin, clerc et citoien de Grenoble.

Hugues du Burge, praticien, dudit Grenoble.

Jaques Lombard, clerc, dudit Grenoble.

Andre Nycolles, escolier, dudit Grenoble.

Pierre Peynet, marchant, dudit Grenoble.

Bonaventure Aynardat, marchant, de Moyrens, tant pour luy que pour et au nom de soixante hommes et plus dudit Moyrens, pour lesquels s'est faict fort.

Mre Guiges Chapot, notaire, dudit Grenoble.

Nycolas et noble Arbalestier, dudit Grenoble.

Anthoine Escoffier, clerc, dudit Grenoble.

Jehan Gassiet, chirurgien, dudit Grenoble.

Guillaume Hervaud, menuisier, dudit Grenoble.

Pierre de Lespine, bourgeoys, de Grenoble.

Michel Furin, cotrepoinctier, dudit Grenoble.

Jehan de Mirebel, marchant drapier, dudit Grenoble.

Guillaume Corriet dit Grasset, bourgeoys, dudit Grenoble.

Ennemon et Anthoine Menestonier freres, marchants, dudit Grenoble.

Laurens et Claude Nicolas freres, libraires, dudit Grenoble.

Pierre Dissodun, peinctre et verrinier, dudit Grenoble.

Symond Lebrun, marchant, dudit Grenoble.

Jaques Bressieu et Ennemond Camet, clercs, de Domeyne.

Estienne de Chipres, escuyer, du Villard de Thoage de Trieves.

Laurens Danthoine et Pierre son fils, marchans, dudit Domeyne.

Michel David, marchant, dudit Domeyne.

Claude Christophle, laboreur.

Michel Giraud, marchant, dudit Domeyne.

Ennemond Peint, tysserand, dudit Domeyne.

Jehan Benoist, cordonyer, dudit Grenoble.

Jehan Molard, praticien, dudit Grenoble.

Claude Chavanel, marchant, dudit Grenoble.

Jaques Jaquemet, marchant, dudit Grenoble.

Jehan Ayme, tysserand, dudit Grenoble.

Ennemond Vallin, clerc, de Villerbonne.

Gaspard Guillet, costurier, de Grenoble.

Humber Giraud, marchant, dudit Grenoble.

Claude d'Arben, costurier, dudit Grenoble.

Jehan Chaye, appoticaire, dudit Grenoble.

Barthelemy Benard, serurier, dudit Grenoble.

Gabriel Formand, cordonyer, dudit Grenoble.

Loys et Guillaume Vaulsere freres, escuyers, de Saint-Robert.

Jehan Petit, cordonyer, de Grenoble.

Jaques Tibaud, aussi cordonyer, dudit Grenoble.

Michel de Laye dict de Mode, mercier, dudit Grenoble.

Claude Symonet dict Galeys, orphevre, dudict Grenoble.

Andre Guynet, mercier, dudict Grenoble.

Anthoine Reynaud, tailleur, dudict Grenoble.

Jehan du Bley, cordanyer, dudict Grenoble.

Bastian Foret et Pierre Chaumet, cordanyers, dudict Grenoble.

Claude Mathieu, corroyer, dudict Grenoble.

George Guere, clerc, de Grenoble.

Claude Jofrey, cordanyer, dudict Grenoble.

Reybet, bourgeoys, dudict Grenoble.

Georges Bruno, marchant, de Grenoble.

Claude Enyn, cousturier, dudict Grenoble.

Jehan Perier, marchant, bourgeoys dudict Grenoble.

Sanson Meynier, cousturier.

Claude de Saint-Tours, dudit Grenoble.

Phelipe Garen, menuisier.

Anthoine Railhon, chaussetier, dudict Grenoble.

Eymard Chastillon, marchant, de Grenoble.

Philip Brunyer, tailheur, de Grenoble.

Phelibert de Montauban, marchant peletier.

Rolin de Lisle, orphevre, dudict Grenoble.

Claude Pirq, marchant, dudict Grenoble.

Claude Passard, orphevre, de Grenoble.

Guiges Gontier, aussi orphevre, dudict Grenoble.

François Frangue, chaussetier, dudict Grenoble.

Jehan d'Escet, chaussetier, dudict Grenoble.

Honorat Vautier, chapelier, de Grenoble.

Claude de Sedun, graveur, dudict Grenoble.

Anthoine Mitalier, marchant, dudict Grenoble.

Jehan Carles, marchant, de Grenoble.

François Guilhot et Hugues Barles, marchants.

Claude Symonet, orphevre, dudict Grenoble.

Barthelemy Austache, marchant, dudict Grenoble.

Claude Bon, orphevre, dudict Grenoble.

Hugues Serget, bourgeoys de Grenoble.

Vincent Meynier, marchant, bourgeoys dudict Grenoble.

Yves Bessone, appoticaire, dudict Grenoble.

Guillaume Villain, menuisier, dudict Grenoble.

Balthazard et Georges Joveis?, escuyers.

Jehan Roux, escuyer.

Jehan Sauze, notaire.

Charles et Jaques Rolland, marchans.

Jehan de Lamorte, cordanyer, de Monestier de Clermont, faisans tant pour eux que pour autres, leurs adherans dudit lieu, faisant le nombre de troys cens et plus, pour lesquels se sont faitz fortz et on promis faire rattiffier si besoing est.

Pierre Granon, marchant, dudit Grenoble.

Gaspard Vincent Guyot, esperonier.

Michel Mercier, tisserand, dudit Grenoble.

Jehan Borde, menuisier, bourgeoys dudict Grenoble.

Jaques Lombard, clerc.

Guigues Vallissier, notaire.

Claude Dayme, cordanyer, dudict Domeyne.

Mre Pierre Girard, notaire, de Grenoble, tant pour eux que pour Pierre Girard son fils, clerc.

Jehan Odin Perier, marchant.

Anthoine Curial, marchant, dudict Grenoble.

Jacques Lacroix, serrurier, dudict Grenoble.

Lesquels susnommez es qualites que dessus pour raison du faict de la religion, ont constitue ledict Mre François Bernard leur procureur absent comme present, tant pour eux et leurs familles que leurs adherans, pour lesquels se sont faitz fortz et ont promys faire rattiffier. Et ce a tous actes de playdoyeries necessaires en cette cause de la religion tant par devant la court que ailheurs ou besoing sera, avec puyssance de substituer election de domicile et toutes autres clauses necessaires et opportunes par eux respectivement jurees en la melheure forme que faire se peult.

Faict au greffe criminel de la cour de parlement de Daulphine, ce neufieme decembre mil cinq cens soixante ung.

Collationne.

Extrait des Registres de la cour de parlement de Daulphine.

A. PISARD.

N.° III. (Page 103, note 1).

Ordonnance de Montbrun du 28 juin 1562 [1].

Charles du Puy, seigneur de Montbrun, collonnel des compagnies dressées au pais du Daulphiné pour la tuition dudit pais soubs l'obéissance de la Majesté du Roy et lieutenant général en icelle de l'armée dressée pour la protection de l'estat roial et observation des personnes du roy et reyne sa mére, — aux juges, chastellains, consuls, sindics ou diacres des églises soubznommées, salut par Jésus-Christ. — Ayant assemblé certaines forces pour expulser et gèter hors tous les tirans, agresseurs et perturbateurs de l'estat roial et faict ja quelque commancement, plusyeurs de vous, villes et villages et bourgs se sont retirés et abandonnés leurs enseignes au camp, qui a esté cauze qu'on a differé la victoyre que Dieu a mis entre nos mains. A cette cause, pour achever ce qu'il a pleu à Dieu nous donner en main et pour la délivrance de tout le pais, vous commandons que incontineñt faictes commandement particulierement a toutz ceux qui puis ung mois en ça sont mis au service de Dieu et du Roy et a la protection des eglises et pais, qu'ils ayent dans le premier jour de juillet a se rendre soubz leur enseigne et aux aultres qui n'avoyent esté soubz enseigne se mettre soubz celle que bon leur semblera, ensemble a tous aultres capables de porter armes, sur peine d'être pendus et estranglés, leurs biens confisqués sans aucun espoir de grâce; enjoignons a vous susdits juges, chastellains, d'en fere registre des reffuzans ou dillayans, vous servir [saisir] de leurs personnes, sur peine qu'on procedera contre vous par peine de mort. Et pour ce que plusieurs malins se sont esbandés et separés de vos dits villes et villages pour servir et fere guerre pour les ennemis de Dieu et l'estat roial, nous vous enjoignons en fere registre et le nous

---

(1) Communiqué par M. Lacroix.

envoyer, et ceulx que pourrez prendre les fere prisonniers, afin qu'il en soyt faict punision exemplaire comme perturbateurs de l'estat public du propre pais et nation. De ce fere vous donnons pouvoir, mandons et commandons a tous qu'ils vous prestent ayde et faveur.

Donné au Montheilimar le XXVIIIᵉ de juing mil cinq centz soixante deux. Ainsi signé *Montbrun*, et au dessoubz : Par mon dit seigneur de Montbrun *de Lusi*.

Les noms des églises : Anconne, Savasse, Sauzet, La Laupie, Boulieu, Marsanne, Roynac, Puy-Sainct-Martin, Manas, Pont-de-Baret, Truinas, Rochebaudin, Fellines, Comps, Vesc, Audeffre, Lapenne, Montjoux, Dieulefit, Poët-Laval, Eysahut, Soubzpierre, Chasteauneuf-de-Mazenc, Charreux, Saint-Gervais, La Bastie-Roland.

N.º IV. (Page 271).

Réfugiés dauphinois du seizième siècle.

1.º *Réfugiés reçus habitants à Genève*[1].

Jehan et Georges Bardet fréres, de Vaulapierre, faiseurs de draps, 24 juin 1550.

Anthoene Audrat, d'aupres de Dye, 29 avril 1555.

· Jehan Algon, de Dye, 13 may 1555.

Anthoene Atru, cordanier, de La Balme d'Antin, diocèse de Valence, 13 avril 1556.

Guill. Arnauld, du Crest-Arnauld, 12 avril 1557.

Claude Almeras, cotellier, de Rosans, 7 juin 1557.

Pierre Arnaud, fileur de soie, de Romans, 14 juin 1557.

Jehan Arnaud, de Bourdeaux, 15 octobre 1557.

Léonard Angelin, pignier de Larben (l'Albenc), 18 octobre 1557.

Bertrand Appelo, bourcier, de Vienne, 18 octobre 1557.

Anthoene Aubert, cordonnier, de Rotier (Rottier), 19 novembre 1557.

Jean Aubericq, de Montmaury (Montmorin?), 22 novembre 1557.

Symon Audemar, de Gières, 11 avril 1558.

Jehan Aubert, de Caylar (Cheylard), 20 juin 1558.

André Audemar Girard, de La Grave, juillet 1558.

Jehan Anestaize d'Oulx et de son jeune aage jusques à present resident de Maringues en Auvergne, 26 sept. 1558.

---

(1) Régistre et Rolle des estrangiers françoys, italiens, etc., lesquels presentens supplication et jurens es mains de Messieurs d'estre obeissantz subjectz, de vivre selon Dieu et la saincte reformation evangelique, etc. (Arch. d'État, à l'hôtel de ville de Genève.)

Loys Aubert, de Lothis ou Rothis (?), 27 février 1559.

George Artault, de Chastillon, 8 may 1559.

Jehan Achard, de Crest-Arnauld, 8 may 1559.

Jacques Archinard, d'Aoste, 6 juing 1559.

Cyprien Achard, du Pègue, 10 juillet 1559.

Claude Darces, de Romant, 23 octobre 1559.

François Barbier, de Saillans, 23 octobre 1559.

François Fiquet, de Grenoble, 4 septembre 1572.

François Colombier, de Saint-Roman, 7 septembre 1572.

Toussaint, de Crest, médecin, 7 septembre 1572.

Antoine Birsu (?), de Crémieu, 7 septembre 1572.

Poton, de Cremieu, marchand filattier, 7 septembre 1572.

Pierre Noir et Jean Noir, praticiens, frères, de Crémieu, 7 septembre 1572.

Philippe Fallet, tailleur, de Grenoble, 8 septembre 1572.

Jean Colombet, de Laval, mercier, ci-devant habitant, 8 sept. 1572.

Ennemond de Fayes, gentilhomme, d'aupres Grenoble, 8 septembre 1572.

André Roux, mercier, de Grenoble, 8 septembre 1572.

Jean Lallemant, de Falcorgues, tisserand de toiles, 8 septembre 1572.

Antoine Bressieux, de Cherdier en la Coste-Saint-André, cousturier, 8 septembre 1572.

Hector Poney, de Vienne, 8 septembre 1572.

N. Loys Gay, de la Coste-Saint-André, gentilhomme, 9 septembre 1572.

Pierre Colet, dudit lieu, 9 septembre 1572.

N. Giraud Berengier, sieur de Morges, 9 septembre 1572.

Jean Taverneuz, chapelier, de Romans, 10 septembre 1572.

Guillaume Vallier, ministre, 11 septembre 1572.

Jean Escot, de Grenoble, 11 septembre 1572.

Felicien Pognet, de Romans, potier, 12 septembre 1572.

Benoist Chenevier, de Saint-George [d'Espéranche], cousturier, 12 septembre 1572.

Blaise Gasquet, d'Orcez (Orcières?), mercier, 13 septembre 1572.

Etienne Argo, de Montrigo, épinglier, 16 septembre 1572.

Symon Faureust, de Fers (Vers?), 16 septembre 1572.

Nicolas La Rivière, laboureur, de Vienne, 16 septembre 1572.

Matthieu Leo, [de Bourg] de Pisançon, chapelier, 16 septembre 1572.

Jean Grisoir, de Chabeuil, 20 septembre 1572.

Jacques Figol, de Grenoble, 20 septembre 1572.

Michel Bannuet, de Romans, 22 septembre 1572.

Étienne Archimbaud et Jean Archimbaud, marchands, frères, de Montélymar, 22 septembre 1572.

N. Falco, de Grenoble, 22 septembre 1572.

Olivier Fargues, de Grenoble, 22 septembre 1572.

Jean du Porleent Virzille, de Romans, 22 septembre 1572.

François Colombier, de Romans, 22 septembre 1572.

Robert Colombier, de Romans, 22 septembre 1572.

Mr Simeon de La Combe, ministre à Saint-Marcellin.

Jean Palessier, de Romans, 22 septembre 1572.

Jean Masel, espinglier, de Romans, 23 septembre 1572.

Victor d'Achard, sieur de Sainte-Colombe, 26 septembre 1572.

Vincent Galis, de Romans, barbier, 27 septembre 1572.

Symon de Rena, de..., cousturier, 29 septembre 1572.

Pierre Savoye, de Romans, habitant à Valence, drapier et fournier, 29 septembre 1572.

Faucon Barthelemy, de Bourg-les-Valence, notaire, 29 septembre 1572.

Pierre La Perie et Denis son fils, de Grenoble, 29 septembre 1572.

Jacques de Mussoz, chaussetier, de Romans, 29 septembre 1572.

Pierre Gason, espinglier, de Romans, 29 septembre 1572.

André Reinaud, d'Embrun, mercier, 8 octobre 1572.

Antoine Garin, de Besse, mercier, 8 octobre 1572.

Charles de Cuinat, de Saint-Donat, gentilhomme, 8 octobre 1572.

Pierre de Colan, laboureur, de Grenoble, 8 octobre 1572.

Jaques Semiat, de Gap, veloutier, 10 octobre 1572.

N. Pierre de Sauvin, sieur de Cheylard, 14 octobre 1572.

Antoine de Lort, de Misoën, mercier, *id.*

Gabriel de Lort, dudit lieu, mercier, *id.*

Symon Girard, dudit lieu, mercier, *id.*

Estienne de Lort, dudit lieu, mercier, *id.*

Loys Serre, de La Grave, gagne denier, *id.*

Ant. Paillas, de La Grave, mercier, *id.*

Symon, son fils, *id.*

Nicolas Font, de Fraisnay (le Frenay), maréchal, *id.*

Jean Gallot, de La Grave, mercier, *id.*

Claude Perrot, *id.*

Laurent Gaultier, *id.*

Jean Ogier, mercier, de Clavans, *id.*

Joseph Charpinet, de..., *id.*

Germain Giro, de Clavans, *id.*

Loys Seon, mercier, *id.*

Thomas Seon, mercier, *id.*

Loys Guyagne, 16 octobre 1572.

Jean Seon, laboureur, *id.*

Ant. de Lort, de..., *id.*

Gaspard Andrieu, de Misoën, *id.*

N. Charles Arbalestier, sieur de Beaufort, *id.*

N. Jean de Guerry, sieur de La Robinière, *id.*

Bartholomée Draque, de Clavans, mercier, *id.*

J. Aubert, de Clavans, 17 octobre 1572.

Martin Gocens, gagne denier, de..., 20 octobre 1572.

J. Anselme, praticien, de Grenoble, 23 octobre 1572.

M. Inocent Gentillet, avocat, *id.*

Dominique Brun, de Doméne, laboureur, *id.*

Antoine Chaban, corroieur, de Valence, *id.*

Claude Bérard, de Misoën, mercier, 27 octobre 1572.

Jean Anselin, marchand, de Romans, *id.*

Jean Vieux, dudit Misoën, mercier, *id.*

Louis Geoffroye, de Misoën, maréchal, 29 octobre 1572.

Loys de Lore, de Misoën, *id.*

Guillaume Roux, marchand, de Saint-Étienne, ci-devant habitant, *id.*

Jean Montau, de Valence, tailleur, 3o octobre 1572.

N. Lois de Vilette, de Crest, gentilhomme, 31 octobre 1572.

Honoré Blanchard, de Gap, escolier, dernier octobre 1572.

Maron Polard, de Valréas, habitant à Nyons, marchand et homme de guerre, 3 novembre 1572.

Vincent Tartand, d'Oysans, *id.*

Pierre Girer, de Clavans, marchand, 4 novembre 1572.

Vincent Artaud, dudit lieu, mercier, *id.*

Christophe Orard, de Misoën, mercier, *id.*

Pierre de Vinay, de Loriol, ministre, 5 novembre 1572.

Claude Cure, de Montjoux, ministre, *id.*

Denis Herieu, ministre, de Die, *id.*

Jean Morret de Monsay, ministre à Dieulefit, *id.*

Jean de Saint-Paul, ministre à Saint-Paul et à Privas, *id.*

Guillaume Chausson, de Valence, hoste, *id.*

Pierre de Guerry, fils du sieur de la Robinière, 7 novembre 1572.

Blaise Didier Gros, de La Grave, mercier, *id.*

Claude Liotaud, dudit lieu, *id.*

Philémon Marce, de Clavans, espinassier, 10 novembre 1572.

Balthasard Sauvin, marchand, du Montelymar, 11 novembre 1572.

Pierre Ernaudon, notaire, de Saint-Marcellin, *id.*

Vincent Artaud, 13 novembre 1572.

Luc de Lort, de Misoën, mercier, 19 novembre 1572.

Marc Geofroy, de Misoën, mercier, *id.*

J. Geofroy, de Misoën, laboureur, *id.*

Claude Léotaud, de La Grave, *id.*

Symon Aymé, laboureur, *id.*

Ennemond de Bonnefoy, de Valence, docteur es droit, 10 novembre 1572.

Artaud Joquet, de Romans, 24 novembre 1572.

Pierre Ribon, *id.*

Benoît, de Colonges, *id.*

Georges Raymond, de..., *id.*

Jaques Aubert et Claude Aubert frères, *id.*

Guygues Durand, de..., mercier, *id.*

Philippe Vincent, de..., mercier, *id*.

Marcellin Clavel, de Besse, 27 novembre 1572.

Symon France, de..., 1 décembre 1572.

Andre Poncet, de la Coste-Saint-André, ministre, de Valence, *id*.

Jaques Draques, de Clavans, 4 décembre 1572.

Antoine, de Die, fouleur de draps, *id*.

Pierre Agard, ministre, de Torette (Tourette-lès-Vence), *id*., ailleurs le 27 octobre 1572.

Guigues Ogier, de Clavans, 8 décembre 1572.

Matthieu Dusert, de..., 15 décembre 1572.

Étienne Clot, de La Grave, mercier, 18 décembre 1572.

Bastien Gason, espinglier, de Romans, *id*.

Gonet Pallas, de..., 25 décembre 1572.

Claude Julien, de Villard [de Lens?], mercier, *id*.

Pierre Doussert, de Clavans, *id*.

Claude Clot, de La Grave, 29 décembre 1572.

Sylvestre Ostache, de La Grave, *id*.

Sebastian Guerrin, de..., *id*.

Fr. Sartier, mercier, *id*.

Valentin Faure, de Bourdeaux, habitant Valence, *id*.

Hugues Matthieu, de Grenoble, ministre de la p.le de Dieu, *id*.

N. Arthaud de Boissiers, sieur de Theus, *id*.

Jean Bellisier, de Chasselay, espinglier, 12 janvier 1573.

Guigues Foret, de La Coste-Saint-André, cousturier, 19 janvier 1573.

François de Villars, de Vienne, 31 janvier 1573.

Jean Laville, de Tarascon, habitant de Valence, cordonnier, 9 février 1573.

Jean des Portes, de [Monestier de] Clermont, escolier, 16 février 1573.

Jean Robert, de Chabotes, 24 février 1573.

Jean Vachon, de La Roche-Baudin, 13 mars 1573.

Claudes Guillet, de ..., 16 mars 1573.

Louis Roux, de Die, tisserand, 24 mars 1573.

N. Jean du Poile, de Romans, 30 mars 1573.

Jean Foret, de Romans, couturier, 3o mars 1573.

Antoine Cochet, de Vienne, sellier, 9 avril 1573.

Pierre-Olivier de Laroche, natif de Montelimar, monnoyeur, 16 avril 1573.

Pierre Grenon, cousturier, de Grenoble, 20 avril 1573 ; a esté à la messe.

Gabriel de Lermet, de Romans, couturier, 23 avril 1573.

Pierre de Soison, de Bressy?, 24 avril 1573.

Jacques Pourret, de Bressy?, idem.

Loys Alard, de Montelimar, chandelier, 27 avril 1573.

Jaumes Colet, de Vienne, masson, 4 mai 1573.

Firmin Girard, de Montelimar, cardeur, 7 mai 1573.

Jean Baal, habitant de Montelimar, drapier, 7 mai 1573.

Charles Bron, de Domène, 11 mai 1573.

Jaquemoz Marion, de La Coste, 11 mai 1573.

Pierre Retournet, de Besse, tisserand, 11 mai 1573.

Romain Forel, de Romans, 11 mai 1573.

Claude Dufour, d'Avalon, 11 mai 1573.

Pierre Joubert, de ..., 11 mai 1573.

François Guyonnet, de ..., 11 mai 1573.

Claude Chambard, de ..., 11 mai 1573.

Gonet de Mejicis, de ..., 11 mai 1573.

Louis Biaquon, de Domène, 11 mai 1573.

Pierre Brun, de Domène, cordonnier, idem.

Louis Bruno, de Grenoble, 14 mai 1573.

N. Humbert de Guerry, sieur de La Robinière, 16 mai 1573.

Michel Blanc, de Romans, chapelier, 25 mai 1573 ; a esté à la messe.

Janim, de ..., 27 mai 1573.

Claude Courrier, espinglier, 4 juin 1573.

E. Janin, de ..., 4 juin 1573.

Aymard Pinchard, de ... 8 juin, 1573.

Guillaume Durand, de Romans, apothicaire, 18 juin 1573.

Louis Blaye, cordonnier, de Die, 10 août 1573.

Claude Gabet, de Chastonnay, cordonnier, 24 août 1573.

Laurent Marron, de Vienne, espinglier, 7 septembre 1573.

Félix Vallin, de ..., cardeur de laine, 9 sept. 1573.

Antoine Pierre, de La Coste-Saint-André, 6 octobre 1573.

Georges de Vaux, de ..., 19 octobre 1573.

Joachim Massaut, de ..., ministre, 9 nov. 1573.

François Bonnier, du Pont-de-Beauvoisin, apprentif d'Eustache Vignon, 9 nov. 1573.

Amy Conero, de ..., près Valence, 11 janv. 1574.

Aubert Charbonnel, de ..., près Grenoble, 3 février 1574.

Louis Faure, de Grenoble, cordonnier, 15 fév. 1574.

D. Monestier, de Grenoble, 1 mars 1574.

Pierre Quinson, de ..., 19 avril 1574.

Robert Sauconier, de Romans, 26 avril 1574.

Jean Leniel, gantier, de Romans, 26 avril 1574.

Antoine Girard, de ..., maréchal, 28 avril 1574.

Humbert de Chypres, de ..., 10 mai 1574.

Michel Musard, de ..., mercier, 24 mai 1574.

Osias Mathieu, veloutier, 24 mai 1574.

Claude Ferraud, de Saint-Marcellin, 6 juillet 1574.

Jean d'Arces, mari de Clauda de Béranger, damoiselle dauphinoise, vers 1580.

2.º *Réfugiés reçus bourgeois à Genève* [1].

Jean-Jacques Farel, apothicaire, reçu bourgeois en 1537, avec Guillaume Farel (le réformateur) et Claude Farel, ses frères.

Guigues Bonnet, fils de feu Pierre, veloutier, d'Allevard, 29 juin 1547.

Pierre Cognet, fils de George, chaussetier, de la Coste-Saint-André, 29 juin 1547.

Loys Duet, fils de feu Loys, cousturier, de Miribel auprès des Échelles, 25 août 1547.

Jacques Magnin, fils de feu Estienne, cartier, de Romans, 24 septembre 1551.

---

(1) Livre de bourgeoisie (Arch. d'État à l'hôtel de ville de Genève).

Jehan Chapon, fils de feu Jehan, de Gap, apothicaire, 9 octobre 1551.

Anthoine Froment, fils de feu Guillaume, du Trieves, févr. 1552.

Emard Richard, fils de feu François, pelletier, de Dieu [Die?], 25 avril 1555.

Durand de Charbonneau, fils de Reymond, escuyer, de Chabeuil, et Jean, son fils, 1556.

Bartholomée Blachon, fils d'Estienne, d'Étoile, 8 avril 1557.

Guillaume Chaix, fils de Pierre, maréchal, de Suse, 27 mai 1557, et ses fils Antothoene et Isaac.

Pierre Faugeas, fils de Pierre, de Grenoble, et Guillaume, son fils, 1557.

Jaques Lambert, fils de feu Jacques, de Vienne, 9 juill. 1557.

Claude Senebier, fils d'Alexandre, de Clelles, 1557.

Jehan Ausime, fils de feu Symon, mercier, né à Grenoble, 12 may 1559.

Jean-Raymond Merlin, fils de Jacques, de Romans, et un fils Simon, 1559.

Noble Olivier Portes, fils de feu Loys, de Grenoble, 28 novembre 1560.

Bartholomée Garnier, fils de Pierre, de Beauregard, 19 mai 1561.

Nicolas Barnaud, fils de feu Libert, du Crest Arnaud, 29 apvril 1567.

Jacques Espargue, fils de Jean, de Cho ..., 1569.

André Faure, de Nyons, veloutier, 10 janvier 1570.

George Benoist, de Champrond, apothicaire, 10 avril 1572.

Martin Espargue le jeune, 13 juin 1572.

Jean Jovenon, notaire royal, 26 janvier 1573.

Balthasard Franconis, du Pey (près Saint-Jean-de-Vaux), 30 mars 1573.

Clemen Vallin, de Rives, 21 may 1574.

Beaucace Argentier, fils de feu Claude, de Boürg-d'Oisans, mercier, 9 avril 1576.

Claude Clot, meunier, de La Grave, 4 may 1576.

Benoît Mantillier, de Ville-le-Danton?, 15 novembre 1577.

Benoît Teremon, natif de Miribel près Saint-Anthoine-le-Viennoys, 2 avril 1578.

Benoît Buliet, de Grenoble, 10 mai 1578.

Jehan Anastaize, imprimeur, 26 janvier 1579.

André Piot, natif [du Péage] de Rossillon, 9 nov. 1579.

Étienne Argod, de Montrigaud, 13 sept. 1581.

Jacques de La Court, de Clérieu, 25 juillet 1582.

Jean Porchier, de Romans, 21 février 1584.

Nathanaël Roin, de Valence, 21 janvier 1595.

Guillaume Benoist, 1597.

Georges de Lort, 1597.

3.º *Réfugiés de Lausanne* [1].

Benoist Villard, de Byones? en Delphiné, 1553-1554.

François Acton, de Beauregard, mandement de Romans, au pays de Daulphyné, 1558.

Maistre Vincent Remond, du Daulphiné, 12 sept. 1560.

1561, 18 nov. Noble Sébastienne de Veillie, de Clérieux en Daulphiné, dyocese de Vienne, femme de Mestre Bartholomye Caffer, professeur en esbreux à Lausanne.

1564, 20 novemb. Étienne Lanfrey, apothicaire, natif de La Coste-Sainct-André en Daulphiné.

1565, 13 sept. Geoffrey de Trois-Yeulx, de Vallere en Daulphiné.

1568, 7 oct. Maistre Robert Prevost, dit Reynaud, de Grenoble.

1568, 11 octobre. Monsieur Maistre Pierre Frize, docteur ès-droict, de Saint-Anthoene, en Daulphiné.

1568, 23 déc. Monsieur de Cardé, homme de grande maison, et Madame sa femme, fille du comte de Tende, avec train de gentilshommes et damoiselles, s'estant icy retiré à cause des pays envahis par les papistes au pays de Provence et Languedoc.

---

(1) *Bulletin histor. et littér.*, t. VII, p. 463-478.

1569, 22 fév. François Picard, natifz de Grenoble, advocat de la cour de parlement de Daulphiné.

1569, 14 juin. Elvar Degu, de Montélimar, escripvain.

1569, 2 août. Étienne Perrinet, marchand, de Romans, et joueur d'instruments et musicien.

1569, 29 sept. Monsieur Rebut (ou Revut) et Monsieur Symbert Regnaud, advocatz, estans de Daulphiné.

· 1570, 31 août. Monsieur Juvenal Vacher, de Daulphiné, et plusieurs aultres du Daulphiné, estant venus en cette ville et permis par charité y habiter, à cause des troubles de France, et pour ce qu'à présent Dieu leur a permis la paix en France, désirans eulx retirer, prennent congié.

1570, 12 sept. Prennent congié :

Bavrin, marchan, de Beaurepaire.

Ferrier Ferin, de Romans en Daulphiné, cordoannier.

Claude Ganière, de Grenoble, chaussetier.

Amyod Carquet, chaussetier, de Grenoble.

Monsieur Hugues Solier, docteur médecin, citoien de Grenoble.

Gilles Solier, son nepveu.

Monsieur Jacques Faure, docteur médecin, de Vallence.

Guillaume de Sainct-Ferriol, natifz de Roynac en Daulphiné.

Ennemond de Charbonneau, escuier, de Chabeul, près Valence en Daulphiné.

André Fayole, docteur es droictz, de Crest en Daulphiné.

1570, 5 oct. Claude du Bays, dict Daulbenas, marchand, de Grenoble, prend congié.

1570, 17 oct. Noble François Pisard, docteur es droictz, advocat de la cour de parlement de Daulphiné, séant à Grenoble, prend congié.

1570, 13 nov. Emard, peletier, du Daulphiné, permis d'habiter.

1573, 27 janv. Noble Loys Silve, seigneur de Fiancés, de Livron en Daulphiné, et sire Balthazar Saulvin, marchand, de Montelimar, et Mathurin Maridal, marchand, de Romans.

1573, 4 juin. Merault Lambert, de Vienne, changeur.

Id. Philibert de Montbarban, de Grenoble, pelletier.

1573, 9 juin. Jacques Guillot, marchand, de Romans en
Daulphiné.

1574, 20 avril. Aymé Menestrey, de Grenoble, cordoannier.

1574, 3 may. Archambaud, de Montélimar.

4.º *Autres réfugiés dauphinois.*

Guillaume Farel (le réformateur), né aux environs de Gap,
quitta le Dauphiné en 1523.

Antoine de Boyve, parent et ami de Farel, réfugié en Suisse
en 1523.

Ennemond de Coct, seigneur du Chastelard, près Gap, réfugié en Allemagne en 1523.

Antoine Froment (le réformateur), né dans le Trièves, compagnon de Farel, réfugié de bonne heure en Suisse.

Antoine Saunier, fils d'Émeri Saunier, natif de Moirans,
compagnon de Farel, réfugié en Suisse.

Gaucher Farel, frère du réformateur, réfugié en Lorraine,
auprès de Guillaume de Fürstemberg.

Daniel Farel, frère du précédent, réfugié à Berne.

Un neveu de Guillaume Farel, mort de la peste à Bâle, en
1538.

Genod Grellet, réfugié à Boudry (Neuchâtel), au moment
des persécutions ordonnées par François Ier.

Nicolas Allian, fils de feu Guillaume et de Clauda Chapays,
de Crest, réfugié à Genève, où il testa à l'âge de 18 ans, en
1558. Sa sœur était veuve de Jean Aubert.

Jacques Dombrain, gentilhomme d'Embrun, d'abord réfugié
à Rouen, traversa la Manche et s'établit à Cantorbéry, le 19
août 1572 [1].

---

(1) SMILES, The Huguenots.

N.º V. (Page 320).

Chanson des enfants de Dye qui furent pendus en effigie au moys de decembre 1574, pour porter les armes pour le service de Dieu et liberté de leur conscience[1].

Freres, ecoutez la chanson,
Qu'a faict un soldart de Dye.
De la bien folle opinion
(S'il faut qu'ainsi on le vous dye),
D'aulcuns seditieux de la ville,
Qui tous nous ont en un gibet
Mis en rolle et en effigie,
Nos noms et surnoms en tillet.

2

Qui seroit ce peintre lourdaud
Qui auroit faict cette peinture?
Seroit-ce point Guihen Barnaud,
Pour avoir gain et nourriture?
Plus ne lui sert son escriture
Son archimie ni son four,
Son art magique et pipure,
Que bien m'a fait peur son tour.

3

Un vibaillif avec sergent
Ont assisté en ceste affaire
A l'adveu de quelques mechants,
Desquels je ne me pourrois taire,

(1) *Mémoire de la maison des Gay* (Mns.).

4

Qui la couleur a donnée?
C'est un baveur, je vous affie,
Un sot vieillard et rassoté,
Un fol avocat de la ville,
Nommé Rambaud, teste etourdie,
Ancien caffard, affectionné
Contre l'Escriture divine,
Entre tous autres estimée.

5

Qui promoteur fut de cela?
C'est un faussaire de la ville,
Qui mainte fausseté fera
Et mainte grande paillardise,
Un homme plein de couardise;
Or doncques c'est Michel Peloux,
Homme plein de grande convoitise
Et de sa femme fort jaloux.

6

Glandage dit n'en savoir rien,
Gironde de mesme le nie,
Le Roux, de Collet aussi bien
Se deçurent. La Cote mine
De Caty et aultres de la ville,
Qui s'en repentent. Mais de faict
Ne voudroient que la tyrannie
Fusse encore mis en effect.

7

Encor plus grand meschanceté,
Vouloir vendre nos biens et meubles,
Cuidant que tout fut confisqué,
Nous tenant desja en leur poche.
Mais à Livron tous vos reproches
N'ont servi qu'à paistre corbeaux
De l'abondance de charognes
De vos meschants cruels Papaulx.

8

Jean Escoffier, ce gros gourmand,
Fut le greffier de ceste ordure ;
De ce estoit le gouvernant,
De ce beau faict et procédure.
Contre Dieu et son Escriture
Nous ont ainsi persécuté!
Mais de toute vostre facture
Chascun de vous sera payé.

9

Achilles David, grand conseil
De l'entreprise devoit estre ;
Gaspard Charency, son pareil,
Y devoit aussi comparoistre.
Nous vous ferions bien apparoistre
Si nous vous tenions prisonniers,
Ou si dans Dye recognoistre
Nous vous allions happer premiers.

10

Dieu par sa grace et bonté
Nous donne la paix. Qu'en asseurance
Dans nos maisons chascun logé,
De sa Parole jouissance
Puissions avoir par experience
Comm'aultres foys de bons pasteurs,
Pour sa Parole nous apprendre
Comme ses bons imitateurs !

Finis coronat opus.

HVICTAIN.

Prenez en gré, ô bons soldarts de Dye,
Ceste chanson; et si faulte y a
En son subject, qu'aulcun de vous le dye,
De mesme instant corrigée sera.
Quelqu'un de vous possible en fera
Une mieulx faicte. Or doncques en besogne
Que l'on se mette. Et qui mieulx la fera
Sera faict roy de Cartage et Cologne.
De la partie estoit cil qui a faite
Ceste chanson en un si gaillard son,
Non pas en corps, mais en façon pourtraicte,
Son nom Thomas et Gay est son surnom.

N.º VI. (Page 381).

Extrait des conclusions de l'assemblée politique de Die de 1586[1].

Sur la proposition, faicte en lassemblee generalle de la noblesse et esglises reformees du pais du Dauphine au commencement du mois de janvier mil cinq centz quatre vingtz et six, [que], pour ladministration de la justice tant civille que criminelle, il est besoing de comettre des viballifs et viseneschaux en la place des catholiques, attandu quils habittent ez villes teneues de lannemy et quiz ne sont de seur acces pour ceux de la relligion.

Attandu que ceux du party de la relligion reformee nont acces libre aux villes esquelles habitent les vibalifz et viseneschaux catholiques et que la justice sur toutes choses est requise et necessere, lad. assemblee, sur la proposion du pnt article, a authorize les reglements de justice cy appres inseres, et trouve bon de mestre des personnes capables pour laministraon dicelle en checung siege de baillage ou seneschaucee sellon les departemanz qui sensuivent.

Assavoir pour les sieges dambrun et de brianson et leur ressort au bailliage des montaignes monsieur destables conseillier du Roy en sa cour de parlement, quy tiendra son siege dans la ville dambrun.

Pour le mesme bailliage de montaignes au gapençois monsieur Rostaing, qui est le plus entien advocat de la relligion de tous ceux qui estoien au siege de gap, qui tiendra son siege a serres.

Pour le ballaige de gresivaudan monsieur Vulson, qui tiendra son siege a Mentz en Triesves.

Pour la seneschaussee de Crest et baillage de Saint-Marcellin

---

(1) Archiv. de M. Joseph Roman, avocat à Gap.

monsieur marquet aussy conseillier du Roy en lad. cour de parlement, lequel aura son siege dans la ville de Dye.

Pour la seneschaussee du Montelymar monsieur francessin, lequel tiendra son siege dans lad. ville.

Pour le baillage du buis monsieur du May, lequel tiendra son siege dans la ville de nions.

Lesdictz juges comis ausd. baillaiges et seneschaucees congnoistront de toutes les causes, dont la congnoissance est attribue par les ordonnances Royaux au viballifs et viseneschaux.

Cognoistront aussy causes des comunaultes, chapitres, colleges, barons, abeyes, prioures, evesches, desquelles, par les ordonnances Royaux de la cour de parlement, avoit la congnoissance en premier instance et des autres causes qui par le chef leur seront comises.

Sera aussy la faculté des pouvres et miserables de se pourvoir recta par devant lesd. juges appart ou lhors qu'ilz seront assambles comme sera dict cy apprès.

Les santances interlocutoires des juges ne seront suspandues par lappellaon qui en sera interjettee sinon quilz sen ensuivroit griefz irreparables.

Et pour cognoistre des causes et matieres appellatoires des sentances desd. juges resortissans sans moien en lad. cour, sera coposee une chambre ou conseil de justice tant desd. juges que des assesseurs appeles par lesd. juges faizant en tout le nombre de sept.

Celluy des juges qui aura faict la sentance dont sera lappel, sastiendra des instruons et jugemants de la cause dappel.

Fera lad. chambre sa seance dans la ville de Dye et a ses fins lesd. juges seront tenus sacheminer dans lad. ville a la convocaon des chefz, lequel pour cest effaict ils tiendront adverty du nombre desd. appelaons pour y estre prouveu selon leffluance et merite des causes.

Ladicte chambre de justice pourra faire arrest en toutes matieres, dont elle aura congnoissance aveq mesme pouvoir que la cour de parlement de ce pais.

Et pour la comodite des parties, attandu que la ville de Dye est au millieu des susd. baillaiges et seneschaussees, linstruon desd. causes dappel sera faicte par led. Marquet assiste des susd. assesseurs.

Et pour mesme consideraõn linstruõn des causes dappel interjettees des sentances dud. sieur Marquet sera reservee a lad. chambre au tamps de sa seance ou comise a celluy que lad. chambre nommera.

Et pour le regard des l̄res royaux tendant a restituõn en entier, recision de contractz et acheptz, lesd. juges tant asambles en corps de chambre que separement, checung en son distroit y pourvoiront doffice sur les req^tes des parties selhon lequitte et beneffice de droit.

Les greffiers seront choisis par lesd. juges comis du nombre des notaires habitans sur les lieus, et a leur nominaõn prandront comission du chefz, saufz au greffier cy devant establis a exercer leur charge sil nya legitime empeschement.

Les esmolumens tant desd. juges que greffiers seront regles et moderes a la forme des ancienes ordonnances, sans qu'il soit permis prandre aulcune chose pour le petit seau le sou parisis ou...

Le chefz comettra tant en lad. chambre quen· checung desd. sieges ung sustitut du proeur general du roy sur ladvis desd. juges checung en son endroit.

Ledict sieur destables presidera en lad. chambre et gardera le seau et en son deffault led. sieur Marquet, et sera led. seau des armes du roy dauphin.

Les arrestz seront expedies en forme soubz les nom et authē du conseil ou chambre de justice, et lesd. santances et l̄res esmanees desd. juges seront expedies soubz le nom diceux checung en son distroit.

Et pour eviter frais aud. parties a este ordonne que les appelaõns seront suffizamant rellevees par ung acte de déclaraõn qui sera faict par lappelant a linthime dans quarante jours appres l'appel interjette et sommaõn de se trouver a dye au greffe des p̄ntaõns a certain jour preffige, prouveu que led. acte soit faict par devant notere et tesmoingts, ou bien par un sergent royal en prescē de trois recordz.

Extraict des concluoṅs de lassemblee generale
de la noblesse des eglises reformees du pais
de Dauphine teneue a Dye au commence-
mant de janvier I586, leue et publiee en
lad. assemblee par moy soubz^e secretere
dicelle. Ce sixiesme janvier aud. an. Biard.

La pn̄te coppie a este extraicte de lextraict sign. Biard, et
collonne par moy secretaire et greffier du conseil soubzsigné.
Callel (?).

N.º VII. (Page 448).

*Lettre du roi de Navarre à du Poët après la reprise
de Montélimar, en 1587 [1].*

Mons. Du Poët. J'ai esté bien aise d'entendre par le S.ʳ de Calignon bien particulierement ce qui s'est passé par de là, et aultres choses les effects de vostre valeur et vertu a la prinse de L'Etoile et de Dye et a la reprinse de la ville et fortification du Montelymard et vos aultres actions et deportemens en toutes les occasions qui se sont presentées, dont tout ainsi j'ai receu beaucoup de contentement; d'y vouloir continuer et vous asseurer entierement de ma bonne volonté, et croire au reste ledit S.ʳ de Calignon de ce qu'il vous dira de ma part comme vostre bien affectionné maistre et asseuré ami. Henry.

---

(1) CANDY, *Hist. des guer. de relig. à Montélimar* (Mns.).

N.º VIII. (Page 475).

Lettre d'Henri IV à du Poët après son abjuration, 25 juillet 1593 [1].

Mons. Du Poët. Je fais presentement une depesche generale pour vous donner a tous advis de la resolution que j'ai faicte de faire doresnavant profession de la religion catholique, apostolique et romaine, de laquelle, combien que je m'asseure que vous aurez communication, j'ai bien voulu vous faire particulierement ceste-cy, pour vous prier de ne recevoir ceste nouvelle avec aulcune apprehension, que ce changement qui est en mon particulier en apporte aulcun en ce qui est porté et permis par les edicts precedents, pour le faict de vostre religion, ni aussi pour l'affection que j'ai toujours porté a ceulx qui en sont ; ce que j'en ai faict n'ayant esté qu'a fort bonne intention, et principale pour la ferme croyance que j'ai d'y pouvoir faire mon salut, et pour n'estre en ce poinct different des rois mes predecesseurs, qui ont heureusement et pacifiquement regné sur leurs subjects ; esperant que Dieu me fera la mesme grace et que par ce moyen seront ostés non seulement les pretextes, mais aussi les causes de divisions et revoltes qui ruinent aujourd'huy cest Estat ; n'estant pour cela aulcunement mon intention qu'il soit faict aulcune force et violence aux consciences de mes subjects ; ce que je ne vous prie pas de croire en vostre particulier, mais de veiller et de vous employer a ce que les aultres n'en prennent aulcune opinion, comme il leur sera bien justifié par tous mes deportements qu'ils n'en auront occasion ; et qu'ainsi il a pleu a Dieu m'ordonner Roy de tous mes subjects ; je les aimerai et aurai tous en egale consideration. Prenez en bien ceste avance pour vous mesme, et ne vous departez, je vous prie, de ceste

---

(1) CANDY, *Hist. des guer. de relig. à Montélimar* (Mns.).

affection particuliere que j'ai recogneue en vous, comme vous verrez toujours accroistre la mienne en vostre endroict. Sur ce, je prie Dieu, Mons. Du Poët, vous avoir en sa saincte garde. Escrit a Sainct Denys ce 25e jour de juillet 1593. Henry.

A Mons. Du Poët, capitaine de cinquante hommes d'arme de mes ordonnances.

N.º IX. (Page. 487).

Étudiants dauphinois de l'Académie de Genève, 1559-1599[1].

Anno 1559-1562.

Joannes Blanchardus, juliacensis delphinas.
Daniel Bermundus, delphinensis, a Prato gelato.
Bartholomœus Perrotus, delphinensis, a Prato gelato.
Andreas Ripertus, delphinas, a Fraxineria.
Ennemondus Lacombe, urbis Sancti Marcellini apud Delphinates.
Joachim Massot, de Morestel en Daulphiné.
Jehan Domarni, de Bourgoin en Daulphiné.

1563.

Stephanus Buerla, delphinas Vapicensis.
Bertrand a Rupe, delphinas buxensis.
Johannes Simiardus, Vapicensis diocesis.
Arnulphus Vallonus, diocesis Vapicensis.
Claudius Maurellus, diocesis Diensis.
Pierre Vinays, de Loriol en Dauphiné.
Jehan Quinson, de Virieu en Dauphiné.

1565.

Jean Gruy, du lieu d'Urre en Dauphiné.
François de Lombereau, de la ville de Valence en Dauphiné.
Guillaume Vallier, de la ville de Cervière en Dauphiné.

---

(1) *Le livre du recteur, catalogue des étudiants de l'académie de Genève de* 1559 *à* 1859, Genève, 1860, in-12.

1566.

Hugo Matthœus, gratianopolitanus delphinas.

1568.

Annotus Griffon, delphinas et gratianopolitanus.

1570.

Johannes Pratensis, delphinas.

1581.

Daniel Quinsonus, delphinas.
Jacobus Archinardus, delphinas.

1584-1591.

Blasius Peyrassius, delphinas.
Petrus Frizius, delphinas.
Jacobus Calignonus, gratianopolitanus.
Jacobus Lavilleus, delphinas.
Jacobus Argodus, delphinas.
Daniel Quinson, [de Virieu en Dauphiné?].

1596.

Benjaminus Vacherus, [du Dauphiné].
Petrus Aspaisius, diensis, theol. stud.
Samson Perissolus, delphinas.

1598.

Petrus Diagueus, delphinensis, gratianopolitani diocesis.
Joseph Durandus, gratianopolitanus.

1599.

Aaron Alençon, de Montellimard en Dauphiné.
Johannes Vulso, delphinas, SS. th. stud.
David Mannens, delphinas.
Andreas Michaël, delphinas.

N.º X. (Page 488).

Commission d'Henri IV pour le logement des ministres dans la province de Daulphiné, 1593 [1].

Henry, par la grace de Dieu, roy de France et de Navarre, a nostre cher et bien aimé M. Marc Vulson, salut. Comme sur les remonstrances, a nous faictes par les depputez des eglises de la religion refformée en nostre province de Daulphiné, nous ayons advisé et résolu en nostre conseil de pourveoir a l'entretenement, gaiges et pensions des ministres et escholiers estudians en theologie pour parvenir au ministere du sainct Evangile en ladite province, ainsi qu'ils soulloient avoir auparavant nostre advenement a la couronne, suivant ce qui en fust arresté a l'assemblée generale desdites eglises teneue en nostre ville de la Rochelle au mois de decembre mil cinq cent quatre vingtz huit, et que pour le recouvrement des deniers qui seront par nous destinez a cest effect, payement et distribution d'iceulx auxdits ministres et escholliers, il soit besoing commetre quelque personnage fidele et experimenté, — a ces causes, nous, a plain confiance de voz sens, suffisance, loyaulté, preud'hommie, experience au faict des finances et bonne diligence, nous avons commis, ordonné et depputé; commettons, ordonnons et depputons par ces presentes pour doresnavant et tant qu'il nous plaira a commencer du premier jour de janvier dernier, faire la recepte et recouvrement des deniers qui seront par nous ordonnés pour le paiement des gaiges, pensions et entretenement des susdits ministres et escholiers en ladite province de Daulphiné, tant en vertu des mandements et rescriptions qui vous en seront delivrées par nos amez et féauls conseillers et tresoriers de nostre espargne, chacun en l'année de son exercice que aul-

---

(1) *Lettres et pièces diverses concernant les églises réformées* (Bibl. publ. de Genève, portef. III).

trement, et iceuls estre par vous employez et distribuez auxdits ministres et escholiers suivant les estats que nous vous en ferons expédier en nostre conseil, aux gaiges et taxations qui vous seront ordonnées par lesdits estats, raportant lesquels par vous avec ces dites presentes ou copies d'icelles deument collationnées par l'ung de nos amez et féauls notaires et secrétaires et quittance de chascun desdits ministres et escholiers sur ce suffisantes, tant seullement nous voullons toutes et chascunes les sommes de deniers, qui par vous leur auront esté payées en vertu desdits estats, estre passées ét allouées en la despence des comptes qu'avez a rendre de vostre commission desduite et rabattue de votre recepte par nos amez et féaulz les gens tenant nostre chambre des comptes de présent transferée a Tours, ausquels nous mandons et tres-expressement enjoignons ainsy le faire sans aulcune difficulté, nonobstant quelsconque ordonnance, reiglement sur le fait de noz finances, mandemens et lettres a ce contraire, car tel est nostre plaisir.

Donné a Chartres, le XXXᵉ jour de janvier, l'an de grâce mil cinq cent quatre vingt treize, de nostre règne le quatriesme.

HENRY.

Par le Roy :

FORGET.

N.º XI. (Page 3).

Généalogie de la famille Farel.

Depuis le travail de Charronnet sur *Les guerres de religion et la société protestante dans les Hautes-Alpes,* paru en 1861, les historiens faisaient naître Farel au hameau des Fareaux, près Gap, d'un gentilhomme campagnard. La généalogie qui suit[1] nous ramène à l'opinion ancienne, qui assignait au grand réformateur la ville de Gap pour patrie et le disait fils de notaire.

I. Noble François Farel, notaire[2] à Gap (Acte de 1480 des arch. du chapitre de Gap), assiste au mariage de son fils en 1505 (Parchemin original). Père d'Antoine, qui suit, et de Sébastien, qui suivra.

II. Noble Antoine Farel, notaire, présent au mariage de son frère Sébastien en 1505 (Parchemin original), et à un autre acte passé en 1513. Père de : 1º Guillaume, qui suit; 2º Daniel; 3º Gautier; 4º Claude; 5º Jean; 6º Jean-Jacques; 7º une fille.

III. 1º Guillaume Farel, le réformateur, dont le nom n'est mentionné dans aucun document des archives de Gap.

2º Daniel Farel, même remarque. Selon *La France protestante* (t. v, p. 60). « Daniel se retira dans le canton de Berne, s'y fit naturaliser et fut chargé d'importantes négociations relatives aux églises. »

3º Noble Gautier (ou Gaucher) Farel, greffier de la cour épiscopale de Gap en 1532 (Charronnet, p. 11), épouse en 1547, à Gap, Françoise de Beauvais, fille de François de Beauvais (Rég. Mutonis, Arch. du Chap.), teste et meurt à Morges en

---

(1) Nous la devons à l'exquise obligeance de M. Joseph Roman, avocat à Gap, bibliophile et paléographe distingué.

(2) Les charges de notaire, d'apothicaire, de chirurgien, et même de marchand, n'entraînaient pas dérogeance à Gap au XVIᵉ siècle.

1570. Son testament fut reçu par Mre Jean Deinsor(?) de Cottenes, notaire public (Rég. Sochon, Gaignaire notaire). *La France protestante* (Ibid.) dit que Gautier avait d'abord trouvé « un asile auprès de Guillaume de Fürstemberg », un des chefs de la Réforme en Lorraine. Père de *a*. Jacques, *b*. Israël, *c*. Jean-Zacharie.

a. Noble Jacques de Farel des Fareaux[1], receveur général pour les seigneurs de Berne, est à Gap en 1571 et 1572 pour régler la succession paternelle (Rég. Sochon, Gaignaire).

b. Noble Israël de Farel des Fareaux, est à Gap à la même époque et pour le même objet (Ibid.).

c. Noble Jean-Zacharie de Farel des Fareaux, non venu à Gap, passe procuration à ses frères à la même date.

4° Noble Claude Farel, épouse en 1547, à Gap, Françoise de Beauvais, sœur de Louise de Beauvais, femme de Gautier Farel (Rég. Mutonis, Arch. du Chap.). *La France protestante* (Ibid.) dit qu'il fut reçu bourgeois de Genève en 1537, avec Guillaume. Il paraît être encore en vie en 1571. — Les biens de Claude et de son frère Gautier avaient été confisqués par sentence du vicaire de l'évêque de Gap et adjugés à Guélix Rambaud, seigneur de Furmeyer (le père du célèbre capitaine Furmeyer); mais le parlement de Grenoble, par arrêt de l'année 1547, obligea ce dernier à les restituer à leurs légitimes possesseurs (Arch. dép. de l'Isère, B, 66, Inventaire).

5° Jean Farel, marchand, épouse en 1540 Jeanne de Montorcier, fille de Guillaume de Montorcier et de Marguerite de Rambaud. Il est encore nommé en 1584 (Mutonis, Arch. du Chap.) et semble ne pas s'être expatrié. Père de noble David de Farel et de noble Jean de Farel (Mutonis, Arch. du Chap.).

6° Jean-Jacques Farel. Est-ce le même que le précédent ? C'est ce que nous ne saurions dire Quoi qu'il en soit, Charronnet

---

(1) On voit par ce titre que les Farel, qui habitaient Gap, possédaient des terres aux Fareaux. Bolsec n'est donc pas tout à fait inexact quand il avance que le véritable nom de Farel était *Fareau* Il aurait dit : *Des Fareaux*, s'il eût été plus véridique.

p. 9) nous montre un Jean-Jacques Farel cherchant à convertir à la foi évangélique en 1532 le notaire Aloat, de Manosque, qui était venu à Gap dans l'intention d'acheter l'office de greffier épiscopal, rempli par Gautier Farel. *La France protestante* (Ibid.) parle également d'un « Jean Jacques Farel, apothicaire, qui fut reçu bourgeois » de Genève « avec Guillaume et Claude en 1537 ».

7° Demoiselle Farel, prénom inconnu, mariée à noble Honorat Riquetti de Mirabeau (Charronnet, p. 17)[1].

Branche catholique

Formée par Sébastien Farel, oncle du réformateur.

Noble Sébastien Farel, apothicaire à Gap, épouse en 1505 Honorade Leydette, fille de noble Blaise Leydet, coseigneur de Sigoyer-Malpoil (Parchemin original). Père de :

1° François Farel, apothicaire en 1556 à Gap (Mutonis, Gaignaire). Paraît avoir remplacé son père et être mort sans enfant.

2° Noble Pierre Farel, bourgeois, marié à Clermonde de Cazeneuve, fille de Bernard de Cazeneuve et de Colette Thomasse, morte en 1570 (Sochon, Gaignaire, Mutonis, Arch. du Ghap.). Père de :

a. Gaspard Farel.

b. Jean Farel.

c. Noble Antoine Farel, qui transige en 1571 avec ses frères sur la succession paternelle; mort en 1579 (Sochon, Gaignaire). Père de :

aa. Noble Jean Farel, qui épouse en 1579 Élisabeth Buysson, fille de feu Benoît Buysson (Sochon, Gaignaire).

bb. Beynette Farelle, 1573 (Sochon, Gaignaire).

---

(1) *La France protestante* (Ibid.) dit que le réformateur Farel « avait aussi un neveu qui mourut de la peste à Bâle en 1538 ». Nous serions porté à croire que c'était un fils de cette sœur, laquelle aurait été dans ce cas l'aînée de la famille.

cc. Sébastien Farel, 1573 (Sochon, Gaignaire), prieur de Valserres à la même date.

d. Claude Farel.

e. Marie Farelle, mariée au capitaine Jean Eyssautier, de Barcelonnette, 1571 (Sochon, Gaignaire).

3° Noble François Farel, prêtre, recteur de la chapelle du Puy Servier à Valserres, 1558 et 1561 (Mutonis, Gaignaire).

4° Noble Jean Farel, marié à Jeanne de Cazeneuve, fille de Bernard de Cazeneuve, chirurgien, et de Colette Thomasse (Mutonis, Gaignaire); meurt en 1560. Sa veuve se remarie avec noble Joseph de Richière (Sochon, Gaignaire).

Autre branche catholique.

Formée, au jugement de M. Roman, par Jean Farel, nommé en dernier lieu. Père de :

a. Pierre Farel, qui teste en 1573 (Sochon, Gaignaire). Père de :

aa. Catherine Farel, mariée à Jean-Antoine Gaillard, mort en 1572; hérite de son père en 1572 (Sochon).

bb. Marthe Farelle, 1573.

cc. Jeanne Farelle, 1573.

dd. Isabeau Farelle, 1573.

b. Georges Farel (Sochon), père de Claudie Farelle, légataire de son oncle Pierre en 1573 (Sochon, Gaignaire).

TABLE.

PREMIÈRE PÉRIODE.

Établissement de la Réforme en Dauphiné.

1522-1562.

DEUXIÈME PÉRIODE.

Les guerres de religion.

1562-1598.

PIÈCES JUSTIFICATIVES.

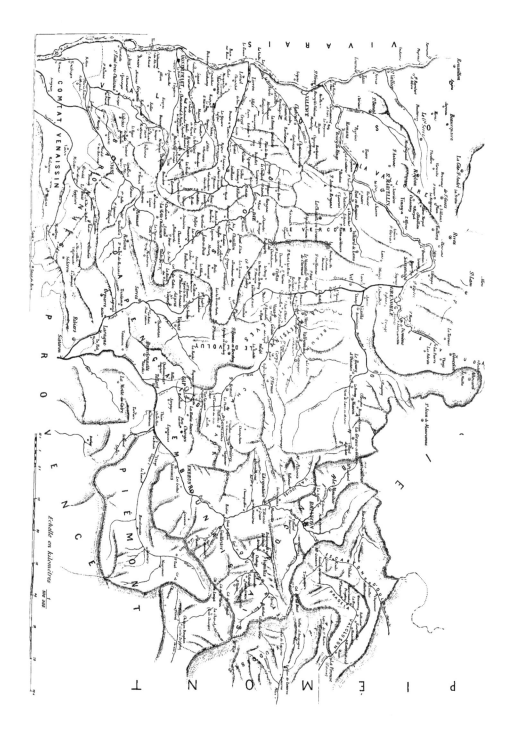

Lightning Source UK Ltd.
Milton Keynes UK
UKHW021329011218
333149UK00004B/497/P